司法行政（法律服务）精选案例

第二卷

司法部案例编辑委员会　编

法律出版社
LAW PRESS · CHINA
北京

图书在版编目(CIP)数据

司法行政(法律服务)精选案例. 第二卷 / 司法部案例编辑委员会编. -- 北京 : 法律出版社, 2021
ISBN 978-7-5197-6045-8

Ⅰ. ①司… Ⅱ. ①司… Ⅲ. ①司法-行政-案例-中国 Ⅳ. ①D926.105

中国版本图书馆CIP数据核字(2021)第205774号

司法行政(法律服务)精选案例(第二卷)
SIFA XINGZHENG (FALÜ FUWU) JINGXUAN ANLI (DI-ER JUAN)

司法部案例编辑委员会 编

策划编辑 沈小英
责任编辑 程王刚 刘雪莲
装帧设计 李 瞻

出版发行 法律出版社
编辑统筹 法治与经济出版分社
责任校对 杨锦华 王沁陶
责任印制 吕亚莉
经 销 新华书店

开本 710毫米×1000毫米 1/16
印张 32.5 **字数** 590千
版本 2021年12月第1版
印次 2021年12月第1次印刷
印刷 中煤(北京)印务有限公司

地址:北京市丰台区莲花池西里7号(100073)
网址:www.lawpress.com.cn
投稿邮箱:info@lawpress.com.cn
举报盗版邮箱:jbwq@lawpress.com.cn

销售电话:010-83938349
客服电话:010-83938350
咨询电话:010-63939796

书号:ISBN 978-7-5197-6045-8
定价:186.00元

凡购买本社图书,如有印装错误,我社负责退换。电话:010-83938349

出版说明

“司法行政(法律服务)案例库”(以下简称案例库)建设是司法部的一项创新性工作,自2017年7月司法部研究决定在司法行政系统内利用互联网+公共法律服务模式建立案例库以来,司法部党组高度重视案例库建设工作,各级司法行政机关都把案例编审工作当作一项政治任务,从讲政治、抓业务、促改革发展的高度,抓好抓实案例选编工作。在全系统的共同努力下,案例库案例从无到有,2017年入库案例6000余篇;2018年案例编审工作由线下报送转为线上提交并启动线上评审,大大提高了案例编审工作效率,年入库案例9500余篇;2019年在不断提高案例质量的同时,加大对案例库的宣传及案例法学理论等方面的工作力度,促使案例库工作有较大提升,年入库案例9000余篇;2020年开始,案例库建设工作逐步进入稳步发展阶段,入库案例数为8630篇。2021年入库案例计划数为6500篇,截至2021年10月,已入库案例5394篇。目前,案例库案例上线总数为38,953篇,访问量超过1230万余人次,案例库建设取得了较大成效,已经形成了各级司法行政机关组织工作抓得扎实、司法行政基层一线工作人员积极踊跃编写案例、司法行政系统六层十八级严格审核把关案例质量、各类案例受众反响良好的局面。

随着案例库建设工作的深入推进,为进一步满足社会需要,2020年开始筹划在案例库中增设精选典型案例版块并在精选典型案例版块中增设与社会公众的评论互动功能,同时建立定期发布各相关业务领域工作指导案例发布机制。自2020年6月至2021年11月共发布11批工作指导案例,涉及司法行政工作相关业务领域的11个方面案例,包括监狱管理、社区矫正、戒毒、法治宣传教育、人民调解、司法鉴定、仲裁、律师工作、法律援助、公证、法律职业资格考试等业务领域的工作指导案例。精选典型案例版块目前已经经过试运行阶段的测试,即将正式上线运行。

为促进案例库建设成果的推广和转化,进一步发挥司法行政(法律服务)案例指导实际工作的作用,不断扩大社会影响力,我们认为有必要对部分具有典型性、指导性、权威性的案例结集出版,以更好推动案例库建设工作,进一步提高案例库利用价值。为此,司法部决定按年度出版《司法行政(法律服务)精选案例》,2017 年至 2019 年的精选典型案例合为一卷出版(第一卷已于 2020 年 11 月由法律出版社出版发行),2020 年以后计划每年度出版一卷。本卷(第二卷)是从 2020 年度的精选典型案例中挑选出来的,共 12 章,书中的每篇案例均由司法部相关业务单位精心遴选并经专家评审,再由司法部案例编辑委员会最终审核把关。本书精选的各类案例,除行政复议与行政应诉类案例以外,均来源于案例库(网址:http://alk.12348.gov.cn/)中公开发布的案例,每篇案例后附有案例库统一案例编号和供稿信息,读者可以在案例库输入案例编号查询相应案例。

《司法行政(法律服务)精选案例》是案例库建设工作的重要成果,具有较高的业务代表性和指导性,对各级司法行政机关具有学习和参考借鉴价值,对指导和规范全国司法行政(法律服务)工作具有重要意义。我们希望通过编辑出版"司法行政(法律服务)精选案例"丛书,进一步促进司法行政系统工作规范化建设,更好地向社会宣传司法行政(法律服务)相关工作,对"互联网+"难以覆盖的社会领域进行有益补充,更全面地满足社会公众不同层次不同角度的法律服务需求,最终达到"强内功、精服务、树形象"的目的。

本书的出版得到了各级领导的关心和指导,以及案例库建设相关单位的大力支持,在此一并感谢。

司法部案例编辑委员会办公室

2021 年 11 月 30 日

目　　录

第一章　监狱管理类

第二章　社区矫正管理类

第三章　戒毒管理类

第四章 行政复议与应诉类

第五章 法治宣传类

第六章　人民调解类

第七章　法律援助类

第八章 司法鉴定类

第九章　仲裁工作类

第十章　律师工作类

第十一章 公证业务类

第十二章　法律职业资格管理类

第一章　监狱管理类

第一节 假释案例

服刑人员王某某假释案

【案件基本情况】

服刑人员王某某，男，1976年8月26日出生，中专文化，捕前系无业人员，原户籍地四川省雅安市雨城区。因犯伪造国家证件、印章罪，于2016年2月17日被四川省芦山县人民法院判处有期徒刑6年，刑期自2014年8月20日起至2020年8月19日止。于2016年7月22日交付四川省眉州监狱执行刑罚。服刑期间经四川省眉山市中级人民法院2018年7月23日裁定减去有期徒刑6个月，减刑后刑期至2020年2月19日止。

【案件办理过程】

（一）监区报请

2019年5月21日，依据《监狱提请减刑假释工作程序规定》，眉州监狱一监区民警召开会议，集体研究王某某假释案。会议对以下情况进行综合评议：

（1）改造表现。王某某自上次减刑以来，能够认罪悔罪，认真遵守法律法规及监规，接受教育改造，积极参加思想、文化、职业技术教育，积极参加劳动，完成劳动任务，考核期内获计分考核转换表扬3个。（2）刑期执行情况。王某某已实际执行原判刑期1/2以上。（3）假释间隔时间。王某某自上次减刑后已间隔8个月以上，符合最高人民法院《关于办理减刑、假释案件具体应用法律的规定》第28条第2款"罪犯减刑后余刑不足二年，决定假释的，可以适当缩短间隔时间"以及眉山市中级人民法院、眉山市人民检察院、四川省眉州监狱2018年5月23日《减刑假释工作联席会议纪要》"对于减刑后余刑不足二年报请假释的，其间隔时间在一年的间隔时间基础上相应缩短三分之一"的规定。（4）悔改表现评定。按照《四川省监狱罪犯认罪悔改表现评定办法》要求，监狱悔改表现评定小组对王某某认罪悔罪、遵守监规接受改造、教育改造表现情况、劳动改造表现情况、财产刑的执行情况5个方面共计25条内容进行综合评判,得分100分,评定为“确有悔改表现”。(5)“没有再犯罪的危险”评估。监区对以下情况进行了认真分析评议:①王某某违法犯罪情况和个人基本情况。王某某主动到案如实供述自己的罪行,且检举他人犯罪,具有立功表现,法院给予了从轻处罚,假释后也有固定住处,有家人监管。②服刑期间现实表现。王某某认罪悔改表现评定为“确有悔改表现”。③生理和心理状况。王某某正值壮年,性格成熟,狱内情绪稳定,认知正常,无吸毒史。④社区调查评估。眉州监狱向罪犯居住地四川省雅安市雨城区司法局发出社会调查评估函,雅安市雨城区司法局出具《调查评估意见书》,意见为“同意纳入社区矫正”。综合以上情况,监区集体评议认为王某某假释后“没有再犯罪的危险”。综合以上情况,监区认为,王某某确有悔改表现且没有再犯罪的危险,符合法定假释条件。建议依法对王某某报请假释。经监区长办公会审核同意后,按照四川省眉州监狱《罪犯减刑假释案件报请暂行办法》规定,监区将报请王某某假释意见在监区内进行公示,公示期为两个工作日,公示期间无民警及罪犯对公示内容提出异议。公示期满后,监区将报请假释建议及相关证明材料报送监狱刑罚执行科审查。

(二)刑罚执行科审查

刑罚执行科对监区的报请假释建议及相关证明材料进行认真审查,认为监区认定王某某确有悔改表现的具体事实的书面材料,来源合法,材料齐全、完备、规范,符合法定条件,报请假释建议适当,同意监区意见,并将相关材料一并提交监狱减刑假释评审委员会评议。

(三)减刑假释评审委员会评审

监狱减刑假释评审委员会根据刑罚执行科审查意见,召开评审会议对王某某假释一案进行评审,并邀请眉山市人民检察院派员列席。评审会议作出同意报请王某某假释的评审意见,并按照规定将评审意见在监狱内公示。公示期为5个工作日,公示期间没有监狱人民警察或者罪犯对公示内容提出异议。公示期满后,监狱减刑假释评审委员将报请假释的评审意见及公示情况提交监狱长办公会审议决定。

(四)监狱长办公会决定

眉州监狱召开监狱长办公会议对王某某假释案进行审议,认为王某某符合假释条件,提请假释程序合法,相关证明材料齐全完备真实有效,同意报请王某某假释。刑罚执行科根据监狱长办公会的决定,制作《报请假释建议书》,并将《报请假释建议书(副本)》连同案卷材料移送四川省眉山市人民检察院审查。

眉州监狱将王某某假释案件报请眉州市中级人民法院裁定。

【案件办理结果】

眉山市中级人民法院公开开庭审理了此案，于2019年10月28日裁定王某某假释，2019年11月5日送达《假释裁定书》。

案例编号：SCJYJS1584608737

四川省眉州监狱　贾全胜

服刑人员尹某某假释案

【案件基本情况】

服刑人员尹某某，男，1989年3月17日出生，中专文化，河北省南宫市人。2017年3月10日，尹某某因合同诈骗罪被北京市海淀区人民法院判处有期徒刑3年10个月，并处罚金4万元，责令共同退赔6240.97元，刑期自2016年8月20日起至2020年6月19日止。于2017年7月1日被交付执行刑罚，羁押于河北省张家口监狱。

【案件办理过程】

2018年8月24日，由于尹某某自2016年8月20日起已执行刑期2年以上，超过原判刑期1/2以上，且经危险性评估结果为低危险等级，罚金4万元已全部缴纳，并退赔6240.97元已全部履行，符合我国《刑法》及最高人民法院《关于办理减刑、假释案件具体应用法律的规定》（法释〔2016〕23号）可以假释的相关规定，依照《监狱报请减刑假释工作程序规定》（司法部第130号令）要求，所在监区包组警察以尹某某确有悔改表现，财产性判项已全部履行，且危险性评估结果为低危险等级，可认定为没有再犯罪危险为由，为尹某某提请假释。同日，张家口监狱六监区全体人民警察召开会议，集体讨论认为，尹某某自入狱服刑以来，遵守监规纪律，按照《服刑人员行为规范》要求自己；参加思想、文化、技术学习，成绩合格；在劳动中服从分配，按时完成劳动任务，表现较好。自2017年10月至2018年8月先后获得考核表扬2次，财产性判项已全部履行，确有悔改表现。因此，根据《刑法》及最高人民法院司法解释，可以为其提请假释。同时，综合考虑尹某某在到案后认罪态度较好,且在判决前同案犯已在家属帮助下退赔11万元,社会危害性较低。监区全体人民警察一致同意为尹某某提请假释。

2018年8月24日,经监区长办公会议研究决定,同意监区全体人民警察集体研究意见,建议对尹某某提请假释。经监区公示3天,在未收到监狱人民警察及罪犯的异议后,六监区将提请建议及相关证明材料报送监狱刑罚执行科审查。张家口监狱刑罚执行科经审查,认为尹某某确有悔改表现具体事实的书面证明材料来源合法,监区所提交的材料齐全、完备、规范,符合法定条件。同时结合尹某某犯罪的性质、具体情节、社会危害程度、原判刑罚、生效裁判中财产性判项的履行情况、交付执行后的一贯表现以及危险性评估结果等各方面因素,拟建议对尹某某提请假释。根据《刑法》第81条、《社区矫正实施办法》第4条的规定,委托尹某某户籍所在地县级司法行政机关进行调查评估。2018年9月28日,经罪犯户籍地司法局出具同意罪犯纳入社区矫正意见,张家口监狱刑罚执行科根据《刑法》第81条、最高人民法院《关于办理减刑、假释案件具体应用法律的规定》第23条的规定,建议对尹某某提请假释。

2018年10月10日,监狱减刑、假释评审委员会根据刑罚执行科的审查意见,召开监狱减刑、假释评审委员会会议进行审议,并邀请驻狱检察室检察官列席会议。评审委员会认为尹某某交付执行后,在服刑过程中确有悔改表现,结合危险性评估结果及已服刑期,符合可以提请假释的条件。同时,尹某某在到案后认罪态度较好,同案犯积极退赔,且在交付执行后缴纳全部罚金,履行全部退赔义务,符合可以提请假释的条件。因此,同意刑罚执行科的建议,并作出对尹某某提请假释的意见。

经监狱公示5个工作日,未收到任何监狱人民警察或者罪犯的异议后,将尹某某提请假释建议书副本报送检察机关征求意见。经河北省张家口市人民检察院审查,认为尹某某在被交付执行后能做到认罪悔罪,认真遵守监规纪律,积极参加思想、文化、职业技术教育,完成劳动任务,且已履行全部财产性判项,户籍地社区矫正部门出具同意纳入社区矫正的意见。依据有关法律法规、司法解释之规定,同意张家口监狱的假释意见,建议人民法院裁定假释。监狱减刑、假释评审委员会将提请尹某某假释的评审意见连同检察机关的检察意见,一并报送监狱长办公会议审定。

2018年11月5日,监狱长办公会对尹某某假释建议、社区矫正部门调查评估结果及检察机关出具的检察意见等相关材料进行审议。认为尹某某符合假释条件,提请假释程序合法,且相关证明材料齐全完备、真实有效,因此,同意监狱减刑、假释评审委员会的意见，作出对尹某某提请假释的决定。张家口监狱刑罚执行科根据监狱长办公会议的决定，制作《提请假释建议书》，连同相关材料，根据我国《刑事诉讼法》以及司法部《监狱报请减刑假释工作程序规定》相关规定将案卷报送河北省张家口市中级人民法院审理。

【案件办理结果】

2018 年 12 月 25 日，河北省张家口市中级人民法院在张家口监狱狱内法庭开庭审理了尹某某假释一案，认为尹某某在服刑期间能够认罪悔罪，遵守监规纪律，接受教育，参加劳动，累计获得奖励 2 次，确有悔改表现，财产性判项已全部履行，且其居住地社区矫正部门经假释前审前社会调查同意接收，符合假释条件。依照《刑法》第 81 条、第 82 条、第 83 条，最高人民法院《关于办理减刑、假释案件具体应用法律的规定》第 3 条、第 22 条、第 23 条的规定，作出（2018）冀 07 刑更 811 号刑事裁定书，裁定对尹某某予以假释。

案例编号：HBJYJS1585798634

河北省张家口监狱　闫　焱

第二节　减刑案例

服刑人员周某某不予减刑案

【案件基本情况】

服刑人员周某某，男，1985年7月4日出生，云南省红河县人。因犯运输毒品罪，被元江县人民法院于2014年3月10日判处有期徒刑12年，并处罚金15,000元。刑期自2013年8月22日起至2025年8月21日止，于2014年4月4日送至云南省元江监狱服刑改造。

2013年8月19日，被告人何某山雇请被告人周某某驾驶云JAJ×××号二轮摩托车共同到普洱市江城县运输毒品。次日凌晨5时许，被告人何某山将毒品藏匿于摩托车挡泥板夹层内后，被告人何某山乘坐班车在前面探路，当晚2被告人将毒品运到红河县三村乡补干村委会坝兰村二组。8月21日11时许，被告人何某山乘坐红河县垤玛乡至元江的班车在前面探路，被告人周某某驾驶摩托车跟随何某山将毒品运至元江县大水平岔路口，2人会和时被公安民警抓获。民警当场从被告人周某某驾驶的摩托车挡泥板夹层内查获甲基苯丙胺片剂19砣，净重351克。

周某某系累犯，自入监服刑以来一直不认罪悔罪，认为自己没有运输毒品，不服从元江县人民法院2014年3月10日作出的判决。入监后周某某向元江县人民检察院提出申诉，元江县人民检察院于2016年1月7日立案复查，并于2016年1月22日以元检刑申复通(2016)1号刑事申诉复查通知书通知该罪犯，认为：元江县人民法院(2014)元刑初字第28号刑事判决书认定事实清楚，证据确实、充分，定罪准确，适用法律正确，量刑适当，程序合法。申诉人申诉理由不能成立，根据法律规定，不符合抗诉条件，决定不予抗诉。元江县人民法院也于2016年8月12日以(2016)云0428刑申1号驳回申诉通知书驳回周某某申诉。认为周某某申诉理由不能成立，不符合我国《刑事诉讼法》第242条规定再审条件，原判决应予维持。元江县人民检察院、元江县人民法院给予回复后，周某某仍然多次申诉，始终不认罪。

【案件办理过程】

周某某于2014年4月4日入监服刑改造，截至2016年4月4日，入监服刑满两年，监区于2016年6月30日整理2016年度第二季度罪犯减刑、假释基础材料，认真翻阅了周某某的刑事判决书、执行通知书、罪犯入监登记表，并认真核对周某某记分考核及获记表扬情况，考核截至2016年4月30日获记表扬4次，特殊表扬1次，减刑间隔期及获记表扬数均符合首次减刑的条件。但周某某一直不服从法院的判决，不认罪悔罪，不符合减刑、假释"确有悔改表现"具备条件之一的认罪悔罪情形，经监区长办公会议集体研究讨论，决定对周某某不予上报减刑，并将不予上报减刑情况进行公示，同时将监区讨论意见及罪犯材料报监狱刑罚执行科审核，监狱刑罚执行科认真审核后，形成不予提请减刑的意见，最后呈报监狱减刑、假释评审委员会评审，评审意见为不予周某某提请减刑，并将情况进行公示。与此同时，将周某某不予提请减刑意见及卷宗报驻狱检察机关，驻狱检察机关也出具了不予提请的检察意见。整个提请过程严格按照规定进行，程序合法合规。

同时，监区就周某某不认罪不能减刑的相关法律法规向该罪犯说明情况，耐心教育真诚认罪悔罪，希望周某某认真对待，但周某某仍然坚持自己没有罪。为此，监区就周某某不认罪的事实做询问笔录，确认周某某不服从法院判决，不认罪的事实，并将相关会议记录及询问笔录整理归档，并在后续的每一次减刑时都以询问笔录的形式就认罪悔罪情况进行询问，确认周某某不认罪的事实。周某某自入监服刑改造以来至2018年4月30日考核结束，共获记表扬7次，特殊表扬1次，仍然没有给予提请减刑。

【案件办理结果】

依照《刑法》《刑事诉讼法》《监狱法》《最高人民法院关于办理减刑、假释案件具体应用法律若干问题的规定》，周某某不符合减刑、假释"确有悔改表现"具备条件之一的"认罪悔罪"，故不予周某某上报减刑。

案例编号：YNJYJX1592273646

云南省元江监狱　黄汝宽

服刑人员周某减刑案

【案件基本情况】

服刑人员周某,男,1988年2月7日出生,文盲,原户籍所在地四川省若尔盖县。因犯盗窃罪经青海省西宁市城西区人民法院于2015年1月29日,判处有期徒刑6年6个月,并处罚金人民币5万元(已缴纳5000元)。于2015年3月12日调入青海省门源监狱服刑改造,刑期自2014年9月6日起至2021年3月5日止。服刑期间经青海省海北藏族自治州中级人民法院2018年7月11日以(2018)青22刑更100号刑事裁定,裁定减去有期徒刑8个月。减刑后刑期至2020年7月5日止。

【案件办理过程】

2019年9月21日,因周某上次减刑至今已服刑间隔1年以上,符合最高人民法院《关于办理减刑、假释案件具体应用法律的规定》(法释〔2016〕23号)规定的两次减刑间隔时间,且获得考核表扬3次和监狱服刑改造积极分子1次。确有悔改表现,依照《监狱提请减刑假释工作程序规定》(司法部130号令)要求,青海省门源监狱二监区三分监区召开全体警察会议,集体研究服刑人员周某提请减刑案件。分监区民警会议综合周某服刑期间的一贯表现,认为周某在服刑改造期间,能够认罪悔罪,认真遵守法律法规及监规,积极参加思想、文化、职业技术教育学习,接受教育改造,积极参加劳动改造,完成劳动任务。在本次考核期内获监狱表扬3次和监狱服刑改造积极分子1次,确有悔改表现。因此,根据我国《刑法》第78条规定可以为其提请减刑。同时,罚金人民币5万元于2017年7月13日缴纳5000元,未履行部分由其亲属出具了由户籍地镇人民政府、县民政局审核的无履行能力证明,称周某已与妻子离婚,现一儿一女由其父母抚养,其父肢体残疾,其母听力受损且体弱多病常年卧床,家中无劳力和牲畜,无经济来源,家庭条件差。因此,分监区全体民警一致同意为周某提请减刑7个月。

2019年10月15日,二监区监区长办公会议审核,认为周某确有悔改表现,符合减刑条件,同意分监区对周某提请减刑7个月的建议。会后,按规定在监区内进行了3日公示,公示期内无民警和罪犯提出异议,公示期满后将提请减刑建议书、罪犯行政奖励审批表、罪犯具有悔改表现的单行材料等报送监狱刑罚执行教育科审查。

2020 年 1 月 3 日经刑罚执行教育科审查，认为监区认定周某确有悔改表现的具体事实的书面证明材料来源合法，所提交的材料齐全、完备、规范，符合法定条件，但该犯亲属出具的无履行能力证明情况经与户籍地民政局联系核实，称其家庭较为困难，但不属于建档立卡贫困户。故结合周某犯罪的性质、具体情节、社会危害程度、原判刑罚、生效裁判中财产性判项的履行情况、交付执行后的一贯表现等各方面因素，根据最高人民法院《关于办理减刑、假释案件具体应用法律的规定》第 2 条、第 7 条的规定，建议对周某减刑 6 个月。并将相关材料一并提交监狱减刑假释评审委员会评审。

2020 年 2 月 7 日，青海省门源监狱减刑假释评审委员会根据刑罚执行教育科的审查意见，召开会议进行审议，会议充分审议了周某在服刑期间的实际改造表现，同时还对周某的评审鉴定表、奖励审批表、罚金刑无履行能力证明等材料进行了审查，认为周某确有悔改表现，符合减刑条件，作出同意提请服刑人员周某依法提请减刑 6 个月的评审意见。青海省西平地区人民检察院驻门源监狱检察室工作人员因故未能列席参加会议，但通过电话征求了其意见。会后，刑罚执行教育科根据规定在各监区、接见中心、监狱网站予以公示，公示期为 5 个工作日。公示期间没有监狱人民警察或者罪犯对公示内容提出异议。

公示期满后，监狱将提请减刑建议及相关材料送青海省西平地区人民检察院驻门源监狱检察室征求意见。青海省西平地区人民检察院驻门源监狱检察室作出“经本院审查认为，未发现执行机关提请减刑程序不当，同意向法院提请减刑”的检察意见。监狱减刑假释评审委员会将同意提请减刑的评审意见连同检察意见，一并报送监狱长办公会议审定。

2020 年 3 月 6 日，因新冠肺炎疫情监狱封闭式管理，部分监狱领导狱内执勤和疫情期间工作要求，故通过视频方式召开监狱长办公会议，会议对周某减刑建议及相关材料进行审议，认为周某符合法定减刑条件，提请程序合法，相关证明材料齐全、完备、真实有效，作出对周某提请减刑 6 个月的决定。监狱刑罚执行教育科根据监狱长办公会的决定，制作《提请减刑建议书》，连同相关材料一并移送青海省海北藏族自治州中级人民法院，并将提请减刑建议书副本抄送青海省西平地区人民检察院。

【案件办理结果】

青海省海北藏族自治州中级人民法院通过书面审理方式,依法进行了案件审理,认为服刑人员周某在服刑期间,能够认罪悔罪,积极改造,确有悔改表现,可以减去有期徒刑 6 个月,但周某现刑期不足 6 个月,故裁定减去剩余有期徒刑。于 2020 年 3 月 27 日作出书面裁定,对罪犯周某减去剩余有期徒刑。4 月 1 日将减刑裁定书送达,因执行期满,监狱于当日释放。同时根据疫情防控要求,对该犯前期已进行了 14 日的单独隔离,刑释当日出狱后做了相关医疗身体健康检查,由监狱派员将周某移交至户籍地司法行政机关。

案例编号:QHJYJX1587539196

青海省门源监狱　陈　军

第三节　暂予监外执行案例

服刑人员马某某暂予监外执行案

【案件基本情况】

服刑人员马某某，男，1975 年 1 月 17 日出生，山西省大同市平城区人。2018 年 12 月 13 日因犯诈骗罪被大同市云冈区人民法院判处有期徒刑 13 年，并处罚金 5 万元，刑期自 2018 年 4 月 21 日起至 2031 年 4 月 20 日止。2019 年 5 月 25 日调入山西省原平监狱服刑改造。

【案件办理过程】

2020 年 1 月 10 日，马某某因持续性右上腹痛被送到原平市人民医院进行检查治疗，后因病情严重送山西省一〇九医院住院治疗。2020 年 1 月 13 日，山西省一〇九医院下达《特殊人群病重通知书》，同年 1 月 15 日又下达了《特殊人群病危通知书》。在收到马某某病重病危通知书后，原平监狱刑罚执行科及时将马某某病重病危情况通报驻监检察室，并按规定通知马某某母亲其住院及病重病危情况。因马某某病情严重，2020 年 1 月 17 日，马某某经审批后被转入山西省人民医院。2020 年 2 月 8 日，山西省人民医院出具医学诊断意见书，病情诊断为：(1) 胆管癌侵及胆囊；(2) 肝脏多发转移癌；(3) 阻塞性黄疸；(4) 腹盆腔积液。经与原平监狱狱内医院专业医务人员共同审查，初步认为马某某病情符合《暂予监外执行规定》(司发通〔2014〕112 号) 中所附《保外就医严重疾病范围》第 14 条"非临床治愈期的各种恶性肿瘤"之规定范围。

根据马某某家属申请，并结合马某某日常表现等情况，监狱决定启动暂予监外执行程序，为马某某办理暂予监外执行。监狱民警将有关保证人的条件，需要履行的义务对服刑人员家属进行了详细的讲解，刑罚执行科依据相关条件，对马某某暂予监外执行保证人进行了认真审查，认为马某某母亲符合《暂予监外执行规定》第 11 条规定的保证人条件，后与其签订了《暂予监外执行保证书》。同时,原平监狱委托大同市平城区司法局对是否适宜社区矫正进行调查评估,2020年2月10日,大同市平城区司法局出具调查评估意见,认为其适宜社区矫正。2020年2月11日,原平监狱四监区按规定对罪犯马某某拟暂予监外执行情况进行了集体审议,提出了对马某某提请暂予监外执行建议,经监区长办公会议审核同意,连同相关材料报送刑罚执行科审查。原平监狱刑罚执行科对马某某提请暂予监外执行案卷材料进行认真核查,出具了同意的审查意见,并将马某某提请暂予监外执行相关材料报送驻监检察室,主动接受检察院同步监督。2020年2月11日原平监狱暂予监外执行评审委员会对马某某提请暂予监外执行进行评审。因处在新冠肺炎疫情防控期间,暂予监外执行评审委员会成员有2名在监内封闭执勤,4名在戒备隔离区隔离不能到会参加,在与驻监检察室沟通后,评审会合议以会前电话沟通,会后传阅合议记录的形式召开。经暂予监外执行评审委员会评审,同意对马某某暂予监外执行,并将评审结果在监狱进行公示。考虑到马某某病情严重,刑罚执行科在会后将提请暂予监外执行相关材料送人民检察院征求意见。同日,检察院出具审查意见:原平监狱提请罪犯暂予监外执行符合法律规定条件,提请暂予监外执行程序符合法律和有关规定。

公示期间,山西省人民医院于2020年2月13日,再次对罪犯马某某下达《特殊人群病危通知书》,考虑到马某某病情严重,监狱根据司法部《监狱暂予监外执行程序规定》第17条之规定,监狱决定在公示期未满前先行召开报请监狱长办公会审议,在暂予监外执行审批后3个工作日内在监狱进行公告。2020年2月14日,经原平监狱监狱长办公会审议同意后,将有关材料报送省监狱管理局审核批准。

【案件办理结果】

2020年2月19日,山西省监狱管理局经审核,认为马某某符合暂予监外执行条件,批准马某某暂予监外执行。同日,原平监狱派民警将马某某及相关暂予监外执行法律文书移交给大同市平城区司法局,并将相关材料抄送驻监检察室。同时,根据规定,监狱将批准马某某提请暂予监外执行在监狱进行了公告,并将公告内容报送山西省监狱管理局。

案例编号:SXJJYZZ1584352034

山西省原平监狱　温　武

服刑人员武某某暂予监外执行案

【案件基本情况】

服刑人员武某某,男,1987年5月出生,初中文化,捕前住辽宁省大石桥市长平里。2017年12月11日,因犯制造毒品罪被辽宁省大石桥市人民法院判处有期徒刑7年,并处罚金人民币5万元,2018年5月23日,经营口市中级人民法院终审裁定维持原判,刑期自2017年7月4日起至2024年7月3日止。2018年7月10日押送辽宁省鞍山南台监狱服刑改造。

【案件办理过程】

(一)病情诊断

2018年11月4日,服刑人员武某某无诱因突发抽搐,由监狱医院转至辽宁省海城中心医院;2018年11月5日,因多次癫痫发作转至鞍山市中心医院;2018年11月8日,因病情危重,转至ICU病房;2018年11月14日,病情有所好转,转出ICU病房;2019年1月21日,为进一步治疗,由鞍山市中心医院转至辽宁省人民医院;2019年2月2日,由辽宁省人民医院转回鞍山市中心医院继续治疗,该院采用联合应用3种抗癫痫药物治疗手段,但治疗期间仍有癫痫大发作,每次持续数分钟,且每月发作3次以上。

辽宁省鞍山南台监狱五监区依照《暂予监外执行程序规定》(司发通〔2014〕112号),提出对服刑人员武某某进行疾病诊断的意见,经监狱刑罚执行科审查,报分管监狱长批准同意进行疾病诊断。辽宁省鞍山南台监狱于2019年5月6日委托辽宁省海城市中心医院对服刑人员武某某病情是否符合保外就医条件做出诊断。2019年5月15日,辽宁省海城市中心医院出具病情诊断书,诊断情况如下:(1)癫痫;(2)乙型病毒性肝炎。服刑人员武某某目前病情符合《保外就医严重疾病范围》第7条第3项之规定。监狱刑罚执行科及时向鞍山市人民检察院通报了服刑人员武某某的病情诊断情况。

(二)提请暂予监外执行

2019年5月17日,辽宁省鞍山南台监狱五监区依照《暂予监外执行程序规定》,召开监区人民警察会议。会议研究认为,鉴于服刑人员武某某服刑期间一贯表现较好,患病后积极配合医生治疗,所患疾病符合《保外就医严重疾病范围》第7条第3项之规定;其父亲具有完全民事行为能力并愿意承担保证人义务,人身自由未受到限制,有固定的住处和收入,能够与保证人共同居住并为其暂予监外执行期间提供生活和治疗保障。结合保证人资格审查等情况,监区认为服刑人员武某某符合法定暂予监外执行条件,一致同意对武某某提请暂予监外执行的建议。经审核,监区长办公会议同意将提请暂予监外执行建议及相关证明材料形成卷宗,报送监狱刑罚执行科审查。

监狱刑罚执行科认为,监区认定武某某符合暂予监外执行的具体事实,卷内证明材料来源合法,材料齐全、完备、规范,符合法定暂予监外执行条件。为核实暂予监外执行服刑人员拟居住地,武某某暂予监外执行后对所居住社区影响、保证人具保条件,2019年5月20日,监狱委托辽宁省大石桥市司法局对武某某所居住社区的影响进行调查核实,2019年5月22日,辽宁省大石桥市社区矫正管理教育中心出具《调查评估意见书》,意见为:建议对服刑人员武某某适用暂予监外执行。刑罚执行科根据上述情况,出具了提请暂予监外执行的审查意见,并连同案卷一并提交监狱暂予监外执行评审委员会评审。

2019年5月28日,辽宁省鞍山南台监狱暂予监外执行评审委员会召开评审会议,评审会意见:同意对武某某提请暂予监外执行。并按照规定在监狱内公示3个工作日。公示期间,无监狱人民警察或者服刑人员对公示内容提出异议。公示期满后,辽宁省鞍山南台监狱将提请暂予监外执行建议及卷宗送鞍山市人民检察院征求意见。鞍山市人民检察院检察意见为:“经审查未发现异常。”刑罚执行科将监狱暂予监外执行评审委员会对武某某的暂予监外执行建议的评审意见连同人民检察院意见及暂予监外执行卷宗,一并报请监狱长办公会议审议决定。

2019年5月31日,监狱召开监狱长办公会对为服刑人员武某某提请暂予监外执行进行审议,会议意见为:武某某符合法定暂予监外执行条件,提请暂予监外执行程序合法,相关证明材料齐全完备、真实有效,同意对服刑人员武某某提请暂予监外执行。当日,监狱将武某某暂予监外执行卷宗报送辽宁省监狱管理局审批。监狱同时将提请暂予监外执行书面意见的副本和相关材料抄送鞍山市人民检察院。

(三)审批暂予监外执行

2019年5月31日,辽宁省监狱管理局收到监狱报送的服刑人员武某某暂予监外执行案卷材料后,辽宁省监狱管理局医疗卫生处对武某某的病情诊断、基本材料及规范性治疗情况是否符合暂予监外执行条件进行审查,审查意见为:服刑人员武某某所患疾病符合《保外就医严重疾病范围》第 7 条第 3 项之规定；辽宁省监狱管理局刑罚执行处对案卷材料的完整性、是否符合法定条件和法定程序进行了审查，认为服刑人员武某某暂予监外执行案卷材料完整、符合法定条件和程序，同意监狱提请意见，报请局评审委员会进行审核。2019 年 6 月 12 日，辽宁省监狱管理局暂予监外执行委员会召开会议对该案进行审核。

【案件办理结果】

经辽宁省监狱管理局暂予监外执行评审委员会评审，认为服刑人员武某某改造表现、服刑时间和所患疾病符合我国《刑事诉讼法》第 254 条、《监狱法》第 25 条和《暂予监外执行规定》第 5 条第 1 项和《保外就医严重疾病范围》第 7 条第 3 项之规定。2019 年 6 月 12 日，辽宁省监狱管理局作出辽监管刑执〔2019〕36 号暂予监外执行决定书，并由局长在《暂予监外执行审批表》上签署同意、签名后加盖省监狱管理局公章，依法批准对武某某暂予监外执行。刑罚执行处将服刑人员武某某暂予监外执行决定书书抄送辽宁省人民检察院依法接受法律监督。同日，辽宁省鞍山南台监狱按规定将服刑人员武某某移交辽宁省大石桥市司法局，将其依法纳入社区矫正。

案例编号：LNJYZZ1568957580

辽宁省鞍山南台监狱　马　成

第四节 教育改造案例

杀害亲人罪犯的转化案

【罪犯基本情况】

谭某，男，1991 年出生，初中学历，湖北省恩施人。2015 年 12 月 28 日因绑架、故意杀人、敲诈勒索被判处死刑，缓期 2 年执行。于 2016 年 1 月 20 日押送宜昌监狱服刑，2018 年 8 月 28 日减为无期徒刑，现余刑为无期徒刑。家中有父母及一个哥哥。

【罪犯教育改造方案的制定和实施】

（一）方案制定的依据

1. 犯罪过程

谭某先后在 2013 年、2014 年实施犯罪。2013 年 7 月，谭某将侄女带离家中后，以弄死侄女相威胁，要求母亲给其汇款 500 元。哥哥得知情况后与谭某交涉未果，于是向公安机关报案，后谭某被刑事拘留。2014 年 6 月，谭某趁母亲外出之机，将侄女头部按在地上反复撞击致其昏迷，又持菜刀切割其颈部数刀致其当场死亡，随后藏匿尸首逃离现场。在逃跑途中，谭某接到母亲询问侄女去向的电话。他谎称侄女已被其带走，要求母亲汇款 1 万元，否则，与侄女同归于尽。后谭某被公安机关抓获归案。

从中可以看出，谭某犯罪手段残忍，不计后果；人性缺失，因怨恨家人将亲侄女杀害后，还继续找家中勒索钱财；生命观念淡薄，为了报复母亲而把亲侄女杀害，犯罪具有计划性、预谋性。由此可以推断谭某性格冷漠，容易记仇，以及与家人有潜藏很深的矛盾。

2. 社会经历

谭某自初中辍学后不久，就开始在社会上打工。曾经在鞋厂做过鞋，也做过汽车装饰美容，后来还送过外卖，可是每一份工作都做不长久，做一段时间就心生退意,怕吃苦不愿继续坚持。每次工资发到手,很快就挥霍一空,按照谭某自己的话说是"工资一发就没了,经常花天酒地",而谭某工作耐心也不足,所以经常没有钱用;只要没有钱用,就会找家里要,也因此与家人经常发生争吵。

从谭某的社会经历来看,长期没有固定工作,生活来源不稳定,加上怕吃苦,是导致谭某经济拮据的直接原因。谭某在外漂泊期间父母对其无法管教,且照顾较少,养成了好逸恶劳的习性。没钱用便采取暴力手段解决的行为习惯,也是导致谭某酿造这场家庭悲剧的重要原因。

3. 性格心理方面

谭某的心理测试结果显示,具有非常鲜明的冷酷无情特质,敢为性高,与谭某的犯罪经历结合起来看,十分吻合。

(二)矫治方案

1. 第一阶段(2018 年 9 月 ~2018 年 12 月)

预期矫治目标:基本能服从监规队纪规定,对民警的谈话教育能认真倾听,开始思考自己未来改造生活应当如何度过。

2. 第二阶段(2018 年 12 月 ~2019 年 3 月)

预期矫治目标:能遵守各项规章制度,信任民警,愿意主动向民警汇报思想,有困难也能向民警求助,基本做到无违纪扣分。

3. 第三阶段(2019 年 3 月 ~2019 年 6 月)

预期矫治目标:性格明显比过去开朗,能够接受自己的犯罪事实,给自己树立努力的目标。

4. 第四阶段(2019 年 6 月 ~2019 年 9 月)

预期矫治目标:较以前有较大变化,情绪稳定,愿意踏实劳动,信心增强,性格更加开朗,与他人交流正常,改造动力充沛,多拿分,多减刑,对未来有一定期望。

(三)矫治过程

1. 实施危机防控,稳定改造局面

服刑以来,谭某与他犯交流少,平时也不愿主动找民警反映自己的困难和问题。监区民警在签阅罪犯改造周记时,多次发现谭某在周记中反映自己思想压力大,主要原因在于三个方面:其一,自己的犯罪事实(杀害自己的侄女)不能够得到父母和哥哥的谅解;其二,自己的劳动绩效不好,工资报酬低,父母家人又一直不愿意来监会见上账,导致自己平时没有钱购买生活用品;其三,生活压力大,自己刑期长,没有勇气和信心活下去。在现实改造中,谭某多次深夜睡不着觉。每每民警询问原因,谭某都表示自己的人生没有意义、没有希望,觉得活着没意思,“想解脱”。谭某的人际关系不良,不仅不信任民警,也多次与其他罪犯发生矛盾争执。监区民警一致评定谭某有比较大的自杀危险倾向。

针对谭某的自杀危险倾向,监区民警决定对其落实车间监号双包夹措施,严密监控,全天24小时避免谭某单独行事的空间,随时掌握谭某的言行举止,遇到任何异常情况时及时向民警报告。

2. 落实谈话制度,建立信任关系

监区民警通过一系列的摸排,认定谭某还处在入监不久的心理波动时期。结合谭某本身的性格特点,想要尽快地掌控谭某的情况和动向,非常重要的一点就是及时与谭某建立起相对较好的信任关系。监区决定安排专管民警长期与谭某进行沟通交流,及时发现其在周记本中以及包夹罪犯反映的特殊情况。专管民警长期与谭某进行深入交流,在谭某的周记本中,只要看到谭某写出消极的话语,表现出对于未来没有信心,或者是自杀轻生念头,专管民警都会逐一细致地签阅,指点他正确的方向、告诉他解决问题的办法、鼓励他积极面对现实。利用周记本这个平台,专管民警把批阅变成了一长段一长段的文字交心,一本周记本几乎都是密密麻麻的字,都是谭某与专管民警的交流过程。除此之外,专管民警还在日常改造过程中,时刻关注谭某的情况与变化,及时发现他的进步予以肯定,帮助他增强积极改造的信心。尤其是在谭某进行亲情电话通话之后,民警会针对通话内容提醒谭某体谅亲人的不容易、亲情对于每个人的可贵、积极改造对于亲人的意义。经过几番长谈,谭某与家人的关系逐渐缓和,谭某也一点一点学会了站在家人的立场上思考问题。

经过无数次谈话,长时间的相处和沟通,谭某逐渐适应监狱生活,违纪情况和情绪稳定性明显变好。谭某的人际关系状况也得到明显改善,不仅能够与民警顺畅交流,也懂得了克制地处理与其他罪犯的矛盾。

3. 倾力家庭帮扶,打开双方心结

民警仔细分析了解谭某的案情后发现,谭某犯罪的根源在于家庭关系不良,造成直接伤害的承受者也是家人,被害者仍是家人,所以,要对谭某进行教育转化,也离不开家庭这个元素。民警鼓励谭某主动与其家人联系,真诚沟通,争取得到家人的谅解,并以亲情联合帮教活动为契机帮助他联系家人。虽然谭某在民警的帮助下与家人取得了联系,但他的犯罪给家人造成伤害的事实影响着他们之间的沟通效果,谭某也经常在联系家人之后产生情绪波动。好在谭某和家人的关系大致朝好的方向发展。虽然谭某和家人彼此怨恨,但考虑到家庭的帮扶对谭某的转化是必不可少的,监区民警鼓励谭某邀请家人进监参加帮教活动,帮教现场亲人之间“零距离”的相处终于松动了他们多年仇怨的坚冰。

事实表明,谭某与家人联系的过程中,通过民警多方协调、及时解释、耐心劝慰,谭某的母亲基本原谅了他;家人不仅愿意到监狱来会见,也会力所能及地给他上账。在亲情的感召下,谭某的改造效果提升,积攒的低工资报酬也解决了他的经济困顿问题。

【教育改造成效】

总体来讲,对于谭某的教育转化较为成功,基本达到了预期的矫治目标。

案例编号:HBJYJG1578016796

湖北省宜昌监狱八监区　周易

不认罪罪犯卢某的教育转化案

【罪犯基本情况】

罪犯卢某,62 岁,小学文化,因邻里纠纷,近 30 年反反复复上访、缠访、闹访,9 次前科、2 次判刑。本次判刑是卢某在上访过程中,与保安人员发生冲突,遂拿出刀子把保安人员的脸部划破,因故意伤害罪被判处有期徒刑 2 年 11 个月。

【罪犯教育改造方案的制定和实施】

一、存在的问题及原因分析

(一)存在的问题

卢某在看守所期间头撞铁窗,绝食 20 多天,庭审时大闹法庭,咆哮和辱骂法官,严重干扰庭审秩序。入监后拒不认罪,被监狱定为不认罪罪犯,7 个月后调入监区服刑。调入当天,态度嚣张,光着身体拒不换囚服,不吃午饭,不配合管理,拒绝写认罪悔罪书。

(二)原因分析

卢某调入监区后,干警对卢某不认罪的症结进行分析,分析出 4 点原因:

1. 对法律的无知

卢某只有小学文化,遇到问题不懂理性处理和用法律武器保护自己,只知道采取"无理取闹"的方式。

2. 心理扭曲

卢某心理上的扭曲,让其不能冷静正确地分析问题。卢某认为自己伤人不是故意的,认为自己被判刑是别人故意整自己。心理的扭曲导致卢某凡事都用极端的方式处理,致使其命运坎坷;除了无知外,还有其性格的偏激使然。

3. 仇恨心强

三十多年缠访无果,反而屡次被劳教、拘留和判刑,使卢某对政府、对被害人怀有强烈的仇恨心理,这种仇恨的发泄渠道表现为从闹看守所、闹法庭到闹监狱。这种仇恨心理,也使其抱定了破罐破摔、死磕到底不认罪的决心。

4. 生活无望

卢某已经62岁,生活贫困潦倒,没有收入,没有房子,多年的缠访、闹访、刑拘、劳教进而判刑入狱,导致其与亲人疏离。如今又入狱,生活更加无望。

二、教育改造方案的制定与实施

监狱干警采取"置换法",消除卢某的对立情绪,使其服从管理、认罪悔罪、踏实改造,树立对未来生活的信心和勇气。

"置换法",是用传统文化精髓清除罪犯头脑中的精神余毒。如今,民警将这种理念运用到教育转化不认罪罪犯当中,用传统文化精髓置换不认罪罪犯的仇恨心理和错误认知,这是一次探索,也是民警工作的一次挑战。

(一)"家文化"置换冷漠自私,促其情感回归

针对卢某因家庭关系破裂、缺少亲情关怀和温暖等原因造成的性格冷漠、偏执、易冲动等缺陷,民警采取了用"家文化"管理班组,通过定家训、立家规、树家风,给罪犯一份来自家庭的关怀和亲情的温暖,同时也让罪犯懂礼貌、守规矩,为卢某树立改造的信心和希望。

民警采取刚柔并济的措施,一方面,宣布监规纪律,对其违反监规纪律的行为进行扣分处理,强化其服刑意识和身份意识;另一方面,没有直接"硬碰硬"地满足卢某的挑衅心理,而是拿出耐心和包容,找卢某谈话,从"家是什么"谈到"家人的互敬互爱",从家庭责任谈到家风家训,进而扩展到班组建设人人有责、遵规守纪从认罪悔罪做起等。民警在灌输"家概念"的同时,更是从细节入手丰富"家内涵",例如,在日常生活中给予卢某适当的关心;生病时对其嘘寒问暖;过生日时,民警在日记批语中进行祝福,并送其苹果,寓意平安;春暖花开时,带

其到户外谈话、放松心情等。点滴关爱让卢某逐渐放下了戒备心，心中的坚冰开始融化，她在日记中写道："有家的感觉真好。"

（二）"礼文化"置换愚昧偏激，促其懂法守律

针对卢某对法律的无知，以及"自感冤枉"的错误想法，民警开出了"遵法守礼"标本兼治的"药方"，一字一句地解析判决书、分析刑罚的意义，让卢某认识到法律的严肃性、公正性。同时，民警又将传统文化"礼"的概念融入法治教育，从"没有规矩不成方圆"讲到"徒法不足以自行"，培养卢某对"礼"的尊崇，对"法"的敬畏，认识到犯错就要勇于承担后果，认罪悔罪是主动承担法律责任的表现，也是自我救赎的过程。

（三）"德文化"清除仇恨心理，促其认清罪与罚

民警通过开展"君子九思"主题班会讨论、"平常之礼，日修之德"践行国学等活动，促使卢某端正服刑态度，树立正确人生观。通过表演音诗画《家的感觉真好》，引导卢某认识自我，放下偏执。在监区浓郁的国学育人氛围里，卢某终于开始深刻反思，认识到认死理、不听劝、固执己见、心胸狭隘是自己生活不幸的原因；愚昧无知、自私自利是自己违法犯罪的根源。在懂得"知耻近乎勇"的道理后，卢某在监区大会上公开现身说法，表达认罪悔罪、改过向善的决心；同时明确表示以后不再无理缠访、闹访，而会以合理合法的方式维护正当权益。

在"情与法""罪与罚"辩证思维引导下，卢某终于写下《认罪悔罪书》。

（四）"孝文化"置换心灰意冷，增强生活信心

组织罪犯观看《孝行天下》节目，在班组中推行"孝文化"教育，让卢某反思其对家庭责任的缺失。卢某想起因自己无理取闹，不但没有对自己的父母尽孝，还让父母整天为自己担惊受怕。且自己作为母亲，也没有尽到为人母的责任。

民警从"身体发肤受之父母不敢毁伤"讲起，让卢某联想自己绝食、自伤等行为，让卢某明确这都是不孝之举，懂得如何迈出正确的一步，帮助其重新燃起对生活的热爱，树立改造信心。通过让卢某参加"国礼传道"汉服剧场的表演活动，体会汉服文化所承载的"天道圆融，人道正直"的内涵，促其规范言行、慎微慎独；参加"国学传颂"快板队，鼓励其将自己的经历创编成快板词并进行表演，自我忏悔，警示他人。此外，民警还手把手教卢某练习书法，在一笔一画中磨炼耐心，帮助卢某静下心、定住神、稳住劲，克制遇事易冲动的毛病。内容丰富、形式多样的国学教育活动促使卢某重新认识自己、认识社会、感悟生活，认罪悔罪、崇德向善的决心。

【教育改造成效】

经过近两个月不间歇的攻坚转化,卢某不仅写出了《认罪悔罪书》,公开现身说法,表达真诚悔罪、弃恶向善的决心,而且向被害人写道歉信、向审判长写感恩信、致歉信,向监狱干警写感谢信,重新燃起了对新生活的希望。

国学育人活动打开卢某不认罪的心结,端正了服刑态度,这是民警将国学育人活动与不认罪罪犯转化的有益尝试和探索,从中也获得了宝贵经验和工作启示。

(一)增加底蕴,深化教育内涵

国学文化博大精深,有特定的历史、人文环境,所以在应用中不能生搬硬套,既要考虑历史背景,又要明确现实意义。例如,分析“孝道”与“公德”的内在联系,厘清“情与法”的关系,认清“罪与罚”的必然。

(二)言传身教,践行教育内容

国学育人教育的启动,使国学文化从书本走进现实,从平面变成立体。在引导罪犯积极践行中,干警的身传言教起到事半功倍的教育效果。民警在讲“家概念”同时,更是亲力亲为营造家庭氛围,展示亲情关爱,促使罪犯增强家庭责任。

(三)丰富载体,拓宽教育渠道

针对卢某的文化背景、生活习惯、兴趣爱好、刑种刑期等特点,民警搭建了“国学传颂”快板队、“国礼传道”汉服剧场等活动为教育载体,拓宽国学文化传播、展示渠道,营造国学育人氛围,促进国学教育的全方位、立体画、多维度深入人心,实现教育全覆盖,提升教育质量。

(四)把握规律,创新教育思路

“置换法”运用于教育转化不认罪罪犯,是民警的一次有益尝试,在遵循教育改造规律的同时,有针对性地解决疑难杂症,使教育难题迎刃而解。

案例编号:BJJYJG1554860436

北京市女子监狱　沈绯绯

创伤后应激障碍服刑人员杨某的矫治案

【罪犯基本情况】

杨某，福建泉州人，1994年出生，2013年因抢劫罪被法院判处有期徒刑13年。杨某家庭经济状况一般，其父因为小儿麻痹症肢体不协调。2017年1月，杨某因为操作不当，右手卷入切面机中，由于破坏较大，右手手掌截肢。

【罪犯教育改造方案的制定和实施】

(一)犯因分析

1. 成长过程：杨某是家中的长子，家里还有个弟弟在念书。杨某由于不爱读书，叛逆、冲动等因素，初中就没有上学，自己在外面混日子。和父母关系尚可，入监后父母有来接见接济。

2. 社会经历：曾因为抢劫服刑2年。出狱后杨某不但没有痛改前非，反而变本加厉，没过多久，又因为抢劫罪被捕入狱服刑。

(二)入监改造表现

2017年1月，杨某右手手掌截肢。出事后，杨某自卑、焦虑，不愿与其他服刑人员相处来往，害怕别人看到自己的伤口，担心别人的指指点点，经常自己一个人躲在号房不愿见人。杨某害怕人际交往，害怕经过出事的场地，十分脆弱，经常止不住落泪。通过对收集到的资料和现实改造情况分析，杨某存在以下症结：

1. 个性原因

杨某性格中存在冷漠、孤僻、自尊心较强、不易对他人产生信任等因素，也导致其在受伤后不易接受他人帮助，越发孤僻和封闭。

2. 社会原因

在狱中缺少家人陪伴，回避他人的帮助，缺少社会支持，认为医生不该将自己截肢，对医生缺乏信任。

3. 直接诱因

杨某因为操作不当导致右手掌截肢，属于直接经历严重创伤事件。

(三)心理行为表现

运用90项症状量表(SCL－90)对杨某进行心理测试，心理测试结果显示，杨某有重度的躯体化、强迫、人际关系敏感、抑郁、焦虑、敌对、恐怖等症状。结合杨某自述、民警心理咨询师观察、民警与其他罪犯反映的情况,可以诊断为创伤后应激障碍。

(四)教育矫治的难点

1. 严重的现实刺激

杨某因为操作不当导致右手掌截肢,在创伤事件发生后,杨某头脑中反复出现自己受伤时的画面,懊悔自己当时不该将手伸入切面机中,并感到十分痛苦。有时个体感觉创伤事件反复出现,并引起身体的疼痛,出现闪回的现象。

2. 回避人际关系

个体不愿面对曾经相处过的服刑人员,尽量回避曾经改造的分管区,有时见到自己原来的管教民警也会感到强烈的痛苦。不断责备医生救治不利,导致自己截肢。具有持续性的害怕、焦虑、抑郁、愤怒等负性情绪。与他人脱离和疏远。

3. 极度消极的念头

杨某自述出事以来,自我感觉十分绝望,多次有轻生想法。若不是考虑到父母年事已高,还在为其辛苦打拼,自己绝对撑不下去,夜晚难以入睡,常做噩梦,夜里惊醒等。

(五)矫治方案

杨某由于近段时间遇到严重创伤,内心阴暗消极,民警心理咨询师遂采用积极心理疗法,在治疗中民警心理咨询师需要让自己变得更开放,去倾听杨某故事中最为艰难的部分,去看到他在痛苦中成长的可能性,帮助他关注到自己身上的积极资源,寻找到一条通向复原,甚至是创伤后成长的道路,积极应对改造生活。

1. 建立咨询关系、进行心理教育

民警心理咨询师运用共情,积极关注,澄清等方法,与杨某建立咨询关系。杨某之前参加过民警心理咨询师主讲的心理互助员培训课程,这部分经验可以帮助加深杨某与民警心理咨询师之间互相信任的咨访关系。民警心理咨询师认为其接受适当的心理健康教育,可以一定程度上缓解目前脆弱、焦虑和担忧等情绪。民警心理咨询师播放一段尼克·胡哲的纪录片,然后和杨某探讨为什么天生缺少手脚的胡哲能够像普通人一样积极乐观的生活。而后民警心理咨询师向杨某介绍了创伤后应激障碍的临床症状和表现,让杨某明白在他身上出现的懊悔、痛苦、闪回、逃避、绝望等情绪都属于正常现象,并不是他身上独有的,也不会永远停留在他身上。所以他不用对自己的现状过分自责,缓解其焦虑情绪。

2. 调动心理资源,聚焦于沉浸状态

大部分民警心理咨询师会将焦点放在疾病问题和心理困扰上,与此相反的是,积极心理学要求民警心理咨询师关注个体生活历史和日常体验中积极的一面,这种个人最佳体验状态称为沉浸。这种积极和有益的意识状态的特点是,能够知觉来自环境巨大的挑战,并伴随着高超的个人技能。当来访对自己的生理、心理和社会处境有一种建设性的知觉,加上环境方面的促进因素,就能帮助他成功地应对生活的挑战,并且去追求有意义的目标。民警心理咨询师察觉到,杨某渐渐将注意力集中到对现实环境和挑战上来;应对挑战后成功的体验以及对环境的控制感将给杨某带来积极的影响。

3. 重构人际关系

鉴于杨某对人际关系存在持续回避行为,民警心理咨询师决定用循序渐进的暴露疗法,让杨某改变这种回避行为。民警心理咨询师邀请杨某和之前分管区关系较好的服刑人员见面,并带杨某频繁出现在人群密集的地方。通过前两次的暴露疗法,让杨某逐渐意识很多心理负担是自己强加给自己的,只有卸下这些心理负担,恢复人际上的交往,自己才能恢复正常的生活。

4. 在创伤中成长,构建积极的改造生活

原谅可以代替生活中的愤怒和怨恨,并将其转化为积极的情绪。在原谅过程中,杨某直面并释放愤怒,探索是否愿意考虑原谅,结合过错发生的历史背景和环境背景来看待过错,对过错方的立场产生共情,在痛苦的事件中找到意义。鉴于杨某对为自己调换中队的警官和为自己救治的医生多次表达不满,认为他们是导致自己残疾的主要原因。民警心理咨询师让杨某对这位警官和这位医生分别写一封原谅信,由民警心理咨询师代笔,描述一件过错事件以及自己的相关情绪,发誓原谅过错方,但不要把信寄出。最后民警心理咨询师让杨某再写一封信,写给过去这段时间的自己,宽恕那个因为操作失误而导致现在残疾的自己。杨某通过谅解和宽恕卸下心中的愤怒和仇恨,让自身能坦然面对过去发生的种种事件。

懂得感恩的人,会意识到生活中发生的好事,并在这个意识过程中体会到快乐,进而迸发出感恩之情。临床研究发现,感恩于幸福感有着较高的相关性,写感谢信这样的干预可以增强幸福感。民警心理咨询师让其回忆这辈子最值得感恩的事情,并让杨某每天最少记录 3 件值得感恩的事。写感恩日记帮助杨某形成感恩心态,在每日的生活中体验更多美好的感觉,形成积极健康的心态。通过记录感恩事件体验人际支持和积极体验,帮助杨某轻装上阵迎接今后的改造生活。

(六)预期矫治目标

1. 近期目标:缓解目前存在的低落、害怕、焦虑情绪,建立良好的人际关系。

2. 远期目标:调动积极的内在资源,以乐观向上的态度面对改造生活。

【教育改造成效】

经过近3个月的心理治疗,杨某自述心情好了很多,虽然有时也会为自己的未来担忧,为别人异样的目光感到焦虑,但比起以前自己能感受到生命的温度。特别是记录感恩事件让自己感受到了生活中美好的一面,感觉改造生活也没那么枯燥了。

通过这个案例,民警深刻体会到,民警心理咨询师要善于发现杨某身上的心理资源和正能量。在本案例中杨某通过积极心理疗法,克服创伤给其带来的一系列应激症状,心理健康水平有了较大提升。特别是在察觉沉浸体验、重建人际关系及宽恕和感恩等方面,民警心理咨询师和杨某以一种合作伙伴的关系,共同完成了咨询目标和任务。在咨询过程中,民警心理咨询师也从杨某身上收获良多;可以发现和引导杨某身上的心理资源,但真正能调动心理资源的只有杨某自己。在该案例中,杨某好强、独立的个性也是其治愈的关键因素。

案例编号:FJJYJG1523414519

福建省未成年犯管教所　高紫轩

焦虑罪犯乙某的心理咨询案

【罪犯基本情况】

(一)人口学资料

罪犯乙某,男,32岁,高中文化,已婚,因非法采矿罪被判处有期徒刑4年,并被确定为黑恶势力团伙。乙某一直与父母同住在农村。父亲脾气不好,乙某小时候经常见到父亲和母亲打架,认为自己是母亲的支柱,入狱后担心母亲。

(二)改造生活状况

乙某改造积极,主动参与监区各项活动,在“红五月”歌咏比赛中担任领唱,与其他罪犯和管教民警关系良好。目前,几次减刑申请被退回来,由于为减刑之事着急,乙某情绪波动很大,心慌、紧张,时时有恐惧的感觉,脑子非常混乱。每当想起报减刑没批下来时,就会出现胸闷气短的躯体症状,偶尔注意被分散的时候问题会轻一些,服刑生活中的困难就是大部分时间觉得心里很压抑。

(三)婚姻家庭

乙某自述,自己从小就非常听话,属于老实孩子,从小和父母居住,父母经常打架。父亲小心眼,脾气大。母亲血压高,患有冠心病。18 岁高中毕业后在乳品厂上过班,学过电工,在家待过一段时间,其间和父亲有过不愉快,特别讨厌父亲当着别人说自己不行、没能力。因为父亲说自己,其曾用啤酒瓶砸过自己头,用头撞过门框,但因为母亲担心,自己也认为这样做不对,所以以后再也没有这么做。与妻子和儿子关系很好。

(四)社会功能

乙某社会功能良好,能够正常出工劳动,积极参加监狱安排的各种活动,与民警和其他罪犯的人际关系良好。

【罪犯教育改造方案的制定和实施】

(一)心理问题分析

乙某的智力完好,有自知力,人格相对稳定,主客观一致,能正常地参加劳动和改造生活。

乙某因为减刑申请被打回来受到打击,血压升高,并感觉其心脏可能受到影响,心里一直都特别担心、紧张、害怕。也就是说,乙某的躯体症状和现实问题是紧密联系的。但同时我们也发现深层次的问题,即一方面,乙某因希望早点回家而不能减刑压力巨大;另一方面,乙某因不知道出监后如何面对家人、面对朋友、面对社会而焦虑,而后者是隐性的。乙某正是因为这种复杂的心理冲突而出现心理焦虑症状,并且乙某的这种症状会随外部环境的变化而有所改变,应属一般心理问题。

(二)具体心理咨询目标

因为乙某服刑剩余时间本就不多,通过与乙某共同讨论,只确定了短期的心理咨询目标:陪伴乙某度过刑期,解决乙某紧张、焦虑、恐惧的状态。

(三)咨询方案的制定

经乙某及咨询师议定,本次咨询以 6 次为一个阶段,每个阶段结束后,由双方共同商定结束咨询或进入下一个咨询阶段,咨询时间为每周一次,咨询地点在咨询室,每次咨询50分钟。乙某因特殊原因不能前来咨询,应提前通过分监区告知咨询师,咨询师如因特殊原因不能咨询,也必须提前通过分监区告知乙某,或亲自告知乙某。

(四)咨询过程

咨询过程共分为四个阶段。

第一阶段(初诊接待),任务为建立咨询关系、明确问题、确立治疗目标。乙某身体略胖,寸头,面白,胡须比较重。咨询过程中一直在强调自己,自述自己从小和父母一起长大,比较老实,从来没和别人打过架。父母从小就经常打架,但是和自己的关系比较好。乙某的症状符合大多数出监焦虑的罪犯的状况,而乙某的减刑材料几次被驳回又雪上加霜。所以在初诊接待过程中,心理咨询员更多的表示对乙某目前状况非常理解,采用共情技巧帮助乙某宣泄积压在心理已久的不良情绪,帮助乙某稳定心态。同时,建立了短期的心理咨询目标,明确了利用认知疗法来帮助乙某消除靶症状。

第二阶段(第二次咨询),主要任务是运用认知疗法实施咨询,明确乙某的问题和目标后,开始对其不同层次的认知观念进行识别、检验和矫正:

1. 请乙某描述最近发生的症状的情景,要求乙某具体描述事件,同时体会当时自己心里的感觉。

2. 用想象或角色扮演的方法再现乙某当时的情绪体验,使乙某的负性自动式思维比较容易暴露出来。

3. 咨询时人为引起乙某的情绪改变,进而捕捉乙某的负性自动式思维。

4. 请乙某说明事件对他的意义。

通过上述4种方法,发现乙某易受暗示,其躯体症状大多数是由精神交互作用导致的。因此,通过适当的解释,已能够了解自己症状产生的原因,通过一定的导引和暗示练习,乙某减轻了自己得心脏病的焦虑。

第三阶段(第三次至第五次咨询),运用认治疗法,帮助乙某找到自己的负性自动式思维,即凡事不能看到事情的全部,只关注事件负性的发展趋向。通过完成家庭作业,乙某掌握了自己识别自己负性自动式思维的能力,使乙某的心理问题得到改善。

第四阶段(第六次咨询),任务为结束咨询工作。通过6次咨询,乙某的心理症状基本消除,认识到问题的根源还是来自童年成长过程。父亲对自己的否定,造成其自卑的心态,所以总因事情做不好而焦虑、恐惧。通过咨询,乙某认识到自己已经成年,并不是一事无成的小孩,可以通过成熟的心态看待自己,看待事情,看待父亲。通过几次心理咨询,乙某的心理成熟度提高了。

【教育改造成效】

乙某自述,自己的症状已经好了,不再因为能否减刑而担心害怕了;其实能不能早一天回家并不那么重要,更重要的是自己心态调整得好不好,有没有准备好回家,回家后能不能更好地对待家人,对待社会。民警和其他罪犯反映,乙某现在不再像以前那样焦虑害怕,能够正常面对减刑和释前焦虑,现在乙某比以前更成熟了,为人处世更得当了,改造状态比较好。

【案例启示】

认知疗法对监狱罪犯的一般心理问题,确实有非常显著的效果,特别是对临出监罪犯的焦虑症状效果显著。

通过此次心理咨询,咨询员感觉到加强对临出监罪犯的心理咨询工作尤为重要。首先,临出监罪犯的焦虑、紧张症状具有普遍性。其次,临出监罪犯的出监教育时期,是他们与社会接轨的重要准备时期,在这一时期对罪犯给予一定的关爱、支持、帮助与教育,可以使他们调整自己的心态来面对社会上的种种问题,从而降低再犯罪率。

案例编号:BJJYJG1538981127

北京市监狱　邱子鹏

罪犯季某某的矫正案

【罪犯基本情况】

罪犯季某某,男,1979 年 8 月出生,江苏省人,初中文化。因犯故意杀人罪,2007 年 12 月 14 日,被江苏省高级人民法院判处死刑,缓期 2 年执行。2008 年 7 月 3 日,被押送至苏州监狱服刑改造。季某某自入监以来情绪低落,性格乖戾,极度不适应监狱改造生活,且季某某股骨头坏死,无特效治疗手段,多次缠医闹医,具有一定自杀、行凶倾向,现实危险性大,被监狱评估认定为高度危险等级罪犯。

【罪犯教育改造方案的制定和实施】

(一)个人成长经历

季某某自幼生活在江苏省苏北农村,全家靠务农为生,家庭经济拮据。季某某为家中幼子,父母亲对其溺爱,一味满足季某某无理要求,养成了季某某自私自利又以自我为中心的性格。初中毕业后季某某在社会上游荡,性格粗暴,遇事冲动。2011 年,因与妻子发生情感纠纷,相互推搡中,季某某用刀猛刺其妻胸口,被判处死刑,缓期 2 年执行。

(二)入监改造表现

季某某社会恶习较深,性格自私、好逸恶劳,导致其改造消极,规范意识差,常因琐事与他犯发生争执,在改造上经常以病闹医,以自己股骨头坏死为由,多次对巡诊医生进行辱骂,对民警管理教育置若罔闻。2018 年 11 月,季某某调至二十一监区改造。

(三)教育矫正的难点

一是身体患病,缠医闹医影响坏。季某某股骨头坏死,无特效治疗手段,自述有身体异物感,并以维护自身权利为由,要求得到彻底治疗,多次纠缠巡诊和会诊的医生,在犯群中造成恶劣影响。

二是罪重刑长,主动求改意愿低。季某某属于死缓罪犯,刑期长,认为自己"这辈子没希望了",入监后因无心改造,对监狱环境不适应,逃避改造心理明显。

三是性格偏执,周围人际关系僵。季某某心理健康程度低,习惯以自我为中心,性格偏执,容易认"死理",缺乏自我反思,容易和其他罪犯发生各类矛盾,导致出现冲突事件。

四是众叛亲离,社会支持程度弱。季某某将其妻子杀害,本身就对家人造成伤害。季某某在监狱中不认罪服法,多次被处罚,更是让家人十分失望,逐渐断绝了对季某某的联系与支持。

(四)预期矫正目标

一是正确对待疾病,合理看待疾病与治疗的关系,提升身体康复水平,消除自伤、行凶的隐患。

二是重建社会支持,增强自身改造动力,制订改造计划,树立正确的改造目标。

三是学会合理认知，重建归因系统，学会内部归因，做好个人自省，反思自身不足，克服自身缺点。

四是强化守法意识，服从民警管理教育，和同改和睦相处，减少违规违纪行为。

（五）矫正措施

1. 加强管束，戴上监规纪律"紧箍咒"

季某某之所以多次缠医闹医，归根结底是因为淡化了监规纪律意识。监区决定重新以此为切入点：一是形成遵规守纪大气候。监区主动通过大会讲评及违规违纪罪犯现身说法等手段，帮助季某某认清违反监规纪律的后果，需要付出的代价，对季某某进行震慑，让季某某"知难而退"。二是营造学规畏纪小环境。对季某某所在小组进行人员调整，将平时表现好、遵守监规纪律意识强的罪犯补充进来，在平时的改造中不断提醒季某某的不足，内化其遵守规范的行为习惯。三是开办知规懂纪微课堂。针对季某某监规条文不熟悉的情况，民警专门向他宣读规章制度，在其改造床位贴上整个规范条文，定制一日监规纪律学习计划，系统帮其补课。通过一段时间努力，季某某能基本能在行为上遵守监规纪律。

2. 精准施策，开启闭塞心门的"泄洪闸"

尽管季某某能基本遵守监规纪律，但从不主动与民警交流，对民警怀有强烈的抵触心理。民警决定真正打开季某某的内心世界：一是疏导负性情绪。民警及时介入关心，引导季某某主动说出自己的想法，使其长期积累的负性情绪找到释放渠道。二是化解对抗情绪。尽管民警没有正面认同他的行为，但是通过不厌其烦的倾听、接纳、理解，季某某感受到了不一样的对待，对民警不再强烈抵触。三是矫正扭曲信念。民警在个别教育时对其指出，长期的纠缠并没有让身体得到康复，这使季某某认识到好好改造是为自己，缠医闹医只会使自己的健康变差。

3. 身心齐治，用好化解症结"破冰铲"

季某某之所以多次缠医闹医，长期患病无法治愈导致心态扭曲是重要诱因。只有双管齐下，同时做好疾病治疗和心理调适才能真正帮助季某某走上改造正轨。一方面是"治身"。监区主动联系医院，邀请社会专家对他的病情进行会诊，制订康复计划，设立康复目标，引入康复资源，定期对季某某进行康复训练，一个周期下来，季某某的病情得到明显改善。另一方面是"调心"。季某某性格偏执，民警通过心理剧、"空镜子"等技术，让季某某进行角色互换体验，站在他人的角度看问题，体验他人的感受。通过持续针对性矫治，季某某逐渐认识到自身思想上的偏激,对自身性格中缺点予以克服,情绪自控能力得到明显提升。

4. 亲情修复,注入自我悔改的"动力源"

季某某因为情感冲突致其妻子死亡,加上多年的负面改造消息,让家人和朋友对其由失望到不管不问。季某某育有一女,目前由岳父母抚养,长久不联系,但季某某十分渴望见女儿一面。监区决定去实地走访,但民警到季某某岳父母家告知来意时,老两口二话不说将民警推出家门,怎么敲门也不开。一时的挫折并没有让民警气馁,一次不行两次,两次不行三次。终于,老两口被民警的真诚打动了,终于松了口,同意让季某某的女儿见季某某一面。当见到女儿那一瞬间,季某某泪流满面,当场向民警表态今后一定好好改造,争取早日减刑,回去好好做人。

5. 稳扎稳打,定好主动求改的"计划书"

一是强化服刑意识。监区为季某某制订矫正计划,设立阶段性矫正目标,主动引入身份意识、规范意识的教育,加强人际关系训练,对季某某出现的苗头性问题及时指正。二是明晰法律观念。鉴于季某某法律知识匮乏,对法的认识简单朴素,监区引入了普法教育,让季某某学法理懂法规,结合自身罪行反思给家人社会带来的危害,促进认罪悔罪,强化自律自控,提升遵纪守法的意识。三是注重文化养成。监区开办了传统文化学习班,用传统文化内核去潜移默化的引导季某某,培养道德意识。在监狱组织的文艺演出中,季某某对古筝有了兴趣,监区专门安排季某某随监区文艺特色队一同排练。

【教育改造成效】

通过监区的教育矫治,季某某情绪和行为的自控能力明显提升,改造信心增强,与同犯相处较融洽,法律意识、认知水平和适应能力都得到了提高,取得了较好的转化效果。

通过此案例,有以下几点体会:一是矫治罪犯是一项工程。罪犯的矫治是一个系统工程,不是一两次谈话就能解决,需要系统的有针对性的方案,需要各个管理教育层面的协调配合,需要使用多种转化手段综合施策。二是矫治罪犯是一门艺术。在矫治的过程中要针对罪犯个性特点、思想状况,在合适的转化时机,选择有效的教育方法和手段,才能取得事半功倍的效果。三是矫治罪犯是一次成长。罪犯的矫治成功离不开个人自我成长。民警需要引导罪犯自我觉察、自我探索、自我归因、自我改造,实现自我内在支撑,最后实现自我成长。四是矫治罪犯是一次长跑。转化成功并不是一劳永逸,而要对转化后的罪犯继续关注,长期支持。对于改造中的积极行为,要给予强化;对于消极现象,要及时制止,在未来的改造之路上逐渐帮助罪犯建立良性行为模式,健康改造。

案例编号:JSJYJG1575882391

江苏省苏州监狱　孟　曦　刘国奇

罪犯袁某的教育转化案

【罪犯基本情况】

罪犯袁某,男,1980 年出生,大学文化,四川省金堂人。2009 年 11 月,因贩卖毒品罪被判处死刑缓期 2 年执行。2009 年 12 月 22 日,押送四川省成都监狱改造,2012 年 2 月,由四川省成都监狱调入四川省嘉陵监狱服刑。

【罪犯教育改造方案的制定和实施】

(一)入监表现

1. 刑期漫长常自弃

袁某分入监区后,常挂在嘴边的话就是“我刑长,等我坐出去都五十多岁了,还不如混一天是一天”“家里人不管我了,我活起还有啥子意思”,因犯罪入狱,让家人失望,无法取得家人谅解是烙在袁某心中的一块心病,经常为此夜不能眠,思想包袱十分严重。

2. 不良心理常封闭

袁某改造中几乎不与其他人交流,喜欢一人独自看书,不参加监区组织的文娱活动,常能看到他在操场孤单的身影和无助的徘徊,一副心事重重的样子,民警和罪犯与其交流,他都不信任,将其拒于千里之外,总想把自己封闭起来。

3. 猜忌心态常报复

劳动中偷懒耍滑,对民警安排的任务总是抱怨和变相抵抗,时常怀疑自己的不顺是别人在陷害他。例如,2013 年 1 月,袁某无端对找民警谈心的同互监组罪犯李某大打出手,原因竟是认为李某在打他的“小报告”。

4. 性格暴躁常违规

对社会的仇恨和粗暴的性格使袁某与他犯关系非常不融洽,一言不合就要发生言语甚至肢体上的冲撞,因小事与他犯轻则出口、重则出手是常事,为此曾受到过监区集训3次,规范学习10余次。为促进其走上正常的改造之路,监区管教民警和分队民警曾多次找他谈话、谈心,寄望找到其“反改造”的症结,但是毫无起色,表现依旧。2013年2月,袁某被列为监狱级顽固犯进行管理,5月列为省局百名攻坚顽固犯之一。

(二)矫治方案

监区决定要抽“丝”剥“茧”,制定教育转化方案,成立攻坚小组,帮助袁某熔化顽症,重获新生。

1.“切”准症结

攻坚小组民警逐一分析顽固成因:第一,从其社会阅历分析,袁某毕业于成都理工大学,曾在成都的一家私企从事文案工作,可一个月五千多的工资待遇让他深感上天对自己不公平,幻想一夜暴富,沉迷灯红酒绿的生活,社会关系复杂,阅历丰富,其犯罪心理结构相对稳定。第二,从他的法律认知程度分析,袁某对自己量刑不服,一直把贩卖毒品当作自己发家致富的手段,始终认为法院量刑过重,对民警的教育有抵触情绪。第三,从其成长经历分析,袁某从小成绩优异,备受家人、学校宠爱,认为一切事物都会以他的意愿和想法去转移,并且坚信自己的观点,不容许任何人质疑,然而当被带上冰凉的手铐,面对家人、同事失望的目光,袁某的自大骄傲、自信心被彻底摧毁,对所有的一切已经漠然和心灰意冷。在面对民警时经常表露出“我的世界观、人生观已经成形,你们不需要假惺惺地来教育我,你们懂的我都懂,你们想改变我的想法是不可能的”的想法。第四,从其服刑经历来看,袁某系转监犯,原在成都监狱服刑时,因劳动强度低改造压力小,而转监至嘉陵监狱改造,从事相对要求较高的服装生产劳动,前后改造环境的改变造成其巨大的心理落差,十分抗拒劳动,导致不能完成生产任务,经常受到规范学习。第五,从袁某心理测试报告上分析,《COPA-PI测评报告》显示其偏执因子分偏高,思维较为敏锐,不太安分守己,比较恃强霸道,报复欲较大,有很强的变态心理倾向。将以上内容同先前得出的罪犯性格框架印证比较,总结出袁某的主要性格特征和顽固症结。

2.对“症”下药

通过以上分析,攻坚小组制定了个别教转方案,通过五步走的方式来进行:一是与其沟通、化解对立面、建立信任关系。二是加强认罪服法教育、树立悔过之心。三是消除悲观心理、增强改造积极性。四是强化亲情感召、增强劳动能力。五是树立正确的人生观、巩固改造成果。

3. 耐心教育敞心扉

谈话初期，攻坚民警并没有按常规个别教育方式与其进行大量的个别谈话，而是由分管教育改造的民警负责。而谈话的时间、地点则变化不断，在操场、在收出班队列行进上、在多功能大厅里，谈话的内容则看似无比简单，甚至不需要他本人回答，如“袁某，最近看什么书?”“袁某，今天表现不错嘛”等。监区领导的关心，引起了袁某的“警觉”，入监以来第一次主动约谈民警想探探“葫芦里是什么药”，而民警不与其谈改造表现而谈对书籍的看法和认识，则让袁某惊奇不已。等待民警值班时“传唤”自己，与自己讨论所看书籍的看法，竟逐渐成了袁某的期待和习惯。而这一切都是攻坚小组提前对袁某生活习惯、学习方式等调查后采取的措施之一。在对书籍的看法交流中，袁某虽然依然沮丧悲观，但对民警的对立情绪和戒备心理悄悄地改变，也使袁某打破长期以来抗拒的心理定式，有了积极一面的心理趋向。

4. 以影说法促改变

袁某的学历高，认知力较强，偏执性也较高，如何能让其正确认识到自己所犯的罪行? 2013 年监狱在教育日中开设优秀电影播放，各监区可在监狱拷贝大量优秀电影在监区自行放映。攻坚小组抓住这一契机，让袁某协助民警担任监区电影播放员。攻坚小组“有范围选择的”电影，让袁某被动参与观看影片，通过直观的视觉案例来刺激袁某对自身进行反省。民警通过将近两个月的适当介入，利用刑期对比、批评劝诫、启迪引导、表扬鼓励、角色换位等方法加大教育力度和深度，使袁某逐渐认识到自己贩毒对社会的危害性和违法性，并为自己犯下的罪行深感后悔。袁某主动将自己的感触和想法写成思想汇报，以表明认罪的悔过之心。

5. 心理开导树信心

攻坚小组民警深知顽固犯的转化需要多种教育形式共同发挥作用，而心理咨询无疑事半功倍。监区心理咨询民警在教转期间，首先，和袁某建立起尊重信任和细心倾听的关系，每次都像“家长”一样，对他所讲述的人和事持相信的态度，和袁某建立其积极有效的信任关系；其次，运用疏导、安慰、启发的方式，少说多听，对袁某不良情绪进行合理疏导，适当予以安慰，启发袁某对自己面临的问题做出正确的分析与判断；最后，针对其内向、孤僻的特点，引导其积极参加健康向上的集体活动，促使其勇于向民警倾诉和提问，使其摆脱困境，振作精神。民警还了解到其对“刑长”悲观的心理，便利用激励的方式，发现他值得肯定的方面，激发他转变消极的人生态度，鼓励其积极向上的改造态度。民警又将表现较好的罪犯与他编为一个互监组,并结成互帮互助对子,在罪犯大会上当众表扬袁某的进步,背后批评缺点。教育其应正视困难,克服困难,使其明白人的一生就是与困难争斗的过程,没有困难,就没有人生,困难只是暂时的,只要经过不断的努力,就能够获得成功。监区民警看到其文化程度较高,鼓励袁某多阅读书籍,鼓励其积极向监区板墙报和监狱《新岸》报投稿,鼓励其积极参加高等教育自学考试。通过阅读有益书籍,使袁某在阅读的潜移默化中树立正能量,明白做人的道理,自觉地矫正错误的认知。

6. 亲情感召释前嫌

强化亲情感召氛围,可以有效地教育转化罪犯。由于袁某长时间无人接见,其亲人认为他的罪行使他们在亲朋好友面前丢尽了脸面,说什么也不肯来。了解到这个情况后,攻坚民警积极联系袁某的父母及妻子,民警们相信血浓于水的亲情,一次次地通过电话联系、家庭走访等方式做其家人的工作,让袁某的家人感受到了民警的诚意和真挚,2013 年 5 月,袁某妻子终于来到监狱,袁某见到其妻泣不成声,通过和妻子一番交流,彼此消除了误解。2013 年 6 月,其父母参加了监狱组织的亲情帮教,苦口婆心的召唤使袁某激动不已,其妻也当场表态每月来看望他一次,亲人的关心使他又重获亲情温暖。2016 年 7 月,袁某参加了由重庆朔源人文机构携手嘉陵监狱开展的“点燃希望,让爱回家”手拉手大型公益活动,在志愿者无私大爱的感召下,袁某灵魂受到了深刻的洗礼。

7. 岗位调整减压力

民警了解到袁某因长期完不成生产任务,劳动考核分又低的情况后,分队民警和外协师傅亲自进行劳动技术指导,使其很快掌握了生产技巧,提高了劳动效率,同时对袁某进行工种调整,适当降低劳动考核任务,极大地提高了袁某改造的信心,消除了改造的压力,看到了减刑的希望。

【教育改造成效】

通过攻坚民警的不懈努力,袁某思想认知不再偏执,行为不再莽撞,能模范遵守监规纪律,积极维护互监组制度,所在互监组无违规违纪行为,积极参加政治、文化、技术教育。现袁某担任监区文化教员、罪犯通讯组组长,常年在《新岸》上发表文章,弘扬积极改造的正能量,被省局评为“学习之星”,所带领的通讯组被评为 2016 年度“优胜通讯组”,自己也被评为“优秀通讯员”“写稿积极分子”;袁某积极参加自考,目前 8 门课程获得四川省自学考试合格证书;劳动积极肯干，档位被定为最高 A1 档，多次被评为“生产标兵”；因表现突出，袁某 2015 年度被评为监狱级改造积极分子。袁某因改造积极，已获得 3 次减刑奖励，现余刑 13 年 11 个月。

“人间只有真情在，不信东风唤不回。”拯救一个罪犯，就拯救一个家庭；拯救一个家庭，就为社会增添一份和谐与稳定，这是我们监狱民警的最大梦想和幸福之所在。

案例编号：AHJYJG1516005730

四川省嘉陵监狱　王朝良

顽危犯李某某转化案

【罪犯基本情况】

李某某，男，初中文化，湖北省人，2016 年 2 月，因抢劫罪获刑 7 年 6 个月，2016 年 8 月，押送恩施监狱一监区服刑改造。2013 年 7 月，曾因盗窃罪被判处 2 年 3 个月，系累犯。

李某某自入监服刑开始，思想悲观，改造消极，监区民警多次谈话教育，效果不明显。2016 年 8 月，监区民警在清监过程中，发现其日记本上所记日记流露出轻生厌世的想法，便结合现实改造表现，将其列为重点管控对象；2017 年 5 月，经监区研究并报监狱管教业务部门集体会诊，认定为具有自伤自残倾向的危险罪犯。

【罪犯教育改造方案的制定和实施】

（一）危险表现

1. 改造态度消极

李某某认罪悔罪和角色意识不强，加上出狱后再次服刑，一度抱有“这辈子就这样了、搞好搞坏无所谓”的思想，多次违反监规纪律，不服从管教，长期不能完成各项改造任务，是监区大错不犯、小错不断的反改造典型。

2. 自卑心态严重

看不到自己的长处，人生态度消极，面对困难和问题缺乏积极阳光心态，性情孤僻，不愿与人交往，对外界对自己的评价极为敏感，总是担心别人瞧不起自己,情绪波动起伏不定,遇外界刺激极易走极端。

3. 自控能力较差

李某某心胸狭隘,以自我为中心的思想较重,不容有悖于自己想法的人和事,与其他服刑人员的关系紧张,易因矛盾纠纷易引发行凶报复和自伤自残,造成监管事故。

(二)原因分析

1. 法纪认知上的缺失

李某某文化水平低,接受法制及道德教育不够,法纪观念淡薄,虽有两次服刑经历,但角色和身份意识不明,改造目标和规划不明,自认为再次入狱是“点子差、火气背”,未真正认识到违法犯罪的严重危害和后果,对自身存在的问题反思不够,抱有得过且过、无所谓、“混刑期”的心态。

2. 成长过程中的挫折

李某某从小父母离异,由爷爷奶奶抚养成人,缺失父爱、母爱,接触社会阴暗面较多,总想不劳而获、走捷径发大财。踏入社会务工期间多次受挫折,常以悲观消极的思维看待任何事物。在此次服刑期间,作为家庭主心骨的爷爷去世,奶奶身体不好且已 80 多岁,虽有赡养奶奶承担家庭责任的愿望,但刑期较长一时难以实现,影响其积极改造早日出狱的激情和冲动,存在破罐破摔、自暴自弃的心态。

3. 人格心态上的缺陷

李某某思想及行为狭隘,不善于与他人沟通,总是以敌视的眼光看待周围的人和事。同时,把服刑改造想得过于困难、复杂,和其他服刑人员相处时常因小事发生口角,难以在服刑人员群体中获取正能量和帮助,不和谐的人际关系使其长期处于压抑、悲观的状态。

(三)教育矫治的难点

一是法纪认知上的提升。李某某接受正规学习教育少,法律常识极度匮乏,教育矫治过程中需要更多地在认罪悔罪、服从管教上下足功夫。

二是人生价值上的重构。李某某自幼缺失母爱,成长环境特殊,人生价值观扭曲,教育矫治过程中需要更多地在帮助其树立正确的人生态度上下足功夫。

三是服刑心理上的矫治。李某某性格孤僻,悲观、消极的心理因素影响健康服刑,教育矫治过程中需要更多地在帮助其重构健康心态上下足功夫。

（四）矫治方案

监区通过调阅李某某的档案，认真分析其犯罪成因，结合现实表现，成立1名监区主要领导牵头、1名专管民警为主的攻坚转化小组，持续进行攻心融冰作战。

1.突出监组互助，骨干影响带动

监区专管民警密切关注李某某的日常言行，除“两明一暗”的包夹措施外，有意识地安排调配心态积极乐观的积极层服刑人员与其组合成生活区和生产区互监组，从学习、生活、劳动等各方面进行润物无声的帮助，时时处处营造温馨和谐、有阳光、有温度的改造环境，带动李某某积极改造。

2.巧借文字桥梁，给予正面引领

李某某在一次完成题目为“服刑期间应该怎样处理人际关系”的作业时，写道：“他是他，我是我，不多说。”监区民警批阅道：“不多说，不想说，我想你的内心一定有很多话要说，今天不多说，明天不想说，我等你想说了再来说。”激励李某某用笔反映自己的心态。在第二次作业中，李某某完成作业后加了一句话：“谢谢警官，不想说，不多说，只是我找不到怎么说。”监区民警发现找到了打开教育转化李某某的症结，用无声的书写方式与其沟通，建立彼此间良好的信任感。此后，监区民警在批阅其作业时，都会写上一些鼓励的话。慢慢地，李某某变得不再抵触监区民警的管理教育了。

3.明确改造目标，强化自控能力

李某某非常信任监区小组主管民警，以此为契机，在个别教育工作中以谈心的方式，以身边的案例为突破口，引导其算清违法犯罪的教训、损失、危害“三笔账”，对照服刑要求算好承诺、成绩、感情“三笔账”，用积极乐观的态度去对待生活的挫折、对待改造中的困难，用辩证的观点去看待周围客观的物质世界，自我调整不良情绪，积极融入服刑人员群体，抛弃旧我，重塑新我。李某某也有了明确的改造目标：不违反监规纪律、2次减刑、通过积极劳动，多积累新生创业资金。

4.强化情感抚慰，激发感恩心态

李某某身体不好，生病时监区民警主动询问病情，第一时间带其就诊，跟踪了解恢复状况，使其感受到监区民警的真正关心。同时，监区鼓励李某某利用书信、电话等方式，加强与家人的沟通联系，找回遗失的亲情。在监区的多方努力下，李某某的母亲于2017年8月专程从外地赶到恩施监狱进行了亲情会见，并鼓励李某某好好服刑改造，争取早日回归社会。家人的关心，弥补了其与父母亲之间的情感裂痕。李某某在改造周记中写道:“是监狱民警帮我找回了亲情,我要积极改造,早日回家与家人团聚。”

5. 培养兴趣爱好,增强团队意识

李某某由于性格原因,没什么特别的爱好,收工回到生活区没有事情干,偶尔看看电视。监区民警在与李某某的交谈中,发现其会下象棋,监区在文体活动中专门安排互监组成员与其下象棋,偶尔监区民警也会主动与其切磋棋艺,同时推荐参加监区和监狱的各种文体活动,不断转移其在负面情绪上的注意力,帮助其培养和“调节”了良好的人际关系,使其体验到集体的温暖、团队的精神,在收获个人的成就感中变得有责任、有担当。慢慢地,李某某变得爱说爱笑,也愿意与其他服刑人员交流了,监区、监狱的活动也经常主动报名参加。

【教育改造成效】

通过一年多的教育转化,李某某的改造表现发生了颠覆性转变,从不服从管教转变为严格遵守监规纪律,从开始“磨洋工”的软抗劳转变成为劳动能手,从原来的沉默寡言被动交流转变为主动融入服刑人员群体,从悲观厌世转变为有目标、有行动的改造标兵。目前,李某某在监区内置数据线生产小组,一人多岗,每月都超额完成劳动改造任务,荣获2017年“劳动改造标兵”,从2017年至今累计获得5次行政奖励。2017年12月,李某某因大幅度超额完成劳动改造任务,获得500元超产奖后,主动申请将奖金作为“特别家书”全部汇给自己的奶奶,李某某的奶奶收到孙子的过年“红包”后,欣慰地说道:“孙子终于长大了。”亲情的感召,进一步激发了李某某的改造激情。李某某多次向监区民警表态:我要更努力地改造,争取早日减刑出狱,报答奶奶的养育之恩,还要组建一个属于自己的家庭。

案例编号:HBJYJG1534322897

湖北省恩施监狱一监区　廖　超

第二章　社区矫正管理类

第一节　对社区服刑人员依法接收入矫案例

对被宣告缓刑的社区服刑人员陆某依法接收入矫案例

【社区服刑人员基本情况】

陆某，男，1948 年 6 月出生，户籍地、居住地均为浙江省湖州市长兴县。2017 年 9 月，因交通肇事罪被浙江省长兴县人民法院判处有期徒刑 1 年，缓刑 1 年 6 个月，缓刑考验期自 2017 年 9 月 19 日起至 2019 年 3 月 18 日止。

【依法接收入矫情况】

（一）依法进行调查评估情况

2017 年 8 月 7 日，长兴县人民法院需要对拟适用社区矫正的被告人陆某，调查其对所居住村的影响，以发函的形式委托长兴县司法局进行调查评估。

长兴县司法局根据收到的长兴县人民法院的委托函，依照“两院两部”《社区矫正实施办法》、浙江省《社区矫正实施细则（试行）》等文件规定，组织对陆某的居所情况、家庭和社会关系、一贯表现、犯罪行为的后果和影响、居住地村民委员会和被害人意见等进行调查了解，走访了陆某居住地村委会干部、邻居等人员，并制作了调查笔录。调查笔录显示，陆某社会反响良好，被害人及其亲属对其犯罪行为表示谅解。8 月 11 日，经长兴县司法局研究，形成了合议评估意见，意见认为陆某认罪悔罪态度良好，社会反响良好，无犯罪主观恶性和犯罪前科，具备社区矫正的监管条件，适用于社区矫正。并于 2017 年 8 月 14 日向长兴县人民法院提供了评估报告。

（二）对社区服刑人员陆某接收情况

2017 年 9 月 20 日，长兴县司法局收到长兴县人民法院对陆某宣告缓刑的法律文书，经检查，法律文书完备，于 2017 年 9 月 20 日送达了回执。

2017 年 9 月 21 日，陆某到长兴县司法局报到。长兴县司法局社区矫正执法大队为其办理了登记接收手续，制作了首次谈话笔录、评估初期风险，将建立的社区矫正调查评估案件档案归入其社区矫正执行档案。陆某签订了接受手机定位监管措施承诺书,长兴县司法局签发了对陆某实施手机定位监管措施决定书,并抄送长兴县人民检察院,长兴县司法局同步为其办理了手机定位监管,并告知其 3 日内到执行地司法所接受社区矫正。在接收当日,执行地司法所工作人员对陆某的指纹、人像、亲属、工作、家庭信息和心理状况进行了详细的采集,并一一记录在其个人档案中。

(三)组织宣告情况

1. 开展庄重严肃的入矫宣告仪式

2017 年 9 月 22 日,由执行地司法所所长主持,县司法局、人民检察院、人民法院、派出所、村干部、村民代表、社区服刑人员监护人、家属参加,在司法所宣告室对新入矫社区服刑人员陆某举行了庄重严肃的入矫宣告仪式。

首先,由司法所所长宣读法院对陆某的判决书、执行通知书等法律文书,继而宣读《社区矫正宣告书》。宣告书告知陆某如下事项:一是要遵纪守法,按规定向司法所报告有关情况,遵守外出审批、居住地变更审批等制度,服从监管。按规定参加司法所组织的教育学习和社区服务。二是如违反社区矫正监督管理规定,将视情节给予警告、治安管理处罚、撤销缓刑收监执行。三是社区服刑人员人身安全、合法财产等未被依法剥夺或限制的权利不受侵犯。四是司法所为其确立了社区矫正小组,小组成员由司法所所长、社区民警、村干部、监护人王某组成,协助对其进行监管、教育、帮教。

其次,由社区矫正专管员宣读《社区服刑人员告知书》,要求社区服刑人员定期向司法所报告本人行踪及近期生活、工作情况,接受个别谈话教育和走访检查。随后,由人民检察院、人民法院、派出所逐个发言,对陆某强调社区矫正的相关规定。

最后,由社区服刑人员陆某做入矫宣誓。仪式结束后,陆某在相关文书上签字,社区矫正小组成员签订《社区矫正责任书》,监护人签订《社区矫正监护人责任书》,社区民警、检察官、法官分别对陆某进行了入矫个别谈话教育。整个宣告过程及相关情况由司法所工作人员全部记录在案,并纳入陆某个人档案。对陆某的依法入矫宣告,充分体现了社区矫正刑事执行的严肃性和威慑力,对社区服刑人员认罪、服从监管、接受矫治具有重要作用。

2. 突出入矫教育,增强服刑人员遵纪守法意识

在社区服刑人员陆某报到当天,向其宣告判决书、执行通知书、社区矫正期限等内容,同时发放《社区矫正人员应知应会手册》。组织服刑人员陆某进行书面考试,如考试成绩达不到 90 分,将再次组织学习考试,直至陆某完全掌握应知

应会手册的相关内容。为提高新入矫人员陆某对社区矫正的认识，向其播放社区矫正宣传片，以动画的形式就什么是社区矫正、社区服刑人员在矫正期间应遵守的制度等方面内容进行播放，促使陆某在社区矫正期间更好地遵守法律法规。为增强教育的针对性，从“法治中国”栏目里下载了社区服刑人员违反管理规定被依法撤销缓刑的视频资料，让其知道不服从社区矫正管理就要受到收监的严惩。为提高对陆某的教育矫正效果，使之从内心深处认识到犯罪对自己、对家庭、对社会的危害，司法所在每月组织的集中教育过程中，利用社区矫正监管指挥平台，播放《发现我的心灵》《弟子规》《燕赵大讲堂》等先进文化系列讲座视频，让他们在心灵深处受到触动，从而达到事半功倍的教育效果。本着保密、尊重、接纳、关心的原则，司法所工作人员还与陆某进行了平等、自然的沟通交流，让他感受到社区矫正工作者能够理解他的压力、痛苦、处境和行为，是真心帮助他，让他对司法所产生信任。

3. 入矫教育取得显著效果

对社区服刑人员陆某入矫教育的扎实开展，有效增强了他的在矫意识和服从管理的意识。具体表现为：一是法治观念、守法意识增强。生活和工作中能够从法律角度来思考问题、作出决定。遇事能主动向司法所工作人员汇报沟通，能够稳妥、冷静处理事情。二是矫正进展顺利，参加社区矫正日常管理活动的自觉性、积极性较高，表现在集中学习时认真听讲，互动中积极发言，按时上交自己的思想汇报，自觉参加社区劳动。三是告别过去，脚踏实地开始新生活。通过一系列的入矫教育，帮助陆某释放了不良情绪，消除了自卑感，消除了融入社会的心理障碍，恢复了心理健康，正确面对处境和困难，勇敢地走出了家门，走向社会。

依法对社区服刑人员接收入矫，是指社区矫正机构对有关裁决机关作出的判决、裁定或决定，在特定的时限内与人民法院、监狱管理机关或公安机关交接有关法律文书和相关材料、履行相关法律手续，将社区服刑人员纳入社区矫正活动的过程。

【小结】

对社区服刑人员接收入矫主要包括两个方面：一是对物的接收，即法律文书和相关材料的接收；二是对人的接收，即接收社区服刑人员报到并办理登记。

接收入矫是社区矫正工作的首要环节，是将社区服刑人员纳入社区矫正机构进行教育矫正的开始。通过对社区服刑人员陆某依法接收入矫尤其是宣告宣誓环节,让其感受到了社区矫正的严肃性、规范性、权威性,使其认识到了自己的社区服刑人员身份。社区矫正是非监禁的刑事执行措施,与监狱服刑相比,虽然执行刑罚的方式和空间发生了变化,但仍属刑事执行活动。通过明确社区服刑人员身份,进一步提高了社区服刑人员的思想觉悟和法律意识,巩固了其在刑意识,增强了其矫正意识,为社区矫正取得良好效果奠定了基础。通过入矫宣告、教育,有利于社区服刑人员学习牢记社区矫正的各项管理规定,有利于增强其在矫正期间严格遵守各项管理规定的意识。严格规范的入矫程序,不仅能确保日后矫正管理工作的顺利开展,更为帮助社区服刑人员悔罪自新、去除恶习、重归社会奠定了良好的基础。

案例编号:ZJSJJJ1529392966

浙江省湖州市长兴县司法局某司法所　张国权

对被宣告缓刑的社区服刑人员周某依法接收入矫案例

【社区服刑人员基本情况】

周某,男,1991 年 2 月出生,户籍地、居住地均为四川省巴中市平昌县。2018 年 2 月,因犯危险驾驶罪被苏州市姑苏区人民法院判处拘役 1 个月 15 日,缓刑 2 个月,缓刑考验期自 2018 年 2 月 23 日起至 2018 年 4 月 22 日止。2018 年 3 月 9 日,周某到平昌县司法局报到,由执行地司法所负责其社区矫正期间的日常管理。

【依法接收入矫情况】

(一)依法进行调查评估情况

2018 年 1 月 30 日,苏州市姑苏区人民法院对拟适用社区矫正的被告人周某,在判决前需要调查了解周某的居所情况、犯罪行为的后果,以及对社会、邻里及家庭等多方面影响,以发函的形式委托平昌县司法局进行社会调查评估。

2018 年 2 月 8 日,平昌县司法局收到委托调查函后,依照"两院两部"《社区矫正实施办法》、四川省《社区矫正实施细则》等文件规定,及时安排司法所工作人员对被告人周某的个人情况、居住环境、社会关系、日常表现等情况进行调查了解,并走访了周某所在社区网格员、街坊邻里等人员,了解周某的家庭条件情况。2018 年 2 月 9 日，平昌县司法局社区矫正办公室对周某的调查评估情况进行研究，出具了评估意见书，及时寄送至苏州市姑苏区人民法院。

（二）对社区服刑人员周某接收情况

2018 年 3 月 6 日，平昌县司法局收到了苏州市姑苏区人民法院送达的周某相关法律文书，通过对相关文书进行检查，现场确认其执行通知书、起诉书、判决书等相关法律文书完备无误，按照《四川省社区矫正实施细则》相关规定，平昌县社区矫正办公室寄送了回执，做好接收周某的准备。

2018 年 3 月 9 日，周某自行来到平昌县社区矫正办公室报到。工作人员依法按照规定程序为周某办理了登记接收手续，并与前来报到的周某进行入矫谈话。工作人员向周某讲解了社区矫正日常汇报、集中警示教育、社区义务劳动、请销假等有关规定，并将社区矫正期间的注意事项以书面形式发放给周某，告知其违反社区矫正制度的相关法律后果。同时仔细询问周某的家庭、生活、工作等情况，制作社区服刑人员基本信息表，按照周某的户籍地和居住地情况，告知他到指定司法所，由司法所对周某进行日常监管。同时制作《社区服刑人员报到通知单》，要求周某在报到 3 日之内持通知单到司法所报告，接受社区矫正。周某报到后，工作人员及时制作周某的社区矫正执行档案，存档保存。司法所接收周某后，立即将周某到司法所报到的时间反馈给县社区矫正办公室，防止出现脱管漏管现象。报到程序完毕后，县社区矫正办公室按照四川省《社区矫正实施细则》相关内容，对周某进行了首次入矫教育学习。

（三）组织宣告情况

2018 年 3 月 9 日下午，周某到司法所报到后，司法所工作人员严格按照“4 + X”模式，为周某确定了由司法所工作人员、社区居委会干部、周某亲属、社区网格员及志愿者等多人组成的矫正小组，并签订了矫正责任书，确保各项矫正措施落实到位。司法所工作人员会同矫正小组成员在司法所对周某举行入矫接收宣告仪式，工作人员向周某宣告了判决书、执行通知书的内容，让他明确社区服刑人员身份，详细告知周某要严格遵守四川省《社区矫正实施细则》相关规定、按时汇报思想、积极参加集体学习和社区服务等方面的规定，再次强化周某接受社区矫正的自觉性；司法所根据周某入矫的表现及个人情况，详细制定了周某的个人矫正方案，并告知周某社区矫正期间依法享有的权利和被限制行使的权利，矫正小组人员组成及职责等有关事项。

【小结】

接收入矫是社区矫正工作的初始环节,也是引导社区服刑人员正确树立入矫观的重要环节,还是将社区服刑人员纳入社区矫正机构进行教育矫正的起点。司法局在依法接收社区服刑人员前,扎实做好审前评估工作,严格按照社区矫正调查评估相关要求,认真开展实地调查,通过入户走访等形式,听取社区干部、受害人家属、辖区居民和被评估人亲属等多方意见,在调查评估上坚持客观、公正、真实的原则,确保调查评估意见全面、准确、可靠。在本案中,周某饮酒驾驶机动车辆的主要原因是法律意识淡薄。对周某依法接收入矫,签订社区矫正责任书、志愿者帮教协议书等,严格按照"4 + X"模式为其配备帮教小组,第一时间做好社区服刑人员入矫教育,让其感受到社区矫正的严肃性,使其认识到自己的社区在矫身份。入矫宣告、教育,有利于增强其在社区矫正期间严格遵守各项管理规定的意识,促使其遵纪守法,成为守法公民,顺利融入社会。

案例编号:SCSJJJ1525168026

四川省巴中市平昌县司法局某司法所　王　宇

第二节　社区服刑人员被依法给予警告案例

社区服刑人员李某某违反社区矫正规定行为被依法给予警告案例

【社区服刑人员基本情况】

李某某，男，1972 年 10 月出生，户籍地、居住地均为四川省内江市市中区。2016 年 8 月，因犯拒不支付劳动报酬罪被甘肃省张掖市甘州区人民法院判处有期徒刑 1 年 2 个月，缓刑 2 年，缓刑考验期自 2016 年 8 月 2 日起至 2018 年 8 月 1 日止。2016 年 8 月 12 日，李某某到内江市市中区司法局报到，由执行地司法所负责对其日常管理。

【被依法给予警告的情况】

（一）发现、认定违反社区矫正规定的行为情况

2016 年 8 月 12 日，李某某向执行地司法所提供了李某某本人与张掖市某公司的承包协议书，并提出因在甘肃省张掖市甘州区就业，故申请变更居住地为甘肃省张掖市甘州区。司法所联合矫正小组，对李某某变更居住地申请进行了研究讨论。矫正小组认为，李某某的行为符合《四川省社区矫正实施细则（试行）》第 70 条之规定，符合变更居住地的规定。司法所便将李某某的申请递交到内江市市中区司法局社区矫正大队，经社区矫正大队批准，同意李某某请假 1 个月（请假期限为 2016 年 8 月 15 日至 2016 年 9 月 14 日）办理变更居住地相关手续。此次请假后，李某某于 2016 年 9 月 6 日到司法所进行了销假。

2016 年 9 月 7 日李某某到司法所提出申请，由于上月在张掖市甘州区某司法所办理的居住地变更手续尚未办妥，其向司法所提出再请假 1 个月的申请。司法所根据《四川省社区矫正实施细则（试行）》的相关要求，将李某某的申请报经内江市市中区司法局社区矫正执法大队审批。内江市市中区司法局社区矫正

执法大队同意李某某请假 1 个月(请假期限为 2016 年 9 月 15 日至 2016 年 10 月 14 日)。

2016 年 10 月 9 日,甘肃省张掖市甘州区司法局以社区矫正期限(2016 年 8 月 2 日至 2018 年 8 月 1 日)大于承包协议期限(2016 年 6 月 1 日至 2017 年 5 月 10 日)为由,拒绝李某某到甘肃省张掖市甘州区实施社区矫正。

2016 年 10 月 14 日,李某某请假期限已到,根据《四川省社区矫正实施细则(试行)》第 69 条的规定,李某某应于 24 小时之内到司法所办理销假手续,并交回《社区服刑人员外出证明》。但 2016 年 10 月 14 日,李某某并未到司法所办理销假手续,司法所立即组织矫正小组联系李某某,要求李某某立即返回内江市接受社区矫正,并对李某某进行了口头警告。

2016 年 10 月 14 日至 25 日,司法所会同矫正小组联系到李某某,要求其立即返回内江市市中区执行地司法所接受社区矫正,李某某却无理要求再请 1 个月的外出假。根据《四川省社区矫正实施细则(试行)》第 68 条之规定,社区服刑人员经批准离开所居住的市、县连续时间不得超过 30 日,一年累计请假天数不得超过 60 日;因特殊情况,一年累计请假超过 60 日的,应当层层申请最终由市级社区矫正机构审批。司法所对李某某违反社区矫正规定情形进行了调查取证,走访了有关部门和人员,并制作了调查笔录。李某某拒不回执行地接受社区矫正,且无理提出再请假 1 个月的要求,违反了《四川省社区矫正实施细则(试行)》第 120 条第 2 项关于报告、会见、外出、居住地变更或行使政治权利的规定,应该给予警告。

(二)给予警告情况

2016 年 10 月 26 日,内江市市中区司法局执行地司法所填报《社区服刑人员警告审批表》,提请内江市市中区司法局对社区服刑人员李某某给予警告处分。

内江市市中区司法局社区矫正执法大队集体评议,制作审批表。经内江市市中区司法局分管副局长批准,作出警告决定,出具《违反社区矫正规定警告决定书》。

(三)文书送达情况

2016 年 10 月 26 日,内江市市中区司法局依据《四川省社区矫正实施细则》第 122 条第 2 项的规定,在司法所社区矫正办公室,会同李某某的矫正小组,向李某某宣读、送达了《违反社区矫正规定警告决定书》,并要求李某某在送达文书上签字。在警告决定书送达后,社区矫正大队工作人员和司法所工作人员对李某某进行了一次训诫谈话,严肃告知其违反社区矫正相关规定的后果,以及这次的警告处分对他的严重影响。

(四)警告的效果情况

受到警告后,李某某能够自愿接受社区矫正,自觉遵守社区矫正中的规章制度,主动服从日常行为的管理,具体表现在:

1. 李某某的性格有所改变,以前遇事暴躁、语粗声高、态度恶劣的状况基本得到遏制,能较好地控制住情绪,把握住自己的感情,稳得住自己的心态,大有脱胎换骨,重新做人的意味。

2. 自觉参加社区矫正日常管理活动的积极性较高,集中学习时认真听讲,互动中能联系思想实际及时消化,按时提交自己的思想汇报。自觉参加社区服务,在劳动中积极主动,初步确立服务他人,服务社会的思想。

(五)给予警告过程中接受人民检察院监督情况

2016 年 10 月 27 日,内江市市中区人民检察院工作人员会同内江市市中区司法局社区矫正大队工作人员,到李某某的家中了解有关情况。2016 年 10 月 27 日,在内江市市中区检察院工作人员的监督下,内江市市中区司法局在司法所将书面警告决定送达李某某。

(六)利用本案例对其他社区服刑人员开展警示教育情况

给予李某某警告,对其他社区服刑人员也起到了震慑作用,司法所借机对辖区社区服刑人员开展警示教育。与李某某一起接受社区矫正的社区服刑人员接受社区矫正的意识明显增强了,到司法所报告时能端正态度,认真遵守社区矫正规定。

【小结】

对于监管难度较大的社区服刑人员,司法所不仅要加强日常监管,还要根据其违反社区矫正规定的表现和事实,及时依法给予警告,促使其增强接受社区矫正的意识,矫正其错误行为,使其自觉接受社区矫正。

要以人为本,充分体现社区矫正工作人性化管理。要及时并充分掌握社区服刑人员的家庭、生活及工作中存在的问题和积极有利因素,坚持以人为本,以情感人的原则,尽可能为社区服刑人员排忧解难;充分利用一切可利用资源,调动其积极性,提高其适应社会、自谋出路的能力。

应通过必要的反面典型和普法知识宣传、教育,引导社区服刑人员珍惜党和政府给予的改过自新的机会,不断树立正确的人生观、世界观、价值观,早日重新融入社会。

案例编号:SCSJYJ1517539644

四川省内江市市中区司法局某司法所　胡　朗

第三节　社区服刑人员被收监执行案例

被宣告缓刑社区服刑人员
刘某某多次违规依法被撤销缓刑案例

【社区服刑人员基本情况】

刘某某，男，1985年4月出生，户籍地为河北省邢台市宁晋县，居住地为浙江省杭州市下城区。2013年4月，因犯掩饰、隐瞒犯罪所得罪被江苏省宜兴市人民法院判处有期徒刑3年，缓刑4年，并处罚金人民币5万元；缓刑考验期自2013年4月29日起至2017年4月28日止。2013年5月3日，刘某某到下城区司法局报到，由执行地司法所负责对其社区矫正期间日常管理。

刘某某和妻子育有两子一女，开办公司和生产基地，经济情况良好，人脉关系广泛，整日忙于交际应酬。作为颇有社会地位的成功人士，刘某某具有以自我为中心、任性妄为、随心所欲的性格特征，思想上一直存在无论什么事情都能通过花点钱、托关系等不正当手段办成的错误认知，从而导致其侥幸心理严重，法律观念淡薄，缺乏自我约束能力、认罪悔罪态度及在刑在矫意识。

【事实认定情况】

（一）心存侥幸不假外出被治安管理处罚

2014年3月10日，司法所通过信息化核查发现，刘某某的手机定位信息显示其近几日都在家中，这与其日常活动轨迹严重不符；司法所拨打其定位手机一直无人接听，于是上门走访，确定刘某某人机分离。司法所通过其家人联系到刘某某，多次要求其立即返回杭州，但刘某某均以工作为由拒绝。司法所联系派出所帮助协查，确定刘某某于3月8日离开杭州市前往河北省石家庄市。派出所民警联系刘某某要求其返杭，但刘某某依旧拒绝，直至3月20日工作结束才返回杭州市。刘某某不假外出且人机分离长达13天、故意隐瞒行踪逃避司法所监管、屡次拒绝回居住地接受社区矫正的行为,已经违反了社区矫正监督管理规定,且情节较重。依据《社区矫正实施办法》第24条、《浙江省社区矫正工作实施细则(试行)》第37条、《浙江省社区矫正人员考核奖惩办法(试行)》第41条第3款,司法所开展调查取证工作,对刘某某制作调查笔录,收集手机定位轨迹信息和车票、住宿信息等相关证据材料,形成合议意见,并报送区司法局。下城区司法局经评议审核后,向杭州市公安局下城区分局提出《治安管理处罚建议书》,并附相关证据,同时抄送下城区人民检察院。杭州市公安局下城区分局于2014年5月2日对刘某某作出行政拘留5日并处罚款200元的行政处罚。

(二)屡次无故不参加集中教育被警告

2016年7月12日,刘某某无故不参加区司法局组织的集中教育活动,司法所多次电话催促,刘某某以前一天晚上喝醉酒,还在家中睡觉为由拒绝参加。经司法所批评教育后,刘某某又于2016年9月4日,再次以醉酒为由不参加司法所组织的集中教育。刘某某未经批准无故不参加集中教育学习2次以上,经教育仍不改正,根据《社区矫正实施办法》第23条、《浙江省社区矫正工作实施细则(试行)》第36条、《浙江省社区矫正人员考核奖惩办法(试行)》第40条、杭州市《关于贯彻执行〈浙江省社区矫正工作实施细则(试行)〉的补充意见》等相关规定,司法所经合议后提请区司法局予以警告,并附相关证据。下城区司法局经评议审核后,于2016年9月11日,给予刘某某警告处罚,并通报下城区人民检察院。司法所将书面警告决定送达至刘某某本人,刘某某签收后当场将该警告决定书揉成一团丢入垃圾桶。此时的刘某某仍无半分悔改之心,依旧漠视社区矫正的相关管理规定。

【建议情况】

(一)提请撤销缓刑建议具体过程情况

根据我国《刑法》第77条、《社区矫正实施办法》第25条、《浙江省社区矫正工作实施细则(试行)》第38条、《浙江省社区矫正人员考核奖惩办法(试行)》第42条第3款,刘某某的行为已符合撤销缓刑的条件。司法所收集刘某某被治安管理处罚和警告的证据材料,召集矫正小组成员进行合议,并向区司法局提交了《提请撤销缓刑审核表》。区司法局负责人、社区矫正负责人、法制部门负责人、司法所所长经过评议审核同意,于2016年9月13日,向江苏省宜兴市人民法院报送《撤销缓刑建议书》,并附相关证明材料。

(二)社区矫正机构提请撤销缓刑中接受人民检察院监督情况

下城区司法局在提请对刘某某撤销缓刑的过程中自觉接受下城区人民检察

院的监督。邀请下城区人民检察院派员列席区司法局对刘某某撤销缓刑的评议会议，并于2016年9月13日将《撤销缓刑建议书》抄送下城区人民检察院、下城区公安分局。

（三）人民法院依法裁定撤销缓刑情况

2016年10月9日，江苏省宜兴市人民法院裁定对刘某某撤销缓刑，收监执行原判刑期有期徒刑3年。

【收监实施情况】

（一）依法对社区服刑人员刘某某实施收监的具体过程情况

杭州市下城区司法局在向江苏省宜兴市人民法院提请撤销缓刑建议后，立即安排部署人员稳控方案，对刘某某及其家人严格落实保密措施，并通过佩戴定位手环、发动社区矫正帮教工作站开展走访、聘请特保开展盯控、司法所工作人员值班等方式方法进行严密布控，确保社区服刑人员刘某某不失控、不脱管。

下城区司法局在接到江苏省宜兴市人民法院的开庭通知后，立即落实押送车辆、警卫人员和看管人员。2016年10月9日，下城区司法局矫正科工作人员和司法所所长在下城区公安分局的协助下，押送刘某某至江苏省宜兴市人民法院参加听证，法院当庭裁定对刘某某撤销缓刑，收监执行。

（二）实施收监过程中接受人民检察院监督情况

下城区人民检察院全程随同下城区司法局，将刘某某押解至江苏省宜兴市人民法院实施收监，并及时作出指导监督意见。

（三）利用本案例对其他社区服刑人员开展警示教育情况

2016年11月17日，下城区司法局开展全区社区服刑人员集中警示教育活动，通过深刻剖析刘某某收监案例，直接指出刘某某目中无法，对待社区矫正的态度极其不端正，屡次违反社区矫正监管和教育的相关规定，最终被撤销缓刑、收监执行为其咎由自取。本次警示教育在社区服刑人员中引起较大反响，取得了良好的教育成果。社区服刑人员纷纷表示将增强自身的在刑在矫意识和遵纪守法意识，时刻保持警钟长鸣，绝不重蹈刘某某覆辙。

【小结】

通过刘某某被撤销缓刑这个案例，收获了以下三点经验：

（一）提请撤销缓刑，坚决维护社区矫正的严肃性

社区服刑人员刘某某毫不珍惜法院宣告其缓刑的机会，在矫正期间，肆无忌

惮挑战法律权威,屡屡违反社区矫正的相关规定,在社区服刑人员中造成恶劣影响,面对法院最终撤销缓刑收监执行的裁定,不得不付出家庭和事业的巨大代价,锒铛入狱,追悔莫及。对于长期不服从管教、以身试法的社区服刑人员,司法行政机关应当依法依规收集证据材料,及时向原判法院提请撤销缓刑的建议,以有效维护社区矫正的严肃性。

(二)开展反面典型教育,充分发挥警示作用

以"身边人"刘某某为反面素材,开展案例分析专题警示教育,组织在册社区服刑人员进行学习讨论,让社区服刑人员切身感受到收监并不遥远。如果在矫正期间,心存侥幸,不能正确认识自己的身份,不服从社区矫正的监管和教育,那么将会和刘某某一样去监狱重新开始服刑。此次反面案例分析警示教育取得了比常规的警示教育更为显著的教育效果。

(三)做好沟通协调管控,全力保障异地收监行动顺利

一是提前沟通,掌握工作流程。鉴于原判法院是外省法院,撤销缓刑的流程可能与本省法院在细节上存在差异。为了提高收监工作效率,缩短收监工作时限,下城区司法局提前与原判法院沟通联系,熟悉当地法院在收监时的工作流程,确保收监行动规范高效。

二是协同配合,形成工作合力。因刘某某的原判法院在裁定收监的程序中有听证环节,要求司法行政机关将刘某某押送到法院参加开庭听证,所以如何确保把刘某某安全押送到江苏,成为此次收监行动成败的关键。下城区司法局及时落实押送车辆和人员保障,在下城区公安分局的协助和下城区人民检察院的监督指导下,确保收监行动安全有序。

三是严密布控,保证万无一失。因收监行动是在国庆长假之后的第二个工作日,如何确保刘某某不失控、不脱管又是一个大难题。下城区司法局在严格落实保密措施的前提下,通过定位手环、走访、聘请特保盯控等措施进行严密布控,司法所工作人员加班加点进行值守,并在押送途中和检察官共同做好刘某某的思想稳定工作,确保此次异地收监行动圆满成功。

案例编号:ZJSJXH1535964816

浙江省杭州市下城区某司法所 施 炜

社区服刑人员唐某某被撤销缓刑收监执行案例

【社区服刑人员基本情况】

唐某某,男,1979 年 2 月出生,户籍地、居住地均为上海市杨浦区。2019 年 2 月,因犯伪造国家机关证件罪被上海市宝山区人民法院判处有期徒刑 10 个月,缓刑 1 年,并处罚金人民币 2 万元。缓刑考验期自 2019 年 3 月 1 日起至 2020 年 2 月 29 日止。2019 年 3 月 7 日,唐某某经杨浦区社区矫正中心宣告入矫,正式由执行地司法所纳管。

唐某某常年赋闲在家,缺乏生活目标,朋友交往复杂,应酬较多,经常出入娱乐场所。唐某某 40 多岁,未婚,平日与母亲同住,母亲对其十分溺爱,无法有效管束。

【事实认定情况】

(一)发现情况

2019 年 10 月 17 日下午 2 时,司法所发现唐某某无故缺席司法所组织的集中教育活动,拨打其电话未接通。司法所专职干部当即对唐某某电子监控定位情况进行查看,发现其电子监控轨迹停留在浦东新区附近。下午 2 时 20 分左右,司法所专职干部接到浦东公安分局某派出所来电,被告知唐某某已被带至该所接受调查,原因为涉嫌吸食毒品。专职干部当即向司法所所长汇报情况,随即将具体情况告知杨浦区社区矫正中心。

(二)调查取证情况

杨浦区社区矫正中心接到司法所情况汇报后,当即与浦东新区公安分局某派出所相关民警取得联系,并派矫正民警携介绍信、警官证、唐某某的社区矫正档案材料前往派出所核实情况,并拆除、取回电子监控设备。获知唐某某因涉嫌吸毒,于 2019 年 10 月 17 日上午 10 时在家中被上门的民警带走调查,并将受到行政拘留,执行期限为 2019 年 10 月 17 日至 27 日。

10 月 18 日,杨浦区社区矫正中心再次派矫正民警前往浦东新区公安分局洋泾派出所,调取唐某某违法相关材料,包括《上海市公安局浦东分局行政处罚决定书》《上海市公安局浦东分局社区戒毒决定书》《吸毒成瘾认定报告》《司法鉴定意见书》《询问笔录》《上海市人体生物样本(尿液类)毒品检测报告单》等。

【建议情况】

2019年10月18日,司法所根据“两院两部”《社区矫正实施办法》第25条之规定,收集有关证据,向杨浦区司法局提交《提请撤销缓刑审核表》并附相关证明材料及拟对唐某某提请撤销缓刑收监执行的讨论记录,由区司法局集体评议,社区矫正管理科科长、分管局长逐级审核同意。

杨浦区司法局依法向杨浦区人民检察院提交《社区矫正对象唐某某建议收监情况通报》,书面征求意见。杨浦区人民检察院发出《收监执行检察意见书》,同意依法提请对唐某某撤销缓刑,收监执行原判刑罚。

杨浦区司法局依法向上海市宝山区人民法院提交《撤销缓刑建议书》,并附《提请撤销缓刑审批表》、各类法律文书复印件、局所两级社区矫正奖惩讨论记录、行政处罚决定书及相关证据材料。

2019年10月27日,上海市宝山区人民法院裁定撤销缓刑,执行原判决有期徒刑10个月。

【收监实施情况】

杨浦区司法局在向法院提请对唐某某撤销缓刑后,当即组织区公安分局、区人民检察院、司法所专职干部、社区矫正社工及区社区矫正中心专职干部召开收监执行准备会议,商讨唐某某收监执行事宜,会诊评估此次收监执行的合法性和可行性,并打通、理顺收监过程中可能会碰到的梗阻环节,制定收监预案。

2019年10月24日,杨浦区司法局向杨浦区公安分局发出《提请公安机关协助执行函》,请公安机关在对唐某某收监执行时予以支持。

2019年10月27日,唐某某行政拘留结束,根据事前联络,浦东新区公安分局某派出所民警将唐某某直接送往某某路派出所。杨浦区社区矫正中心社区矫正专职干部至宝山区人民法院拿取《刑事裁定书》及《执行通知书》后,与2名矫正民警、2名杨浦区公安分局民警一同至某某路派出所,将唐某某押送至上海市市东医院进行体检。在确定唐某某的身体情况符合收监执行标准后,第一时间将其押送至杨浦区看守所,并向看守所提供撤销原判裁定书、原判决书、起诉书、结案登记表、执行通知书、提押票、户籍证明、自伤自残告知书等材料。

杨浦区司法局将唐某某收监执行成功后,利用进博会安全警示教育契机,对全体社区服刑人员开展了专题警示教育,对唐某某的收监实例进行了剖析,讲明毒品的危害,要求社区服刑人员珍惜社区矫正的机会,谨慎交友,切勿进出娱乐场所,避免重蹈覆辙。

【小结】

收监执行是社区矫正工作中最难执行的工作任务之一,需要衔接的部门多,准备的材料多,可能遇到的特殊情况多。对于被行政拘留的社区服刑人员,应尽可能在其释放当日现场交接,降低外逃风险,提高收监执行成功率。以本案为例,司法所在发现社区服刑人员缺席集中教育的情况下,应第一时间通过查看电子监控轨迹、电话联系本人及家属、上门走访、公安信息比对等手段,了解掌握最新动态,并及时上报,尽可能提早收集固定证据材料,并做好收监提请的准备工作;社区矫正机构在得知社区服刑人员被行政拘留后,应立马进入临战状态,做好各项提请、协调等收监准备工作,确保收监任务圆满完成。

案例编号:SHSJXH1578620040

上海市杨浦区司法局 朱 斐

第四节　对社区服刑人员依法实施社区矫正案例

对社区服刑人员陈某依法实施教育矫正案例

【社区服刑人员基本情况】

陈某，男，1991 年 10 月出生，户籍地、居住地均为山东省东营市垦利区。2014 年 12 月，因犯故意伤害罪被山东省东营市东营区人民法院判处有期徒刑 3 年，缓刑 5 年。缓刑考验期自 2015 年 1 月 5 日至 2020 年 1 月 4 日。2015 年 1 月 5 日，陈某按时到垦利区执行地司法所报到，办理入矫手续，依法接受社区矫正。

陈某家中共有 3 口人，母亲上班，妹妹上学。陈某自 2009 年高中毕业后一直在外打工。

【对社区服刑人员依法实施教育矫正情况】

（一）接收入矫后，对其开展集中性认罪服法及法治、道德、政策、警示教育情况

司法所接收社区服刑人员陈某后，司法所工作人员依照法定程序对其进行入矫宣告。司法所工作人员根据陈某的实际情况拟定了社区矫正小组成员名单，并同社区矫正小组各成员签订社区矫正责任书，保证尽最大努力帮助陈某改过自新，适应社会。通过对其开展集中性认罪服法及法制、道德、政策、警示教育，消除陈某融入社会的心理障碍，帮助其树立正确心态，建立自信心，适应社会；矫正陈某的犯罪心理和行为恶习，培养文明、健康的生活方式，使其能够自食其力，完全融入社会。

（二）对其开展针对性的个别谈话教育、个案矫正情况

接收陈某后，司法所根据综合评估分析情况制定矫正方案，确定矫正工作重

点，依托矫正小组和社会工作者，对陈某开展经常性走访，交心谈心，教育引导其对家人要尊重、理解、体贴、关心。同时劝导其母亲和妹妹，对陈某多些宽容、关怀、鼓励和陪伴，促进建立起包容和谐的家庭关系，借助亲情的力量消除心理适应障碍，加强矫正效果。

（三）根据工作实际并结合社区服刑人员特点，组织其参加社区服务情况

陈某接受社区矫正后，能服从管理，遵守纪律，积极参加各项社区服务及教育培训，但思想压力很大，意志消沉，主要表现在：犯罪前性格开朗，人际关系良好，亲戚、同事、朋友都非常关心他；犯罪后情绪低落，自我形象认同度低，唉声叹气、失望、内疚、自卑，不能容忍挫折，上进心不足。针对这种情况，司法所积极组织陈某参加多种形式的社区服务，培养其树立正确的劳动观念，增进其与他人的沟通交流，使其在社区服务中得到思想上的升华，从而重塑自我，重新获得社区群众的认可和信任。

（四）根据社区服刑人员本人的心理状态、行为特点等，实施的心理健康辅导、心理咨询、心理危机干预等情况

对陈某开展心理辅导，邀请专业心理咨询师对陈某开展心理评估、心理健康教育、心理咨询与治疗、心理预测等一系列活动，帮助他释放不良情绪，消除自卑感，消除矫正融入社会的心理障碍，恢复心理健康，正确面对处境和困难，从而能够勇敢地走出家门，走向社会。同时，本着保密、尊重、接纳、关心的原则，与陈某进行平等、诚恳的沟通交流，让他感受到社区矫正工作人员是真心帮助他，让他对司法所产生信任。

（五）矫正小组成员协助社区矫正机构（司法所）对社区服刑人员开展教育情况

建立起司法所工作人员、专职社工、志愿者、社区服刑人员家属为成员的“4 + X”矫正小组，对陈某实施全方位教育矫正。切实落实入矫宣告、定期报告、外出请假制度，通过手机定位、定期走访、集中教育、社区服务等日常监管措施，准确掌握陈某的思想动态和现实表现。进行日常考核，每月将评分结果告知本人，肯定陈某的表现，平复其无用感及挫败感，鼓励其正视和肯定自己，促进其思想和行为的转变。

（六）社会力量参与对社区服刑人员教育情况

考虑到陈某年纪尚小，不能一直在家混日子，并担心他胡乱交朋结友，司法所工作人员便积极帮助陈某联系工作。鉴于陈某踏实肯干，沟通能力强等优点，司法所推荐他到某公司成功应聘，并指导其在工作岗位上做出优异成绩。

有了新工作后,陈某多次向工作人员表示要认真接受教育矫正,争取早日回归社会,并多次询问有关减刑的规定。司法所工作人员了解其心思后,激励他充分发挥才智,在工作上努力进取,争做一流,为单位及社会多作贡献,争取早日解除矫正。通过社区矫正工作人员的正确引导,陈某在工作岗位上表现出色,其工作能力和工作态度得到了领导和同事的一致好评。

【对社区服刑人员依法实施教育矫正取得的效果】

陈某在接受社区矫正管理一年半的时间里,服从管理,遵纪守法,积极参加社区服务,认真接受教育矫正,思想觉悟明显提高,他逐渐拾回信心,树立了重新做人的勇气。

2016 年 7 月 14 日 2 时许,陈某在自己居住的小区发现一名盗窃犯罪嫌疑人,在报警的同时,全力追赶嫌疑人,从案发小区追出 2000 多米,成功将犯罪嫌疑人抓获,并移交给出警民警。2017 年 1 月,陈某被东营市综治委表彰为“东营市见义勇为先进分子”。2018 年 1 月,陈某被山东省社会治安综合治理委员会办公室和山东省见义勇为基金会联合表彰授予“山东省见义勇为模范”荣誉称号。

陈某在接受表彰后表示:“以后一定会更加安心地接受社区矫正,珍惜自己的荣誉,并肩负起以正能量带动身边人的责任,让更多像我一样的人迷途知返!”

【小结】

社区服刑人员虽然是违法犯罪人员,但他们自尊心较强,有的只是一时冲动,放松警惕才导致犯罪,其主观恶性相对不大,并且在犯罪后都有悔过心理。因此,我们在监管工作中要尊重社区服刑人员人格,平等对待,不存歧视,这样才有利于社区矫正工作深入开展,有助于社区服刑人员顺利回归社会。本案例中,通过心理矫治,矫正了陈某错误的人生观与价值观,同时,帮助其重新找准社会位置,彻底告别过去的不良生活,重树信心,重塑人格,实现社会价值。

案例编号:SDSJJZ1528881919

山东省东营市垦利区司法局　周慧娟

对社区服刑人员吴某依法实施教育矫正案例

【社区服刑人员基本情况】

吴某，男，1976年11月出生，户籍地、居住地均为江苏省南通市如东县。2016年1月19日因组织、领导传销活动罪被湖南省安乡县人民法院判处有期徒刑5年，并处罚金人民币80万元。同年8月19日，吴某因左下颌骨造釉细胞瘤术后复发，被湖南省安乡县人民法院裁定暂予监外执行，暂予监外执行考验期自2016年8月19日起至2021年4月13日止。2018年8月26日，吴某到如东县司法局报到，由执行地司法所负责其社区矫正期间的日常教育管理。

【对社区服刑人员依法实施教育矫正情况】

（一）制定针对性矫正方案

在接收吴某入矫后，司法所通过谈心谈话、入户走访等方式了解初步情况，针对性制定矫正方案。一是开展法治教育，宣传解释与其犯罪相关的法律法规，增强其法治观念和法律意识，让吴某能正确认识自身所犯的罪行。二是进行心理疏导，针对吴某从商界成功人士到疾病缠身的罪犯的心理落差，定期对其进行心理矫治，掌握其心理上的变化，并适时对症下药，鼓励其放弃外在的标准评价，逐渐消除其自卑心理。三是关注病情变化，要求其定期提交病情复查报告并组织病情复查，同时加强就医指导，根据复查情况为其外出就医提供便利。

（二）开展集中学习教育和个别谈话教育情况

通过开展集中性认罪服法教育，进行反传销等法律法规教育，并通过播放《身份规矩》《珍惜感恩》等系列教育片，强化吴某社矫意识。利用集中教育时机，司法所采用清单方式，计24项调查内容，由吴某走上讲台进行逐个自我分析评价，并自拟矫正打算，巩固教育成效。通过矫正小组微信群，实时向吴某发送法律常识、警示案例等，适时开展随机教育。同时，加强与吴某家人的沟通，劝导对吴某多些宽容、关怀、鼓励，建立起包容和谐的家庭关系，借助亲情的力量消除其心理适应障碍，强化矫正效果。

（三）组织参加社区服务情况

通过开展一系列的法律教育、心理疏导，吴某已深刻认识到自己的错误，虽身体不适，但力所能及主动参加司法所组织的社区服务。司法所考虑其身体状况，做到人性化管理,按照就近、分批的原则,安排其进行体力承受范围内的社区服务。

(四)实施心理健康辅导等情况

吴某以前是父母的骄傲、孩子的榜样,现在不仅成为社区服刑人员,且身患不治之症,身心均受到极大打击,情绪低落。司法所密切关注吴某的思想状况,邀请心理咨询师对其实施心理健康辅导,用接纳的态度对吴某进行关怀和鼓励,让吴某卸下心理防线,消除负面消极情绪,保持乐观的心态。

(五)矫正小组成员协助开展教育情况

为更好地对吴某实施全方面的教育矫正,司法所建立了由司法所所长担任组长,社区民警、社区矫正专职社工、所在村村主任、村政法专干及吴某父亲组成的矫正小组。司法所了解到吴某处于无业状态,叮嘱其父亲在日常生活中多给予吴某鼓励和关心,帮助其树立信心。在矫正小组成员的帮助下,吴某打开心扉,决定与朋友投资经营餐厅,在自食其力的同时逐步有稳定的收入。

(六)社会力量参与教育情况

司法所及矫正小组成员积极借助社会力量,多方位了解能够治疗吴某疾病的相关医院。吴某经所在村村干部介绍,了解到广东省佛山市某医院针对此类疾病进行穴位针灸理疗效果较好。司法所根据吴某的外出申请,依据审批权限,报请县司法局批准,吴某感受了社会大家庭的温情和关爱,心态更加健康向上。

【对社区服刑人员依法实施教育矫正取得的效果】

通过社区矫正工作人员和矫正小组成员的共同努力,吴某的精神逐渐振作,消极情绪基本消除,心态调整取得明显效果。吴某投资与朋友经营的餐厅效益较好,准备扩大经营规模。同时,其怀着一颗感恩的心去帮助身边需要帮助的人,积极捐款修路,为邻里老人送温暖。

【小结】

吴某受到法律制裁后,经历了巨大的心理落差,司法所在对其教育矫正时,始终把思想转化工作放在突出位置,通过“教育、辅导、鼓励”,吴某逐步转变思想,深刻认识到所犯罪行对社会造成的危害,并通过自身的积极行动,努力回馈社会。

案例编号:JSSJJZ1565575745

江苏省南通市如东县司法局　许海燕

对社区服刑人员姚某某执行人民法院禁止令案例

【社区服刑人员基本情况】

姚某某,女,1973 年 12 月出生,户籍地、居住地均为贵州省安顺市普定县。2018 年 1 月,因犯生产、销售有毒、有害食品罪,被贵州省清镇市人民法院判处有期徒刑 2 年,缓刑 2 年,缓刑考验期自 2018 年 1 月 26 日起至 2020 年 1 月 25 日止,同时被法院宣告禁止令(禁止从事生产、销售食品的经营活动)。2018 年 2 月 13 日,姚某某到普定县司法局报到,由执行地司法所负责对其社区矫正期间日常管理。

【对社区服刑人员执行禁止令情况】

(一)组织宣告人民法院禁止令内容情况

司法所在接收姚某某后,立即为其确立了由司法所负责人、综治办工作人员(女)、村委会主任、姚某某家属共同组成的社区矫正小组,对其进行监管。入矫宣告时,司法所工作人员严格按照入矫程序进行宣告,除了宣告社区矫正期间应遵守的规定外,还重点向姚某某宣告了法院禁止令的具体内容,即社区服刑人员姚某某在缓刑考验期内,禁止从事生产、销售食品的经营活动,例如:(1)设立食品公司、申请食品销售许可证;(2)生产蔬菜、水果、面食、肉食;(3)销售蔬菜、水果、面食、肉食;(4)其他生产、销售食品的经营活动。禁止令具体时间为 2018 年 1 月 26 日至 2020 年 1 月 25 日。对禁止姚某某在社区矫正期间从事食品经营相关活动等内容予以明确,并通过矫正小组监督执行。

(二)执行禁止令具体措施情况

司法所针对姚某某家庭经济压力过大,法律意识薄弱等情况,加强对其进行法治教育引导和入户调查走访工作,为其制定切实可行的矫正方案,明确具体的监督管理措施,落实监督管理责任人。

1. 加强谈话教育和入户走访。司法所要求姚某某每个月向司法所工作人员报告不少于两次。工作人员通过与姚某某进行个别谈话和入户调查谈话,了解其认罪情况、思想动态,通过耐心细致的教育,消除其抵触心理。

2. 结合法院禁止令的内容,对姚某某开展法律知识教育。组织其对我国《食品安全法》《刑法》等相关法律法规学习,强调其必须遵守禁止令,让姚某某对自己的犯罪后果和犯罪危害有更深刻的认识,增强其法律意识和社会责任。

3. 加强日常监管。不定时通过手机定位查询、电话报告等方式随时掌握姚某某的生活动态轨迹,监督姚某某,禁止其从事食品经营相关活动,避免其违反社区矫正规定和禁止令。

4. 加强走访调查。主动与有关行业管理部门沟通联系,并告知该部门姚某某为禁止从事该行业活动的人员,通过对其家人、亲戚朋友等的走访,及时掌握姚某某的生活情况,达到提前预防的目的。经过一段时间的监督、管理和教育,并根据姚某某的表现,司法所适时地对其矫正方案作出调整。

(三)执行禁止令遇到的具体困难及处置情况

入户走访时,姚某某的亲人对社区矫正存在一定的抵触心理。针对这种情况,司法所工作人员重点对姚某某的家人加强教育,做思想工作,告知他们禁止令的内容以及违反禁止令需要承担的法律后果,让姚某某的家人了解到配合司法所监督管理的重要性。经过多次谈话,其家人愿意配合司法所对其进行监管,并告知强调姚某某不得从事食品经营相关活动,一经发现,必须马上制止,防止姚某某出现违反禁止令的情形。姚某某自入矫后,司法所工作人员积极联合姚某某身边的家人、朋友、邻居、村干部等,对姚某某实施全方位的监督管理,坚决防止姚某某发生违反法院禁止令的情形。

(四)执行禁止令的效果

经过一定时期的科学矫正,姚某某能够认罪悔罪,积极参加司法所组织的教育学习和社区服务,自觉接受监管规定,认真完成思想汇报,法律意识明显提高。生活中积极向上,家庭和睦,顺利融入社会。目前,姚某某遵守社区矫正规定,认真学习法律法规,了解禁止令的相关要求,并严格遵守,没有出现违反禁止令的行为。

【小结】

在本案例中,司法所工作人员通过组织对相关法律法规进行学习,加强教育力度,有效提高社区服刑人员及其家属的法律意识,使其明白禁止令的内容和要求。坚持专群结合,积极与社区服刑人员的家人、朋友、村干部协调联动,多方位进行监督教育,防止发生社区服刑人员违反禁止令的情况,为禁止令的有效执行提供强有力的保障。

案例编号:GZSJSJ1549877054

贵州省安顺市普定县司法局某司法所　吴小刚

对社区服刑人员赵某某执行人民法院禁止令案例

【社区服刑人员基本情况】

赵某某,男,1957 年 7 月出生,户籍地、居住地均为江苏省盐城市大丰区。2018 年 6 月,因重大责任事故罪被江苏省盐城市大丰区人民法院判处有期徒刑 1 年 6 个月,缓刑 2 年,禁止在缓刑考验期内从事建筑施工工作;缓刑考验期自 2018 年 6 月 15 日起至 2020 年 6 月 14 日止。2018 年 6 月 19 日,赵某某到盐城市大丰区司法局报到,由执行地司法所负责其社区矫正期间日常监督管理和教育矫正工作。

【对社区服刑人员执行禁止令情况】

(一)组织宣告人民法院禁止令内容情况

2018 年 6 月 21 日,赵某某到居住地司法所报到,司法所为其建立了由司法所所长、专职社工、社区民警、两名村干部、赵某某家属等组成的矫正小组。司法所组织矫正小组成员签订社区矫正责任书,明确小组成员各自的责任,重点监督赵某某执行禁止令。区社区矫正中心为赵某某举行了入矫宣告,向其宣读社区矫正宣告书,并告知其应履行的责任和义务。重点宣告了人民法院禁止令的具体内容,即在缓刑考验期内禁止从事建筑施工工作,并告知其违反监督管理规定或禁止令的法律后果。

(二)执行禁止令具体措施情况

赵某某入矫后,大丰区司法局向大丰区住房和城乡建设局送达《禁止令协助执行函》,请该单位协助社区矫正机构,监督赵某某在缓刑考验期内不得从事建筑施工工作,如有异常情况请及时通报。大丰区住房和城乡建设局接受《禁止令协助执行函》后,除通知基层下属单位协助执行外,还专门与大丰区司法局沟通,提出监督建筑施工行业的政府部门,除住房和城乡建设部门外,还涉及水利、交通和财政部门。为此,大丰区司法局分别向大丰区水利局、交通局和财政局送达了《禁止令协助执行函》,上述单位一致表示会共同维护人民法院禁止令的严肃性,确保禁止令在本系统内不折不扣地执行。同时,司法所也与镇建设环保中心、水利站等承担工程管理、监督的单位联系沟通,告知赵某某为禁止从事建筑施工行业活动的人员,并送达《禁止令协助执行函》,请予协助执行,形成执行禁止令的综合力量,共同加大监督力度,确保禁止令有效执行。

(三)执行禁止令所遇具体困难及处置情况

赵某某在本案案发前从事建筑行业施工30多年,是个体建筑施工包工头。赵某某平时只注重业务拓展,法律意识淡薄,认为只要会建房、砌房、工程结束拿到工程款就行,平时对安全生产重视不够,存在侥幸心理。直至发生安全事故,才意识到安全生产的重要性,但后悔已晚。赵某某入矫后大丰区司法局和司法所工作人员明确要求其遵守禁止令,并向其郑重说明违反禁止令的法律后果;同时也与其家属及矫正小组人员谈话,着重阐明禁止令的相关规定和要求,请矫正小组成员充分履行监督职责,共同发力,确保禁止令执行到位。赵某某入矫初期,对被禁止从事建筑施工许可表示不理解,认为不从事"老本行"无法生活,对今后的生活充满迷茫。为解决赵某某的思想问题,确保禁止令执行法律效果,司法所联合矫正小组成员对赵某某着重进行严肃的认罪服法教育,使其认识到法院的判决是对其安全生产意识缺失,造成他人死亡的重大安全生产责任事故的法律惩罚。法院的判决必须无条件执行,没有协商、不予执行的余地,从而打消其想在社区矫正期间,通过重操旧业维持生计的打算,还主动把家中的建筑施工设备转让给他人。

(四)执行禁止令的效果

案发后赵某某赔偿受害人近亲属近20万元,由于近年来建筑行业竞争激烈,赵某某的收入也比较微薄,经济压力较大,且其已年满60周岁,改行再就业难度很大。赵某某与司法所工作人员沟通,表示工作不好找,内心比较焦虑。司法所工作人员着重对其进行思想开导,并表示和他一起想办法,帮助其渡过难关。司法所工作人员专门为其重新就业进行专门走访,了解到农村很多村民在家养殖家禽,经济效益不错,建议赵某某尝试在家经营养殖。赵某某觉得在家前屋后养殖,没有从事建筑行业那么辛苦,于是采纳了司法所工作人员的意见,筹办家禽养殖,司法所还为其争取了5万元银行小额贷款。赵某某成功在家门口办起了养鸡场,存栏达四五千只,赵某某感到生活的可喜变化,感谢司法行政部门的真心帮助教育。这样就在解决再就业问题的同时,法院禁止令也得到有效执行。

【小结】

本案例中,大丰区司法局和执行地司法所为确保法院禁止令有效执行,与相关职能部门联动,加强监督管理的同时,考虑社区服刑人员的实际情况,帮助其解决实际困难和问题，最大限度地维护法律尊严，体现了社区矫正工作的宗旨，实现了法律效果和社会效果的有机统一。

案例编号：JSSJSJ1557476410
江苏省盐城市大丰区司法局某司法所　王　敏

社区服刑人员黄某某依法接受教育矫正案例

【社区服刑人员基本情况】

黄某某，男，1971 年 1 月出生，户籍地、居住地均为浙江省温州市洞头区。2017 年 7 月 24 日，因非法制造爆炸物罪被浙江省乐清市人民法院判处有期徒刑 3 年，缓刑 4 年，缓刑考验期自 2017 年 8 月 5 日起至 2021 年 8 月 4 日止。2017 年 8 月 11 日，黄某某到温州市洞头区司法局报到，由执行地某司法所负责其社区矫正期间日常管理。

【对社区服刑人员依法实施教育矫正情况】

（一）制定针对性矫正方案

黄某某被判刑入矫后，司法所人员在监管过程中发现其行为举止有些反常，时常唉声叹气；当工作人员告知其有关社区矫正事项和询问其个人情况时，黄某某态度冷淡，言语中对生活较为悲观。司法所工作人员通过加强日常谈话教育和走访力度，得知黄某某因新建房屋并育有一子，正需用钱；但根据社区矫正有关规定，入矫前 3 个月不能随意外出打工，致使其错失不少工作机会，缺少稳定收入，生活压力大。针对上述情况，工作人员及时转变思路，制定个性化矫正方案，通过唠家常、常走访等方式，使其感受到社区矫正人性化管理的一面，逐步消除抵触心理，积极主动接受社区矫正监管；对其工作上遇到的问题，主动帮助其搜集招工信息。在司法所工作人员的帮助下，他顺利承接了位于温州市龙湾区的一处路面拓宽工程，工作得以稳定。

（二）开展集中学习教育和个别谈话教育

一是根据在册社区服刑人员犯罪类型，每月有针对性地组织一期“修心讲堂”活动，集中教育学习相关法律法规、矫正有关规定和中华传统美德等方面知识，强化社区服刑人员的在刑意识和遵守发扬公共道德、传统美德的意识。二是搭建社区服刑人员“现身说法”警示教育平台,安排黄某某在“修心讲堂”上自我剖析,讲述自己的犯罪行为给自身、家人、社会带来的危害,讲述当初自己被关押在看守所丧失自由等情况,对比如今矫正后的生活情况,警醒自己和其他在矫人员好好珍惜社区矫正的机会,提高遵规守法的矫正意识。三是深入强化个别谈话,详细了解黄某某的工作、生活、思想及存在的困难等,鼓励其放下思想包袱、端正心态,多做思想沟通;同时提醒其时刻注意自己的特殊身份,严格遵守社区矫正管理制度,督促其加强法律知识学习,以积极的态度接受教育矫正,平稳度过矫正期,顺利回归社会。

(三)组织参加社区服务情况

黄某某犯罪前后从事的工作基本以体力活为主,具有农民的淳朴性格,在参加司法所组织的打扫卫生、分发宣传资料、维持法治宣传活动秩序等社区服务活动中,劳动积极性较高,不会出现挑轻嫌重和偷懒的情况,在矫意识、劳动纪律观念、社会责任感都比较强。

(四)实施心理健康辅导等情况

入矫初期,黄某某由于个人家庭生活情况的变化和对矫正认识的不到位,受监管意识一度比较淡薄,会出现定位手机无人接听、人机分离的情况。工作人员在依规处理的同时,进一步加强矫正监管知识的讲述教育和辖区违反监管规定被收监的典型案例教育,强化其在矫在刑意识。组织其参加司法局组织的修心健康心理教育专题活动,同时特意邀请心理咨询师对其进行一对一心理访谈疏导,制定针对性的心理矫正方案,落实心理帮扶,帮助其消除心理障碍。

(五)矫正小组成员协助开展教育情况

村居干部等矫正小组成员,积极协助配合司法所的监管,及时反映黄某某的日常生活和做工等情况,组织其参加村里的一些公益活动;司法所工作人员根据其管理等级,按期开展走访和谈话教育等;通过一系列的活动,督促其提高自觉接受监管的法律意识,进一步提升社会责任感。

(六)社会力量参与教育情况

依托区司法局,通过社会购买服务的方式,组织黄某某参加由温州大学心理讲师等专业人员开展的集中修心教育心理疏导活动;司法所根据所在镇街情况,借助“节日”小助手等团队,组织其参加油菜花节等重要时段的秩序维护;村委会和村居志愿者在开展一些活动时,也邀请其参与,促使其提升公益道德心和社会责任感,更加积极主动地融入社会。

【对社区服刑人员依法实施教育矫正取得的效果】

通过循序渐进，以情感人，以理服人的工作方式，黄某某对司法所工作人员逐渐信任，能主动交流沟通，对所犯罪行的危害有了更为客观的认识，能遵守各项矫正规定，参加公益劳动和学习教育。对于黄某某因失业和离异，情绪一度悲观低落的情况，专业的心理咨询师和司法所工作人员分别开展心理辅导。通过心理辅导与教育谈话，黄某某的负面情绪得到疏泄，心情得到平复，积极主动寻找工作，对生活充满信心。值得一提的是，2018 年 8 月 10 日，黄某某在温州龙湾某工地附近，不顾自身安危，跳入河中勇救一对落水母女，受到广大群众的赞誉。该事件已被龙湾区和洞头区电视台先后采访报道。目前龙湾区文明办已向市文明办申报“温州好人”，区司法局积极协助其向事件发生地龙湾区公安局申报“见义勇为”奖，后续还将通过市司法局申请减刑，在全区宣传其见义勇为行动，引导全区在册社区服刑人员积极接受矫正，真心悔过，做对社会有用的人。

【小结】

对社区服刑人员既要“一视同仁”，又要“区别对待”，要根据其年龄、社会经历、犯罪类型、家庭关系、生活情况等多方面因素，制定“个性化”的矫正方案，因人施矫，这样才能更加有效地对社区服刑人员进行教育矫正。本案中，鉴于黄某某属于初犯，法律意识淡薄，司法所对其进行针对性法治教育，使其认罪悔罪。同时，针对其家庭离异，情绪波动较大的情况，对其进行耐心的教育和心理疏导。针对黄某某的消极心理，鼓励其积极参加社区服务，使其在为社区服务中树立自信并修复人际关系，从而逐渐融入社会。社区矫正的功能不仅仅是对社区服刑人员的管控和限制，更是在遵循制度和法律的前提下，通过人性的关怀，因材施教，让社区服刑人员认识到自身的错误，并积极接受改正，从而以积极的心态回归社会，奉献社会。

案例编号：ZJSJJZ1541138688

浙江省温州市洞头区司法局某司法所　卓桂林

对社区服刑人员程某某依法实施监督管理案例

【社区服刑人员基本情况】

程某某,男,1992 年 9 月出生,户籍地、居住地均为海南省琼海市。2018 年 5 月,因犯诈骗罪被浙江省衢州市中级人民法院判处有期徒刑 3 年,缓刑 4 年,缓刑考验期自 2018 年 5 月 23 日起至 2022 年 5 月 22 日止。2018 年 5 月 30 日,程某某到琼海市司法局报到,由执行地司法所负责对其在社区矫正期间进行日常管理。

【对社区服刑人员依法实施监督管理情况】

(一)建立矫正小组情况

为共同做好对程某某的监督管理,司法所为其建立了专门的矫正小组,成员由司法所所长、社区矫正工作者、村委干部、程某某亲属等组成矫正小组,并且签订了矫正责任书,明确了小组成员职责,协助做好社区矫正的监督管理和教育帮助。同时督促其要严格遵守社区矫正监督管理规定,按时参加司法所组织的学习和社区服务。

(二)制定矫正方案情况

程某某入矫后,司法所工作人员通过定期对其谈话谈心,入户走访、向村委会询问等方式,来了解程某某的家庭情况、生活情况以及思想动态,并根据收集到的信息,有针对性地制定了矫正方案:(1)根据社区矫正相关规定,入矫前 3 个月为严管对象,每月需到所报到 4 次,交思想汇报 2 次,以后每半个月报到 2 次,交思想汇报 1 次;(2)每月参加教育学习和社区服务各不少于 8 小时;(3)定期对其进行谈话和走访,并根据矫正方案的实施效果,及时调整。

(三)要求定期报告情况

根据社区矫正法的相关规定,程某某前 3 个月为严管对象,严管期间要求程某某每个月到所报到 4 次,并当面汇报自己近期情况,定期交思想汇报;3 个月之后根据程某某的表现情况,转为普管对象,要求每个月到所报到 2 次,汇报自己的工作、生活、思想等情况。同时要求其服从司法所的工作安排,每个月积极参加司法所组织的视频学习教育和社区劳动。

(四)实施分类管理情况

根据《海南省社区矫正实施细则(试行)》的有关规定,在前 3 个月将新入矫的社区服刑人员列为严管对象。司法所自接收程某某之日起，便通过对程某某的观察情况，制定了《社区矫正对象风险评估测评表》《管理等级评定表》《社区矫正对象分类管理评定表》等，按照要求将程某某列为严管等级管理，落实严管的管控措施。根据程某某在严管期间，积极参加学习教育和社区服务、自觉遵守有关监督管理规定，思想态度端正，表现良好的情况，司法所通过讨论研究，以及再次对程某某进行测评，将程某某的监管等级变更为普管级别。

(五)实施电子定位管理情况

2018年5月30日，司法所按照要求对程某某实行手机定位监督管理，签订《社区矫正对象手机定位监管告知书》《接受社区矫正动态手机定位保证书》，要求必须随身携带定位手机，并24小时开机，不得人机分离，未经批准不得擅自离开规定的活动区域；同时，定期通过手机汇报思想和近期活动情况，有问题及时与司法所工作人员联系。自对程某某进行手机定位监管以来，其能够按照要求，定期报告自己的思想生活情况，严格遵守相关规定，表现良好。2018年12月27日，按照上级部门的要求，对其实施电子腕带监管，与程某某签订《社区矫正对象实施电子腕带监管告知书》，让其知晓相关规定，并保持电子腕带正常使用状态。

(六)走访核实情况

按照社区服刑人员分类管理的要求，司法所工作人员每月都通过入户走访亲属、村委会干部等方式，了解程某某的家庭生活及思想状况。发生这件事情后，原本有些内向的他怕村里人知道后会戴有色眼镜去看他，不与别人交流，经常一个人待在房间里，家里人都十分担心。司法所工作人员了解到这一情况后，便利用去他家走访的时机，与他谈心，让他不要心理压力过大，不要想太多，并鼓励他去市里找工作，提高其适应社会、自谋出路的能力。同时也嘱咐他的家里人要时常打电话关心他，让他积极配合司法所的工作，服从管理，不要再生事。现在，程某某在市里找了一份装修的工作，性格逐渐开朗，心理状态比较稳定，回到家不再一个人待在房间里，与村里人的交流多了起来，遇到生活工作上的问题，也愿意和司法所工作人员进行沟通。遵守社区矫正相关规定，按时报到，积极参加学习教育和社区服务，现实表现情况良好。

【对社区服刑人员依法实施监督管理取得的效果】

自对社区服刑人员程某某实施监管教育以来，通过视频学习教育和与司法所工作人员的谈话谈心,程某某逐渐认识到自己的行为给社会、家庭带来的危害,知道了法律红线不能触碰的原则。在接受矫正监督管理期间,他自觉配合司法所的日常工作,面对工作生活上的问题也能与司法所工作人员进行沟通,严格遵守社区矫正相关规定,没有出现任何违法违规的情况,表现良好。在司法所工作人员及其家人的关怀帮助下,目前,程某某能够以积极阳光的心态去面对生活,同时他也向司法所工作人员表示,会好好珍惜这次来之不易的社区矫正机会,在以后的日子里,一定会端正态度,认真配合司法所工作,绝不再去触碰法律的红线,踏踏实实做事,干干净净做人。

【小结】

在司法所的监督管理过程中,程某某能够深刻认识到自己的行为给社会带来的危害,认罪态度比较好,也十分珍惜这次来之不易的监外矫正的机会。司法所根据其情况,在严格实施监督管理的前提下,尊重其人格,不歧视,坚持以人为本、以情感人的原则,对其进行日常关心,让他感受到党和政府的关怀。同时,通过普法知识的宣传,增强其遵纪守法的观念,积极引导其树立正确的世界观、人生观、价值观,以正确的心态融入社会。

案例编号:HNSJYD1588906840

海南省琼海市司法局某司法所　王秋燕

对社区服刑人员熊某
依法依政策开展社会适应性帮扶案例

【社区服刑人员基本情况】

熊某,男,1979 年 8 月出生,户籍地为山东省济南市,居住地为上海市虹口区。2018 年 6 月,因交通肇事罪被江苏省盐城市亭湖区人民法院判处有期徒刑 8 个月,缓刑 1 年。矫正期自 2018 年 6 月 19 日起至 2019 年 6 月 18 日止。2018 年 6 月 20 日,熊某到虹口区司法局社区矫正中心报到,由执行地司法所负责其社区矫正期间的日常管理。

【对社区服刑人员依法依政策开展社会适应性帮扶情况】

（一）全面掌握具体情况，开展针对性矫正管理

熊某纳入社区矫正后，司法所专职干部与矫正选派民警多次通过家访谈话，走访居委会、派出所等途径，掌握其工作生活情况。熊某原来是运输个体户，因交通肇事被判处刑罚后，驾照被吊销，目前只能从事安装空调、修热水器、送外卖等临时性工作。其妻在社区的一家私人洗衣店做店员，收入微薄。熊某和妻子育有 3 个孩子，均未成年，父母在老家种地，家庭经济条件较差。

2018 年 12 月，熊某送外卖途中遇到他人抢劫出租车，抢劫者驾车逃逸途中将其撞倒，经医院诊断，熊某的一只手和两条腿严重骨折，需要 20 万元的手术费用进行手术，因为没有经济能力支付手术费用，只能简单包扎治疗。医生告知，如果延误手术，熊某就需要截肢。熊某遭受车祸意外后，生活无法自理，妻子只能暂时和单位请假照顾丈夫和 3 个年幼的孩子。因为无钱进行手术，熊某的情绪变得十分沮丧悲观，多次表达轻生想法。

在得知相关情况后，司法所选派民警、专职干部与社工一同上门看望熊某，并依规报请区司法局，为熊某申请免除了社区服务和集中教育学习。同时，平日里通过前往居委会走访、医院看望、电话联系等方式掌握熊某最新动态及思想状况，了解他的生活、健康状况、问题及需求。同时，司法所工作人员与熊某妻子保持沟通，让其妻也配合司法所的工作，共同在精神上支持熊某。面对生活现状，熊某主动向司法所汇报了他存在的问题和需求：一是目前自己和妻子都无法工作，生活十分困难，熊某希望能在政策范围得到一定救济，尤其是就医补助，使其可以进行手术；二是熊某希望得到法律援助，想要事故的相关责任人承担相应的法律责任；三是熊某想让自己的父亲到上海来照顾自己，但目前无法安排父亲居住，希望得到帮助，解决其父居住困难问题。

（二）整合各类资源，开展精准化帮扶

针对熊某的困难，司法所多次组织矫正小组召开会议进行分析研判，通过整合社会各界资源，落实精准化教育帮扶措施。

1. 提供司法行政部门资源支持

熊某手术费用的筹集是最紧迫的问题，熊某能够得到治疗从而康复，其他问题才可能有所改善乃至解决。司法所为熊某申请了临时帮困金，并带帮困金到医院看望了熊某，还帮助熊某联系街道的法律咨询服务，为熊某提供免费的法律

咨询。

2. 和出租车公司协商手术费用

通过向律师咨询,熊某和其家人知晓了相关法律知识,增强了为自己维权的能力和信心。在律师的建议下,熊某妻子向出租车公司提出了协商医药费用赔偿、承担相应责任的要求。出租车公司一开始表示自己也是抢劫案的受害方,不愿意承担熊某医疗费用。但通过多次咨询及协商过程中合理的争取,出租车公司最后同意拿出 10 万元,表示可以先借给熊某,等熊某做完手术,进行伤情鉴定后,根据情况再予归还。熊某和妻子也告诉出租车公司负责人会保留后续法律维权的权利。

3. 向送餐服务公司提出补偿

经咨询得知,熊某虽然没有和送餐公司签订劳务契约,仅为兼职,但是是在作为该单位的送餐员在工作时间造成的事故。于是,熊某尝试向送餐公司提出补偿。最后,送餐公司根据制定的员工发生意外事故补偿条款,拿出一笔 5000 元的补助金,对熊某进行人道主义救助。虽然这些钱款仍不足以负担熊某的手术费用,但在不断协商争取的过程中,司法所也帮助熊某增进了法律意识,为他争取到自己的支持网络,重新树立面对困难的信心,精神也积极起来。

4. 为熊某父亲解决居住问题

由于熊某妻子一直独自支撑家庭,产生了焦虑情绪,夫妻关系也变得紧张。区司法局矫正中心及时利用裴大凤心理工作室的资源,为熊某和其妻提供心理咨询帮助,运用家庭治疗的方案帮助熊某缓和家庭关系。同时,在了解到熊某妻子在社区洗衣店工作多年、人际关系良好的情况后,司法所专职干部和社会工作者陪同熊某妻子,来到社区洗衣店和老板商量,希望能让熊某的父亲来上海后以免费看店换取在店居住的权利。洗衣店老板经过考虑,同意了该请求。熊某的父亲来上海后,白天负责照顾熊某和几个孩子,晚上去看店,熊某的妻子也重新上班,家庭生活压力随之减轻很多。

5. 为熊某募集社区捐款

熊某一家长期租住在某老式里弄小区内,社区内居民对他的情况比较熟悉。于是司法所召集社工、民政干部、居委会志愿者一起商量,决定由居委会出面,号召社区居民为熊某一家募集资金。居委会将熊某一家的困难情况以黑板报的形式向社区居民做了介绍,并在居委会、小区门岗、社区商店等多处摆放了捐款箱,方便居民捐款。募捐活动开展后,社区居民纷纷伸出援手,表达自己的心意,有的还给熊某一家送去大米、食用油等生活用品,有的提出可以帮助熊某的孩子补习功课,鼓励熊某夫妻俩重新面对生活。躺在病床上的熊某感动不已,表示等自己康复了,一定尽力回报社区,感谢社区和邻居们对他和家人的帮助。

6. 社会公益组织资源链接

通过多方筹集和捐款,再加上向亲戚、朋友借款,熊某的手术费用终于凑齐,顺利进行了手术,出院后在家中继续卧床休养。2019 年年初,司法所又为熊某正在上小学的大女儿递交了爱心助学申请。在区司法局和区社会帮教志愿者协会的关心与帮助下,熊某的孩子们没有因为家庭变故而辍学,甚至还得到在校大学生一对一的补课,为熊某夫妻解决了后顾之忧。

【对社区服刑人员依法依政策开展社会适应帮扶取得的效果】

2019 年 6 月 18 日,熊某社区矫正期满。在期满宣告会上,熊某真诚地感谢政府、社区和家人的共同帮助,这让他获得了第二次生命,不但治愈了他身体上的伤痛,更治愈了他心灵上的创伤。通过这段时间的经历,其以后一定会遵守交通法规,牢记教训,珍惜自己和他人的生命。熊某还表示,在这段时间里,自身也得到了成长,现在正在学习伤残鉴定和法律援助方面的规定,以后会利用好法律的武器来维护自己的合法权益。司法所也表示,如果其需要,会继续在力所能及的范围内帮助熊某。

【小结】

在本案例中,社区服刑人员熊某因为非上海户籍,而无法享受大部分社会保障政策。面对像熊某这样社会支持网络狭窄,抗风险能力较差社区服刑人员,在开展社区矫正工作中,不能仅侧重思想矫正,更需要以“帮”助“矫”,从社区服刑人员个人、家庭、社区、社会等多层面帮助整合各类资源,为他们提供切实有效的外部支持,如此才能改善他们内在的心理状况,助其走出负面情绪的困扰,从而顺利融入社会。

案例编号:SHSJKB1591688881

上海市虹口区司法局　季海娜

第五节　社区服刑人员被依法治安管理处罚案例

社区服刑人员邹某违反监管规定被依法治安管理处罚案例

【社区服刑人员基本情况】

邹某,男,1995年8月出生,户籍地为江西省赣州市于都县,居住地为广东省广州市花都区。2016年3月10日,因犯交通肇事罪被江西省于都县人民法院判处有期徒刑1年6个月,缓刑3年,缓刑考验期自2016年3月14日起自2019年3月13日止。2017年7月30日,邹某从江西省赣州市于都县变更居住地至广东省广州市花都区,实施社区矫正,由居住地司法所进行日常监督管理。

【被依法给予治安管理处罚的情况】

(一)发现、认定行为情况

2018年9月25日上午(该年9月22日至24日为中秋节假期),司法所工作人员登录广东省社区矫正管理信息系统,检查社区服刑人员行踪轨迹,发现邹某的电子定位手环在2018年9月21日22:00至25日8:00期间,没有更新定位数据。经向电子手环供应商的技术人员反映和核实,该电子手环曾出现低电报警。司法所工作人员立即致电邹某,确认其电子手环因电量不足关机,并要求邹某马上到司法所当面报告情况。针对邹某不及时对电子手环进行充电,造成手环关闭达82小时且不及时向司法所报告原因的行为,司法所工作人员和广州市司法局派驻花都区司法警察先后对邹某进行训诫教育,要求其作出书面检讨。根据最高人民法院、最高人民检察院、公安部、司法部印发的《社区矫正实施办法》第23条之规定,司法所向花都区司法局建议给予邹某书面警告,在下一考核周期对邹某实施重点管理。花都区司法局经研究,决定给予邹某书面警告。

2018 年 12 月 27 日,邹某未按时参加集中教育活动,迟到 30 分钟。司法所根据《广东省司法厅关于社区矫正人员考核及分类管理的暂行规定》第 14 条第 19 款之规定,给予邹某扣 2 分的处罚。2019 年 1 月 3 日至 6 日,邹某两次出现电子手环电量不足关闭超过 2 小时且不及时向司法所报告的情况,按照《广州市社区矫正电子手环使用管理办法(修订试行)》第 4 条第 5 款之规定,由司法所提出、经花都区司法局审批同意,给予邹某扣 4 分的处罚。

(二)提请治安管理处罚情况

根据我国《治安管理处罚法》第 60 条、《社区矫正实施办法》第 24 条的规定,社区服刑人员邹某在受到书面警告后,下一个考核周期仍不改正,仍作出违反社区矫正监督管理规定的行为,符合提请治安管理处罚的情形。花都区司法局收集相关证据材料,经社区矫正机构集体评议、局主要领导批准后,提请广州市公安局花都区分局,对邹某依法给予治安管理处罚并附相关证据资料,同时抄送花都区人民检察院。2019 年 2 月 18 日,花都区公安局作出行政处罚决定,对邹某处以行政拘留 7 日并罚款人民币 200 元的处罚。

(三)治安管理处罚的实施情况

司法所与派出所联动协作,2019 年 2 月 19 日,司法所组织社区服刑人员开展集中警示教育活动,司法所所长现场宣读了关于对社区服刑人员邹某进行治安管理处罚的决定书,辖区民警当场将邹某带至派出所。

(四)治安管理处罚的效果

邹某治安管理处罚执行完毕后,市局驻区司法警察对其进行训诫谈话,司法所工作人员向其重申《社区矫正实施办法》关于撤销缓刑的相关规定。邹某后悔地说,过去思想上不重视电子手环充电和教育学习,认为犯小错误不至于被收监的想法是不对的,在拘留所的 7 天里,感受到失去自由的滋味,并且清晰地认识到自己已处于撤缓收监的边缘。邹某表示,今后一定会严格遵守社区矫正各项监管规定,按时落实社区矫正各项监管教育要求。

(五)利用本案例对其他社区服刑人员开展警示教育情况

本案是广州市花都区首例对违反社区矫正监督管理规定的社区服刑人员提请治安管理处罚的案例,花都区司法局将整个过程录制成视频,在其他司法所开展集中教育时播放,以案释法;并再次向社区服刑人员强调在社区矫正期间什么能做、什么不能做,警醒其他社区服刑人员遵纪守法,服从监管,起到了良好的警示教育效果。

【小结】

对于违反社区矫正监管规定且屡教不改的社区服刑人员,必须从行为上给予相应处罚,使其从思想上转变观念,做到明身份、惜矫正,明高墙、惜自由,明法规、惜重生。让社区服刑人员认识到,一旦违规违法,就有可能被收监执行,承受失去自由、不能与家人团聚的痛苦,从而提高其接受矫正、服从监管的自觉性,真正达到矫治效果。

案例编号:GDSJZC1559273802

广东省广州市花都区司法局某司法所　梁秀云　高宇菲

第三章　戒毒管理类

第一节 戒毒医疗案例

治疗HIV戒毒人员曲某某急性牙髓炎的戒毒医疗案

【案例背景】

戒毒人员曲某某，男，26岁，四川凉山州人，小学文化，有海洛因滥用史2年，且注射频率和注射量逐渐加大，在与他人共用针头时感染艾滋病病毒。2018年10月因吸毒成瘾被公安机关送山东省戒毒监测治疗所强制隔离戒毒2年。

2019年6月某天，曲某某持续一周出现左下后牙疼痛，随后两日症状加重，其自述喝冷水、热水时尤疼，且疼痛呈持续性并放射至头部，不能正常饮食，夜间疼痛加剧，为阵发性尖锐性疼痛，睡眠质量较差。在医生给予其口服消炎药和止痛药后，效果不佳，经研究将其安排至戒毒所医院口腔科就诊。专科检查结果：T：36.5，P：85次/分，R：18次/分，BP：120/70mmHg，口腔卫生状况差，口腔黏膜无溃疡、无白斑，咽部充血，牙龈充血，呈暗红色，龈缘变厚，部分触之出血，多发龋齿，浅龋、深龋洞不一，36牙合面深龋洞，探疼明显，冷热刺激痛（+++），叩痛（+）。初步诊断曲某某为慢性牙髓炎急性发作、龋齿、牙周病、艾滋病、丙肝。

近年来，公安机关在破获制贩毒案件时发现，毒贩为肆无忌惮地牟取暴利，在毒品制作过程中掺杂各种化学试剂，特别是吸毒人员以烫吸方式吸毒时，其中含有的腐蚀性杂质会造成口腔黏膜、牙龈溃烂及牙齿发黄、酥脆、缺损和龋齿等口腔问题，深龋往往会导致急性牙髓炎，单纯服用消炎止痛药并不能永久性缓解疼痛，必须进行杀神经治疗，包括干髓治疗、塑化治疗、根管治疗等手段。

【案例基本情况】

（一）方案制定

针对曲某某的病史、临床症状、诊断结果，戒毒所医护人员研究认为，其适合在局部麻醉的情况下进行干髓治疗加牙体充填操作。在治疗前,应进一步完善血常规、出凝血时间、心电图检查,术后及时复查治疗效果,并通过抗感染治疗、保持口腔卫生、合理调节营养、注意锻炼身体等手段,帮助其强健牙周组织、改善牙周病,增强牙龈组织的抗病能力,延缓龋齿进一步恶化。

(二)治疗实施

1. 术前准备

鉴于这名艾滋病戒毒人员的特殊性,在实施口腔治疗过程中,治疗器械种类繁多、高低速机器周转快频率高、医患之间近距离接触等因素,会催生大量含有致病微生物的气溶胶,治疗过程中频繁使用尖锐器械,容易导致意外刺伤。因此,做好职业暴露防护是首要前提。要求医护人员治疗时必须穿戴具有防渗透性能力的口罩、防护面罩及防护服;为防止医护人员手部皮肤破损,必须穿戴双层手套;进行侵袭性操作时,要保证光线充足,注意防止被锐器刺伤或划伤;在祛除腐坏牙体组织和开髓时,避免使用高速涡轮钻,可采用刮匙、探针等;治疗后污染锐器直接放入利器盒,禁止将使用后的一次性针头重新套上针头套;禁止用手直接接触使用后的针头、刀片等锐器;对病人用后的医疗器械、器具应采取正确的消毒措施;对整个治疗环境进行消毒。

2. 治疗过程

治疗过程中,医护人员安排曲某某躺在戒毒人员专用治疗椅上,医护人员穿戴一次性无菌防护服、医用防护面罩、一次性灭菌手套等。引导曲某某张大口,保证视野清晰,在左侧颊垫的尖端,翼下颌皱襞中点外侧 3 ~ 4mm 处,以 45°角进针,注入盐酸甲哌卡因肾上腺素 1mm,5 分钟后,开始进行祛腐开髓治疗:用锐利刮匙祛除腐烂的牙体组织,并在龋洞最近的牙髓腔处开髓,进行引流,看到血性液体流出以后保持静止,不再有新的液体流出时,放入慢失活剂,最后用丁香油氧化锌封闭。治疗过程中,密切关注曲某某的身心情况,倾听他的诉求,并及时给予鼓励,通过适当的语言和情感交流,消除其紧张情绪和恐惧心理。2 周后,安排曲某某复诊,根据其恢复情况,适时进行抗炎巩固治疗,予以口服头孢克肟 0.1g,每日 2 次;甲硝唑芬布芬 2 粒,每日 3 次。

3. 辅助措施

医护人员在做好治疗的同时,强化戒毒人员卫生干预,搭配营养饮食。口腔因其特殊的生理特点和结构,容易成为病原微生物入侵人体的途径,从而导致各类疾病发生,因此,保持良好的口腔卫生是做好口腔治疗的必备"操作"。做好曲某某口腔卫生干预,要求其治疗后每天坚持正确刷牙,每天自我按摩牙龈 10

分钟，叩齿 100 下，促进牙龈血液循环，强健牙周组织。与此同时，做好营养饮食治疗，在其日常膳食中供给多种维生素，尤其是 B 族维生素、维生素 C、维生素 D、维生素 E 和叶酸等。B 族维生素有助于消化，能保护口腔组织；维生素 C 可促进牙龈出血复原。饮食不宜过于精细松软，少食辛辣、油腻及含糖类食物，多食豆类、蛋类等高蛋白饮食，以增强机体抵抗力及抗炎能力，加快损伤组织修复。

4. 治疗效果

治疗当天，曲某某患牙疼痛明显减轻，头痛立无，精神状态明显好转，进食略有不适，夜间睡眠正常。治疗第 2 天，曲某某患牙轻度疼痛，咬合略有不适感，精神佳，进食正常，夜间睡眠好。治疗第 5 天，曲某某患牙无疼痛，咬合无不适感，精神佳，愿意与他人交流，饮食睡眠好，即日停用头孢克肟和甲硝唑芬布芬。治疗第 14 天，曲某某来复诊检查，其牙龈颜色正常，触碰无出血，牙周袋变浅，患牙无疼痛，无叩痛，无冷热刺激痛。予以祛除氧化锌和慢失活剂，揭去部分髓室顶，除去冠髓，放入干髓剂，用玻璃离子材料垫底，光固化树脂充填龋洞，恢复牙齿的外形。治疗第 28 天，即复诊后第 14 天，曲某某精神状态饱满，患牙无疼痛及其他不适感，咀嚼功能良好，患牙完全治愈。

【案例思考】

一是立足安全风险的多重性，将职业暴露防护措施落实落细落到位。以上病例为慢性牙髓炎急性发作，疼痛剧烈，患齿有大面积龋洞，单纯采用药物治疗，难以控制症状且无法恢复牙齿功能。因此，采用干髓治疗加牙体充填方式，但因其系 HIV 病毒、乙肝、丙肝、梅毒感染者，其唾液、血液含有大量病毒，且口腔治疗时医患之间是面对面操作，发生交叉感染的机会多、途径广、风险高。对艾滋病专管所医护人员而言，为特殊戒毒人员进行疾病诊疗救治是岗位职责，做好自身的职业暴露防护亦是工作“铁律”，必须不讲条件、不打折扣执行到位。具体到口腔治疗工作，尤其应注意牙科涡轮钻和刮匙、探针等利器锐器使用和放置，规范手部清洁、场所消杀和医疗垃圾处置等环节，绝对确保医生和戒毒人员的生命安全和身体健康。

二是立足症状表现的复杂性，对艾滋病戒毒人员口腔症状作出精准判断识别。除与艾滋病病毒感染相关的牙周病、龋齿、牙髓炎等，通常艾滋病病毒感染者还有其他类型的口腔疾病表现。口腔念珠菌病为最常见的口腔损害，常在疾病早期有表现，是免疫抑制的早期征。毛状白斑是艾滋病病毒感染者的特殊口腔病损,发生率仅次于口腔念珠菌病,对艾滋病有高度的提示性,抗生素治疗无效。卡波西肉瘤是一种常见的血管恶性肿瘤,也是HIV特征性口腔表象,发生率较高。口腔疱疹为艾滋病病毒感染者常见的病毒损害,口腔表现严重,范围广,可同时伴有生殖器疱疹,病程较长,反复发作,若持续1月以上,应做艾滋病筛查。带状疱疹也是常见早期表现,病情重,持续时间长,预后不良。牙龈线性红斑,复发性阿弗他溃疡,唾液腺疾病,乳头状瘤或局灶性上皮增生等。因此,在给艾滋病病毒感染者口腔疾病曲某某进行口腔检查时,要检查全面,要考虑有无以上疾病,不要漏诊。治疗时除了局部治疗,也要考虑全身因素,除了口腔科治疗,还要进行多学科合作治疗。

三是立足治疗过程的特殊性,要积极跟进,做好心理防护工作。口腔治疗通常采用开髓治疗方式,会产生间歇性疼痛。作为原本就"一体多病"的HIV戒毒人员,在执行强制隔离戒毒期间接受系统的口腔治疗,他们除心存感激外,也因担心治疗疼痛而紧张焦虑。治疗前,多与戒毒人员交流,语气轻松、态度亲切,使其放下戒备,放松心情。治疗时要保证戒毒人员全程无疼痛,特别是实施局部麻醉时,动作要稳定、准确、轻柔,做到一针麻到位。同时,嘱病患闭眼放松,不要紧盯着针头看,以防止其因恐惧发生晕针现象。

案例编号:SDJDYL1589889344

山东省戒毒监测治疗所　刘英姿

第二节　教育矫治案例

运用萨提亚疗法帮助戒毒康复人员宋某某改善母子关系案

【案例背景】

根据相关调查和实践经验显示，吸毒人员的家庭普遍存在家庭关系紧张、冲突、缺乏沟通等情况。而在复吸原因的调查中发现，家庭发生变故、家庭关系冲突和矛盾等负面性生活事件，往往是导致复吸的主要原因之一。因此，帮助戒毒康复人员发现自己的沟通态度和内心渴望，学习良好的沟通模式，改善家庭关系，对巩固戒毒效果、防止复吸具有重要作用。本案例着重介绍运用萨提亚疗法帮助戒毒康复人员转变沟通模式、改善母子关系的过程与效果。

宋某某，女，48 岁，已婚，育有一子，系在校大学生。19 岁初次接触毒品，其间有 18 年未沾毒品，2012 年开始再次吸食海洛因，2016 年 6 月 21 日，自愿到戒毒康复所戒毒。

宋某某因与丈夫感情不和，想离婚。但儿子对其离婚非常抵触，声称只要其离婚就断绝母子关系。宋某某听后非常伤心，觉得儿子不理解自己，感到非常失败，想要出所，却又不知去什么地方，出现烦躁、焦虑、情绪低落、精神不振、厌食、失眠等症状。

【案例基本情况】

（一）综合分析

现实表现：烦躁、焦虑、情绪低落等，觉得生活没有意义（有厌世倾向），出现食欲不振，失眠等生理症状，对生活、社会交往产生一定影响。

心理测评结果：抑郁自评量表（SDS），标准分 59 分，轻度抑郁；焦虑自评量表（SAS），标准分 56 分，轻度焦虑。

咨询师根据宋某某的主诉内容、心理测评及前两次的咨询表现,综合分析:(1)宋某某知情意协调一致,个性稳定,有自知力,没有幻觉、妄想等精神症状;(2)宋某某的苦恼是由现实刺激(与儿子争吵,儿子扬言要断绝母子关系等)引起,持续时间较短(不足1个月),生理功能和社会功能受到轻度影响。因此,诊断为一般心理问题。

(二)方案制定

鉴于宋某某的心理问题与其沟通模式、家庭关系密切相关,咨询师制定了对宋某某的个体心理咨询方案:运用放松训练、情绪管理训练,缓解其抑郁、焦虑症状,改善睡眠情况;运用萨提亚疗法中的系列理论、技术,分析母子关系恶化的原因;使用一致性沟通模式,改善亲子关系,巩固戒毒动机。

(三)实施过程

1. 第一阶段:学会放松,改善睡眠,缓解情绪

一是放松训练。针对宋某某的焦虑、失眠情况,咨询师首先指导其进行腹式呼吸放松训练,并要求其强化练习:每天做1次腹式呼吸放松训练,时间10~15分钟。

二是情绪管理训练。咨询师首先帮助宋某某学会觉察自己的情绪变化(我这会儿有点愤怒),其次通过6秒钟平静反应法来缓解情绪状态(深深地吸一口气,屏住呼吸2~3秒钟,再缓缓地吐气,并在这大约6秒的过程中,告诉自己"我很愤怒,但我需要冷静"),再次通过听音乐、有氧运动、与朋友倾诉等方法来合理地宣泄情绪,让其意识到只有当情绪稳定的时候,考虑问题或作出决定才是合理的。经过前期的放松训练和情绪管理训练,宋某某自述焦虑程度有所减轻,特别是晚上的腹式呼吸放松训练后,人感觉很放松,可以较快入睡,不会再胡思乱想了。也能够在一定程度上识别并合理宣泄自己的情绪,不会再被情绪支配说过激的话或做一些不合理的行为。但不能提起儿子的事情,一旦提及,情绪波动仍较大,觉得自己作为母亲非常失败。

2. 第二阶段:运用萨提亚疗法系列理论、技术进行自我剖析,发现生存姿态,找出问题关键

运用雕塑沟通模式的方法,发现自己的生存姿态及其对母子关系的影响。咨询师在了解了宋某某的原生家庭情况后,先让宋某某描述一个她与父母发生争执的场景,并通过雕塑沟通模式的方法让其用身体姿态还原当时自己、父亲、母亲和弟弟的态度。宋某某分别为自己、父亲、母亲和弟弟选择了讨好型、指责型、打岔型和超理智型,然后,咨询师对其原生家庭的沟通模式进行了分析,使其认识到:一是她习惯用讨好的模式即生存姿态,来减轻来自家庭的压力,期望获

得父母的认可和肯定;二是讨好型的生存姿态并没有使其得到父母的认可,反而使她越来越自卑。在让宋某某认识到自己的生存姿态之后,咨询师又通过雕塑技术帮助宋某某分析她与儿子的矛盾,使她意识到:她将原生家庭的讨好型生存姿态代入到母子沟通模式中,她越是讨好,其子对她的态度越是恶劣,否定她作为母亲的努力与付出,她由此产生了很多焦虑、悲伤,甚至是愤怒的情绪,这种不良情绪的堆积导致了她现在的心理状态出现问题。咨询师进而引导宋某某思考:为什么讨好型的沟通模式,仍然不能换来和谐的母子关系,反而加剧了关系的恶化?

运用冰山理论,剖析内在需求,查找影响母子关系的关键因素。咨询师运用冰山理论让宋某某画出自己的“个体冰山”:

A 外部行为表现:母子关系不和。

B 应对方式:讨好型(关注他人、情境,忽略自我,由家庭规则和“应该”所驱使,用讨好、退让、防御、压抑自己感受的形式达到暂时的平和状态,缓解压力和矛盾)。

C 感受:对自己吸毒的羞愧,被儿子责怪的悲伤,自己对儿子付出心血却不被认可的愤怒。

D 观点:儿子就不再爱我了。

E 期待:离婚不会影响母子关系。

F 渴望:渴望得到儿子的爱,被儿子接纳和认可。

G 自我认知:我是一个失败的人。

宋某某“个体冰山”如图 3－1 所示:

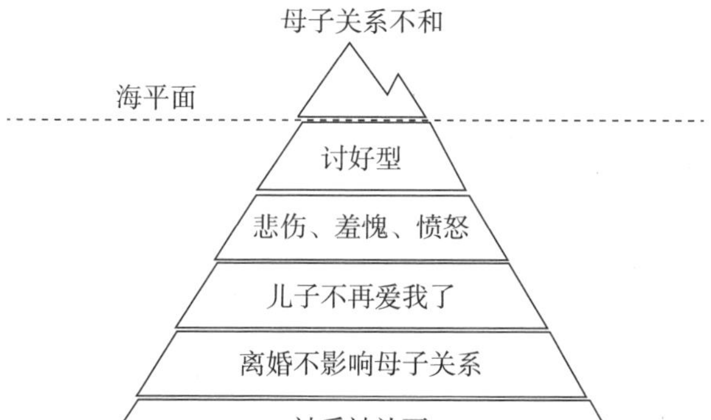

图 3－1　宋某某“个体冰山”

在让宋某某直视自己的“个体冰山”后,咨询师进而帮助她找出掩盖在讨好型生存姿态之下的内在渴望与需求是“渴望得到儿子的爱,被儿子接纳和认可”,并与其一起分析了影响母子关系的关键因素:一是她把原生家庭的生存姿态代入到母子沟通模式当中,是造成母子沟通困难乃至关系恶化的关键因素之一;二是讨好型沟通模式使她无法真正真实地表达自己内心的态度、需求和渴望,长期的自我压抑导致她出现情绪、睡眠障碍;三是一味地讨好、退让、压抑自己感受,并不能换来和谐的母子关系,反而容易让儿子忽视到她的感受、付出和努力,也养成了儿子使用指责的方式进行沟通的习惯。

3.第三阶段:学会一致性沟通,勇敢的表达感受和需求,改善母子关系

在找准了自己的内在需求,并了解影响母子关系的关键因素后,不难发现,要改善宋某某的母子关系,就必须改变她的沟通模式。因此,咨询师指导宋某某学习并使用一致性沟通模式,即,不用指责、讨好或者逃避的方式去处理一些冲突,依然能与人建立比较好的关系。首先,咨询师创设对话情境,选择母子对话为背景,然后通过问题引导,帮助宋某某对自身存在的想法、感受、身体信息以及从经验中得到的含义予以充分的觉察、接纳。其次,关注事件发生环境,自己与环境的关系,沟通对方的心情、认知和防卫(发现儿子的愤怒,理解儿子对家的渴望,重新界定儿子“断绝母子关系”的防卫与防卫背后的需求)。最后,有意识地去选择行动和回应,一方面,改变原先固有的讨好型沟通模式,真实地表达自己的情绪和需求;另一方面,表达对对方情绪和需求的理解和接受,形成良好的一致性沟通氛围,最终促使双方共同努力找出解决冲突的方法。

通过一段时间的练习,宋某某改变了以往惯有的讨好型沟通模式,在与儿子的实际沟通中可以真实地表达出自己的情感和需求,也能够理解并表达对儿子过激言语背后情感与需求的接纳。其子也在听取了母亲的真实想法后进行了反思,表示不会再以断绝母子关系要挟母亲不能离婚。双方目前正在形成一个良好的一致性沟通氛围,并努力寻找一个彼此能够接受的解决办法。

(四)实施效果

心理测评:抑郁自评(SDS)得分35分,焦虑自评(SAS)测试得分41分,表明抑郁、焦虑情绪基本消除。

宋某某自述情绪得到了释放,心情比较轻松,可以正常入睡。特别是在与儿子的沟通模式改变后,自己能够说出自己的心里话,而且儿子也表示了理解,宋某某感受到了被爱和被接纳。母子的紧张关系得到了缓和,也坚定了继续戒毒的动机和信心,决定继续在康复所安心戒毒康复。

【案例思考】

一是教育矫治不能单纯追求消除“症状”。本案例从表面上看,情绪和睡眠问题比较突出,但如果教育矫治的总目标只关注消除“情绪和失眠”的症状,那么,短时间内戒毒康复人员可能出现好转,但深层次的心理问题没有解决,相似的症状还是会在后续的生活中不断出现。这就要求戒毒场所的教育矫治工作者不仅要善于解决“症状”问题,还要深挖内心“症结”,这样才能最终达到教育矫治的初心和使命。

二是善于引导戒毒康复人员自己发现问题并找出解决方法。在本案例的个体咨询过程中,咨询师发现在与宋某某的谈话中,如果咨询师直接指出她或者其儿子的问题,宋某某总是存在一些若有似无的抵触心理。因此在后期的个体咨询中,咨询师注重从侧面入手,引导宋某某自己发现问题症结后,其接受程度要高很多,同时也更加积极地参与问题的解决。因此,对于戒毒康复人员或者其他防备心理较重的来访者,要善于引导其自己发现问题并解决问题,从而更好地提升来访者的积极性。

三是改善沟通模式有助于缓解戒毒康复人员自卑心理。从宋某某的个体冰山中关于“我是一个失败的人”这一自我认知,不难发现,宋某某的自卑心理比较严重,特别是吸毒经历让她觉得愧对自己的儿子,认为其不是一个称职的母亲。但在后期与儿子改善亲子关系后,宋某某的自卑心理有所缓解,特别是在其表达自己的需求并得到了儿子的正向反馈后,宋某某对自己能够摆脱毒瘾的信心有了显著提升,就如同萨提亚认为的,人们对自我的认知和自我价值的定义,受到沟通过程中外界反馈的影响。因此,结合本案例实际情况,改善沟通模式有助于缓解戒毒康复人员的自卑心理,而使用一致型沟通模式,可以帮助戒毒康复人员更好地进行自我价值定义,从而更加自信地生活。

案例编号:CQJDJZ1589785289
重庆市戒毒康复所　朱　琳

利用数字油画增强戒毒人员戒毒信心案

【案例背景】

戒毒人员具有三重属性,即违法者、受害者和病人,决定了戒毒场所是集强制性教育、戒毒医疗和人性化矫治措施于一体的戒治法律文化的重要载体。因此,在对戒毒人员进行教育矫治的过程中,坚持"人本、科学、安全、救助"的戒治工作理念,实行严格的行为规范管理、专业的戒毒治疗以及富有针对性、科学性的项目戒治,一直以来,在戒毒人员的教育矫治过程中都起着十分重要的作用。然而,戒毒人员面对自己能否抵抗复吸诱惑的不自信,超高的复吸率依然是困扰教育戒治工作的大问题。因此,探索如何运用合适的方法,有效激发戒毒人员的积极心理,强化其戒毒信心,矫正吸毒等不良行为,塑造积极人格,进而降低其复吸风险,使之顺利回归社会,始终是对戒毒人员进行教育戒治的目标。

瑞士心理学家荣格曾经说:情绪的困扰,可以用另外一种途径来处理,不是通过智力层面的澄清,而是通过赋予其一个可见的形状,于是那些拥有一定绘画才能的病人能够用画来表达自己的心情,一幅画在技术和美感上是否令人满意并不重要,只要它可以让幻想尽情表现就可以了。

戒毒所决定尝试采用数字油画的涂画作为戒毒人员心理矫治的一种方法,以化解他们承受的心理压力与危机,充实他们的内在感受,逐步舒缓、化解不良情绪,从而更好地认识自我、探索自我、悦纳自我,使其获得生活与发展的力量。

数字油画原流行于欧美、日、韩,它能使没有绘画基础的人快速绘制出一幅令人赞叹的艺术作品,并享受到绘画过程的无穷乐趣。这种绘画方式能够越过语言将感情直接以图画的形象表达出来,能帮助情绪受困者了解并记录内心情感,充分表达内心感受,消除不良情绪,最终达到识别复杂情感、解决情绪冲突的目的。

【案例基本情况】

(一)方案制定

1. 确定数字油画指导人员

由于戒毒人员在涂画过程中存在不确定性,因此由专门的心理咨询师进行数字油画的涂画指导。

2. 参加数字油画训练的戒毒人员入组标准

(1)年龄不限、文化程度不限;

(2)余期 6 个月以上;

(3)身体严重不适的人员不宜入组。

3. 确定数字油画训练的时间

每周一次,每次 1.5 小时,中途感觉不适的人员可以休息调整。

4. 数字油画训练的内容

传统的图形:大地、河流、房屋、桥梁、庙宇与高塔等建筑,动物、植物以及大自然中的太阳、月亮、星星、风、雨、雪、雹、云,还有人物等各种图案、各种颜色的涂画。

5. 数字油画训练方法

让戒毒人员在每次涂画后写涂画心得,涂画整个活动结束后,填写团体辅导活动反馈表,主要包括对涂画活动的满意度、自身的表现和收获、印象最深刻的内容、本次涂画活动中首先选择某种颜色和形状的原因、对绘画活动的感受和建议等,可以反馈此次绘画活动的效果;对戒毒人员开展半结构式访谈,了解他们对涂画活动的整体感受及其在整个涂画过程中的改变,并对整个数字油画的涂画活动的效果进行量化和质化评估。

(二)实施情况

1. 导入阶段

根据入组标准,选出符合条件的戒毒人员 50 名,分成 5 组,每组选出小组长 1 名,另有 2 名戒毒人员作为管理和观察人员,协助咨询师。咨询师采用 PPT 形式对绘画方式、颜料的使用进行简单介绍,说明此次涂画活动的原则,然后进行活动宣誓,正式开始活动(在此活动中允许他们在绘画过程中自言自语以及小声地交流)。

这一阶段先通过热身活动来带动全体成员的积极性,让成员进入状态,使成员相互了解、相互配合、消除紧张和戒备,建立一种安全、和谐、轻松、温馨的氛围。然后,随着舒缓音乐的播放,整个团体逐步进入一种绘画前的准备状态。

2. 实施阶段

随着舒缓轻松的音乐,整个团体开始了涂画阶段,这是整个数字油画团体活动的关键时刻,咨询师在这个过程中要随时注意观察每个成员的作画过程,关注他们在作画过程中的自言自语,但不要轻易地打搅他们。在每次涂画后,先要求他们每个人写出此次绘画的心得体会,再在各小组内进行交流。

表3-1是戒毒人员何某心得体会的原始记录:

表3-1 何某心得体会

时间	心得体会
5月3日	绘画的感觉是好玩,有新鲜感
5月17日	感觉有点麻烦,没有了第一次的好奇感和新鲜感,看来自己还是静不下心来,还得努力
5月23日	第三次还是眼花缭乱,没什么耐心,但总体上比上两次的心态好很多,还得继续加油
5月31日	这次绘画进行一个半小时,头一个小时感觉还很良好,后半个小时感觉有点累,但我想象着画好以后,出去了也许孩子能看到我的画,又增加了力量,自己的画已慢慢成形,还是有很大的成就感
6月14日	今天又一次进行了绘画活动,这一次绘画心态好了很多,在看见自己的作品慢慢成形,心里更是多少有些成就感,继续加油
6月21日	今天下午所里又安排我们绘画了,我看到我的作品一次比一次完美成形,越来越好看,我要更加努力认真地把它画好,到时拿出一幅漂亮好看的作品来展示自我,在此,我要感谢所领导,谢谢你们多方面的教导和指点,让我们学了不少东西
6月27日	今天下午所里安排我们绘画,当我拿起画笔时,看到我的作品一次比一次好看,一次比一次完美,我就更加努力地认真地去把它画好,画漂亮,等我出所时,能拿出一幅完美的、漂亮的油画来,我真为自己感到骄傲,在此我要感谢我们的老师,是她在思想上开导我们,鼓励我们,才有我们今天的成绩,谢谢
7月4日	当我拿到我的作品时,我感到十分满意,今天就要画成了,在此,我要感谢老师的细心指导,多次鼓励,没有你我们就不会有今天的成绩,有时候会想,涂画那么烦琐,都成了,戒毒真的就那么难吗

3.结束阶段

在这一阶段,每个戒毒人员将展示自己完成的作品,并且咨询师将他们每次写的心得体会完整地交给他们。进行分享和总结,帮助他们看清楚自己遇到困难时内心的想法,分享成功后的喜悦,进而针对现实中遇到的各种困难,以及对即将回归社会感到的迷茫与困惑,对未来生活缺乏目标与动力等问题,共同讨论,一起寻找解决的办法,指导和协助他们制定适合自身情况的目标,提高他们对未来生活的希望感,明确未来生活的方向,从而真正地成长。

历时两个多月共计8次绘画活动结束后,咨询师给参加绘画活动的戒毒人员发放了自编的《团体心理辅导活动反馈表》，由 50 名戒毒人员填写，对其统计结果进行分析，如表 3－2 所示：

表 3－2　团体心理辅导活动

团体心理辅导活动反馈		占比/%
对此次团体涂画活动感到满意	不满意	10
	比较满意	13
	非常满意	77
活动中收获很多，能感受到自己的内心想法		85
活动给自己增加了应对困难挫折的信心，有了希望感		88
活动使自己对未来的目标有了清晰感		46

由此可见，8 次数字油画的活动结束后，戒毒人员在自我认识、应对压力、进行情绪管理以及对未来规划等方面都有所改善，增强了信心和希望。多数戒毒人员认为，这种形式的活动更加新鲜有趣，也更有成就感，收获较多。

【案例思考】

一是在涂画过程中，按照数字油画本身的规则，须按顺序涂画，先从 1 开始，涂完一个号再涂下一个号，这就会压抑涂画者内心深处自己想涂的那一部分。涂画者本身在第 1 次涂画时，多为新鲜、好奇，但是随着涂画时间、内容的增多，多会出现烦躁情绪。于是，在涂画的第 3 次，改变涂画方式，让其任意选择喜欢的颜色、号码以及形状，来进行涂画，自由发挥，弥补刚开始的压抑，逐渐消除其心中的烦躁。比如，有人会先涂阴影，有人会先涂极小块，有人则喜欢大块涂白。颜色的喜好也是各种各样，在这种涂画的过程中，其实就是其个性的显现，当然也包含着其个性化的发展。戒毒人员涂画的形式以及戒毒人员发自心底的表述，本质上是他们无意识地、自发地显现，所以在其涂画过程中，让其体会每一次画的感受与过程，引导戒毒人员在涂画时尽量去体会他们在选择颜色、号码、形状时的感受，以及先涂与后涂的原因，是为了让其更好地体会和审视自己的内心，从而对自我有一个更深刻的感受。比如：有面对阴影在黑暗中的探索，有内在心灵意象的指引，也有超越与整合的个性化经历，他们在这种自我分析中获得治愈与发展性的体验，逐渐实现人格的完善与发展。

二是在戒毒人员的涂画中，他们还有一个深刻的感受就是“心情平静”，平静得忘掉了一切,忘掉了自我。心理分析是基于无意识水平的工作,正如积极想象的过程,忘我也是必需的,这正如庄子所描绘的"吾丧我,唯此始能获得那天籁之音的启迪",心理分析重视的是被分析者的自我探索与自我治愈。

《沙盘游戏疗法》一书中说道:"真正的治愈因素,存在于我们每个人内心的深处,真正的治愈力量,也存在于每个人的内心深处。"所以咨询师在让戒毒人员写心得体会的时候要求:(1)写此次涂画时的感受;(2)选择的颜色及原因;(3)选择的形状及原因。比如戒毒人员王某在绘制铁塔夜景时,是从周围涂起,只留中间的铁塔未涂,而另一名戒毒人员陈某相同的图画则是从中间涂起,向外围涂;他们这样涂画时,心里的感受是什么?数字油画对戒毒人员来说,其点滴创作和心得体会,都是一个自我探索的过程、自我体验的过程。戒毒人员在涂画中的选择其实就像用一种语言来表现他们内心的问题,选择哪种形状,喜欢哪种颜色,喜欢阴影还是大片涂白,实际上都源自其内心深处的表白,是他自己心中的世界。看似不起眼的一处线条、一个形状或者一种颜色,实际上包含了或者说被注入了深刻的意义或价值,也可以说,是他们给这些本来无生命的数字油画赋予了一种特殊的意义。这样,涂画的过程就起到了与自己内心交流与沟通的作用。他们通过那些丰富的色彩、图形与各种意象体验自己的情感,体验着自己的忧伤、焦虑以及自己的喜爱等各种情绪。在涂画中表达和呈现他们的情绪与心理状况,在选择中进行自我探索,此时,他们的心理和内在世界就有了客观记录和分析的条件,而通过写心得体会,则表达出他们遇到的问题,寻找他们应对问题的方式。同时,通过这种表现和选择,他们也对自己有了重新认识,观察他们心得体会的原始记录,就可以发现,他们在数字油画的涂画中已经在不知不觉地改变着自己及其处理问题的方式,所以可以得出这样的结论:

1. 运用数字油画这种能够提供安全感的方式来降低他们的焦虑。

2. 通过数字油画这种涂画方式可以消解戒毒人员背后所阻碍的情绪能量。

3. 数字油画这种涂画的方式可以为戒毒人员提供一个能通过自己的努力获得的内在稳定的框架,使其能够处理自己的各种内在矛盾(或者说是攻击性的冲动)。

4. 作为心理咨询师,要尊重其所画油画的特殊意义与象征。

三是有的戒毒人员在心得中写道:"涂画让我感到好像回到了童年时上美术课画画的感觉,于是心静了下来。"

在数字油画这种有意识的活动中,在戒毒人员涂画过程中,其对颜色、形状以及号码的自由选择其实是无意识地自发表现。跟随这种无意识的指引,在他们重新体验这些童年记忆的过程中,跟随童年记忆涌现出来的是很多生动的情绪与感触。这些情绪与感触具有生命力,它会不断地触动戒毒人员,从而促使他们去寻找内心最柔软的、同时也是最有创造力的那一部分,并慢慢地将他们挖掘出来。于是,他们在涂画过程中不断地进行积极的想象,想象着图画完成后的喜悦,想象着与孩子一起涂画的情景,想象着因为自己吸毒而不能在“六一”儿童节时陪伴孩子的心痛,想象涂画这么艰难的过程都能做到,还有什么毒戒不掉?尤其是在允许他们可以按照自己的喜好选择涂画内容时,有的戒毒人员这样写道:“这给了我想象的空间,我非常感谢老师让我这样进行涂画。”因此,当他们全神贯注于自己眼前的涂画时,那幅画也随之变得丰富、生动,而任何富有生命力的存在,总是有成长与发展机会,也会在发展中获得新的形式与新的意义。

荣格曾经说过:通过积极想象,所有的意象都产生在有意识的思维中,这些意象比不确定的梦更完整,这些意象也比梦有更丰富的内容,积极想象意味着意象有自己独立的生命,意味着象征性事件的发展有自己的逻辑根据,意味着通过某种方式,我们可以与这些有生命的意象进行直接的沟通。因此,将数字油画与积极想象联系起来是在戒毒人员中进行防复吸训练的又一个新的探索。

案例编号:HBJDJZ1583053002

河北省石家庄市第二强制隔离戒毒所教育矫治处　高　洁

基于家庭关系修复与拒毒技能提升的后续照管案

【案例背景】

戒毒人员出所后的后续照管问题,相比一般犯罪人员具有一定的特殊性。一是由于整个社会对毒品的排斥,导致社会对吸毒人员的认识与接纳程度较低,同时,由于长期性、临时性进行尿检造成戒毒人员存在自卑消极等不良想法,需要具有更平和的心态与更正确的认知,主动恢复正常的社会功能。二是吸毒人员普遍因吸毒而对家庭造成一定伤害,难以获得家人的信任与理解。同时,其因吸毒患上各种生理上的疾病,进而加重了家庭的负担。三是吸毒人员出所后面临的最大问题还是防复吸问题,强戒所是无毒环境,而吸毒人员是否能将所内学到的拒毒技能顺利地迁移到日常生活中去,对他们而言是一种考验。所以,对吸毒人员出所后的后续照管,应该从提高其认知水平、恢复其社会及家庭功能、帮助其掌握切实可行的戒毒技能3个方面开展。

【案例基本情况】

(一)照管对象基本情况

杨某,34岁,小学文化,籍贯北京市。2013年8月,因故意伤害罪被拘役4个月。有过3段婚姻,均已离异,与第一任妻子育有一子,为10岁男孩。与孩子以及父亲3人同住。家庭条件一般,因拆迁获得一定经济补偿,但由于吸毒与赌博,所补偿款项被挥霍殆尽,目前所住房屋为租赁。2016年12月15日,杨某父亲遭到车祸,肇事方经济状况较差,无力进行经济补偿。杨某父亲虽被医院救治,脱离生命危险,但由于无人照料,暂住医院,在杨某被强戒2年期间,累积了20余万元的医疗费用。杨某多次向援助机构及亲属寻求经济资助无果后,产生消极报复心理,于2016年12月27日23时许吸食冰毒,后于2016年12月29日9时许到派出所投案自首,被强制隔离戒毒2年。杨某儿子由于没有监护人,被当地民警送至福利院代行监护。

2年强戒期,民警针对杨某进行一系列针对性教育及戒毒技能培训工作,同时多次安排其与儿子进行亲情接见。通过2年的戒期,杨某提高了家庭责任意识,掌握一定的拒毒技能,于2019年1月9日回归社会。

(二)原因分析

杨某虽然完成2年戒期,并取得一定的效果,但出所后仍需面对一系列现实及潜在问题。根据与杨某访谈和对资料的整理,民警对其出所后情况进行了评估:

1. 经济因素。由于杨某父亲长期在医院接受相关治疗,已经累积了20余万元的医疗费用;杨某的孩子虽然被当地福利院代行看护,并未产生费用,但将孩子接回来后,杨某父亲和孩子的日常开销都需要杨某提供。由于杨某文化水平低,就业能力差,如果无法解决经济问题,可能会重蹈覆辙。

2. 家庭因素。良好的家庭关系对杨某防复吸起到决定性作用。由于杨某之前自私逃避的行为导致杨某父亲与孩子对其存在一定的负面情绪与认知,因此,对杨某来说,急需挽回家人的理解与支持。杨某在恢复家庭功能的过程中,需要重点解决的是孩子的心理问题,父亲的突然离开,2年的福利院生活对孩子的心理造成极大的影响,而杨某缺乏这方面的能力,可能导致问题恶化。同时,其父亲的心理问题也值得关注。

3. 心理因素。杨某文化水平较低，成长环境复杂，缺乏必要的心理调节技能，加之其朋友多为社会闲散人员，往往起到消极负面作用，导致杨某对事物的认知也存在一定程度的偏差，容易在受到外界刺激后产生过激反应。

4. 毒品因素。经历了2年的戒毒期，杨某对毒品渴求的躯体化反应已经很少，但仍面临以下几类复吸风险：第一，对吸毒和吸毒身份的认知；第二，朋友圈中存在多名吸毒人员；第三，对不良情绪控制及疏导的能力欠缺；第四，对毒品存在心瘾。

（三）方案制定

鉴于杨某面临的诸多问题，且其自身存在的短板，经过综合分析后，戒毒所认为，首先应解决杨某回归社会的家庭功能恢复问题，第二要解决父亲医疗救治问题，第三要解决日常生活经济问题，最后要将防范复吸问题贯彻始终。

1. 以解决经济问题为前提

针对杨某父亲2年期间欠下的医疗费用问题，首先，建议采取法律途径，对肇事方提起诉讼，获得相应的赔偿。其次，针对生活经济来源问题，鉴于杨某之前有酒类销售经验，推荐其根据所内学习到的创业技术重拾此类工作。

2. 以解决家庭问题为保障

完善杨某及其家人档案，建立日常性和危机性的心理干预机制。

3. 以解决复吸问题为重点

帮助杨某制定复吸风险点应对预案，不定期对杨某面临的问题进行分析和干预，及时调整应对预案。

4. 以后续照管团队为依托

根据杨某可能出现的问题，联合街道专员、福利院、司法专职人员、戒毒民警、亲友监督人员组成五位一体的照管团队，专业涉及经济、法律、心理、教育等方面，及时跟踪回访，并进行分析与干预。

（四）方案实施

1. 修复家庭功能

对杨某来说，吸食毒品造成后果最严重的，就是其家庭功能的破坏：第一，父亲被当地医院进行治疗救助，孩子被当地福利院暂为监护。所以，杨某回归社会后，最紧急的就是恢复家庭功能。首先，杨某需要一个住所，因为被强制隔离戒毒前，杨某和父亲孩子在出租房内居住。由于杨某自首被强戒，父亲与孩子也无力续住，所以之前租房被腾退。其次，为解决杨某的居住问题，在与杨某协商后，与杨某的发小薛某取得了联系，由薛某代杨某寻找住所。最后，在杨某孩子就读小学附近租了一间房子,并在杨某出所前1周安置妥当,具备基本的居住条件。第二,杨某需要去医院办理父亲的医疗手续。由于其父已欠医院医疗看护费用20余万元,如何处理后续的相关事宜,杨某并不清楚。所以,戒毒所提前与医院商定,先由杨某到医院进行监护人手续办理,至于所欠费用,等杨某安顿妥当后再进行协商。第三,办理杨某孩子的转接手续,保证孩子能够继续上学。由于杨某强戒期间,都是由杨某的专管民警负责联系当地福利院,提供孩子相关情况,所以,由专管民警提前将相关事宜如时间、地点、手续流程安排妥当并告知杨某,杨某出所后,随当地派出所民警将孩子接回。

2. 解决实际困难

杨某在办理完父亲的看护手续并将孩子接回家后,基本上回归了正常的生活,但杨某仍面临两个现实问题。第一,是父亲欠下的20余万元的医疗看护费用。第二,是孩子在福利院期间产生的心理问题。针对杨某父亲欠款问题,戒毒所与杨某商量,提出了两条解决途径。第一条途径,是走法律程序,通过诉讼,要求肇事者进行相应的民事赔偿。其中涉及的法律问题,比如法律程序、起诉书以及相关注意事项都有后续照管团队中的法律专业人员完成,但考虑到肇事方本身经济条件较差,在执行索赔过程中可能存在诸多问题,所以,走法律程序作为备选。第二条途径,是申请医疗援助,戒毒所与医院进行了多次协商,将杨某的实际情况和在所表现告知医院,最终医院同意通过医疗援助途径,来填补杨某父亲的治疗款项,至此,杨某面临的第一个问题得以解决,杨某也为医院制作了锦旗。由于杨某缺乏心理干预能力,针对杨某孩子的心理问题,由后续照管团队中心理咨询专业人员选派心理咨询师进行一对一的心理干预,通过认知矫正、情绪管理等技术,帮助杨某孩子改善心理问题,并对孩子可能出现的各种情况以及应对策略告知杨某。同时,建立定期访谈以及危机干预制度,有效地保障了杨某孩子的心理健康。而这两个实际问题的解决,对杨某回归正常生活起到了非常关键的作用。

3. 完善经济保障

在解决急性问题之后,为了让杨某尽快回归生活正轨,必须帮助杨某找到工作,来维持家庭的日常开销。由于杨某文化程度比较低,又没有一技之长,不能满足杨某的日常经济需求。针对这一情况,后续照管小组根据杨某在所内完成的创业教育课程,同时,考虑到杨某在被强戒之前有过一段时间的酒类销售经验,语言表达能力不错,适合做销售类工作,所以,在和杨某商讨之后,决定帮助他制作简历,向招聘酒类销售的公司投递,通过几次尝试,杨某在当地找到一份酒类销售工作。由于前期已经根据杨某的情况制作了酒类创业计划，但因为没有充足的起始资金，在跟公司协商后，决定让杨某一边做相关销售工作，一边作为小承包商，分片承包。这样一来，杨某就更有动力了，每个月固定工资加提成有五六千元的收入，而且还在不断地提高。经济上得到保障，杨某的笑容也多了起来。

4. 避免复吸风险

对于杨某来说，最大的风险依然是复吸，如果不能有针对性地识别和避免复吸风险，那么杨某的新生活将存在极大的不确定性。针对这个问题，后续照管团队对杨某进行了高危复吸风险点评估，发现杨某在不良情绪、家庭关系、涉毒场所、毒品渴求等方面，存在较大的复吸风险。为此，后续照管团队与杨某共同制作了高危复吸风险点应对预案，对风险指数较高的风险点进行干预技术准备。例如，针对不良情绪问题，通过矫正不合理认知来进行不良情绪的管理；针对家庭关系类风险，通过丰富多样的家庭活动，建立家庭成员之间的信任感，增进亲密程度，杨某的孩子喜欢踢足球，还是校队成员，团队人员给孩子准备了球衣和足球，引导杨某经常性与孩子踢足球；针对毒品渴求问题，督促杨某日常性开展正念及脱敏的自我训练，这些技术杨某在所内都已学过，现在需要更加主动自觉的训练。与此同时，后续照管团队还邀请了薛某和福利院相关工作人员作为杨某的紧急联系人，共同应对杨某面对的高危复吸状态。通过多方面的综合施策，目前杨某已经坚持一年未复吸，现在照管团队正不断完善复吸风险点，并进行相应应对预案的准备。杨某坚信，自己这辈子都不会再去吸食毒品了，并表示要和父亲孩子幸福地生活下去。

（五）照管成效

2019 年 4 月份，杨某来到天堂河强制隔离戒毒所，将 3 面锦旗送给强戒所、大队领导以及专管民警。杨某说道：“出所后的前 3 个月是他经历的最困难的 3 个月，是天堂河强制隔离戒毒所给他提供了法律、信息及心理上支持，让他顺利的渡过难关。”2019 年 10 月，天堂河后续照管团队来到杨某家中，杨某一家 3 口生活、学习、工作都能够正常开展。随后，对杨某进行社会关系、生活保障、心理状态以及复吸风险度进行评估，综合结果显示良好，但仍需对情绪问题、毒品线索刺激进行必要防范。

【案例思考】

(一)以出所戒毒人员实际需求为中心

吸毒人员毒品成瘾的原因有较大的个体差异性,所以,吸毒人员回归社会后面临的现实问题也不同。后续照管工作应建立在出所前综合评估工作的基础上,并且,评估工作不仅需要民警根据现实表现,生理心理测量数据等方面进行评估,更重要的是结合戒毒人员访谈,与戒毒人员合作产生风险评估报告,从而以此基础形成后续照管方案。与此同时,由于一些不确定因素的存在,戒毒人员在回归社会后往往面临一些意外,如法律政策、环境因素的变化,这要求后续照管服务根据戒毒人员的现实需要不断调整侧重点,以保障防复吸工作的推进。

(二)建立专业的后续照管团队体系,以专业后续照管团队为保障

由于戒毒人员普遍存在生理、心理、家庭关系、社会功能等多方面的问题,而后续照管、社区康复也是一个综合保障体系,因此,公安、司法、民生、医疗、街道等各方工作者在后续照管团队中都扮演着不可或缺的角色。同时,明确的分工协作也非常的重要,各部门要充分发挥自身优势和专业特点,有针对性地进行照管。首先,要与被照管对象建立联系机制,明确在后续照管过程中承担的权利与义务。其次,明确后续照管服务的途径与时效。最后,积极主动地开展相关工作,切实保障照管对象得到切实有效的帮辅服务。

(三)形成定期风险性评估和预案制定,以综合数据收集处理为依据

对后续照管对象的情况进行实时掌握、综合分析、精准施策是照管工作的基本要求。应建立信息汇总的统一途径,可探索开发相关 App,公安、司法、民政、医疗可将所照管对象的基础信息进行上传,方便对照管对象各方面数据的综合收集和整理,提供及时有效的照管服务。同时,被照管对象也能对相关数据进行整理,根据需求向相关部门申请服务。当然,在这个过程中可能会涉及隐私,被照管对象对部分信息有知情权,必要的时候可以通过签订保密协议,在充分保障被照管对象隐私权的基础上进行相关照管工作。

案例编号:BJJDJZ1579247831

北京市天堂河强制隔离戒毒所　李子昂

新冠肺炎疫情防控期运用 VR 技术帮助戒毒人员心理疏导案

【案例背景】

2020 年年初，新冠肺炎疫情蔓延至全国。新冠肺炎病毒的高传染性造成了民众紧张情绪，戒毒场所也或多或少地受到了影响，《新闻联播》里不断攀升的确诊病例数和疫情的相关信息牵动着戒毒人员的神经。特别是湖北籍以及与湖北有关联的戒毒人员，心理情绪波动很大。在疫情防控大局下，摸查湖北籍以及与湖北省有关联的戒毒人员情况并进行及时的心理疏导，就显得尤其重要。

【案例基本情况】

（一）迅速摸查，建立防控期心理健康档案

经过认真迅速排查，广东省南丰强制隔离戒毒所确定有 5 名湖北籍戒毒人员，其中 1 名武汉籍；还有 5 名戒毒人员的家属曾经接触过疑似病例，正在家里接受隔离。通过对这 10 名戒毒人员排查，了解到这段时间他们出现了不同程度的情绪波动，表现为对疫情新闻特别敏感，只要看到电视出现疫情的报道，马上会与亲人的情况联想起来，害怕亲人会被传染，也不时把自己的身体状况与疫情联系起来。据大队管理民警和其他戒毒人员反映，他们会反复去查看、了解疫情的进展消息，经常要求测量体温，生活和学习变得懒散，寡言少语，有时还会手足无措或坐立不安。经综合分析，该 10 名湖北籍以及与疫情有关联的戒毒人员存在对疫情过度紧张、焦虑、担心的情绪，变得注意力不集中，记忆力下降，容易烦躁，容易激惹。

民警为每名戒毒人员建立《防控期心理健康档案》，详细记录了人口学信息、亲人防控信息、心理状况，以便有针对性地制订个性化心理辅导策略，并将相关数据详细记录于档案中。

（二）制定方案，分组分层级实施

1. 应激程度反应测试

采用《创伤后应激障碍检测表（民用版）》测试表，筛查 10 名戒毒人员对疫情的应激程度。结果显示，2 人（周某和季某）得分在 50 ~ 85 分之间，显示有较明显的 PTSD（创伤后应激障碍，post-traumatic stress disorder）症状，在发噩梦、内心痛苦、对活动失去兴趣、对前景失望等方面得分较高。

周某,武汉籍,父母早亡,家里只有一个奶奶,相依为命,年前打过电话,奶奶被隔离在家,最近打电话无人接,甚是焦急;季某,湖北荆州籍,家里有两个姐姐和父亲,打过几次电话,家人未接,总以为家里出现疫情,非常焦急。

张某和吴某的得分在38~49分之间,显示有一定程度的PTSD,在失眠、注意力难以集中、人际关系变差等方面得分较高。目前两人家里情况正常。

综上所述,心理咨询师确定他们产生了创伤后应激障碍,应属于认知和情绪层面的消极改变。

2. 多参数生物反馈仪与VR治疗相结合

对多参数生物反馈仪和VR系统,在相关公司的大力技术支持下,重新添加了与新冠肺炎疫情防控有关的参数和虚拟场景,根据身体各项生物指标的变化,制订适当的VR训练项目。定期测量每人的身体生物数据,在数据和PTSD得分的指引下,开展虚拟现实评估与康复系统(VR)治疗。

根据反馈仪使用说明要求,参与者综合波动指数大于25,说明应激水平较高,需要接受进一步的训练治疗。10名参与者指数均大于25,其中肌电组有6人,呼吸频率组有2人,心率组有2人。(见表3-3)经过心理矫治站评估,肌电组宜采用VR脱敏治疗,呼吸频率组和心率组宜采用VR情绪控制能力训练。

表3-3 10名戒毒人员第一次反馈仪测试数据

项目	罗某	林某	季某	蓝某	黄某	张某	周某	李某	雷某	吴某
肌电	25.15	18.03	29.61	15.64	26.84	12.65	28.36	12.25	26.34	28.67
皮阻	6.79	10.63	2.16	10.52	5.61	13.62	5.67	8.31	3.56	6.91
皮温	0.34	2.35	0.91	0.38	2.34	0.96	2.31	2.96	3.61	3.35
呼吸频率	14.85	0.69	1.89	30.68	10.39	25.31	10.69	1.65	10.52	9.31
心率	12.68	28.36	2.46	1.96	10.62	18.3	2.68	27.78	17.35	8.64
综合	25.15	28.36	29.65	30.68	26.84	25.31	28.36	27.78	26.34	28.67

第一组是VR脱敏治疗。让参与者进入假设亲人患上新冠肺炎的虚拟环境,诱导个体缓慢暴露出焦虑或恐惧,接下来,通过心理的放松状态来对抗这种焦虑情绪,从而达到消除神经焦虑恐惧的目的。系统分为4个层次,层级之间具有递进关系,会逐渐加深诱发程度,每次诱发之后,进行放松训练,对抗诱发出来的情绪。每一层级需重复训练,直至达到脱敏目的。

第二组是情绪控制能力训练。参与者在训练过程中情绪变化反复无常,即使刚打电话得知亲人平安,也很快又担心有事,平稳的情绪在很大程度上决定着心理状态的康复,心理治疗中的放松疗法在防控期间恰恰有其巨大的作用。首先,采用 VR 技术,配合身临其境的场景和轻松冥想的音乐,给参与者营造出舒适温和的环境,平复之前的负面情绪。其次,采用生物反馈技术,检测指导参与者对自己情绪能力进行控制训练。经过 4 个层次的反复训练,蓝某、张某的综合指数下降了很多。

以上两组,每隔 3 天训练一个层次,15 天为一个疗程,暂定两个疗程(1 个月)。其间,对周某、季某进行了 3 次心理咨询,咨询师与他们的感受共情,引导他们利用训练机会,平静心情,用合理的信念去分析问题,要眼见为实,不要胡乱猜测未知的情况,要接纳现在疫情严峻的现实,坚信国家一定能战胜疫情。他们表示会努力改善心理状态。

(三)疗程诊完,VR 技术成效初显

经过两个疗程的训练后,让 10 名湖北籍以及与湖北有关联的戒毒人员再次填写了《创伤后应激障碍检测表民用版》,10 人得分在 17 ~37 分,显示无明显的 PTSD 症状,表 3 -4 为 10 名戒毒人员最后一次反馈仪测试数据:

表 3 -4　10 名戒毒人员最后一次反馈仪测试数据

项目	罗某	林某	季某	蓝某	黄某	张某	周某	李某	雷某	吴某
肌电	15.28	19.84	21.79	11.36	13.64	18.62	14.45	13.49	9.98	10.18
皮阻	10.46	15.98	0.73	8.38	9.87	10.65	4.37	5.85	16.34	12.59
皮温	1.36	2.64	0.41	1.34	0.85	5.69	3.98	2.34	2.84	8.81
呼吸频率	0.87	5.67	16.24	16.64	15.29	19.43	12.54	14.65	6.45	10.46
心率	13.65	18.36	4.79	2.65	3.69	10.63	10.42	17.76	9.38	18.34
综合	15.28	19.84	21.79	16.64	15.29	19.43	14.45	17.76	16.34	18.34

根据反馈仪使用说明要求,10 名参与者指数均小于 25,说明应激水平回归正常值。10 名戒毒人员诉说,经过训练,自己心情平静了许多,对疫情相关消息能够冷静接受分析,慢慢地睡眠质量有所改善,相信党和政府一定有能力解决,相信中国一定可以战胜疫情,对于未知消息不会随意揣测,有心理问题会寻求民警帮助。大队管理民警和其他戒毒人员也反映,上述 10 名戒毒人员对于疫情消息趋于理性,能和大家一起讨论疫情的进展,分享训练的效果和心得。

【案例思考】

1. 因地制宜,合理利用资源。在全国统一戒毒工作基本模式建设推进的大环境下,很多场所已在院区建立了相应的教育戒治场地。新的设备和技术已逐渐运用到戒毒场所的日常教育戒治工作中。在严峻的疫情考验面前,为帮助戒毒人员以健康的心理状况克服困难,要合理利用场所资源,采取形式多样的心理辅导手段进行疏导。

2. 反馈仪和 VR 训练系统是新鲜事物,需要人为引导,进而不断完善。使用过程中,机器是冷的,更需要咨询师及时热情地引导,提醒参与者要集中精神,在心理上向自己的症结发力,才能起到事半功倍的效果。需要制订详细的操作指引,针对参与者不同的心理问题类型,进行细化训练,对训练效果不明显的,应及时调整训练方案,对训练过程出现的突发情况,提前设计应对措施。训练过程中参与者需要其他心理辅导手段时,应积极主动介入。

案例编号:GDJDJZ1583137644

广东省南丰强制隔离戒毒所　梁远波

运用多维度团体心理治疗矫治戒毒人员魏某案

【案例背景】

多维度团体心理治疗运用国内外实用心理学技巧、神经语言程序学、催眠治疗,通过深度剖析家庭关系,重塑自我价值,疗愈过去,清晰未来,帮助戒毒人员获取过去、现在和未来的资源力量,更好地活在当下,满足内在心灵渴求,重塑戒毒人员对未来的信心,建立主动的新生活模式,从而降低对毒品的依赖。本案例着重介绍运用多维度团体心理治疗,帮助一名重危戒毒人员改变认知,找到内在资源,改善与父母关系,重获内心力量的过程与效果。

魏某,男,38 岁,重庆梁平人,初中,未婚,无业。父母在其 10 岁时离异,其腿部略有残疾,14 岁时独居,16 岁时在朋友的教唆下第一次吸毒,没有家族精神病史。

进入戒毒所后,喜欢一人独处,不与民警和其他戒毒人员交流。2019 年春节期间,魏某趁包夹人员到舍房外服药之际,用头撞墙,被同舍房其他戒毒人员及时发现并制止。民警找其谈心，了解自残行为背后的原因，但魏某拒绝回答民警的问题，且表现得全身无力，呈瘫痪状态，甚至基本生活都不能自理。医生对魏某身体进行了全面检查，检查结果显示正常，因此怀疑其装病，速将其列为重危人员管理。

【案例基本情况】

（一）综合分析和制定方案

魏某父母离异较早，从小缺乏家庭关爱，身体又有残疾，自卑心理严重，性格孤僻、偏执、敏感。因屡次违规被处罚，对管理民警极不信任。与同戒人员关系紧张，且自负狂妄，自认为思维和境界高于常人，不认同他人的观点，不愿意与他人交流。情绪低落、抵触，缺乏人际交往的理解和尊重，缺乏解决人际关系问题的策略。

戒毒所决定外聘咨询师打开魏某心扉，提升自我价值感，消除自伤自残念头。同时，运用多维度团体心理治疗，帮助魏某重构认知、解读情绪，寻找自身内在资源，重获心灵力量，与父母和解，实现重塑未来的生活目标。

（二）实施过程

第一阶段：摄入性谈话，建立咨询关系

外聘咨询师从关心魏某生活入手，通过开放式问话破冰。然后，真诚地和他交流，慢慢了解其原生家庭构成情况，谁抚养他长大、和谁最亲近，最崇拜和欣赏谁，并逐一给这些亲人打分。

随着谈话的深入，外聘咨询师洞悉了魏某心里的委屈和难过。当咨询师问到小时候在他心里最美好的一件事情是什么时，魏某的眼泪“哗”地一下流出来了。咨询师又问“想起了什么画面？听到了什么声音？感受到什么”，并引导魏某静静地和自己的内心在一起，体会自己的感受。紧接着，咨询师又通过魏某这些感受的背后，探索魏某的信念，发现魏某内心有着深深的自我否定，由于长期受自卑、焦虑、恐惧、羞怯等负性情绪困扰，他不能正确评价自己的能力，表现为不自信、自我价值感低，这也是魏某自伤自残的核心原因。过于敏感的个性使得一些看似平常的小事在魏某心里不断堆积，以至于曲解戒毒场所的所规队纪和其他戒毒人员的行为。

第二阶段：个体心理治疗，提升自我价值感

1. 建立连接，弥补安全感。针对魏某缺失安全感，咨询师引导他进行放松冥想,让他整个身心彻底地放松下来和自己在一起,用引导语让魏某对自己的身体说:“我的身体呀,谢谢你这么多年以来一直默默地支持我,包容我,理解我,帮助我,无论我成功也罢,失败也罢,你都一直默默地陪在我身边,不离不弃,我谢谢你,我的身体。”这些话语,触动了魏某潜藏的情感,其眼泪静静地流出,魏某第一次与自己内在感受建立了连接。这时咨询师低声开解,为他注入心理营养,满足他内在的渴望和期待,让他感受到温暖和爱,慢慢增强其安全感。

2. 力量增持,提升自我价值感。针对魏某自我价值感低、不自信,自认为什么都做不好,内心深处有一种深深的内疚和负罪感的情况,咨询师根据神经语言程序学设计出一个互动体验,摸着魏某的肩膀通过“你值得”“你可以”“你能够”的力量帮助魏某内心力量回归,并用肯定、赞美、欣赏认可的语言和目光鼓励他。参加完这个体验后,魏某感受到了内心力量的增持,自我价值感得到提升,自伤自残的念头就此打消。

第三阶段:多维度团体心理治疗,重建心智

为帮助魏某重建心智,重塑未来信心,咨询师筛选 29 名家庭关系恶劣、情绪状态低落的戒毒人员与魏某建立心理治疗团队,进行了 6 次多维度团体心理治疗。

1. 萨提亚家庭雕塑,重构认知。魏某刚入团队时充满焦虑、内疚和忐忑,一方面,希望参与团队能帮助自己;另一方面,又不确定是否能在团队中得到有效帮助。咨询师首先带领魏某观察一个孩子长大后失去亲人,没有得到足够心理营养和关爱,青春期出现偏差行为,一步一步受环境的影响走向毒品的过程。然后,采用萨提亚家庭雕塑的方式打破局面,让魏某在内心深处产生共鸣,寻找到足够的安全感和认同感后,魏某放下了防御,满怀信心地学习。经过家庭雕塑环节的疗愈,魏某的内疚感和低落的情绪大为缓减,看到一种有效而温暖的家庭雕塑,寻找到足够的安全感和认同感,就此放下防御,满怀信心地投入团队活动中。

2. 情绪解读,寻找内在资源。魏某与其他戒毒人员建立起良好的信任和连接后,非常愿意参与更多的学习和体验,愿意读懂自己的内在情绪,学会有效地转化情绪和释放负面情绪。对此,咨询师带领魏某和团队其他戒毒人员一起认识“情绪和情绪的钟摆效应”:情绪是感受的外显,情绪的能量不去处理,它就会累积、转化,并常常在意想不到的状态下爆发出来。咨询师通过游戏和体验引导魏某和团队其他戒毒人员实施情绪管理“五步法”:觉察自己当下的情绪并承认它、接纳它;了解自己的情绪从何而来,分享心理学上的情绪“ABC”理论;以适当的方式表达情绪,既可以缓解自身压力,又可以拉近与周围人之间的心理距离;用最简单有效的说、写、画、唱(喊)“四个出来”疏导、缓解内心积累的负面情绪;有效植入人生正面积极的十大信念,每一个负面情绪都对应一个有效的人生信条,破除应该如此、没有办法等负面情绪来源。在咨询师的带领下,魏某逐渐意识到:情绪管理并不是一味地压抑,而需要疏导与化解,不是触发事件影响我,而是我对事件的看法在影响我,跳出事件本身,内观自己,理性地看待自己,正确地面对生活。

3. 心理突破,重生连接父母。运用重生体验,引导戒毒人员化解生命中的遗憾和过失,连接父母修复他们的内心力量,拿到生命原动力,强大心性,连接爱、感受爱、活出爱,并且思考如何去弥补和改进。咨询师先把戒毒人员分成4个小组,在第一小组中选魏某当婴儿,另选两名戒毒人员,分别当爸爸、妈妈,其他戒毒人员做产道。跟随咨询师的话语引导,魏某进入产道重生环节体验生命再次在母体里孕育,得到父母的爱护、照顾而成长,积累足够大的力量(内心力量,即心力)从母体里出来的过程。随后,魏某又在催眠冥想的状态下参与集体重生。在集体重生的环节魏某和父母产生连接,对自身进行反思,真诚地面对自己的过去,释放压抑的生命力,让心灵重获新生。同时,在重生团体后期,魏某将与父母的连接用书信方式表达,从内心深处真正地理解了父母。重生体验结束后,魏某制订了详细而清晰的改进计划,并且找到摆脱自我困境的方法。此次治疗有效地疗愈了魏某的无能感和愧疚感,恢复自我效能感,同时,内心深处升起一股强大的力量和面对冲突的勇气。

4. 团体巩固,力量回归。此阶段重点帮助魏某清晰未来,看到希望,重塑信心和信念,激发内在梦想和动力,打破三大破坏性信念——应该如此、没有办法、托付心态。首先,咨询师邀请魏某找出生活中的具体烦恼事件,并对该事件进行归类(这些烦恼输入哪一个破坏性信念);其次,咨询师运用体验和故事帮助魏某看到破坏性信念带来的无力感;最后,咨询师引导魏某解决烦恼事件的3种方法:一是倾诉烦恼,二是运动健身,三是做自己兴趣爱好的事情。通过打破破坏性的信念,魏某认识到自己是自己生命的主人,自己的人生自己做主。咨询师让魏某写出自己的优点和缺点时,魏某写不出自己的优点,缺点反而写了一大篇,认为自己是不够好的人,没有力量、勇气和信心做好当下的事情。于是咨询师邀请魏某回到生命之初,回顾自己的成长经历,看到成长的过程中有哪些事是值得让他自豪的。结束这个环节以后,魏某开怀大笑,用力撕碎那些写下自己缺点的纸片,和过去告别,满怀信心迎接明天,勇敢地走向未来。

第四阶段:重塑未来,做好人生平衡轮

1. 时间线,寻找未来和希望。咨询师运用"时间线"疗法,即"隐喻催眠疗法",引导魏某将个人生命的时间,以线段的方式形成一条线,在浅中度的催眠状态中往返于自己的过去、现在、未来,寻找过去他无法释怀的愤怒情绪,清除长久以来不必要的内疚和消除过去的恐惧与焦虑;同时,帮助魏某清晰现状,寻找到未来和希望,帮助他踏上未来30年的时间线,规划未来的人生,帮助他锚定新的神经连接。当魏某走出时间线,仿佛看见了平和喜悦老去后的自己,心里感觉时间过得好快,并表示要珍惜在戒毒所的矫治时光。

2. 生命平衡轮,平衡未来人生。咨询师用生命平衡轮练习,帮助魏某全面审视自己当前的生活状态,画出他自己的生命平衡轮形状,对自己生活的领域满意度评分,只有20分,分值较低。咨询师又运用生命平衡轮帮助魏某全面快速审视自己当前的生活状态,进行了如下问话:

(1)你有什么发现?

(2)你最想要在哪几个领域有所改变?

(3)你想要有什么样的改变?

(4)你做些什么就可以实现这个改变?

在咨询师的引导语中魏某自醒,对未来目标有了清晰的认识,迸发出清晰的行动方案。通过这个环节,魏某明白了自己以前事业为什么会失败,为什么会染上毒品,为什么会到戒毒所戒毒。同时,让魏某明白,掌握生活平衡轮,能让人生更加平稳、越来越成功,从而大大提升魏某生活的信心和力量。为了锚定这份信心和力量,咨询师再次运用"时间线"来帮助魏某通往成功之路,巩固此次团体治疗效果。

团体心理治疗结束后,魏某分享道:"这是一次最开心的学习,这是一次最愉快的成长,感恩社会,一切都是最好的安排!老师就像心灵摆渡人一样,带领我们成长,我相信我的梦想一定可以实现,我也希望未来能成为像老师一样的人,我以后的人生一定会很平稳,会越来越成功的……"

咨询师通过重画生命平衡轮、日常观察和谈话询问等方式,对治疗效果进行了为期3个月的跟踪调查和评估,结果显示:魏某心理更强大,格局和思维更开阔,生命平衡轮得分提高到30分,家庭之轮、自我实现得分明显提升,他看到了生命中最重要的东西。

管理民警反馈,魏某精神状态明显好转,脸上笑容多了,自信了,愿意敞开心扉与民警交流、沟通了,愿意与其他戒毒人员分享戒治感悟,戒毒的信心和决心也更加坚定了。

【案例思考】

(一)咨询师介入打破魏某的防御,建立起了良好的信任关系,是咨询成功的关键

外聘咨询师的介入打破了他的心理防御,促使他敞开心扉倾诉内心困惑。外聘咨询师介入不仅准确评估魏某的心理健康状况、个性心理特征,还深入了解魏某的原生家庭情况、自残行为背后的真实原因,确保了准确诊断、有效治疗工作的有序开展,这是咨询成功的关键点。

(二)提升自我价值感,是消除魏某自伤自残行为的核心

行为是表面的语言,信念和价值观埋藏于内心深处,赋予魏某内心力量,给他鼓舞,肯定和认可,改变信念,让他认为自己能行,帮助他看到自己内在的资源和宝藏,满足他内在的渴望和生命力,滋养他的心灵,让他确信原来自己也是一个有用的人。

(三)多维度团体心理治疗是重建魏某心智,改变认知,重塑未来的重要方法

一是萨提亚家庭雕塑,使魏某在团队中看到了一种有效而温暖的家庭雕塑,寻找到了足够的安全感和认同感,放下防御,满怀信心地学习。二是重生环节化解了魏某生命中的遗憾和过失,连接了与父母修复的内心力量,并找到摆脱自我困境的方法。三是生命平衡轮帮助魏某清晰现状,寻找未来和希望。当魏某对未来目标有了清晰的认识,使用生命平衡轮让他规划出行动方案,这是咨询师与魏某一起头脑风暴的过程,也是使魏某认知改变的过程。

案例编号:CQJDJZ1589785289

重庆市未成年人强制隔离戒毒所　蓝　琴

第三节　禁毒宣传教育案例

“青春无毒　护苗行动”针对青少年禁毒宣传教育案

【案例背景】

毒品给人类带来了深重的灾难。随着新型合成毒品的泛滥，吸毒人员低龄化趋势明显，青少年在新增吸毒人员中比例逐年上升。毒品正在一步步威胁着祖国的花朵、祖国的未来。为了从源头上堵住吸毒这一恶性社会现象，不断提高广大中小学生识毒、防毒能力和拒毒意识，逐步营造珍爱生命、远离毒品的社会大环境，助力打赢海南“禁毒三年大会战”，为海南自由贸易港建设作出贡献。2019年年初，海南省府城强制隔离戒毒所启动了以“青春无毒　护苗行动”为主题的禁毒宣传教育活动。海南省府城强制隔离戒毒所“蒲公英”禁毒宣讲团相继走近海口市、琼海市、文昌市、定安县等地32所中小学校，为12, 151余名师生带去了专业的禁毒宣传教育课程，起到了良好的教育效果。

【案例基本情况】

（一）精心挑选、组建团队

按照2019年1月1日起实施的《海南经济特区禁毒条例》（以下简称《条例》）第7条第2款“司法行政部门负责统筹禁毒法治宣传教育”的要求，在省戒毒管理局的统筹部署下，戒毒所党委高度重视，从全所民警中选调理论功底深厚，教学经验丰富，责任心强的专兼职民警教师，组建成海南省府城强制隔离戒毒所“蒲公英”禁毒宣讲团，担任禁毒宣讲任务。

（二）集中研讨、打造模块

由分管教育副所长组织，多次召开研讨会，确定了以“走出去”，即由宣讲团的老师赴各中小学校开展禁毒讲座，“请进来”，即邀请大中小学校师生到戒毒所参观禁毒警示教育基地的方式，落实好《条例》赋予戒毒场所禁毒宣传教育的使命。

1. 打造课堂教学教案

经多次商讨，打造出约 90 分钟、适合中小学生禁毒宣传教育的统一教案，以便宣讲团老师赴各地中小学校开展课堂教学，内容如下：

(1) 什么是毒品

购买冰毒、海洛因、摇头丸、K 粉、大麻、可卡因、巧克力、神仙水、开心水、止咳水、迷幻蘑菇、笑气、阿拉伯茶、LSD、咔哇等毒品仿真模具，制作毒品照片幻灯片，给学生介绍各种毒品的外形、性状，容易隐藏在那些地方、那些物品中。通过仿真毒品 + 照片 + 讲解的方式，撕下毒品伪装的面纱，使学生辨清毒品和普通的食物的区别。

(2) 涉毒的违法性

简要讲授我国《刑法》《禁毒法》《戒毒条例》等法律法规对涉毒违法犯罪的惩处规定，教导学生一定要做守法公民。

(3) 毒品的危害性

给学生播放禁毒小视频；展示吸毒致死、致残照片；讲授毒品危害国家、危害家庭、危害身体的案例。通过强烈的视觉冲击，增加学生对毒品的畏惧心理。

(4) 拒毒的技巧

通过角色扮演，模拟学生可能遇到的涉毒场景。给学生示范在危险情境中如何拒毒，如何脱身，如何参与打击毒品犯罪。

(5) 发放宣传单页

按照课程讲授内容，制作禁毒宣传单页，课程开始前作为授课教材发给学生，课程结束让他们将禁毒宣传单页、禁毒知识带给同学、家长，成为禁毒宣传员。

(6) 有奖问答

为了调动学生们的积极性，活跃课堂气氛，加深学生印象，延续课堂教学，准备了印有"珍爱生命　远离毒品""莫沾毒品　莫交毒友""防毒反毒　人人有责"等口号的笔、笔记本等纪念品，在课堂提问中发给回答正确的学生，增强教学效果。

2. 打造警示教育基地

按照省戒毒管理局统一部署，在戒毒所内建成禁毒警示教育基地。基地包含职责使命区，主要展示法律法规赋予的禁毒职责及国家、海南省委领导对禁毒斗争工作的重要指示精神等。毒品展示区，展示最常见的 30 种毒品及使用工具，参观人员走近时，机器人自动解说相应毒品名称、外形、危害及预防知识等。

禁毒展板区,主要由介绍毒品的危害、中国禁毒史、海南禁毒形势等内容的展板组成。戒毒体验区,主要运用现代声、光、电技术将图片、实物展示与视频音频相结合,拓展现场体验的范围和形式。禁毒成果区,展示海南人民在禁毒斗争中取得的丰硕成果等。通过禁毒知识、视觉效果、互动参与、警示感悟及场所参观的特殊经历等途径增强教育效果。

3. 宣誓及签名

准备了"珍爱生命　远离毒品"的万人签名条幅,无论"走出去"宣讲还是"请进来"参观,在教育结束时,都安排了庄严的宣誓仪式及签名仪式。通过这些环节,增加教育的仪式感,加深学生对禁毒教育的印象。

4. 测试卷及问卷

编制了《禁毒宣传教育意愿调查问卷》,从中小学禁毒知识竞赛试题中抽取100道选择题随机分为两组,每题2分,制作出《禁毒知识测试卷A》《禁毒知识测试卷B》两份百分制A、B测试卷,调查学生对参与禁毒的意愿及对禁毒知识的掌握情况,为下一步优化禁毒宣讲方案提供科学依据。

(三)分散实施、传播知识

在一切准备就绪后,"蒲公英"禁毒宣讲团的老师们赴各地中小学校开展禁毒宣传教育,他们像漫天飞舞的蒲公英花瓣,飘到哪里就将禁毒知识传播到哪里。

(四)科学施测、准确评估

学校宣讲活动中,每次都随机抽取10名学生,5名学生在禁毒宣传教育后进行《禁毒意愿调查问卷》调查;5名学生在宣讲前后分别随机进行《禁毒知识测试卷A》《禁毒知识测试卷B》测试,且每名学生均进行A、B卷测试,以抵消测试工具不同带来的误差。32场禁毒宣传教育活动收集到《禁毒意愿调查问卷》160份;收集到《禁毒知识测试卷A》测试数据160份,前后测各80份;收集《禁毒知识测试卷B》测试数据160份,前后测各80份。经统计分析,结果如下:

(1)禁毒意愿调查情况

《禁毒意愿调查问卷》结果如表3-5所示。

表3-5　《禁毒意愿调查问卷》结果

题目	选项及填选百分比
1. 你之前参加过专门的禁毒宣传教育课吗	①上过6%　②没有90%　③不知道4%

续表

题目	选项及填选百分比
2. 你能分清哪些是毒品哪些是药品吗	①能 62% ②不能 14% ③不确定 24%
3. 吸毒会导致下列哪些后果	①倾家荡产 58% ②死亡 42% ③不知道 0%
4. 你知道吸食毒品会导致中毒性精神病和心脏衰竭甚至中毒死亡吗	①会 78% ②不会 8% ③不知道 14%
5. 你的同学、老师中有吸毒的人吗	①有 0% ②没有 96% ③不知道 4%
6. 你对吸毒者的态度是什么	①同情 16% ②鄙视 78% ③没感觉 6%
7. 你知道海南最小的吸毒人员是多少岁	①知道并答出 12 岁 18% ②回答错误 72% ③不知道 10%
8. 如果你周围有人或朋友吸毒，你会如何对待他	①劝阻 16% ②报警 60% ③避而远之 24%
9. 你是否喜欢参加此次禁毒教育	①喜欢 76% ②一般 18% ③不喜欢 6%
10. 你对此次禁毒课的评价是	①印象深刻 90% ②平淡 10% ③枯燥无味 0%
11. 你是否希望继续开展这样的禁毒教育	①希望 80% ②一般 16% ③不希望 4%
12. 在禁毒教育中你是否认为你学到了知识和技能	①是 96% ②否 0% ③不知道 4%
13. 国家对检举、揭发毒品犯罪的人员	①给予奖励 82% ②一般对待 10% ③没有规定 8%
14. 你是否愿意成为一名禁毒志愿者并终生不碰毒品	①很愿意 90% ②如果省时间的话愿意 6% ③不愿意 4%

(2)《禁毒知识测试卷》前后测比较

经控制，A、B 卷前后测数量相同，均为 160 份，结果如表 3－6 所示。

表 3－6 《禁毒知识测试卷》前、后测 T 检验结果

项目	前测(n＝160)	后测(n＝150)	t 值	p 值
成绩	79.04 ±4.97734	42.28 ±7.70380	28.340＊＊＊	0.000

【案例思考】

禁绝毒品，堵住源头才是关键。中小学生因涉世不深、好奇心强、认识能力不足等原因,易受毒品吸引。同时,中小学生又是一张白纸,因此,禁毒教育是从源头上堵住毒品侵蚀的重要手段。

一是形成禁毒大环境。海南省第一个禁毒3年大会战取得了丰硕的成果,禁毒体制性、机制性、保障性难题不断破解,吸毒、贩毒等毒品违法犯罪案件大幅下降。禁毒是一项人民战争,要提升全社会对禁毒工作的重视程度,形成对毒品如"过街老鼠人人喊打"的社会大环境。

二是青少年应为禁毒宣传教育的主阵地。应当将禁毒宣传教育列入教学内容。《禁毒知识测试卷》选取的题目都是简单的选择题,但前测成绩均分仅为42.28分,经禁毒宣传教育后测成绩均分也才79.04分。这说明学生对毒品、毒品的危害及涉毒违法犯罪的预防知识的认知还不够。少年强则国强,少年智则国智。为从源头上堵住毒害,防止毒品对祖国花朵的侵害,建议将禁毒教育列入青少年思想道德教育并在相关考试中予以体现。

三是禁毒宣传教育形式要多样化。课堂禁毒宣传教育缺乏体验经历,在加深学生印象方面效果不佳。要多以请进来的方式邀请学生参观禁毒警示教育基地,多播放禁毒宣传教育电影,多制作禁毒宣传教育海报、宣传栏,多发放禁毒宣传教育手册等。通过多种形式增强教育效果。

四是强制隔离戒毒场所有能力有责任担当禁毒宣传教育重任。《条例》赋予司法行政部门禁毒法治宣传教育的职责光荣而重大。作为专门从事戒毒工作的强制隔离戒毒所,清楚毒品的性状及危害,有长期参与禁毒、戒毒工作的经验,掌握大量吸毒危害社会、危害家庭、危害个人的鲜活案例,有一批乐于奉献并常年在戒毒一线从事戒毒教育工作的老师,因此,有能力担负起禁毒宣传教育的神圣职责。

五是拓宽禁毒宣传教育范围。由于各单位之间口口相传,海南大学、海口市美兰区海甸社区、海口汽车东站等多个单位也向"蒲公英"禁毒宣讲团发来邀请函,希望能配合开展禁毒宣传教育,这也有助于拓宽宣传范围。海南省府城强制隔离戒毒所"蒲公英"禁毒宣讲团将利用重要节假日、"6·26"国际禁毒日等重要时点,走进大学、车站码头、社区传播禁毒知识,在全社会营造浓厚的禁毒、拒毒氛围。

案例编号:HNJDXJ1584522922

海南省府城强制隔离戒毒所　王　飞

第四节　康复训练案例

疫情防控期间戒毒人员开展心理健康疏导的康复训练案

【案例背景】

2020 年年初,新冠肺炎疫情随着春运迅速蔓延。为阻断疫情向戒毒所蔓延,保护戒毒人员的生命安全和身心健康,2020 年 1 月 26 日,山西省临汾戒毒所按照司法部、山西省司法厅以及山西省戒毒管理局关于做好戒毒场所疫情防控工作的指示,对戒治管理区实行全封闭式管理。

面对突如其来的疫情,戒毒人员大脑、内分泌激素、神经系统和免疫系统等方面都可能发生一些变化,在情绪方面、认知方面、行为方面和躯体方面可能出现一些异常现象。具体表现为:情绪方面,可能出现过分焦虑、紧张不安、情绪烦躁、易激惹、内疚自责、无助绝望等症状;认知方面,可能出现过度关注疫情、产生各种关于生病的想法、注意力不集中等症状;行为方面,可能出现反复看新闻和相关资料、回避某些信息、性格冲动、具有攻击性等症状;躯体方面,可能出现心跳加快、呼吸较快、体温升高、食欲缺乏、容易疲劳、睡眠变差、血压升高、身体出汗等症状。这些症状可能影响戒毒人员的心理健康和戒治积极性,为疫情防控期间场所秩序的安全稳定性带来隐患。作为戒毒场所的民警,在关注疫情的同时,更需要关注戒毒人员的身心健康。

【案例基本情况】

为帮助戒毒人员处理好面对疫情时可能产生的心理压力和心理问题,减少焦虑、紧张、恐慌等负性情绪,合理认知疫情,树立理性、乐观、积极的戒治思想,提升心理健康水平及参与防控工作的积极主动性,凝心聚力打赢疫情防控阻击战,山西省临汾戒毒所对照国家卫健委发布的《新型冠状病毒感染的肺炎疫情紧急心理危机干预指导原则》,以及人民卫生出版社的《新型冠状病毒感染的肺炎公众心理自助与指导指南》,结合疫情防控期间场所实际情况,精心制定心理矫治工作计划,为戒毒人员开出战“疫”专用“处方”,为打赢疫情防控阻击战增加“心”力量。

(一)专题讲座铆紧“定盘星”

利用电视闭路系统开展一堂“心理防疫”健康知识讲座,向戒毒人员深入细致地讲解当前疫情的严峻形势,普及和宣传有关疫情防控知识,使戒毒人员对应对新冠病毒“心理防疫”健康知识有更深刻的认识,自觉树立起疫情防控意识。同时,引导戒毒人员接受自己的焦虑和恐惧情绪,因为这是疫情期间正常的心理反应,不要否认和排斥它们,但一定要提高判断信息真伪的能力,相信科学,不道听途说,不受谣言蛊惑。自举办心理健康讲座以来,戒毒人员都能坚持在本小组内活动,不窜班组,不扎堆聊天;做好自我保护,多穿衣服,防止感冒,勤洗手,多通风;自己和同班组其他戒毒人员有发烧、咳嗽和其他呼吸道感染症状时,都能及时到医疗室就诊,没有发生1例确诊和疑似病例。

(二)同伴教育接力“智慧囊”

按照司法部、省厅局的要求,新冠病毒流行期间,戒毒人员不能开展集体活动,于是,临汾戒毒所心理矫治中心事先制定出心理健康疏导的方法和技巧,打印成册,发给基层大队心理辅导员。基层大队心理辅导员通过同伴教育的方式,组织本队戒毒人员开展心理健康疏导。首先,把各班组心理互帮成员集合起来(每个班组2名),戴上口罩,按照U字形(也称“鱼缸式”)坐下来,相互之间距离保持在一米之外。其次,心理辅导员按照资料册内容,将腹式呼吸、抽离技术、五指感恩等心理健康疏导的方法和技巧分多次、一一地传授给大家。紧接着,心理互助小组成员两人一组反复练习实践,心理辅导员给予现场督导,例如,腹式呼吸要先找一个舒适的姿态,坐下来或躺下来,想象置身于绿意盎然的大自然,想象吸入清新的空气,闻见怡人的花香,然后把手放在肚子上,慢慢地深吸一口气(持续3~4秒),再专注地慢慢呼出这口气(持续3~4秒),把身体中的焦虑、紧张、恐惧等负性情绪吐出来。要求呼吸时,胸部肌肉放轻松,肩膀不要上下晃动,将注意力放在感受自己的呼吸上。最后,让参与同伴教育的心理互助成员采用同样的方式,带领本班组其他戒毒人员开展心理健康疏导,心理辅导员和大队其他民警现场进行指导和督导。

(三)心理普查筑牢“防火墙”

运用SCL-90(症状自评量表)、SDS(抑郁自评量表)、SAS(焦虑自评量表)3种心理测试量表,对戒毒人员分队分组进行地毯式心理健康普查,对筛查出来可能存在过度焦虑、紧张、抑郁、偏执、恐惧等负性情绪的戒毒人员，先是进行访谈，然后根据轻重缓解，分批次开展心理危机干预。危机干预采用的是心理学中的“着陆技术”和 Response 干预模式。首先，告诉戒毒人员要接纳自己的负性情绪，不要否认和排斥，然后，引导戒毒人员把注意力带回当下，感觉双脚跟地面的接触，身体跟椅子的接触；环顾四周，快速命名眼睛所能看到的东西；想一想自己所爱的人或者深爱自己的人的面容；想一想记忆中令人感到愉快或轻松的人或者事件；哼唱一首自己喜欢的歌曲等，缓解和消除不良情绪，缓解心理压力，确保他们能以积极向上、健康自信的阳光心态，去面对疫情并安心戒治。

（四）绘画治疗释放“减压舱”

给每名戒毒人员发一本 A4 纸大小的绘画本，第一周，给每人发一支 2B 铅笔、让戒毒人员在纸上随便写、随便画，进行涂鸦，并在纸的背面写下自己每次绘画的心情和感受。第二周，引导戒毒人员用纸和笔分别画出焦虑、紧张、恐惧、烦躁等情绪的形状、颜色和样子，然后慢慢用笔去改变他，削弱它，直到自己焦虑、紧张、恐惧、烦躁等负性情绪减轻或消失为止，并在纸的背面写下自己每次作画的心情和感受。第三周，让戒毒人员用彩色水笔在绘画本上，画出疫情防控期间自己的所见、所闻、所思、所感，并在背面写下自己的感受和心得。戒毒人员有的画出了习近平总书记视察抗击一线的情景，表达了相信政府、热爱祖国的伟大情怀；有的画出了 80 多岁还奋斗在抗击疫情前线的钟南山院士，表达了对钟院士崇高的敬意及真诚的祝福；有的将消毒、洗手、通风等防范新冠病毒的方法和技巧用漫画形式表达出来，让更多的戒毒人员了解防疫知识和自我保护技巧，进一步增强防范意识；有的画出了逆行而上、日日夜夜奋斗在抗击一线的医护人员，抒发了对他们舍小家为大家的感恩情怀；有的画出了在戒治区为他们默默坚守的民警职工，表达了对他们默默奉献精神的礼赞和敬意。从第四周开始，心理矫治中心将印刷好的一幅幅曼陀罗图画发给戒毒人员，让他们进行涂色，借助曼陀罗特有的整合功能，整合戒毒人员内心的矛盾，让他们静下心来，学会活在当下，激活内在能量，获得内在的和谐与稳定。

（五）放松冥想铺就“安全路”

特殊时期，戒毒人员都以班组为单位活动。每个班组宿舍都有电视和 USB 插口，心理矫治中心将《正念呼吸和身体觉察》《身体扫描》《自我关怀》《三步呼吸空间》等多首正念减压冥想音乐存入 U 盘，插入班组电视中，利用晚上辅助教育时间进行音乐冥想放松减压。同时，利用室外活动时，播放巴赫的《四架大键琴的协奏曲》、莫扎特的《第一长笛四重奏》《单簧管协奏曲》，来消除戒毒人员的焦虑情绪;播放斯特拉文斯基的芭蕾组曲《火鸟》《春之祭》、肖邦的《英雄波兰舞曲》、贝多芬的《庄严弥撒曲》来消除戒毒人员的紧张不安;奥芬巴赫的《霍夫曼的船歌》、格里格的《抒情小曲集》和门德尔松的《乘着歌声的翅膀》来消除戒毒人员因为紧张而造成的心悸。戒毒人员通过欣赏音乐,改变心境,抚慰心灵创伤,逐步达到心理的平静与愉悦。

【案例思考】

通过以上举措,疫情封闭期间大多数戒毒人员的心理趋于健康或基本健康,但是,也有极个别戒毒人员由于受自身心理特征、身体状况、成长经历、过往经验以及家乡疫情严重等因素的影响,而产生了心理危机。对此,临汾戒毒所心理矫治中心第一时间介入。首先,通过真诚、尊重、积极关注、有同理心地与戒毒人员会谈,用心聆听戒毒人员诉说,适时作出反应,建立了良好的咨访关系;其次,清楚问题所在,进行概念化总结,并进行评估分析;最后,从生物因素方面、社会因素方面、心理因素方面综合进行原因分析,并根据优先顺序给出方案,进行干预,也取得一定的效果。对于效果不好的,需要转介的及时转介给山西省临汾市心理卫生协会,临汾市心理卫生协会的专业咨询师和心理治疗师,通过心理援助电话进行了心理危机干预。在对戒毒人员进行危机干预的过程中发现,以下几种方法对于疫情期间戒毒人员的心理危机干预效果比较明显:

一是采用认知行为疗法,通过从传染病可防可控、国家的应急处置能力较强、医护人员的专业能力及水平较高、医疗设施设备等条件较好等多方面,重构正确的认知。

二是采用动机疗法,引导戒毒人员认识到正好利用这段时间调整身心,让身心得到修整;重新规划人生,重新规划未来;阅读书籍,增长知识,开阔视野;与其他戒毒人员加强交流,增进感情等,来调动戒毒人员的动机和内心的积极性。

三是采用短程焦点治疗技术中的“寻找例外”和“奇迹询问技术”进行干预。例如,经常失眠有不失眠的时候,经常焦虑有不焦虑的时候,经常头疼有不头疼的时候,找出这些不失眠、不焦虑、不头疼的例外时,自己是如何做的,利用这些有效的、有利的资源解决目前存在的问题。

案例编号:SXJJDKX1582545770

山西省临汾戒毒所　任孟贤

运用五级系统脱敏综合矫治设备对重度毒瘾渴求戒毒人员李某的康复训练案

【案例背景】

强制隔离戒毒人员李某，男，23岁，大专文化。2018年3月，因吸食冰毒被治安拘留8天，2019年5月，又因吸食冰毒被宁远县公安局批准强制隔离戒毒2年。入所后情绪低落，情绪暴躁，易激怒，较少与人交流，多次与同寝学员发生矛盾。

据李某陈述，自幼父母常年在外做生意，18岁之前一直是爷爷奶奶带大，和父母关系比较生疏，和奶奶较为亲近。16岁因为好奇，第一次接触毒品，但是那时吸食次数不多。2017年开始，每天必须吸食冰毒，且用量加大。入所以来，该员自述毒瘾较重，常无缘无故烦躁不安，不愿意与人交流，与同戒关系紧张。

【案例基本情况】

（一）分析诊断

吸毒心理原因分析：李某从小缺少父母关爱，其父母亲对子女漠不关心、放任自流，吸毒寻找慰藉。

心理诊断与分析：该员SAS标准分68分，显示中度焦虑，SDS标准分61分，显示轻度抑郁。《毒品渴求问卷（合成毒品）》（刘克菊、郝伟、张端岭教授编制）得分101分，提示该员毒瘾渴求中度；《毒品成瘾程度量表（合成毒品）》（郭俊慧、蔡太生教授编制）得分32分，提示该员合成毒品成瘾严重。初步诊断为吸毒后引发的戒毒稽延性症状。

（二）方案实施

1. 目标确定

通过前期摄入性谈话，咨询师与李某共同制定咨询目标。运用五级系统脱敏综合矫治设备和个体咨询相结合的方式，帮助李某降低毒瘾渴求，缓解焦虑抑郁情绪，改善人际关系。

2. 实施情况

（1）第一次（诊断阶段）目的、方法、过程

时间：2019年7月19日。

目的:了解情况,建立信任,做评估量表。

方法:资源取向,共情,依恋理论。

过程:通过与李某的交谈,了解该员的家庭状况,该员自述父母对其疏于管理,成长过程中亲情关爱较少。从小感到很孤独,没有什么朋友,不信任他人。16 岁生日时,因为好奇第一次接触冰毒,后来慢慢用药量越来越多,毒瘾渴求越来越重。现在已经入所几个月了,一想到毒品就莫名烦躁,浑身难受。在交谈的过程中,咨询师通过资源取向发现了该员很多资源:聪明、勤奋、对待奶奶孝顺、有强烈的戒毒动机,同时也用依恋理论解释了为什么他难以信任他人,时常感到孤独。在该员情绪起伏的时候,用共情的方法建立信任。访谈结束后,在征得该员同意的情况下给该员做了 SAS、SDS、《毒品渴求问卷(合成毒品)》,《毒品成瘾程度量表(合成毒品)》,初次访谈结束,基本达到了预期目的。

(2)第二次(领悟阶段)目的、方法、过程

时间:2019 年 7 月 20 日。

目的:介绍五级系统脱敏疗法和综合矫治设备的原理,帮助其对毒瘾渴求进行评估与干预。

方法:系统脱敏疗法、音乐放松疗法、生物反馈、经颅磁刺激仪、韩式治疗仪。

过程:一周后,再次找李某进行谈话。对五级系统脱敏综合矫治设备做了相关介绍。五级系统脱敏综合矫治设备是由湖南省戒毒专家、国家科技部、公安部重点课题负责人张军同志自主研发的一套对毒瘾渴求进行评估和干预的设备。将心瘾激发设备(VR 头盔、线索激发仪)、监测评估设备(生物反馈仪)、干预矫治设备(音乐放松椅、经颅磁刺激仪、韩式治疗仪)等集成统合为准确测试、精确治疗于一体的高效集成戒毒测试矫治设备。测试人员在连接生物反馈仪的基础上,先进行基线测试,后进行毒瘾测试。通过采集脑电、肌电、皮阻、皮温、心率、呼吸 6 个指标来分析评估戒毒人员的波动指数,波动指数的大小直接对应戒毒人员对毒品的心理渴求度。其中波动指数 10% ~30% 为轻微心瘾,30% ~60% 为轻度心瘾,60% ~100% 为中度心瘾,60% ~120% 为重度心瘾,120% 以上为极重度心瘾。首先,对该员进行毒瘾渴求评估测试,该员毒瘾波动指数为 113.29%,测试结果提示为重度心瘾。接着,通过经颅磁刺激仪和韩氏治疗仪刺激特定穴位,起到降低毒瘾渴求的目。

随后,介绍了五级系统脱敏疗法:系统脱敏级别划分是依据吸毒线索(包括

吸毒图片或语言诱导、吸毒视频、吸毒工具、毒品实物、吸毒情境）暴露叠加的层次而分级。例如，一级为吸毒图片或言语诱导，二级为吸毒图片或言语诱导 + 吸毒视频，三级为吸毒图片或言语诱导 + 吸毒视频 + 吸毒工具，四级为吸毒图片或言语诱导 + 吸毒视频 + 吸毒工具 + 吸毒实物，五级为吸毒图片或言语诱导 + 吸毒视频 + 吸毒工具 + 吸毒实物 + VR 模拟吸毒环境。在由低到高逐级提供诱发心瘾吸毒线索的情况下，找出基础生理指标（主要是脑电、肌电）综合波动指数较高的戒毒人员，对波动指数在 60% 以上的戒毒人员给予干预，有针对性地用经颅磁刺激仪或者韩式治疗仪进行治疗。通过反复练习，逐级训练，帮助戒毒人员通过科学合理的方法降低毒瘾渴求。

（3）第三次（修通阶段）目的、方法、过程（重点是通过系统脱敏综合矫治设备的反复应用降低戒毒人员的毒品渴求程度）

时间：2019 年 8 月 2 日，2019 年 8 月 9 日，2019 年 8 月 15 日，2019 年 8 月 22 日，2019 年 8 月 29 日，2019 年 9 月 6 日，2019 年 9 月 11 日，2019 年 9 月 16 日，2019 年 9 月 19 日，2019 年 9 月 23 日（总共 10 次）。

目的：通过系统脱敏综合矫治设备，从一级到五级，逐步加大毒品刺激源的强度，最终达到系统脱敏、降低毒瘾渴求的目的。

方法：系统脱敏疗法、音乐放松疗法、经颅磁刺激仪、韩氏治疗仪、生物反馈。

过程：咨询师每周 1 次，每次 50 分钟，给李某按照要求连接生物反馈仪、韩氏治疗仪、经颅磁刺激仪。首先给李某进行音乐放松训练（5 分钟），然后让李某在咨询师引导语的指导下，通过观看吸毒图片、吸毒视频，吸毒工具，模拟毒品，体验 VR 头盔里的模拟吸毒环境，（按一级到五级不断加大刺激强度）回顾自己以前吸毒时的感受，激发李某在此情此景下对毒品的最大渴求，再通过生物反馈仪测试出李某的毒品波动指数。波动指数测试完毕后，接下来给李某做音乐放松训练（5 分钟），最后实施 VR 厌恶干预（6 分钟）、韩氏治疗仪（20 分钟）或者经颅磁刺激仪（30 分钟），降低已经升高的综合波动指数。

（4）第四次（规划阶段）目的、方法、过程

时间：2019 年 10 月 9 日。

目的：让其明白治疗的远景目标和近期目标，远景目标为彻底戒除毒瘾，近期目标为学会通过音乐放松、厌恶疗法、系统脱敏疗法降低对毒品的依赖，为出所后应对高危情境做好心理和方法准备。

方法:音乐放松、厌恶疗法、系统脱敏。

过程:该员最近一段时间通过五级系统脱敏综合矫治设备的应用,毒瘾波动指数有了大幅下降,看到自己的进步,该员戒毒信心明显加强,配合程度也有了很大改观,多次和民警提出要增加经颅磁刺激仪的治疗次数。在治疗过程中,告诫该员,在观看吸毒视频、吸毒工具时,一定要想象自己最想吸毒的场景和过程;在观看厌恶视频时,记住身体不好的感受;在音乐放松时,记住这种肢体、心情放松时的愉悦。出所后,遇到高危情境,遇到毒瘾发作时,记住今天的感受,回忆吸毒带给其的痛苦感受、回忆放松带给你的宁静体验,通过正负两方面的反馈,达到自觉、主动抵御毒瘾、对抗心魔的目的。

(5)第五次(巩固阶段)目的、方法、过程

时间:2019 年 10 月 16 日。

目的:巩固疗效。

方法:认知行为、生物反馈、系统脱敏。

过程:咨询师用戒毒综合矫治设备给李某治疗后,效果比较明显,李某即将解除强戒。咨询师担心李某出所后过于依赖综合矫治设备,要从根本上树立其强大的戒毒动机,必须从思想认知上入手。咨询师通过交谈,给李某布置了任务,李某每天必须认真填写自己的负性情绪表。通过一段时间的反馈,咨询师发现李某的自动思维里有强烈的追求完美的偏执,李某觉得自己吸食毒品后,造成的后果自己无法承担,觉得自己反正这辈子也没有了希望,有破罐破摔、放任自流的想法。咨询师通过认知辩论,对李某的不合理信念进行一一辩驳,同时通过认知重建,帮助李某重新树立想戒毒、能戒毒、必戒毒的核心信念。告诫李某即使出所后,面对高危情境,要自觉用到学过的生物反馈、系统脱敏、音乐放松的原理和方法,调整自己的情绪和思维,自觉抵御毒瘾的诱惑。在给李某讲解认知行为疗法原理的同时,继续用戒毒综合矫治设备给李某进行系统脱敏、生物反馈训练,同时用经颅磁刺激仪给李某做巩固治疗。

(三)效果评估

包括求助者自我评估、求助者社会适应情况、求助者家人的评估及心理咨询师的评估和心理测验。

1. 李某自我评估

李某表示:“我系统性接受了综合矫治设备治疗,感觉非常受益。刚开始治疗,我一看到毒品就非常渴望,特别是看到吸毒工具时,都会不自觉地伸手去拿,那时情绪也比较暴躁。现在我通过了五级系统脱敏,心里再没有那么强烈的渴

求，学会了如何在渴求度高时让自己放松，对毒品危害有了更深的认识，人际关系比以前改善了很多，情绪也没有之前那么焦虑、暴躁。”另外，据李某所在大队民警和学员反映，李某最近一个多月比以前开朗很多，愿意与人交流，与同戒之间关系较为融洽，同时能较好遵规守纪，服从管教戒治。

2. 家人评估

通过电话对李某父母进行回访，李某父亲反馈，李某在近期亲情电话中多次提到对自己吸食毒品的后悔，表示一定要戒除毒品，将来自己要开一家店，表现出对未来较大的期望。同时，李某和家人的关系也有一定程度改善，以前李某对戒毒表现得满不在乎，对家人的规劝也不理不睬，这次看到李某这么大的转变，李某父母都感到很欣慰，也对李某有了更大的信心。

3. 咨询师评估

李某接受近 2 个多月的五级系统脱敏综合矫治设备的治疗，毒瘾综合波动指数有了大幅度下降，从刚开始的前测 113. 29% 下降至后测 25. 02%，其中肌电指标总的趋势也为下降，提示该员在面对毒品刺激时，身体感觉是逐步放松的，脑电指标中 SMR 波和 Alpha 波都是呈上升趋势，提示该员自控力有加强、积极情绪增多。而 Theta 波明显下降，提示该员负面情绪明显减少。后测该员《毒品渴求问卷(合成毒品)》得分从 101 分下降至 42 分，提示该员对毒品渴求程度下降；《毒品成瘾程度量表(合成毒品)》得分从 32 分下降至 14 分，提示该员对毒品成瘾依赖性下降。后测 SAS 标准分从 68 分下降至 48 分，SDS 得分从 61 分下降至 47 分，提示该员焦虑、抑郁程度均有改善。

【效果与思考】

运用五级系统脱敏综合矫治设备治疗重度毒瘾渴求戒毒人员李某，咨询师深刻体会到：

一是现有降低毒瘾渴求的一些技术，如生物反馈、音乐放松、VR 技术、经颅磁刺激、韩氏治疗仪、系统脱敏等戒治手段单独使用的效果远远没有把这些技术集成统合使用的效果好。

二是设备只是手段，一定要激发和强化戒毒人员的戒毒动机，让戒毒人员真正想戒毒，能戒毒，有信心戒毒。

三是当戒毒人员通过一定程度的治疗后，发现自己毒瘾波动指数有明显下降，这个时候戒毒人员的戒毒动机会得到空前强化，配合程度也是最高的。咨询师一定要抓住好时机,纠正戒毒人员的错误认知,强化戒毒人员的戒毒信心,这样后续设备的应用将会取得更好的治疗效果。

案例编号:HNXJDKX1576567826

湖南省戒毒管理局　刘　俊

第五节　综合性教育戒治案例

采取焦点解决技术对存在严重心理问题戒毒人员王某进行心理咨询案

【案例背景】

王某,吸食毒品类型为冰毒,男,28 岁,河北省人,大专学历。父母健在,身高 1.75 米,五官端正,身形偏瘦,性格内向,追求完美,无重大躯体疾病史,家族无精神疾病史。王某为家里独生子,身体健康,父母都是公务员,家庭和睦,未婚,大专毕业后做个体户。

王某因与班级戒毒人员产生矛盾,性格变得敏感多疑,在班里总觉得别人在背后议论自己,别人的一举一动都是针对自己,与班内的其他戒毒人员之间不能和谐相处,出现一定的抑郁症状,主动寻求帮助。3 个月以来,一直情绪烦躁,内心痛苦,睡眠质量差,食欲下降。

【案例基本情况】

(一)问题分析

1. 心理测验结果

王某 SCL－90 自评量表测验结果总分为 195 分,按照全国常模,总分超过 160 分,任何一个因子超过 2 分,即可筛选为阳性。量表显示,王某人际关系、抑郁、敌对、偏执和其他因子为阳性。选择阿森斯失眠量表(AIS)对王某做身体状况评估,得分 15 分,属失眠,且每晚发生,严重影响生活,临床症状表现突出。选择抑郁自评量表(SDS)对王某进行进一步评估,标准分为 60 分,显示有(中度)抑郁症状。

2. 主诉和个人陈诉

(1)主述

近 3 个月,抑郁烦躁,情绪多变,睡眠不好,食欲下降,反复思考与李某某的矛盾,感觉被所有人针对,与班内其他戒毒人员关系变差,交际问题频发,内心痛苦。

(2)个人陈述

我最近和李某某吵架了,其实很小的一件事,有一天晚上看电视的时候,他拿错凳子了,把我凳子拿走了,看到他坐着我的凳子有些生气,然后和他吵起来。我想换班,但有时会想即使换班又怎么样,我的下场可能还是这样。李某某虽然性格比较内向,平时和我相处的也还可以,就是因为这点小事,我俩就互相看不顺眼,现在每次看到他心理就不舒服,感觉他一举一动我都感觉他是针对我,一看到他或者听到他说话就难受,就会特烦,脾气也变得特别差。也不想和别人接触,别人和我说话就会很烦,脑海里全是不友好的画面。如果有奇迹发生,我希望能回到刚到班里的时候,不要像现在这样。现在有点后悔,但是不知道该怎么办。这三个月每天就是忍着,出操或者队长给我们做活动的时候我能缓解些。实在忍不住就会和我们班的其他戒毒人员发脾气,谁惹我我就和谁急,他们说话的时候我总感觉班级有人议论我针对我,慢慢地,我也被孤立了。这些天睡不好,饭也不想吃。我知道自己状态糟糕,纠结,很想改变,但又不知道怎么改变,因此前来咨询求助。

3. 咨询师观察和他人反映

(1)咨询师观察

王某进入咨询室步态稳,神情略显不自在,交流时多低头,不愿眼神交流,声音较小,情绪低落。说话温柔,举止得体,意识清晰。谈话过程中王某有时神情沮丧、表情痛苦、情绪不稳,无幻觉、妄想等症状,自知力完整。咨询过程合作,对答流利、思维清晰,有求治愿望,未见明显精神病性症状。

(2)其他戒毒人员反映

王某在班级情绪易激动,所有人都不敢和他说话。他在班级的时候其他戒毒人员说话也要小声,有时候他会莫名其妙暴跳如雷,说其他戒毒人员说话针对他。平时班级劳动他也不积极,吃饭的时候大家都不叫他,大家感觉他是异类。

(3)管班民警反映

王某平时不太爱说话,班级对他的评价普遍不好。在团体活动中他总是游离在团体之外,平时也不怎么喜欢交流,谈话时多为敷衍和应付,不喜欢表达和分享,最近吃饭较少,出现失眠症状,带其去就医没发现任何器质性病变。

4. 评估与诊断

(1)诊断结果

综合临床资料,对王某的诊断为:严重心理问题。

（2）诊断依据

①有失眠、食欲降低症状，所内医院检查无器质性病变。

②内心冲突与现实处境相符，属常形冲突，可排除神经症性问题。

③与班级戒毒人员李某某发生矛盾，情绪反应强烈。

④与班级其他戒毒人员不能正常相处，不能积极参加戒治活动，社会功能损害。

⑤情绪反应强度稍强，有自责内疚感。

⑥近期发生不良情绪持续3个月，反映内容泛化，情绪反应出现心理不健康状态。

⑦根据以上分析，王某的问题当属严重心理问题。

（3）鉴别诊断

①与器质性病变相鉴别

王某经医院检查无躯体疾病，排除器质性病变。

②与精神病相鉴别

王某SCL－90中精神病性测量得分为2.10（轻），指导意见显示，该人偶尔有幻听，大多是被人批评、责怪，有时认为是别人迫害他的行为，偶尔会觉得自己脑子里想的东西没有讲出来别人就知道了的情况，常有敌对性。可能会有自责倾向，还可能有孤独感。精神病性特征与现实状况相同，可判断测量的精神病性是行为性精神病性状态，而非精神病。根据"病与非病"三原则，精神病表现主客观不统一，精神活动内在协调不一致，人格有变化，而王某主客观世界统一，精神活动内在协调一致，人格相对稳定。根据对王某临床资料的收集，综合其相关因素，家庭中无精神病史，本人无重大疾病史，王某对本人症状自知，有强烈的咨询动机，根据"病与非病"三原则判断，可排除精神病。

③与神经症相鉴别

神经症是一种精神障碍，主要表现为持久的心理冲突，王某观察到或体验到这种冲突并因之而深感痛苦且妨碍心理功能和社会功能，但没有可证实的器质性病变基础，一般为变形冲突。王某的心理问题是由现实刺激（与其他戒毒人员闹矛盾）引起的，内心冲突与现实处境相联系，有明显的道德性质，属于常形冲突，因此可排除神经症和神经症性心理问题。

④与一般心理问题相鉴别

王某在现实事件中受到刺激持续时间达3个月以上，社会功能受到影响。出现失眠食欲下降等症状，这些症状不符合一般心理问题关于内容未泛化，反应强度不太强烈的情绪诊断要求,因此可以排除一般心理问题。

⑤与焦虑性神经症相鉴别

根据CCMD－2的标准,焦虑症是以焦虑发作性恐怖状态为主要临床相的神经症,是一种内心紧张不安,预感发生的情况自己难于应付而出现的紧张情绪,常表现为头晕、胸闷、心悸、呼吸困难、出汗和运动性不安等症状。王某表现的躯体症状虽然也有焦虑引起的缘故,但内容主要来自现实情境,没有自主神经功能症状,与抑郁症状相比,属于伴发症状,而不是主要的。因此,可以排除焦虑性神经症。

(二)戒治方案

根据情况与王某协商后采取焦点解决短程治疗技术进行咨询。

1.具体目标和近期目标

(1)引导王某减轻不良情绪,改善睡眠与饮食。

(2)帮助王某找到资源,利用已有的资源使王某在行动上改变所处的不健康心理状态,提高生活动力和改善其人际关系。引导王某正确认知、合理看待人际关系,增加对室友的理解和信任,并重新接纳自己和他人。

2.最终目标和远期目标

(1)引导王某完善个性,形成正确观念,学会自我心理调整。

(2)促进王某的心理健康发展,增强其人际关系适应能力,健全人格。

(三)实施情况

1.咨询阶段

(1)心理诊断阶段

心理诊断阶段主要与王某建立咨询关系,收集重要资料,进行心理诊断。

(2)咨询治疗阶段

咨询治疗阶段主要是引导王某解决问题,使其形成焦点解决模式思维。咨询治疗阶段首先为王某构建小的改变可以带来大的变化思维模式。通过建构下一个问题的方式帮助王某引导出"故事背后的故事"。将王某变成问题解决"专家",改变所处的状况。

(3)巩固与结束阶段

使王某将在咨询中学到的东西运用于自己今后的生活,不断完善自己,提高心理健康水平。

2.具体咨询过程

(1)第一次咨询

①远离问题:采用"远离问题"的焦点解决技术(避免以问题为导向),引导

王某看到个人,而不是他的“问题”。利用“远离问题”社交式谈话使王某慢慢打开心扉,收集资料,提高咨询效果。

②运用量尺对程度进行判断,了解王某目前的心理状态,根据未来的分数确定进步的程度。

③达成合约:引导王某达成合约,找到王某最希望获得的收获。

④探索资源:引导王某探索已有资源。

⑤布置作业:引导王某利用所描述的替代行为进行行动。

(2)第二次咨询

①利用量尺技术,利用分数进步,帮助王某构建小的改变可以带来大的变化思维模式,增强其主动改变的心理动力。

②根据王某“希望的”结果进行回应和引导,继续探索王某最需要的方向。引导王某明确达成合约的近期目标,完善合约。

③利用振奋性鼓舞,加强王某继续积极行动的动力,鼓励其采取行动。

④布置作业:鼓励行动,改变状况。

(3)第三次咨询

①利用量尺分数,继续增强王某心理动力。

②使用对未来描述的量尺,在引导王某探索未来之后,分数要高于早前询问量尺的分数,逐步建立目标完成目标。

③奇迹问句引导王某继续完善合约。

④他人视角的期待:不仅要使王某关注到自己的期待,也要帮助他找到身边人的期待,利用身边人的期待,体会改变后的状态,描述观察者的回应,增强改变的动力。

⑤扩展描述:利用细节描述,增强王某期待的具体化,在扩展描述中不断“放大和扩展”期待。

⑥布置作业:鼓励行动,改善和班级其他戒毒人员之间的关系。

(4)第四次咨询

①利用量尺分数,继续增强王某心理动力。

②通过再一次使用量尺明确王某已经获得的进步,并寻找巩固进步的方法。

③帮助王某变成问题解决“专家”,改变所处的状况。

④他人视角的期待:拓宽思路,利用身边人可能出现的做法,体会他人处理问题的态度,增强改变的动力。

⑤例外性询问,增进王某的自信,从例外中找到方法,并将其放大。

⑥布置作业:鼓励行动,继续缓和和李某某的关系。

(5)第五次咨询

①完善合约,引导王某逐步完成目标内容。

②通过再一次使用量尺明确王某已经获得的进步,利用量尺分数,鼓励王某继续增强心理动力,为接下来工作做准备。

③具体化行动目标,继续提高王某应对问题的解决能力。

④欣赏与认可,鼓励王某继续行动,达到目标效果。

⑤布置作业:书写"进步记录本",记录进步的每一个细节。

(6)第六次咨询

焦点解决短期治疗中的结束咨询,需要帮助王某解决日后可能出现的问题。

①利用量尺,明确要完成的目标,利用期待改变王某未来的行动。

②引导王某制定未来目标,提高应对问题能力。

③鼓励和认可,结束咨询。

④布置作业:"进步记录本",记录未来进步的每一个细节。

(四)效果评估

1. 王某的自我评估

现在在班级坐着也不会那么烦了,没有喘不上气的情况。最近睡眠好多了。也不会感觉李某某说话针对自己,而且彼此之间的沟通还算不错。和班级其他戒毒人员也能友好地相处,也喜欢和他们一起做活动,比之前放松多了。

2. 咨询师的评估

王某缓解了失眠和食欲下降的症状,基本消除了抑郁、烦恼、心情低落的情绪。王某在行为模式上出现了积极变化,用自己的行动和资源促进了人际关系良好发展。咨询过程完整,咨询有效。

3. 他人评价

(1)戒毒人员李某某评价:"之前在班级看到他总是很别扭,总是用不友善的眼神看我,这一个月他发生了很大的改变,变得友好了,还愿意主动和我接近,我们的关系现在还可以,感觉他变了好多。"

(2)本班其他戒毒人员评价:"现在他不像之前那样敏感暴躁,之前都不敢和他说话,现在很友好,班级有什么活也都抢着做,感觉这一个月发生了很大的变化。"

(3)管班民警评价:"看到他逐渐变好,不像之前那么沉闷了,谈话也能很主动,感觉变开朗了很多,戒治活动参加得也很积极,这次咨询对他真的很有帮助。”

4. 精神状态：状态良好。

5. 身体状况：无明显躯体性症状。

6. 社会功能：生活状态改善，人际关系良好，与班级其他戒毒人员可以正常相处，积极参加各项戒治活动。

7. 心理测验评估

SCL－90 自评量表测验结果总分为 98 分，按照全国常模，未超过 160 分；阿森斯失眠量表（AIS）指导意见为无睡眠障碍；运用抑郁自评量表（SDS）对王某进行进一步评估，标准分为 36.25 分，显示无抑郁症状。

【案例思考】

一是结合所管场所特点和王某自身特点，与其共同协商选择了焦点短程治疗技术。焦点短程治疗技术适应监管场所的特殊性和戒毒人员的复杂性，淡化问题可以减轻戒毒人员回忆过去的痛苦，强化未来可以让戒毒人员看到希望。焦点短程治疗技术对快速缓解戒毒人员心理症状，解除安全风险很有效。开放式问答可以削弱警察身份感，提高心理咨询效果。聚焦未来，挖掘王某自身的潜能和优势，可以帮助王某提高自信。

米尔顿·艾瑞克森（Milton Erickson）说：“在我看来，心理治疗就像在山顶上展开滚雪球的游戏。一旦雪球滚下山坡，必将越滚越大，最终变成一场符合山脉形状的雪崩。”此次咨询利用焦点技术充分地最大化地挖掘王某的力量、优势或者是能力。把解决问题的关注点集中在王某的正向方面，让王某总是看向积极的正向的方面，弱化了“问题解决—原因”之间的关系。利用例外问句让王某把焦点放在正向的或者是已经有过的成功解决的情境中，促使王某不断进步。

二是在这次咨询中，王某以往成功的经验也十分重要，充分挖掘王某运用这次的成功经验，让他产生信心去处理其他问题，进而带动整个系统的改变。王某自己就拥有解决问题的能力，他就是自己的专家、自己的咨询师，而咨询师是协助个体发现自己的资源，重新构建自己改变的目标和历程，咨询师不是教导王某去如何去做，而是引导。

案例编号：BJJDJJ1587111071

双河强制隔离戒毒所 姜 宇

对自伤人员苏某采用催眠及SAT疗法干预案

【案例背景】

苏某,男,20余岁,初中文化,身体健康,无过往病史,吸食冰毒。家庭成员:父母、哥哥。父母皆有吸毒史。

该员送入云南省第三强制隔离戒毒所后,经大队警察谈话了解:苏某是外省人,身边人看不起他。2018年12月中旬,该员主动提出要去单独管理室待几天,大队未批准。2019年3月在宿舍楼卫生间上厕所,当事务性人员第三次去询问他时,他正用玻璃镜子碎片割腕,后被及时制止,经医生包扎,未出现严重后果。大队警察将情况向心理矫治中心反映,对其进行心理干预。

【案例基本情况】

(一)评估

1.综合分析

(1)心理状态:苏某几乎对所有的活动都不感兴趣;食欲及睡眠正常;平时易疲劳,经常感到精力不足;每天大部分时间感到情绪低落;偶尔会出现自伤念头;感到自己毫无价值。

认知表现:注意力受影响、记忆力略下降。

思维表现:逻辑清楚,理解能力正常,但感觉思维过程缓慢,回答问题常沉默少语。

(2)生理状态:眼神躲闪、面部表情呆板,身体动作紧张不易放松。

(3)社会功能:习艺劳动效率受到影响;不想待在戒毒所;人际交往受损严重。

2.心理测量

SAT标准分65分(中度焦虑),SDS标准分73分(重度抑郁),AQ自闭谱系量表分28分,SAT13项量表中自我否定9分,PTSS13分。

3.评估结果

结合咨询中搜集到的信息和心理测量结果,同时结合DSM-5的诊断标准,认为来访者情况符合DSM-5中重性抑郁障碍的诊断标准。

（二）个案概念化

1. 苏某的需求类型及感情状态

SAT（Structured Association Therapy）疗法根据每个人达到满足状态的需求不同，分为被爱需求为主的“循环气质”、以爱他人需求为主的“粘着气质”和以爱自己的需求为主的“自闭气质”，每个人的内在困境都是由于某种心理需求得不到满足造成的。

苏某从小比较内向，喜欢独处，不善与人交往，但其父亲希望他能言会道，这样的要求让苏某无形中对自己内向、安静的性格产生质疑和否定。由于长期执着于成为一个被他人接纳的人，苏某非常在意他人的眼光和看法。

2. 苏某的精神信号及其意义

SAT 理论认为，高自我抑制的人为了生存下去，很在意周围人的目光，并且习惯牺牲自己的真实情感，这样的压力慢慢累积，很容易造成紧张物质去甲肾上腺素的分泌，引起交感神经紧张而产生躯体反应。苏某长期自我抑制，导致不安及抑郁倾向。

3. 苏某的自我印象以及对养育者的印象

自我印象：苏某很羡慕其他人可以自在地与人交往，但同时又觉得自己最舒适的状态就是一个人安静地待着，可是当他这样想的时候，就会自动出现“人际交往不好的人就是很糟糕的”想法，从而产生自我厌恶、否定、质疑的感情。

对养育者的印象：父亲对自己要求严格，尤其是随着年龄的慢慢增加，批评、指责、不满越来越多；苏某对母亲怀有“恨”意，因为和母亲共同生活的记忆太少，得到的爱非常有限，尤其懂事后听说母亲吸毒并贩毒，自己觉得非常羞耻。

（三）咨询方案

1. 理论依据

（1）SAT 疗法

SAT 疗法由日本著名心理学家宗像恒次开创，与森田疗法、内观疗法并称为日本的三大疗法，属于第三代认知行为疗法。该疗法强调自我印象脚本的重要性，主张在潜意识和催眠状态下找到来访者的“否定”印象脚本，并替换为“肯定”印象脚本。

气质咨询法：让来访者了解不同气质类型的特点及优势，并能够接受自己与生俱来的气质类型。

光印象法：在咨询过程中，借由来访者所处的压力状态或情绪状态，调动来访者的躯体感受，并引导来访者通过视觉刺激和想象适宜波长的光照，以抑制杏仁核兴奋度,达到缓解躯体不适感和稳定情绪的目的。

代理表情表象法:SAT疗法认为,人类大脑的梭状回只要有3点聚焦,就会产生面部认知反应,同时会把视觉捕捉到的客观面孔以及杏仁核内的主观感情结合,并向前额叶传递信息。代理表情表象法运用大脑的这一功能,让来访者在良好身体感觉的基础上选择能够给自己产生支持性的(亲人的、自己的、他人的)代理表情,以此安定情绪,降低压力,并促进来访者的积极情感。

(2)催眠治疗

催眠治疗是通过言语暗示或催眠术使来访者处于类似睡眠的状态(催眠状态),它具备贯注、解离和暗示性特点,是一种可以很好地促进心理咨询效果的工具和手段。

2. 咨询目标

短期目标:接受当前的状态,积极配合心理治疗,停止自伤行为;中期目标:进一步改善和父母的关系,逐渐明晰自己的发展目标,适应戒毒所的日常生活;长期目标:积极面对生活,进一步接纳自我,恢复社会功能。

3. 咨询方法

运用催眠治疗技术、SAT气质咨询法、光印象法、代理表情表象法等方法。

(四)咨询过程

第一阶段:收集信息、建立关系、评估诊断、制定目标及方案。

第一次咨询:咨询师做了自我介绍,并说明了心理咨询的基本情况及注意事项,确认了苏某的求助意愿并签订咨询协议之后,双方进行了交谈。

咨询主要围绕收集基础信息,同时围绕他前几天的自伤行为自己如何看待,内心的真正的目的是什么等问题来展开。

心理测试情况:SAS标准分65分(中度焦虑),SDS标准分73分(重度抑郁)。随后咨询师让他带上SAT的13项量表回到宿舍去做,为下一次咨询做准备。

第二次咨询:苏某SAT 13项量表的测量结果:AQ自闭谱系量表28分,SAT13项量表自我否定9分,PTSS13分。测评结果显示,苏某有很低的自我价值感,较低的社会支持认知以及较强的自我抑制度。讲解这个部分时咨询师使用了比较通俗易懂的方式,比如“测评结果显示,你总是觉得自己不够好,有时候会觉得自己很没用,是这样吗?”(自我价值感),“你似乎觉得在家庭之外,你现在在戒毒所身边的警官、其他戒毒人员都不太容易理解和支持你的想法,是吗?”(家庭外社会支持认知度),“尽管你不一定愿意,但是通常情况下,你还是会选择按照别人的要求来做事,但是这样并不让你感到开心,是吗?”(自我抑制度)。苏某对这些解释和确认都能够较好地理解,并且表示认同。这一次咨询结束后,苏某对心理咨询的认可度有了较大提升,为后续工作奠定了良好的基础。

第二阶段:认识自我,改善情绪。

第三次咨询:苏某具有典型的自闭气质和执着、不安气质。咨询师首先向苏某介绍了他的自闭气质。自闭气质的人拥有与镇定物质葛巴丁不容易结合的遗传基因,一旦兴奋就不容易镇静下来,所以他们会尽量避免与人接触而带来的紧张。此种气质的生存之道是:只要自我满足,就能够分泌多巴胺,拥有“自我报酬型基因”。当咨询师告诉他,很多科学家、学者之所以能够取得极高成就,往往就是因为他们具有高度专注的自闭气质时,他说自己一直觉得内向是不好的,但没有想到原来自闭气质还有这样的好处。

执着气质是追求完美的气质,这种气质的人拥有报酬不全的遗传基因,其报酬物质多巴胺的神经传递比较困难,因此整体上心理需求程度都偏高,不太容易感到满足。它的优势在于能够把事情做到尽善尽美,不足之处在于会因为对自己要求较高,导致压力过大从而产生情绪、行为甚至健康问题。不安气质则是担惊受怕的气质,这种气质的人拥有不安遗传基因(回避损害的遗传基因),杏仁核的容积较大,容易有悲观主义的感受和思考倾向。当他知道不安气质的人善于规划,敏感,感到有些高兴又有些不可思议。

第四次咨询:运用了 SAT 疗法中的“宇宙自我印象法”和“光印象法”两种咨询方法,帮助苏某在类似催眠的状态下改变自我的状态,尝试接纳自己,最终找出对应的代理表情表象,用报酬型的面部表情刺激苏某,从而达到降低压力的目的。这次咨询与之前以认知为主的咨询有很大不同,苏某从体验和感受的角度认知到自我接纳和认可的力量,整个人的情绪开始有了一些起色。

第五次咨询:苏某自述过去一周出现了明显的情绪反弹,他说“我感觉好像不管怎么样都没有办法了……”,当咨询师向他澄清的时候,他说上次咨询后,觉得那些方法很好用,也对自己有了信心。但回到大队后,他和其他人起了冲突,又开始烦躁、自卑,并反思自己是不是哪个部分处理地不到位,接下来该怎么办。咨询师询问他产生负面情绪时他是如何看待的,他说“我为什么又变成这样,感觉自己很无能”。于是,咨询师使用了叙事疗法中的外化技术,引导他把自己的负面情绪一一列举出来,并从功能的角度把这些情绪外化为“信使”。在咨询师的帮助下,他在纸上画出了十多个自己的“信使”,有愤怒、自卑、焦虑、自责、委屈等,然后再进一步解读“信使”要传达的信号。当讨论完这些负面情绪要达到的意义时,苏某的情绪明显变得沉稳起来。

第三阶段:重新解读与父母的关系,帮助苏某进一步接纳自我。

第六次咨询:咨询师本想把工作重点放在解读苏某和父母的关系上,但苏某的情绪又出现反复,尤其是谈到他的母亲时沉默时间很长,表示“没什么可说的”。谈到父亲时他描述“反正我无论怎么努力,他对我总是不满”。这次咨询咨询师明显感觉到苏某的阻抗。咨询师没有继续和苏某交流关于他父母的话题,而是针对他反映的和其他同戒人员关系处理问题上的情绪管理,帮助他进行了认知重建。咨询师要把这个个案带入督导小组,推动下一步工作的顺利进行。

督导过程:咨询师报告了个案的咨询过程。督导老师给了很多思路和线索。面对来访者,其实面对的是他背后的整个家庭。原生家庭的深层次问题不是简单几次咨询就能够改变的,尤其是,戒毒人员所处的环境不可能实现家庭成员共同参与的家庭治疗。这样的情况下,怎么引导来访者看到他原生家庭中存在的资源?虽无法改变但尝试去理解,让他看到自己有足够的力量和底气在这个家庭中独立成长起来。

第七至八次咨询:咨询师开始调整思路,通过绘制原生家庭图的方式看到了苏某自己及父母的原生家庭图。通过解读后,苏某有如下几方面的收获:一是自己和父母还是有很深的连接,父母的优势和不足都可以成为他的资源,他可以继承,也可以改变。二是他的父亲是一个多子女家庭中的长子,背负了家庭的许多重担,他可以理解父亲的执着,也不再苛求父亲的改变。三是自己的母亲从小在不安的状态下长大,母亲的姐姐甚至因为受不了外公的打骂而离家出走多年。母亲和父亲的关系也不好,所以,其走上吸毒和贩毒的路也是有一定原因的。看到了和父母的这些连接后,苏某似乎轻松了很多,尤其是对母亲的“恨”没有之前那么强了,他开始尝试去理解父母一些行为背后的原因,咨询师又带他重新进行了 SAT 疗法中“再养育”的想象,让他感受到自己对父母的爱以及父母对自己的爱,在这个过程中进行了和解。

第四阶段:建立积极心态,进一步接纳自我。

第九次咨询:苏某表述,他现在对戒毒所没有那么抗拒了,自伤自残的念头已经消失,和同戒其他学员的人际关系也有了一些缓和,开始有了几个能谈得来的朋友。但是他目前面临的另一个困扰是,因为前几次的违规,他诊断评估被扣了分,非常担心不能按期出所,因而表现出焦虑和烦躁,习艺劳动任务也不能完成。因此,讨论决定,接下来的咨询重点为帮他提升注意力,缓解焦虑,咨询的方法则使用艾利克森式催眠。咨询师使用了一个他喜欢的大海、沙滩的场景进行引导和加深，他的反馈是“很舒服，很放松，感觉安心了许多”。

第十次咨询：主要方向是自我接纳和分离，主要还是使用催眠技术，让苏某看到了自己的成长，也树立了能独立应对问题的信心。

（五）咨询效果

经过10次咨询，苏某从最初讨厌戒毒所，用自伤的方式来达到出所目的，到最后能遵规守纪，习艺劳动超额完成，对所内开展的各项活动能积极参与，后又通过努力得到3个“表扬”，在诊断评估中获得加分。虽然还不能抵扣之前被罚的分数，但他已经能正确看待这个事情，截至目前各项情况均已稳定。

【案例思考】

（一）对咨询目标成败的思考与分析

1. 关系的建立。咨询师给来访者的支持和陪伴胜于咨询的技巧、方法和指导。

2. 相信来访者拥有解决问题的资源。艾利克森式催眠倡导的理念是“来访者带来问题的同时也带来了解决问题的办法”，SAT疗法的理论基础是“人人都想要活出自己本来的样子”，咨询师只是一个引导者，引导来访者看到自己的力量，提升自己解决问题的能力。

3. 用积极的角度看待来访者。苏某是一个自我价值感极低的人，在咨询过程中咨询师不断去挖掘他的积极面和优势，同时也引导他转换角度来看待问题，尤其是原生家庭及与父母的关系那一部分，把困境转化成可以利用的资源。

（二）对咨询过程的评价与反思及自我觉察

1. 咨询中“跟”比“带”重要。一开始，咨询师有对咨询理论和方法的执着，甚至有过预设，导致有两次咨询虽然一板一眼，但却无法深入。后面做了反思，并尝试放下心里的预设，灵活地跟随来访者的状态，适当地进行调整，才推动了后面咨询的不断深入。

2. 做人本主义的“空杯”。对“空杯心态”有了更新的理解，一个咨询师学理论、技术、做督导，其实都是在打造这个“杯”，但无论多豪华多高级的“杯”，里面装的还是来访者。

3. 督导、学习、实践要齐头并进。在这次个案的工作过程中，“学习＋实践＋督导”的模式对一个咨询师的成长极其重要。

4. 是遗憾也可以是资源。虽然在来访者的成长过程中,父母确实有一些问题是客观存在的,但是也不能全然否认。父母和家庭给孩子带来的资源同样可以转换。咨询师可以帮助来访者。从父母的身上寻找到自己需要的资源和能量,让来访者可以独立成长。

案例编号:YNJDJJ1589073227

云南省第三强制隔离戒毒所　饶春梅

应对特殊管理时期戒毒人员教育矫治案

【案例背景】

2020年年初,新冠肺炎疫情突发,全国上下众志成城,筑起防御疫情蔓延的长城。各戒毒所及时进行封闭式管理,戒毒人员的学习和生活进入非常时期,如何在此情境下开展好教育戒治工作,是值得所有戒毒民警深入思考和实践探索的课题。

【案例基本情况】

针对疫情防控期间不能开展聚集性活动、心理出现焦虑和恐慌、以宿舍为单元开展教育戒治等特殊情况,戒毒民警必须及时作出调整,因地制宜、因时制宜、因人制宜地开展工作,力求取得实效。

(一)调整教学重点,突出正面宣传引导

在特殊封闭管理时期,原有的教师队伍被分散,必须随机应变,及时成立临时宣讲团,在戒毒人员中开展“坚定信心同舟共济”疫情防控主题教育宣讲,就如何结合国情、省情、所情、戒情及疫情特点进行集体备课,每轮宣讲开设16讲,由宣讲员分赴各戒毒大队轮回宣讲,做到全所戒毒人员受教育一个不能少,激发戒毒人员的爱国热情,坚定战胜疫情信心,增强戒治自觉。编印《戒毒人员新冠肺炎疫情防控学法守纪教育读本》等,收纳我国《传染病防治法》《野生动物保护法》等法律法规和《公共场所新型冠状病毒感染的肺炎卫生防护指南》《预防新型冠状病毒感染的肺炎口罩使用指南》等防护指南,还将《口罩类型及推荐使用人群》以图文并茂的形式呈现。每天早晨8点至9点开始1个小时的早读,内容以《读本》为主。利用智慧课堂创建知识竞赛题库,戒毒人员可在线练习加以巩固,组织专题知识竞赛以巩固和检验学习效果。

（二）调整师资搭配,优化教师队伍组合

统筹全所师资力量,统一制定周教育计划,明确每日教学任务,制定责任人。科学调配、精心组合每批进驻封闭区的民警,统筹特色资源,优化师资力量,做到医生、专兼职教师、心理咨询师、康复训练师等师资队伍配备齐全均衡。同时,集中统一封闭区各专业师资力量的使用安排,为封闭期间各项教育戒治活动的开展提供专业人才保障,保证在非常状态下保持正常的教育样态。教育是一项系统工程,需要全体戒毒民警协同作战,在特殊管理模式下,努力打造“主题课 + 专题课 + 特色课”为基本框架的教学体系,将专题教育与日常教育相结合,才能让教育学习成常态、见长效。

（三）调整教学方式,检验智慧课堂运用

利用云平台网络教育矫正系统打造智慧课堂,除了新设置《疫情防控》课程外,还根据形势需要上传了包括形势政策教育、爱国主义教育、向抗疫英雄和先进典型致敬、社会主义核心价值观、个人卫生防护知识教育等两千余份课程资源,将系统资源扩容至八千余份,最大程度地满足了戒毒人员的学习需求。康复巩固期和回归指导期,戒毒人员晚间利用 1 个小时左右的时间在宿舍教学终端上开展自主学习,在完成课程作业和考试后或获得相应学分,弥补大量专兼职教师在封闭戒治区外不能授课的不足。利用所内点播系统,全所戒毒人员每天分上下午共安排4 节司法部戒毒局“个十百千”优质课程资源学习,一周学习28 节课,以宿舍为单元在电视上集中学习,来自全国的优秀教师所授的精品课程让戒毒人员耳目一新又受益匪浅。跟堂民警会根据课程内容布置不同形式的作业,由戒毒人员当堂完成,提高其学习效果。利用晚间教育时间,实施 2020 年第一期康复巩固期和回归指导期常规教育,126 名戒毒人员须完成 30 节回归指导期必修课程和 180 节康复巩固期必修课作业和考试,方可获得相应学分,该学分与诊断评估直接挂钩,确保疫情防控期间的教育节奏不被打乱。

（四）调整训练模式,确保运动戒毒实效

疫情期间,围绕改善戒毒人员身心状况和降低其对毒品渴求度的目标,戒毒所及时征求运动戒毒专家组的意见,科学设置以改善戒毒人员心肺功能、提升呼吸道防御能力为重点的训练项目。以大队、班组、生产线、兴趣小组等为单元,利用工余、饭后、训练课等,组织戒毒人员观看《新型冠状病毒防控室内健身运动》《如何通过运动增强免疫力》《坐式梁陈健肺操》《春季运动的注意事项和基本原则》等教学视频,提升康复训练认知能力。各戒毒所组织戒毒人员小规模、分批次、分时段开展低强度、无直接接触的个体徒手运动,如五禽戏、八段锦、健身操等运动。统筹开放全所室内训练馆、康复运动场、篮球操、活动室,灵活机动组织戒毒人员开展工间操、心理健康操、队列、一队一品、健步走、趣味运动等文体活动,做到每日训练不少于 1 小时,达到强体魄、活气氛、抗疫情的目的。

(五)调整矫治方案,促进安身安心服戒

在与所有戒毒人员逐个谈话并对其进行心理健康筛查的基础上,根据疫情发展变化形势,重点加强对武汉籍以及安徽省疫情相对突出地区戒毒人员的教育,增加拨打亲情电话次数,及时关注他们的思想动态;对存在有焦虑、烦躁、恐惧情绪的戒毒人员及时开展个别教育,进行针对性心理疏导和心理危机干预,有效解决他们面对疫情时出现的不良心理反应,帮助戒毒人员安身安心服戒。每周编制一期《戒毒人员疫情防控心理专刊》和《向抗疫英雄和先进典型学习专刊》,开展专项教育戒治活动,培养戒毒人员的家国情怀。推广心理健康操学习,做到动静结合。开展"春'疫'调心"心理健康专题讲座、"心"桥连线疫情防控专题心理咨询、"畅运春晓"团体心理素质拓展、"快乐育苗、春满宝丰"园艺疗法心理矫治和"心理有阳光,戒治有力量"心理读报活动,帮助戒毒人员有效缓解心理困扰。

【效果与思考】

客观教育环境发生变化,考验戒毒民警的应变能力。努力做到以下"五个结合",有助于应对此类突发情况。

(一)线上与线下相结合,智慧课堂成效明显

在不能开展聚集性教育教学活动的时候,必须将线上教学与线下教育相结合,保证戒毒人员在封闭区内的学习时间和学习效果不打折扣。线下不能开展集中教育的时候,要丰富班组教育形式,化整为零地开展活动。有条件的单位要充分发挥智慧课堂的功能,制定各区必修课程表,利用学分制调动戒毒人员的学习积极性,利用丰富的课程资源激发戒毒人员的学习主动性,满足他们的学习需求。线上线下互相配合,既充实了封闭时期的戒治生活,又无缝衔接了正常的教学计划。

(二)内与外相结合,联动统筹发挥合力

封闭管理区内和区外联动,形成合力,区内具体实施,直接管理,区外科学规划,合理设置,积极发挥微课堂、微视频的作用,构筑微阵地、微载体、微形式,抓

好课堂教学,狠抓个别教育,注重心理疏导,强化康复训练;在做好所内戒毒人员教育戒治工作的同时,做好所外解戒人员“毒品”“病毒”双毒齐禁工作。封闭区内外和所内外密切配合,统筹协调,联防联动,增强教育效果。

(三)学与考相结合,以考促学提升效果

采取“学练考”相结合的方式,多线头为戒毒人员充电。通过集体学习、自主学习、考练强化等方式强化教育效果。定制研发的教育矫正系统会根据上传的题库自动生成试卷,以考促学,确保学有成果、学有落实、学有收获,达到以考促学、以学促能、以能促用的目的。

(四)情与理相结合,情理兼修铸魂塑形

普及相关法律法规和爱国主义教育,让戒毒人员学法理、懂道理、明事理。同时,在课程资源中大量补充疫情防控期间可歌可泣的感人故事,以情动人,讴歌美好,重点开展爱党爱国、生命、亲情、感恩等专题教育,及时组织戒毒人员撰写心得体会和家书等活动,引导戒毒人员树立“爱党爱国、珍爱生命、重视亲情、感恩社会”的价值理念,让戒毒人员在“真善美”的言行和人格中濡染,纠正错误观念,修养德行。

(五)身与心相结合,一动一静达到平衡

发挥心理矫治功能,强化心理疏导,提高戒毒人员自我调节不良情绪的能力,舒缓戒毒人员的焦虑、紧张等心理。注重发挥康复训练功能,强化免疫效果,开展适合的训练项目,精心组织实施训练。合理确定康复训练场地、时间和人员,重点采取“化整为零”等方式,以班组为单元,小规模分批次、分时段、分地点组织实施。

案例编号:AHJDJJ1587345839

安徽省宝丰强制隔离戒毒所　袁丽君

湖北省襄州所开展疫情综合教育帮助戒毒人员科学戒治案

【案例背景】

大疫来临,无人能置身“疫”外。虽然戒毒人员身处戒毒所内,相对安全,但疫情来势汹汹,他们亦感受到防疫形势的严峻。严于往常的隔离管控措施,使戒毒人员活动更为受限,可能使其产生焦虑烦躁之情。因此,强化疫情教育、疏导心理问题、缓解焦虑情绪刻不容缓。

【案例基本情况】

(一)方案制定

2019 年年底至 2020 年年初,新冠肺炎疫情暴发,并迅速传播到全国各地,该病毒传染性强,引发了民众的恐慌心理。为抗击新冠肺炎疫情,党中央,以及各地省委省政府、司法部、省司法厅局连续出台多个封闭隔离措施。面对严格的封闭隔离要求,襄州所积极落实文件精神,落实落细体温检测、封闭隔离、开窗通风、每天消毒和佩戴口罩等日常防疫措施。由于防控严密,措施得力,没有发生 1 例确诊病例和疑似病例。但由于隔离措施严格,戒毒人员活动空间狭小,又不能开展大型集体活动,每有发热或咳嗽病号还需落实至少 14 天的单人单间隔离观察,恐惧、不安、紧张等情绪会不自觉地占据戒毒人员的内心。在这种情绪作用下,戒毒人员心理焦躁,出现一系列诸如争吵、易怒甚至顶撞民警等违纪行为。为防止类似问题的发生,减少戒毒人员焦躁情绪,针对疫情形势和戒毒人员的实际情况,制定下发了《关于进一步加强戒毒人员疫情防控期间教育工作的通知》,明确了教育目标、教育内容、教育力量和矫治方法。

(二)实施情况

1. 讲透疫情防控知识

新冠肺炎是一种传染性极强的疾病。正因为对疫情不理解,戒毒人员才会产生紧张、恐慌心理,不仅担心自己的安危,也担心家人的安危。因此,讲清、讲透疫情防控知识,让戒毒人员正确认识疫情,学会自我防护基本方法,是疫情教育的关键和基础。为普及防疫知识,增强戒毒人员自我防护能力,在戒毒人员中广泛进行疫情防护知识教育。

(1)编印下发《疫情防控手册》。广泛收集疫情相关基础知识,包括新冠肺炎定义、发病症状、传播途径、流行病学以及防护知识等。用较为通俗的话语初步编辑,并印制成手册,发放到戒毒人员手中。

(2)连续制作黑板报。系统全面地介绍新冠肺炎基本知识、传播途径和防护知识,图文并茂,内容丰富,简洁明了。

(3)开展疫情防护知识教育。民警充分利用班组建设活动,深入戒毒人员班组,通过集体谈话和个别教育等方式,深入介绍疫情,通过教育,增强戒毒人员

“疫情可防可控不可怕”的认识，缓解其紧张恐惧心理。

（4）强化行为养成教育。从防疫角度，讲解勤洗手、讲卫生的重要作用，并通过日常督促，促使戒毒人员养成讲卫生、勤洗手等良好行为习惯，积极进行自我防护。

（5）组织戒毒人员收看疫情防控新闻。以班组为单位，每天组织戒毒人员收看疫情防控新闻，了解疫情防控动态，特别是国家的防控政策、防控措施以及疫情期间涌现出的英雄事迹和典型案例。通过宣传教育，粉碎谣言和不实信息，增强戒毒人员对疫情的科学认识，消除其紧张恐慌心理，树立战“疫”必胜信心。

2. 用活心理防护手册

疫情期间，湖北省戒毒局及时组织民警编写了《湖北戒毒系统战时心理防护简明手册》（以下简称《简明手册》）。该手册内容丰富，解释详细，特别是心理调适部分很具有可操作性。有效利用该手册，能够让戒毒人员在有限的空间里，进行自我放松和自我调适。

（1）组织民警学习。在第一批民警进院前的 14 天隔离期间，将《简明手册》印发至其手中，组织他们学习、练习，并要求他们全部掌握《简明手册》主要内容，特别是自我放松技术和技巧。同时，每个大队安排 1 个民警在学习主要内容的基础上，掌握相应的放松及身心调整技术，能够熟练进行自我放松和心理自我调适操作技术，以便对戒毒人员开展相应的教育。

（2）组织戒毒人员学习。大队民警以《简明手册》为蓝本，组织戒毒人员开展至少 2 个课时的教育，引导戒毒人员掌握疫情相关知识及相应法律知识。

（3）引导戒毒人员对照《简明手册》学习自我放松和自我调适技术，直至其能够独立操作。

（4）组织戒毒人员开展自我心理维护，每天安排两次 2 小时的放松训练，并把自我放松训练当作专门的教育课程，纳入学习内容和学习任务中。

（5）开展适度的心理调适。对个别心理问题比较突出，不能自我调适的戒毒人员，大队民警适时介入，与戒毒人员一道运用《简明手册》操作技术，开展心理调适，帮助戒毒人员缓解心理压力。

3. 开设疫情心理广播

为进一步稳定戒毒人员焦躁心理，缓解他们心理压力，运用同伴教育技术，开通疫情心理广播，广泛介绍疫情防控形势、疫情防控知识，分享疫情防控心得体会和焦躁心理克服应对技巧。疫情广播主播主要由戒毒人员担任，民警负责审稿和组织；每个大队成立一个疫情广播站，每周开展一次疫情广播，一周一轮换,每月1次效果排名。疫情心理广播开通后,戒毒人员积极参与,认真撰写心得体会,认真组织疫情广播稿,及时听取心理广播。温暖的话语、暖心的开导和着舒缓的音乐,能够使听众真正静下心来,戒毒人员自己的心声,尤其能让这些听众获得认同感。同时,大队通过疫情广播组织戒毒人员学习《给全体戒毒人员一封信》。信的内容从“信心,比黄金更可贵”“纪律,比爱护更可贵”“行动,比承诺更可贵”三个方面,讲解了疫情防控、遵守纪律、努力戒毒的重要性。引起众多戒毒人员的共鸣。自疫情暴发以来,连续组织了5期心理广播,参与人员达528人次,收到心得体会六百余份,组织广播稿七十余篇,获得众多粉丝。不管是参与者还是听众,都在疫情广播声中,逐渐稳定思想。

4. 深研表达艺术治疗

运动是十分有效的减压方式。在习艺生产和大型集体活动取消后,戒毒人员大部分时间只能待在寝室,活动空间受限,这增添了他们的压抑心理。为充实戒毒人员日常生活,推进表达艺术治疗,针对疫情期间戒毒人员不能开展生产习艺的实际,充分利用现有空间,多层面开展康复训练,多角度开展表达性艺术治疗活动,在日常“一拳一鼓一扇一锦一快板”的新格局下,各个大队深研表达艺术治疗新方式,广泛开展绘画、书法比赛,广泛开展体操、快板、八段锦学习训练。相当部分戒毒人员积极参与,不仅习得新的特长,还缓解了紧张心理。

(三)实施效果

通过系列教育矫治措施,戒毒人员能够以正确的心态看待疫情,恐慌心理、焦躁情绪得到缓解。两个多月的隔离期间,场所秩序一直十分稳定,戒毒人员能够积极配合做好各项疫情防控措施,并进一步规范了行为,特别是勤洗手、不随地吐痰和主动维护个人及环境卫生等以往需要督促的习惯,经过疫情期间的教育,大都变成了戒毒人员的主动行为。

【效果与思考】

(一)理解是主动配合的基础

疫情期间的教育是特殊时期的特殊教育,很多戒毒人员对疫情形势不了解,特别是受社会上的一些不实言论的影响,加之更为严格的疫情防控措施,很容易产生恐慌心理。因此,讲清、讲透疫情防控基本知识,特别是传播途径、传播方式、感染后果、防控政策、防控措施、防控形势、隔离目的等,让戒毒人员了解并掌握,使他们真正感受到国家出台的各项防控措施,都是出于安全考虑,出于关心人民生命健康的考虑，他们能够理解并在行动上予以配合。

（二）对症是赢得支持的关键

对症治疗是医学常识，对教育工作而言，同样需要对症，找准受教育者思想问题的症结所在，对症施策才能够起到实质性效果。根据戒毒人员不能集中开展教育活动的实际，因地制宜，以寝室为单位小范围开展放松减压训练以及相关棋类竞赛、学习讨论等，既打发了时间，又活跃了气氛。

（三）关心是获得共鸣的重点

要处处体现对戒毒人员的关心，不管是加强疫情防控制度，还是生活、心理上的关心和疫情相关教育等，都要让戒毒人员明白这是关心他们，避免他们受到感染而采取的必要手段。只有让戒毒人员真正明白民警的良苦用心，才能够得到相应的支持。在实际教育工作中，除常规教育活动外，民警还将封闭隔离现状、如何筹措物资及筹措物资难度讲与戒毒人员，他们能够从中明白戒毒所的关心爱护之情。特别是从物资供应的保障措施中，他们尤其感受到戒毒所的用心，配合意识，守纪意识大大提高。

案例编号：HBJDJJ1583804155

湖北省戒毒管理局　李光喻

第四章　行政复议与应诉类

某公司不服江苏省司法厅
政府信息公开答复行政复议案

【基本案情】

申请人:某公司

被申请人:江苏省司法厅

复议机关:司法部

2019 年 7 月 18 日,申请人向被申请人提出信息公开申请,要求公开:(1)被申请人 2015 ~ 2019 年每年聘用的作为法律顾问的律师事务所及律师名单;(2)被申请人 2015 ~ 2019 年每年支付给法律顾问的律师事务所及律师的费用、财政支出来源及各家费用清单(财政报表内体现);(3)相关律师违反律师工作宗旨,法庭上对明显的违法行为进行狡辩,严重侵犯申请人合法权益。

被申请人作出《政府信息公开答复书》(以下简称《答复》)。答复内容为:根据《政府信息公开条例》第 2 条,申请人申请公开的信息不属于政府信息;同时,出于便民告知,被申请人 2015 ~ 2019 年聘请作为法律顾问的律师事务所为江苏博事达律师事务所,未聘请律师个人作为法律顾问;申请人对律师涉嫌虚假诉讼的投诉事项,不属于政府信息公开制度调整的范畴。后申请人对《答复》不服,向司法部提出本案行政复议申请。

申请人认为:根据《政府购买服务管理办法(暂行)》第 14 条、第 36 条的规定,申请人申请公开的信息,属于政府购买的法律服务的范畴,属于被申请人应主动公开的信息范围。

行政复议请求:撤销《答复》。

被申请人认为:《答复》程序合法。被申请人履行的接收信息公开申请、制作《答复》及送达程序,均符合法律规定。《答复》认定事实清楚,内容适当。

【焦点问题评析】

本案审理的关键点:申请人申请公开的信息是否应当公开。

根据《政府信息公开条例》第 20 条第 15 项的规定,行政机关应当依照该条例第 19 条的规定,主动公开法律、法规、规章和国家有关规定应当主动公开的其他政府信息。《政府购买服务管理办法(暂行)》第14条规定,法律服务作为政府履职所需辅助性事务,应当纳入政府购买服务指导性目录;第36条规定,财政部门和购买主体应当按照《政府信息公开条例》《政府采购信息公告管理办法》以及预算公开的相关规定,公开财政预算及部门和单位的政府购买服务活动的相关信息。据此,行政机关购买的律师事务所及律师法律服务应认定为政府履职所需的辅助性事务,此类信息应认定为政府信息。《答复》关于“你所申请公开的信息不属于本机关履行行政管理职能过程中制作或获取的,以一定形式记录、保存的现有信息”的内容,明显不当。

【审理结果】

根据我国《行政复议法》第28条第1款第3项的规定,复议机关作出撤销被申请人《答复》,责令对申请人提出的信息公开申请重新予以处理的复议决定。

陈某某不服司法部政府信息公开答复行政复议案

【基本案情】

申请人:陈某某

被申请人:司法部

复议机关:司法部

2019年8月4日,申请人向被申请人邮寄投诉举报信件,反映某省司法厅某些工作人员存在形式主义和官僚主义,并要求查处。同年12月14日,申请人通过邮寄方式向被申请人提出《政府信息公开申请》,所需信息内容为:请求公开被申请人对上述投诉举报的查处情况和查处结果。被申请人2019年12月17日收到该申请。

2020年2月12日,被申请人作出《告知书》,告知申请人其申请公开的信息属于信访程序中的信息,不属于《政府信息公开条例》调整的范围。申请人对《告知书》不服,向司法部提出行政复议申请。

申请人认为:申请人申请公开的信息属于被申请人履职过程中制作的信息,《告知书》适用法律、法规错误等。

行政复议请求:确认《告知书》违法等。

【焦点问题评析】

本案审理的关键点在于,被申请人的信息公开答复内容是否适当。经审理,复议机关认为,申请人以政府信息公开的形式要求公开其举报投诉事项的查处情况和查处结果,实质属于咨询,不属于《政府信息公开条例》调整的范围。被申请人作出的《告知书》未侵犯申请人的合法权益,故申请人继之因不服《告知书》提出的行政复议申请,不属于行政复议受案范围。

【审理结果】

根据我国《行政复议法实施条例》第48条第1款第2项的规定,复议机关决定驳回申请人的行政复议申请。

王某不服上海市司法局政府信息公开答复行政复议案

【基本案情】

申请人:王某

被申请人:上海市司法局

复议机关:司法部

2019年6月7日,申请人向被申请人邮寄提交政府信息公开申请,申请公开内容为:(1)姓名为“张某某”的人员提出申请,经公证机构推荐由所在地的司法行政部门报省、自治区、直辖市人民政府司法行政部门审核同意后,报请国务院司法行政部门任命的信息;(2)上海市人民政府司法行政部门根据公证机构的设置情况和公证业务的需要核定公证员配备方案,报请国务院司法行政部门备案的信息。

后被申请人向申请人作出信息公开答复(以下简称《告知书》):申请人申请公开的信息,属于行政机关在履行行政管理职能过程中形成的过程性信息,被申请人依据《政府信息公开条例》第16条第2款、第36条第3项的规定,决定不予公开。

申请人对《告知书》不服,向司法部提出行政复议申请。

申请人认为:申请人申请公开的事项反映了公证员任职审批的相关记录及处理结果,并非上海市司法局履行内部管理职责所产生的信息,更不需要讨论、研究,不宜以内部信息、过程性信息为由而不予公开。

申请人请求:撤销《告知书》,责令被申请人重新作出处理。

被申请人认为:被申请人依法履行法定职责,处理程序合法,作出《告知书》的具体行政行为符合法律规定。《告知书》已明确回答了申请人的各个事项。关于申请公开事项中涉及张某某的“行政审批事项申请表、《推荐书》、任职条件的证明、审核证明、请示”以及公证员配备方案等均属于过程性信息,被申请人决定不予公开,并无不妥。

【焦点问题评析】

本案审理的关键点:被申请人的信息公开告知内容是否适当。

经审理,复议机关认为,《政府信息公开条例》第 30 条规定,政府信息公开申请内容不明确的,行政机关应当给予指导和释明,并自收到信息公开申请之日起 7 个工作日内一次性告知申请人作出补正,说明需要补正的事项和合理的补正期限;第 33 条规定,行政机关收到政府信息公开申请,能够当场答复的,应当当场予以答复。行政机关不能当场答复的,应当自收到申请之日起 20 个工作日内予以答复;需要延长答复期限的,应当经政府信息公开工作机构负责人同意并告知申请人,延长的期限最长不得超过 20 个工作日。本案中,被申请人收到申请人提出的信息公开申请后,经审查,发出补正告知;收到补正材料后在法定时限内作出《告知书》,信息公开答复程序符合上述规定。

申请人申请公开的张某某提出公证员任职的行政审批事项申请表、上海市某公证处关于张某某任职公证员的《推荐书》、上海市浦东新区司法局关于张某某符合公证员任职条件的证明、被申请人审核同意张某某任职条件的证明、被申请人关于提请司法部任命张某某为公证员的请示等信息,属于行政机关在履行行政管理职能过程中形成的过程性信息,被申请人依据《政府信息公开条例》第 16 条第 2 款、第 36 条第 3 项规定决定不予公开,并无不当。但对申请人申请公开的上海市人民政府司法行政部门根据公证机构的设置情况和公证业务的需要核定公证员配备方案,报国务院司法行政部门备案所有年份等信息,结合被申请人向申请人作出的补正释明内容,被申请人在未作区分、甄别的前提下,认定此项信息也属于行政机关在履行行政管理职能过程中形成的过程性信息,属于认定事实不清。

【审理结果】

根据我国《行政复议法》第28条第1款第3项的规定，复议机关作出撤销被申请人《告知书》，责令对申请人提出的信息公开申请重新予以处理的复议决定。

张某不服安徽省司法厅政府信息公开答复行政复议案

【基本案情】

申请人：张某

被申请人：安徽省司法厅

复议机关：司法部

申请人因对安徽宿州某律师的法律援助行为不满，于2019年6月30日向被申请人提出信息公开申请，申请内容为：(1)某律师2014年7月取得律师执业资格的依据及相关送审、核准材料，包括但不限于相关律师事务所出具的《实习鉴定书》及律师协会颁发的《实习人员集中培训结业证书》等材料的信息。(2)自某律师执业以来的工作经历、代理案件、年度考核情况，包括但不限于《律师执业年度考核登记表》等能证明其具有担任无期、死刑案件援助律师的经验等。

后被申请人向申请人作出《政府信息公开答复书》(以下简称《答复》)，主要内容为：(1)某律师取得律师执业资格的依据分为法律依据和事实依据。法律依据为《律师法》第6条、《律师执业管理办法》第6条；事实依据为1993年2月被申请人下发的《关于授予刘某某等120位同志律师资格的通知》；该文件已于2019年6月27日向申请人公开，不再重复公开；关于某律师2014年7月取得律师执业资格的相关送审、核准材料等信息属于行政机关的过程性信息，不予公开。(2)被申请人未制作或获取某律师"自律师执业以来的工作经历、代理案件和《律师执业年度考核登记表》"等相关信息。某律师年度考核记录已在"宿州律师"网的"通知公告"栏主动公开，请自行查阅。

申请人继之对《答复》不服，向司法部提出行政复议申请。

申请人认为：《答复》提及的"2019年6月27日的政府公开答复"中，根本没有所称内容，《答复》明显违法等。

申请人请求：撤销《答复》。

被申请人认为:《答复》程序合法。被申请人在接收信息公开申请、制作《答复》及送达程序,均符合法律规定。《答复》认定事实清楚,内容适当。

【焦点问题评析】

本案审理的关键点:被申请人的《答复》认定事实是否清楚,适用法律依据是否正确。

经审理,复议机关认为,《答复》存在以下问题:

(1)《答复》事实不清。《答复》称"《关于授予刘某某等120位同志律师资格的通知》已于6月27日向申请人提供",被申请人并未向复议机关提交相应证据材料,属于具体行政行为事实不清。

(2)根据《北京市高级人民法院关于审理政府信息公开行政案件若干问题的解答》第16条规定,行政机关作出政府信息公开答复有对应法律条文可以援引,应当写明法律依据及具体条款,如果未写明法律依据,可以认定被诉行政行为法律适用错误。本案中,《答复》第3条、第4条未援引《政府信息公开条例》的具体条款,属于具体行政行为适用依据错误。

【审理结果】

根据我国《行政复议法》第28条第1款第3项的规定,复议机关作出撤销被申请人《答复》,责令对申请人提出的信息公开申请重新予以处理的复议决定。

某公司不服黑龙江省司法厅
政府信息公开答复行政复议案

【基本案情】

申请人:某公司

被申请人:黑龙江省司法厅

复议机关:司法部

2019年1月7日,申请人向被申请人提出信息公开申请,要求公开:(1)某鉴定中心的鉴定机构、司法鉴定人执业信息;(2)某鉴定中心仪器、设备及有关计量认证或者实验室认可的检测实验室等信息;(3)某鉴定中心鉴定范围是否包含"种子DNA鉴定"的信息;(4)某鉴定中心资质管理评估、司法鉴定质量管理评估、鉴定资质年检信息;(5)某鉴定中心违法违纪执业行为的信息;(6)与某鉴定中心相关的鉴定条件、鉴定能力等信息。

后被申请人作出《政府信息公开答复书》(以下简称《答复》),主要内容为:(1)关于申请人申请公开的第一项信息,被申请人提供了其编制的《国家司法鉴定人和司法鉴定机构名册[某省分册(2017及2018年度)]和某鉴定中心机构住所变更备案的信息;(2)关于申请人申请公开的第二项信息,被申请人提供了某鉴定中心向被申请人申请备案时提交的仪器设备清单和合作单位检测实验室相关信息;(3)关于申请人申请公开的第三、四、五项信息,被申请人告知不存在;(4)关于申请人申请公开的第六项信息,被申请人告知申请人可登录"司法鉴定名录"网站查询。

申请人继之对《答复》不服,向司法部提出行政复议申请。

申请人认为:被申请人提供的信息不完整、遗漏重要信息、提供的信息不准确等。

申请人请求:撤销《答复》。

被申请人认为:《答复》程序合法,认定事实清楚,内容适当。

【焦点问题评析】

本案审理的关键点:被申请人的《答复》认定事实是否清楚,法律依据是否正确。

经审理,复议机关认为,《答复》存在以下问题:

(1)《答复》认定事实不清。关于申请人申请公开的第二项信息,被申请人向申请人提供的相关信息与某鉴定中心名称不能对应,被申请人对此亦未作出合理解释;关于申请人申请公开的第3、4、5项信息,《答复》均为不存在,但被申请人未向申请人作出合理说明,也未向复议机关提供相应证据。

(2)《答复》适用依据错误。原《政府信息公开条例》第21条包含了4项具体规定,分别对应了依申请信息公开的不同情况。《答复》仅笼统地援引上述条例第21条,而未对信息公开的不同情形作出区分,属于适用依据错误。

【审理结果】

根据我国《行政复议法》第28条第1款第3项的规定,复议机关作出撤销《答复》,责令对申请人提出的信息公开申请重新处理的复议决定。

胡某不服河北省司法厅法律职业资格考试违纪行为处理决定行政复议案

【基本案情】

申请人:胡某

被申请人:河北省司法厅

复议机关:司法部

申请人原为某市某区公务员,因违反计划生育政策,被某市某区监察局给予开除公职的处分决定。后申请人隐瞒上述事实,采取虚假承诺方式分别报名参加了2018年、2019年的法律职业资格考试(考试结果为2018年客观题考试成绩合格、主观题考试成绩不合格;2019年主观题考试成绩合格)。2020年年初,被申请人根据某市司法局提供的涉案线索作出《国家统一法律职业资格考试违纪行为处理决定书》(以下简称《违纪行为处理决定》),决定给予申请人2018年、2019年国家统一法律职业资格考试成绩无效的处理。申请人对该《违纪行为处理决定》不服,向司法部提出行政复议申请。

申请人认为:被申请人认定申请人因违反计划生育相关规定,不符合报名参加考试的条件,没有事实和法律依据;被申请人依据《国家统一法律职业资格考试违纪行为处理办法》作出处分决定,违反了法不溯及既往原则,属于适用法律错误等。

申请人请求:撤销《违纪行为处理决定》。

被申请人认为:被申请人收到某市司法局报送的涉案线索后,经立案调查、权利告知等程序依法作出并送达处理决定,《违纪行为处理决定》程序合法。被申请人作出处理决定的事实依据是申请人报名时隐瞒被处分的事实、虚假承诺,并非为其违反计划生育政策的原因。被申请人根据《国家统一法律职业资格考试违纪行为处理办法》第5条第2款规定,作出《违纪行为处理决定》,内容适当,适用依据正确。

【焦点问题评析】

本案审理的关键点:被申请人的《违纪行为处理决定》程序是否合法。

经审理,复议机关认为,根据《国家统一法律职业资格考试违纪行为处理办法》第5条规定,不具备考试报名条件的人员通过隐瞒个人信息、虚假承诺等方式取得报名资格的,已经参加考试的,由省、自治区、直辖市司法行政机关给予其当年考试成绩无效的处理。该案中,申请人隐瞒其曾受开除公职处分的事实,报名参加2018年、2019年法律职业资格考试。被申请人在查明事实的基础上作出《违纪行为处理决定》,给予申请人考试成绩无效的处理决定,认定事实清楚,适用依据正确。但被申请人未向复议机关提交其按照《国家统一法律职业资格考试违纪行为处理办法》第20条规定依法履行办案程序、办案期限等证据材料,视为具体行政行为程序违法。

【审理结果】

根据我国《行政复议法》第28条第1款第3项的规定,复议机关作出确认《违纪行为处理决定》程序违法的复议决定。

熊某某不服司法部撤销
法律职业资格行政许可行政复议案

【基本案情】

申请人:熊某某

被申请人:司法部

复议机关:司法部

2020年3月份,司法部收到《陕西省司法厅关于提请撤销授予熊某某法律职业资格决定的报告》,要求撤销申请人的法律职业资格证书。根据上述报告提供的证据显示,申请人2007年因犯受贿罪、贪污罪被陕西省镇巴县人民法院判处刑罚3年6个月,并处没收财产人民币10,000元。申请人虽经上诉、再审等,但最终并未获得支持。后该县人社局又为其办理开除公职的手续。

申请人2015年报名参加当年国家司法考试,并取得C类法律职业资格证书,但其在考试报名、法律职业资格授予申请阶段均隐瞒了其受过刑事处罚及被开除公职的情形。司法部根据陕西省司法厅上述报告并在查明上述事实的基础上,于2021年1月21日向申请人作出《撤销行政许可决定》,并收回、注销其法律职业资格证书。申请人不服该决定,向司法部提出行政复议申请。

申请人认为:《撤销行政许可决定书》隐瞒了有利于申请人的证据,事实不清,证据不足,适用法律错误。

复议请求:撤销《撤销行政许可决定书》等。

【焦点问题评析】

该案审理的关键点:被申请人的《撤销行政许可决定书》程序是否合法,认定事实是否清楚。

经审理,复议机关认为:

被申请人作为国务院司法行政部门,具有授予法律职业资格行政许可并对该许可事项进行监督管理的职责。《国家司法考试违纪行为处理办法》(司法部令第114号)第5条规定,报名人员提供虚假证明材料或者以其他形式骗取报名的,由其报名所在地司法行政机关作出报名无效的决定;已经参加考试的,由省、自治区、直辖市司法行政机关给予其当年考试成绩无效的处理;已经取得法律职业资格的,由司法部撤销授予法律职业资格的决定,并收回、注销其法律职业资格证书。《行政许可法》第69条第2款规定,被许可人以欺骗、贿赂等不正当手段取得行政许可的,应当予以撤销;第70条第4项规定,行政许可依法被撤销、撤回,或者行政许可证件依法被吊销的,行政机关应当依法办理有关行政许可的注销手续。

本案中,综合全案证据,申请人因故意犯罪受到刑事处罚,并经有权机关开除公职,事实清楚、证据确凿;后申请人隐瞒上述事实报名参加2015年国家司法考试并取得法律职业资格。被申请人根据《行政许可法》第69条、第70条及《国家司法考试违纪行为处理办法》第5条之规定作出《撤销行政许可决定》,事实清楚,内容适当。在新冠肺炎疫情防控期间,被申请人亦举行视频听证,充分保障了申请人的陈述、申辩权利,并委托汉中市司法局向申请人送达了《撤销行政许可决定》,行政行为程序合法。

【审理结果】

根据我国《行政复议法》第28条第1款第1项的规定,复议机关决定维持被申请人作出的《撤销行政许可决定》。

高某不服山东省司法厅行政处罚决定行政复议案

【基本案情】

申请人：高某

被申请人：山东省司法厅

复议机关：司法部

2019 年 8 月，山东省潍坊市中级人民法院作出一审刑事判决，以参加黑社会性质组织罪、诈骗罪判处申请人有期徒刑 19 年，并处罚金人民币 200 万元。后山东省高级人民法院 2020 年 1 月作出终审刑事裁定，维持原判。2020 年 4 月，被申请人收到潍坊市司法局上报的请求对申请人实施行政处罚的报告，后经立案、调查等程序，作出吊销申请人律师执业证的《行政处罚决定》。

申请人不服该《行政处罚决定》，向司法部提出行政复议申请。

申请人认为：申请人正常履行律师职责，为维护当事人合法权益提供法律服务，且服务内容无违法违规之处；法院就同一法律关系在民事和刑事审判中裁判标准不一致，让律师面临巨大执业风险等。

行政复议请求：撤销《行政处罚决定》。

被申请人认为：《行政处罚决定》认定事实清楚，法律依据充分，内容并无不当。申请人因参加黑社会组织罪、诈骗罪被潍坊市中级人民法院判处有期徒刑 19 年，并处罚金人民币 200 万元，山东省高级人民法院已作出终审行政裁定，认定申请人犯罪成立。被申请人根据潍坊市司法局的建议，依法履行行政处罚立案、调查程序，经厅长办公会议集体讨论后，作出吊销申请人律师执业证的《行政处罚决定》，事实清楚，内容适当，程序合法。

【焦点问题评析】

本案审理的关键点：被申请人作出的《行政处罚决定》程序是否合法。

经审理，复议机关认为，根据我国《行政处罚法》第 42 条第 1 款、《律师和律师事务所违法行为处罚办法》第 35 条、《司法行政机关行政处罚程序规定》第 15 条的规定，被申请人在作出行政处罚决定前，应当告知申请人有要求举行听证的权利，以确保行政处罚的程序合法。本案中，被申请人在未告知申请人有要求举行听证权利的情况下，径行作出《行政处罚决定》，属于行政处罚程序严重违法。

且被申请人2020年6月8日作出《行政处罚决定》,却于6月18日向申请人送达,违反了《行政处罚法》第40条的规定。

但根据《律师法》第49条第2款的规定,律师因故意犯罪受到刑事处罚的,由省级司法行政机关吊销其律师执业证书。本案中,因申请人故意犯罪被判处刑罚,事实清楚,被申请人对其作出吊销律师执业证书的涉案行政处罚并无不当,应予维持。如复议机关以涉案处罚决定违反法定程序为由作出撤销《行政处罚决定》,再责令被申请人重新履责,已无实际意义。

【审理结果】

根据我国《行政复议法》第28条第1款第3项的规定,确认《行政处罚决定》违法。

陆某某等不服上海市司法局公证执业投诉处理行政复议案

【基本案情】

申请人:陆某某、金某某

被申请人:上海市司法局

复议机关:司法部

申请人陆某某、金某某系夫妻关系。2019年2月14日,申请人陆某某的父亲向上海市东方公证处(以下简称东方公证处)申请遗嘱公证。主要内容为,申请人陆某某的父亲去世后,属于其产权份额的名下房产由申请人陆某某的姐姐继承。后东方公证处根据该遗嘱为其出具了涉案公证书。申请人对该公证书持有异议,先后向东方公证处申请复查,向上海市公证协会投诉,但均未得到支持。2020年5月27日,申请人以涉案公证过程及协会处理投诉行为违法违规为由,向被申请人提出投诉。后被申请人针对该投诉作出上海市司法局公证执业投诉处理答复书(以下简称《答复》)。申请人不服该答复,向司法部提出行政复议申请。

申请人认为:第二次录像内容是对第一次录像内容的核实与补充,是整个公证程序的一部分,被申请人认定第二次录像内容无效,此次遗嘱公证整体也应当认定无效、被撤销等。

申请人请求：撤销《答复》等。

被申请人认为：《答复》程序合法。被申请人收到申请人公证执业投诉后，从补正、核查案件事实、制作《答复》及文书送达等程序均符合法律规定。《答复》认定事实清楚，适用依据正确，答复内容并无不当。首先，关于公证受理过程程序违法的问题。经调查，未发现申请人所述的熟人掮客、利益输送、恶意串通等情形。其次，关于公证录像程序违法的问题。经调查，录像显示谈话现场系相对封闭环境，仅东方公证处 2 名公证员及陆某某 3 人，全程未见开门且无其他人员进出，录像过程符合相关规定。再次，关于未对当事人进行公证前必要审查、公证材料选择性使用等问题。公证员已对当事人的行为能力及意思表示进行了必要审查，其收集当事人病历记录、不动产权证书等材料进行立卷归档等行为，符合有关规定。最后，关于公证协会不回复申请人听证申请的问题。市公证协会针对申请人不服东方公证处复查结果的投诉，作出公证复查争议投诉处理意见书，其对申请人的听证申请不予支持，符合《上海市公证协会公证复查争议投诉处理办法（试行）》的有关规定。

【焦点问题评析】

本案审理的关键点：被申请人的《答复》是否程序合法，认定事实清楚。

经审理，复议机关认为，被申请人作为省级司法行政机关，具有对其审核登记的公证机构及其公证员的执业活动进行监督管理，并对公民、法人和其他组织的有关投诉举报进行调查处理的法定职责。本案中，被申请人 2020 年 5 月 28 日收到申请人提交的投诉，6 月 2 日向申请人作出补正通知，6 月 24 日受理投诉；经调查后于 8 月 10 日作出《答复》，8 月 13 日向申请人邮寄发出，投诉处理程序符合《公证投诉处理办法（试行）》《上海市公证执业活动投诉处理实施办法》的相关规定。被申请人对申请人提出的投诉事项进行了全面调查、核实，《答复》认定事实清楚，适用依据正确，内容适当。

【审理结果】

根据我国《行政复议法》第 28 条第 1 款第 1 项的规定，复议机关决定如下：维持被申请人作出的《答复》。

某公司不服浙江省司法厅司法鉴定投诉处理行为行政复议案

【基本案情】

申请人:某公司

被申请人:浙江省司法厅

复议机关:司法部

2020 年 8 月 17 日,湖南省衡阳市蒸湘区人民法院因审理申请人与其他公司买卖合同纠纷一案需要,委托杭州鉴真科技有限公司(以下简称鉴真公司)就涉案的合同标的物即 2 套 KN95 口罩机质量是否合格等事项进行鉴定。鉴真公司受理委托后,组织相关专家进行鉴定(其中一名专家为王某,系浙江省质量合格评定协会质量鉴定专家库成员,同时亦是被申请人登记管理的司法鉴定人),并于同年 9 月 27 日作出《鉴定意见书》。后申请人向被申请人提交《履职申请书》,要求被申请人对鉴真公司、鉴定人王某违反《司法鉴定程序通则》有关规定的行为予以行政处罚等。

被申请人向其作出《告知函》后,申请人不服该《告知函》,向司法部提出行政复议申请。

申请人认为:依据《司法鉴定程序通则》第 1 条与第 3 条等规定,尤其是第 3 条所规定的"本通则适用于司法鉴定机构和司法鉴定人从事各类司法鉴定业务的活动",被申请人有监管王某以及鉴真公司违反司法鉴定程序的职责。

申请人请求:(1)撤销《告知函》;(2)责令被申请人重新答复申请人。

被申请人认为:《告知函》程序合法。被申请人收到申请人提交的履职申请后,向浙江省质量合格评定协会等了解产品质量专家库相关情况,并向申请人作出书面答复,依法履行了投诉处理答复职责;《告知函》认定事实清楚,适用依据正确,答复内容并无不当。根据《全国人民代表大会常务委员会关于司法鉴定管理问题的决定》第 2 条的规定,司法行政部门负责对从事法医类、物证类声像资料以及根据诉讼需要由国务院司法行政部门商最高人民法院、最高人民检察院确定的其他鉴定事项的鉴定机构和鉴定人履行登记管理职责。申请人来信反映的鉴真公司不属于被申请人登记管理的司法鉴定机构。鉴定人王某受鉴真公司邀请,以浙江省产品质量鉴定专家组成员身份参与涉案质量鉴定的行为,应由浙江省质量合格评定协会进行备案管理、鉴定考核等，其以专家身份接受非司法行政机关登记管理的机构委托，进行非司法行政机关登记管理的鉴定业务行为，被申请人无相应监管依据；《告知函》与申请人之间没有利害关系。被申请人依法不具有对鉴真公司和王某的行为进行监督管理和行政处罚的职责，故被申请人的答复行为对申请人的权利义务不产生影响。

【焦点问题评析】

本案审理的关键点：《告知函》认定事实是否清楚，适用依据是否正确，答复内容是否适当。

经审理，复议机关认为，申请人因认为浙江商检司法鉴定所司法鉴定人王某违反司法鉴定程序规则从事司法鉴定活动，向被申请人提出的投诉，属于《司法鉴定执业活动投诉处理办法》第 10 条第 6 项规定的情形。被申请人作为涉案鉴定人的审批登记机关，具有依据该办法对申请人的投诉作出处理的法定职责。被申请人经审查后，如认为涉案投诉不符合受理条件的，应当根据该办法第 15 条第 5 项的规定依法作出不予受理决定。

本案中，被申请人针对涉案投诉作出的《告知函》并未援引上述办法作出规范的不予受理决定，属于行政行为无法律依据，应视为行政行为适应依据错误。根据我国《行政复议法》第 28 条第 1 款第 3 项规定，行政行为适用依据错误的，属于应当撤销的法定情形。但考虑到撤销后被申请人仍应作出不予受理决定，如作出撤销《告知函》的复议决定，并无实际意义。

【审理结果】

为避免程序空转，经综合考量，根据我国《行政复议法》第 28 条第 1 款第 3 项的规定，复议机关作出确认《告知函》违法的复议决定。

第五章　法治宣传类

第一节　以案释法案例

家庭托管发生侵权纠纷案

【案情简介】

原告孙某某系新星幼儿园大班学生，被告沈某系实验小学三年级学生，2 人长期寄住于被告丁某涛家。被告丁某涛利用现有家庭自住上下两层楼，与其妻子一起为寄住在家里的 7～16 周岁大小不等的学生提供日常食宿、接送上下学及辅导作业服务。该服务涵盖除在校期间学习生活外的其他时间，学生的吃住学都在托管班。2018 年 5 月 27 日 13 时许，原告孙某某与被告沈某在被告丁某涛家中各自玩耍时，被告沈某用铅笔盒当“飞镖”朝后扔时，将原告孙某某的眼睛弄伤。后被告丁某涛将原告孙某某带至私人诊所就诊，并买了眼药水进行涂抹，但未将该情况告知原告孙某某的家人。5 月 28 日，原告孙某某的姑姑将其带回家时，发现其眼睛红肿，便带至医院就诊。5 月 29 日，原告被送往医科大学眼科医院治疗，诊断为左眼角膜穿通伤、左眼外伤性白内障、左眼眼内炎，先后进行左眼角膜穿通伤清创缝合＋眼内注药术、左眼外伤障 Phaco＋IOL 植入术、左眼人工晶体调整治疗，共住院 12 天。后经司法鉴定所鉴定：原告孙某某因外伤导致左眼外伤，目前人工晶体在位的致残程度为九级；因外伤事故致左眼角膜穿通伤，目前遗留角膜白斑并累及瞳孔区的致残程度为十级；原告孙某某伤后的护理期为 60 日（包括住院期间）、营养期为 60 日。原告到法院起诉，要求被告赔偿经济损失共计 200，726 元（含医疗费、伤残补助金、护理费、营养费等）。

【调查与处理】

据法院了解，原告孙某某出生不久后，父母双亡，爷爷为其监护人；被告沈某，父母离异，父亲为其监护人；被告丁某涛开设的托管班并未办理任何营业执照，从业人员也不具备相关从业资格。法院一审审理认为，被告丁某涛这种家庭式以提供食宿、接送和辅导作业等服务而设立的托管班，与监护人间形成委托关系,其虽然为学生提供了一定的学习教育服务,但并非我国《侵权责任法》中规定的教育机构,无民事行为能力人在托管过程中因托管机构未尽到管理保护义务受到人身损害,要求托管机构承担与其过错相应的赔偿责任的,人民法院应予支持。被告沈某用铅笔盒致伤原告孙某某的眼睛是直接加害人,应承担相应的侵权责任。孙某某的监护人负有的监护职责不可推卸,不因委托关系而转移监护义务,监护人为未成年人选择托管机构时,应注意对托管机构的经营条件、人员配备、管理经验等情况予以适当、合理的审查,否则,对于所发生的事故,监护人应承担相应风险。综上,法院判决:被告丁某涛赔偿原告孙某某经济损失200,726元的50%,被告沈某的法定代理人沈某珍赔偿原告孙某某经济损失的40%,原告孙某某自行承担10%。

【法律分析】

(一)被告丁某涛是否承担责任及何种责任

对于丁某涛责任的认定,主要是要弄清原被告之间存在何种法律关系及其开设的托管班的性质认定。一是原被告之间的法律关系。被告丁某涛以其家庭为场地、家庭成员为工作人员开设的托管班,为包括原告孙某某、被告沈某等在内的学生提供食宿、接送和辅导作业等服务,孙某某、沈某的监护人每月支付一定的费用,双方虽未签订书面协议,但不影响其客观存在的委托托管关系。二是对被告丁某涛以家庭开办的托管班性质认定。被告丁某涛这种家庭式以提供食宿、接送和辅导作业等服务而设立的托管班,与监护人间形成委托关系,其虽然为学生提供了一定的学习教育服务,但并非《侵权责任法》中规定的教育机构,无民事行为能力人在托管过程中因托管机构未尽到管理保护义务受到人身损害,要求托管机构承担与其过错相应的赔偿责任的,人民法院应予支持。三是对被告丁某涛承担责任认定。本案发生后,原告主张以侵权责任追究相关被告的赔偿责任。原告孙某某、被告沈某在被告丁某涛托管班期间,被告丁某涛对2人均负有教育、管理和保护的义务。被告丁某涛允许原告孙某某、被告沈某在无人管理的情形下玩耍时,造成原告孙某某眼睛受伤,且未将此事及时告诉原告孙某某的监护人,存在一定的过错,其也未提供证据证明尽到安全管理义务。《侵权责任法》第6条规定:“行为人因过错侵害他人民事权益,应当承担侵权责任。”据此,被告丁某涛没有履行委托托管的安全保护义务,应对本起事故承担赔偿责任。故对被告丁某涛提出的其对该起伤害事故不可预见,无过错和过失的辩解意见，依法不予采纳。

（二）被告沈某是否应承担责任

本案中，被告沈某造成原告孙某某眼睛受伤，不仅有原告孙某某的陈述，还有被告丁某涛的当庭陈述予以证实，对于被告沈某提出的该起伤害事故不是由其造成的辩解，其未提供任何证据予以证实，故对该辩解不予采纳。根据现有证据可以认定，被告沈某用铅笔盒“掷飞镖”是导致原告孙某某左眼受伤的直接原因，应承担相应的赔偿责任。

（三）原告孙某某是否有过错

原告孙某某的监护人，应对未成年子女进行日常的安全教育，将未成年子女送至被告丁某涛处托管时，应对被告丁某涛的经营资质、人员配备等情况尽到合理审查的义务，同时委托被告丁某涛托管时，其监护义务并不因此发生转移，此种情况下发生事故产生风险的，监护人应承担相应法律责任。

【典型意义】

当下，校外托管机构已成为社会刚需，除了城市中常见的“小饭桌”外，“家庭式托管”在部分地区也成为普遍现象。此案有效解决了托管班发生侵权纠纷的法律定性问题，在现行法框架内合理界定了当事人的权利义务关系，对受伤孩童的利益给予了充分保护，对于警示托管机构强化责任意识、引导行业健康有序发展，以及加大社会对留守儿童以及托管行业的关注，具有积极意义。

案例编号：JSFXSF1577712553

江苏省淮安市洪泽区人民法院　鲁海军

在微信群中辱骂他人侵犯名誉权案

【案情简介】

原告彭某与被告吴某共同加入了所在小区业主委员会工作微信群，群内微信昵称均为各人的物业门牌号。2018 年 6 月，吴某在小区业主委员会办公室交材料时因录像问题与彭某发生争执冲突。之后，在小区业主委员会工作微信群中吴某对彭某使用了侮辱性语言，在微信群内对彭某进行人身攻击，致使彭某在小区业主内的名誉受到侵害。

【调查与处理】

彭某以侵害名誉权为由,向重庆市北碚区人民法院提出了诉讼。法院审理后认为,被告吴某因在小区业主委员会工作微信群中内辱骂原告彭某,其行为构成对彭某名誉权的侵犯。依照我国《侵权责任法》第6条、第15条,我国《民事诉讼法》第142条之规定,判决吴某以书面形式向彭某赔礼道歉;在小区业主委员会工作微信群中发布道歉信息,消除对彭某名誉权的影响;由吴某支付彭某精神抚慰金、证据保全费共计4000元。

【法律分析】

名誉权,是指公民或法人对自己在社会生活中获得的社会评价依法享有不可侵犯的权利。《中华人民共和国民法总则》第一百一十条规定:“自然人享有生命权、身体权、健康权、姓名权、肖像权、名誉权、荣誉权、隐私权、婚姻自主权等权利。”公民的名誉权若受到侵害,有权要求对方停止侵害,恢复名誉,消除影响,赔礼道歉。

本案中,原告彭某认为,被告吴某在小区业主委员会工作微信群中使用侮辱语言对其进行谩骂、污蔑,致使其名誉受损,身心受到伤害。本案争议的焦点在于吴某言语的性质,属于一般的口角还是恶意的辱骂中伤,从而确定吴某的行为是否属于侵权行为,是否侵犯了彭某的名誉权,是否应赔偿精神抚慰金。

一般情况下,侵犯名誉权必须具备特定的条件:被侵权人的特定性;侵权人主观上具有过错;客观上存在损害他人名誉的事实,并为第三人知悉。只有侵权人所实施的具体行为影响到社会公众对受害人的评价时,才能构成对名誉权的侵犯。具体到本案:一是从被侵权人的特定性来看,彭某与吴某在小区业主委员会工作微信群中使用的昵称均含有各人的物业门牌号,且辱骂发生在业主微信群中,微信群内成员均能通过参与人员的昵称定位现实中的业主,因此被侵权人特定、唯一。二是从侵权人的主观过错来看,2018年6月,吴某在小区业主委员会办公室交材料时因录像问题与彭某发生争执冲突,之后便在小区业主委员会工作微信群中对彭某使用侮辱性言语,其实际行为构成了对彭某名誉权的侵害。三是从存在损害他人名誉客观事实、并为第三人知悉来看,本案中,吴某的言语对于女性而言,明显超越了一般口角的范围,属于恶意辱骂中伤。并且,辱骂发生在业主微信群中,微信群内成员均能知悉该言语,吴某的行为极易使他人对彭某的社会评价降低，吴某的行为确已侵犯了彭某的名誉权，故法院对彭某要求吴某书面赔礼道歉并在该微信群中发布道歉信息，消除影响的诉讼请求予以支持。

关于本案的精神损害赔偿。根据最高人民法院《关于确定民事侵权精神损害赔偿责任若干问题的解释》第1条规定："自然人因下列人格权利遭受非法侵害，向人民法院起诉请求赔偿精神损害的，人民法院应当依法予以受理：(一)生命权、健康权、身体权；(二)姓名权、肖像权、名誉权、荣誉权；(三)人格尊严权、人身自由权。违反社会公共利益、社会公德侵害他人隐私或者其他人格利益，受害人以侵权为由向人民法院起诉请求赔偿精神损害的，人民法院应当依法予以受理。"本案中，对于吴某是否承担精神损害赔偿及损害赔偿的数额，法院将考虑吴某作为侵权人的过错程度、侵害的手段、侵权行为造成的精神损害后果等综合因素，针对不同情况予以综合评判。具体而言：吴某恶意辱骂中伤的言语对于女性而言，极易造成精神上的痛苦和伤害，故对精神抚慰金法院酌情确定为1000元。最后就彭某要求主张的证据保全费3000元，该费用属于被侵权人对侵权行为进行调查、取证的合理费用，法院予以支持。

【典型意义】

近年来，随着网络技术的快速发展，微信、微博等网络社交平台逐渐成为现代人际交流的重要载体。本案的典型意义在于判定当事人在微信群内辱骂他人的行为，是否构成名誉侵权？

网络空间并非法外之域，不可以成为任何人发泄私愤、报复他人的"异域空间"。不论是微信群、朋友圈还是微博等，只要是对第三人可见的网络传播平台，都可能成为名誉侵权的现实载体。网络空间虽是虚拟的，但网络中的发言并不虚拟，巨容量的虚拟储存空间将人们发表的每一句言语都详实地记录下来，当事人在网络空间中发表的不当言论，需要承担现实中的法律责任。

因此在法治社会中，每一位公民亦应保持必要的理性、客观，坚持依法上网、文明上网，规范自身网络言行，尊重相关当事主体的合法权益。

案例编号：CQFXSF1590049517

重庆市北碚区人民法院　刘一菡

第二节　法治宣传教育活动案例

山东省组织开展《优化营商环境条例》集中宣传月活动

【活动概况】

根据山东省省委全面依法治省委员会《关于严格依法办事优化法治营商环境的意见》(鲁法委发〔2020〕2 号)要求,山东省深入贯彻习近平总书记“法治是最好的营商环境”的重要指示精神,围绕全省经济发展大局,组织开展《优化营商环境条例》集中宣传月活动,推进普法宣传工作,有效促进企业提高依法管理、依法经营、依法维护自身权益的能力和水平,营造良好的法治化营商环境,保障经济持续健康发展。

【重点宣传内容】

(一)强化组织领导,多管齐下,确保安排部署落到实处

将开展《优化营商环境条例》集中宣传月活动纳入《2020 年全省普法与依法治理工作要点》,并指导全省各地组织开展学习宣传活动。各市接到通知后认真落实,先后出台宣传活动方案,精心安排,多措并举,对 2020 年 4 月份《优化营商环境条例》集中宣传月活动作出安排部署,组织开展一系列专题普法宣传活动。枣庄市出台《枣庄市优化法治环境“4567”专项行动方案》,启动优化法治环境“4567”专项行动,举办专题新闻发布会,省内外 14 家主要新闻媒体记者出席,通过健全“四项制度”,构建涉企法治环境体系;聚焦“五个重点”,切实保护企业合法权益;立足“六项建设”,营造诚信务实政务环境;围绕“七大领域”,加大涉企司法保护力度。全力打造“全省领先、全国一流”的“亲商安商富商”法治环境,以专项行动的成效推动整体工作优化提升。潍坊市开展营造法治化营商环境“三个一活动”。组织一次新闻发布会。解读市“两办”实施意见出台的背景、起草过程、基本框架、主要内容、重要意义以及下一步贯彻落实意见。开设一个专栏。与日报社协调开设“法治化营商环境大家谈”专栏,发表有关部门单位主

要负责人署名文章，分析营造法治化营商环境的重要意义，总结工作做法，分析存在的问题，提出加强法治化营商环境建设的意见建议。组织一次研讨征文。与市法学会联合，面向全市开展法治化营商环境暨法治潍坊建设理论和实践研讨征文活动，届时将组织相关专家进行集中评审，并开展研讨交流。烟台市制定出台山东省内首部关于民营经济的地方法规《烟台市民营经济促进条例》，从制度层面界定各级政府及其部门的职责，进一步夯实“谁执法谁普法”普法责任制，为优化营商环境创造条件，结合“法律六进”活动，扎实推进普法宣传进企业，形成了有效的、可持续的“大普法”体系。菏泽市委全面依法治市委员会第二次会议上，张新文书记就优化化营商环境进行安排部署，并对学习宣传国务院《优化营商环境条例》，制定《优化营商环境条例》工作提出了具体要求。

（二）提升法治意识，突出重点，做好优化营商环境法治引导

一是加强领导干部等重点学法对象的学习宣传。各地坚持将《优化营商环境条例》纳入党委（党组）理论中心组集体学法内容，市、区（市）两级政府常务会议将《优化营商环境条例》纳入专题学习内容，努力提高各级干部运用法治思维和法治方式深化改革、推动发展、化解矛盾、维护稳定的能力水平。临沂市将《优化营商环境条例》列入国家工作人员学法用法考试内容，借助“沂蒙普法”微信公众号“学法考法”平台，在领导干部中对市场主体保护、市场环境、政务服务、执法监管、法治保障等内容进行宣传解读。日照市把《优化营商环境条例》学习教育作为干部教育培训的重要内容，号召全市认真学习《优化营商环境条例》《日照市优化营商环境100条》等相关规定，确保各相关职责部门在宣传政策、运用政策、执行政策中不打折扣、不走偏差，全市受教育干部职工共150,000人。滨州市《2020年市政府常务会议学法计划》中明确将《优化营商环境条例》作为2020年重点学习内容，重点加强《优化营商环境条例》的学习宣传，通过加强“关键少数”学法用法工作，推动全市广大群众进一步学法用法守法尊法。二是广泛开展企业。枣庄市选派优秀律师组建民营企业律师服务团，深入企业了解法律服务需求，为企业实施“法治体检”，优先受理符合条件的民营企业农民工和特困职工的法律援助申请。泰安市积极整合法律工作者力量，组建泰安市企业复工复产法律工作者服务团等，梳理复工企业疫情期间可能面临的主要法律风险点，研究提出应对建议，积极帮助企业防范和化解法律风险，推出复工复产法律咨询“热线服务”，为企业提供法律支持。共解答涉及复工复产法律咨询七百二十余人次，参与市委市府以及所属县市区、功能区政府决策的法律审查论证16件次，提供法律意见建议9件次。德州市充分发挥公共法律服务中心和普

法讲师团作用,组织律师针对风险防控、政策解读、企业与员工矛盾化解等方面重点向中小微企业开展普法宣传,开展“法治体检”,将法律保护关口进一步前移。菏泽市组织律师、公证、基层法律服务工作者、人民调解、法律援助等法律服务人员深入企业开展“法治体检”,全市共为370家民营企业进行了法治体检,开展法治讲座52场次,惠及企业达600余家。三是深入开展“法律六进”活动。广泛发放《外商投资法》《优化营商环境条例》《防范诈骗百招》等营商相关法律法规及防范打击非法集资和金融诈骗等普法宣传材料。各镇街充分发动村(社区)基层组织作用,利用村(社区)法律顾问、基层工作人员、志愿者、普法宣传员等队伍,将宣传工作延伸至各村(社区),引导广大群众对非法集资不参与、能识别、敢揭发,切断非法集资在基层的传播链条。组织各级在“法律六进”基础上有效扩充,开展“送法进企业”活动,为中小微企业免费“法律体检”。深入企事业单位、校园、机关、社区、农村、家庭和公共场所普及防范和处置非法集资知识,营造良好的法治营商环境,使宣传工作向每个角落延伸。

(三)坚持多点布局,多层联动,增强法治宣传教育力度

加大法治宣传力度,推动落实“谁执法谁普法”“谁主管谁普法”“谁服务谁普法”普法责任制,各市积极协调工信、商务、国资、市场监管等相关部门单位建立完善“送法”清单、开展常态化法治宣讲和培训,促进企业依法诚信经营、依法维权,促进依法行政、依法办事、为优化营商环境营造良好法治氛围。济南市妇联在12338泉城女性手机维权平台举办4期泉城女性普法大讲堂,每期有上千人上网观看;历下区结合“4·15”国家安全日,开展“推进‘精准普法’,优化营商环境”主题活动,提供法律咨询300余人次,发放宣传材料1000余份。枣庄市联合相关主管部门紧扣企业在投资设立、经营管理、合同履行等环节的法律需求,积极开展“送法进企业”活动,加大对优化民营经济环境法律法规宣传力度,增强企业依法诚信经营意识和社会责任意识。烟台市围绕招商引资工作加强普法宣传,充分利用政法部门、执法部门和律师服务团队,征集以案释法案例,法院系统出台《知识产权纠纷案件审理规范》,面向社会发布年度知识产权保护白皮书和十大典型案例,教育引导企业形成办事依法、遇事找法、解决问题用法、化解矛盾靠法的良好氛围。省派东营省司法厅工作组联合山东省法律援助中心、东营市司法局、东营港经济开发区等单位在东营联合石化有限责任公司开展了“法援惠民生·法治助项目”活动。德州市继续深化“服务大局”普法行活动,将营造法治化营商环境作为重要方面,确定相关部门牵头开展“诚实守信依法经营——以案释法普法百日行”“服务民营企业——法治体检”等活动,市总工会

在全系统开展“尊法守法 · 携手筑梦”系列宣讲活动，加强企业法治文化建设，助力营造法治化营商环境。聊城市广泛开展“法律进企业”，组织法律服务团和宣讲团开展法治巡回宣讲，结合当前疫情防控形势，向企业重点宣传我国《传染病防治法》《突发公共卫生事件应急条例》《野生动物保护法》《食品安全法》等法律法规，并在“4 · 15 全民国家安全教育日”当天在全市集中组织开展送法进企业活动。

（四）丰富载体平台，营造浓厚氛围，提高普法宣传教育实效

一是利用自有宣传平台。各地各单位利用“网、微、端、屏”等自有宣传平台，集中宣传《优化营商环境条例》知识，解读省、市优化营商环境政策措施，共编写推送有关讯息 14,000 余条。聊城市建设“智慧普法”平台，为营商环境助力，平台收录 803 部法律，1111 部行政法规，22,791 部地方性法规，依托“互联网 + 人工智能”、大数据、云计算等技术，打造网上法律服务超市，增强了法治宣传的时效和实效，让广大企业职工足不出户就可享受方便快捷的法律服务。日照市委网信办借助日照市网络宣传云平台、日照市新媒体矩阵等网络平台，在人民网、新华网、人民日报客户端、今日头条、大众网等市内外网络媒体开展网上宣传，积极报道和解读市优化营商环境有关政策，加大对营商环境改革成果和正面案例的对外宣传力度，积极宣传市优化营商环境的举措和成效。二是“优化法治营商环境”专题栏目。济南市司法局在《济南日报》、济南电视台分别设置“优化法治营商环境”系列访谈栏目，针对贯彻落实好《优化营商环境条例》，提出打造法治化营商环境的具体措施和建议。淄博市通过新媒体平台，开办“法在身边”“律师说法”等普法栏目，宣传疫情防治相关法律法规和国家政策，宣传安全生产、工资报酬等法律法规和复工复产相关政策性文件，为全市企业复工复产提供法治保障，确保在疫情防控期间，企业复产复工的各环节、全过程始终在法治化轨道上运行。临沂市在“沂蒙普法”微信公众号等平台栏目开设营商环境法律宣传专题，全文转载并解读《优化营商环境条例》。威海市住建局采用网络直播授课的方式，举办“住建领域企业劳动用工风险与防范”网络直播课程，就如何防范疫情防控和复工复产期间各种法律问题、争议纠纷免费为企业进行培训，共有 700 余家企业、近 2000 人收听收看了网络直播。三是开展案例、微视频征集活动。济南市组织开展“优化营商环境”法治案例征集评选活动和“优化营商环境”微视频征集展播活动。目前，已收到市教育局、市人社局、市卫健委等市直单位和历下区、章丘区、商河县等区县报送的“优化营商环境”法治案例 21 个、微视频 10 个。四是开展网上答题活动。济南市司法局与爱城市网合作，已

完成题库设置、项目设计等工作,将于近期在全市启动《优化营商环境条例》知识网上答题活动。

【活动特点和效果】

全省各地紧紧围绕工作大局,结合工作特点大力宣传《优化营商环境条例》,集中宣讲其重点内容,做好疫情期间山东省企业复工复产工作密切相关的法律法规的宣传。正确引导法治舆情,努力培育市场主体和广大人民群众"遇事找法不找人"的法治意识,为经济社会发展营造良好法治氛围。活动月期间,全省共开展各类送法进企业、法律咨询、专题宣讲等活动2600余场次,参与群众100余万人;发放各类法治宣传资料310万余份,悬挂各类宣传条幅、展板5万余处;省市县各级普法网、普法微信公众号推送各类宣传图片、信息等9万余条,各级电视台、电台、报刊等媒体宣传机构制作主题栏目700余个,发送普法宣传微信、广告200万余条。

案例编号:SDFXJH1589789299

山东省司法厅　程文静

山东省组织开展《民法典》宣传月活动

【活动概况】

为深入贯彻落实习近平总书记关于广泛开展《民法典》普法工作的重要指示,切实做好《民法典》学习宣传贯彻工作,山东省省委依法治省办自2020年7月以来在全省组织开展《民法典》宣传月活动,在全社会广泛推动形成学习《民法典》、运用《民法典》、崇尚《民法典》的浓厚氛围,取得良好的宣传效果。

【重点宣传内容】

(一)加强统筹谋划,吹响民法典普法集结号

省委依法治省办把推动《民法典》实施作为今年法治山东建设的基础性工作来抓,尤其注重以《民法典》学习宣传引导全省干部群众深刻认识到实施好民法典是坚持以人民为中心、保障人民权益实现和发展的必然要求。

一是加强顶层设计。省委依法治省办印发《关于深入学习贯彻习近平总书

记重要讲话精神推动民法典实施的意见》，省委依法治省办、省委宣传部、省委网信办、省司法厅联合印发《关于广泛开展〈中华人民共和国民法典〉学习宣传的通知》，将2020年7月份定为全省民法典宣传活动月，要求全省各地各部门各单位提高政治站位，以民法典宣传月为载体，充分运用召开座谈会，成立宣讲团，发放民法典读本、挂图，举办主题征文、演讲比赛、文艺演出等丰富多彩的形式广泛学习宣传民法典，努力让每个公民走近、了解、运用民法典。

二是将民法典宣传情况纳入考核验收。全省各级党委全面依法治市、县（市、区）委员会办公室普遍把《民法典》学习宣传作为“七五”普法依法治理工作验收重要内容和谋划“十四五”时期法治建设和“八五”普法规划的重点工作，结合疫情防控常态化下“六稳”“六保”政策措施落实等工作实际，着力推动民法典宣传教育制度化、常态化、长效化。

三是加强《民法典》宣传理论研究。省委政法委、省委依法治省办、省法学会牵头组织法学专家学者围绕民事法律制度、优化法治环境等开展研究阐释和理论研讨工作。重点聚焦《民法典》总则编和各分编核心要义和重点问题，确定在2020年12月底前形成一批理论研究成果，为推动民法典实施和学习宣传提供理论支撑。

（二）落实“谁执法谁普法”普法责任制，充分发挥《民法典》普法联合体作用

全省各地各部门各单位积极落实“谁执法谁普法”“谁主管谁普法”“谁服务谁普法”普法责任制，将民法典宣传教育与自身工作相结合，全力构建大普法工作格局。

一是积极开展《民法典》“十进”活动。泰安市组织政法干警、行政执法人员、律师和法律服务工作者在执法、司法和法律服务全过程中融入民法典宣传，在全市构建分工负责、各司其职、齐抓共管、精准实施的《民法典》“十进”工作机制。威海市各景区管理部门积极响应号召，在刘公岛、西霞口动物园、成山头、华夏城等多家名胜景区的电子屏播放民法典宣传标语，发放宣传材料，积极营造民法典宣传氛围。德州市文旅系统组织开展法治文化惠民演出，把民法典宣传与文化惠民工程相结合，通过开展“送文化下乡”、农村公益电影放映等活动，用文艺方式将民法典核心要义普及到基层。滨州市开展“创城有我，普法先行——律师在行动”暨300名律师进300个小区系列普法活动，市直30个律所共310名律师将根据安排以集中和分散相结合的方式，走进市区310个小区开展法律宣讲、发放宣传资料、提供法律咨询、加入小区业主群互动释疑等形式多样的“送民法法进社区”活动，不断提升《民法典》在社会知晓率和法治宣传活动群众

参与率。海阳市围绕提高驻地部队指战员的法治意识和维权能力,组织开展民法典进军营活动,通过以案说法的形式,为部队官兵讲解了《民法典》中关于军婚、购房、借贷等涉军权益保护等方面的法律知识,引导官兵们通过法律途径维护军人军属的合法权益。

二是充分发挥民法典宣讲团和志愿者作用。潍坊市委依法治市办、市委宣传部、市司法局联合牵头,在全省率先组建成立由29名社会各界人士组成的民法典宣讲团,明确宣讲分工和宣讲内容,在全市范围内开展集巡回宣讲。青岛市律师协会,结合青年普法志愿者下基层活动,动员一批律师青年志愿者成立民法典普法宣传团,开展基层民法典宣讲活动。日照市委政法委、市委依法治市办、市司法局、市法学会成立"民法典法治宣讲团",结合"百名法学家百场报告会"活动,在全市范围内深入开展民法典普法宣传。

(三)聚焦重点对象,推动精准普法有效实施

山东在《民法典》学习宣传中始终注意突出重点,紧抓领导干部、青少年等"七五"普法重点对象的《民法典》学习宣传工作,推动全省《民法典》学习宣传工作不断向纵深发展。一是加强领导干部"关键少数"学习。推动各级各部门把《民法典》列入党委(党组)理论学习中心组学习内容和党员干部培训内容,纳入国家工作人员学法用法内容和党校(行政学院)、干部学院教学内容,通过组织开展形式多样的专题学习,力求形成"头雁效应",提升领导干部贯彻实施民法典的能力和水平。省委依法治省办邀请专家以视频会议形式,在同一时间为省、市、县(市、区)三级党委法治建设议事协调机构立法、执法、司法、守法普法协调小组成员单位负责法治工作的科(处)室主要负责人,作"贯彻实施民法典与深化依法行政实践"专题讲座。济南市政法系统结合"检察大讲堂""泉城公安讲堂""思学讲堂"等平台,分别举办不同主题的党委理论学习中心组民法典讲座。枣庄市将《民法典》的学习宣传列入领导干部学法内容并纳入年度述法重要内容,努力提高各级干部运用法治思维和法治方式深化改革、推动发展、化解矛盾、维护稳定的能力水平。烟台市在市委常委会理论学习中集体学习观看《民法典的时代精神与中国特色》专题讲座,市委书记张术平对推动实施民法典作出部署,要求各级各部门全面开展学习宣传。日照市依托"齐鲁工惠"应用平台组织领导干部、公务员、企事业单位工作人员等开展网上学法考法活动。德州市德城区区直机关工委、区委政法委组织全区机关干部及政法干警利用"灯塔在线"应用、人民网参与网上《民法典》学习。二是加强青少年《民法典》学习教育。各级守法普法协调小组办公室着力推动将《民法典》纳入国民教育体系,贯穿幼儿教

育、义务教育、高中教育和高等教育各个阶段，鼓励各级各类学校通过升旗仪式、主题班会、征文演讲、知识竞赛、模拟法庭等多种形式开展《民法典》宣传教育活动，进一步提高青少年学法、守法、尊法、用法的意识。威海市开展“少年警校”暨民法典主题“青少年法治训练营”活动，通过智能机器人互动交流、法律飞行棋游戏、模拟法庭角色扮演等环节，以互动打卡的方式让青少年学生在趣味游戏中轻松掌握法律知识，加深对民法典的感性认识。临沂市结合落实每年对中小学法治副校长的培训工作，各县区司法局有针对性地开展中小学法治副校长民法典培训活动，充分发挥法治副校长在学习宣传民法典方面的重要作用，切实加强对青少年的《民法典》教育。聊城市举行全市中小学生“我与民法典”征文比赛活动，结合中小学生民法典空中课堂和法治副校长“开学第一课”等学习内容，与学生社会实践活动相结合，探寻青少年心中《民法典》的“面容”，讲好民法故事。东营市制作《民法典》单行本及《民法典》口袋书，以灵巧便捷的形式方便青少年学习《民法典》。

（四）丰富载体平台，打好《民法典》普法组合拳

注重发挥各类普法载体平台作用，不断创新方式方法，推动民法典宣传不断掀起新高潮，各地各部门学习宣传民法典的氛围日益浓厚。一是充分发挥“播、视、报、网、端、微”等媒体宣传作用。充分利用网站、公众号、微博、抖音等媒体进行民法典知识推送、发布亮点解读、公益宣传片等信息。淄博市指导市律师协会打造大众传媒“以案释法”平台，联合淄博广电 FM89《直播 12345》大型政民互动节目，在《民法典》颁布之后，第一时间组织专业律师就高空抛物、网络套路贷、婚姻冷静期等《民法典》热点问题在线为广大听众作了解读。威海市在普法宣传活动中采用“网上直播平台”开展律师讲法节目直播，助力民法典宣传纵深开展，通过线下开展、线上直播的形式，打造线上线下、融合立体的法治宣传。日照市通过司法局与广播电视台合作开展“聚焦民法典日照大型系列直播访谈活动”，通过日照公共频道、直播日照、快乐频道等媒体平台现场直播，在线收看人数累计高达 36 万人次，取得了良好的社会效果。二是将《民法典》学习宣传融入“两个基地”建设。以组织评选全省第四批“法治文化建设示范基地”和“法治宣传教育示范基地”为契机，对全省“两个基地”进行全面复核，实施动态管理，着力打造一批具有齐鲁特色的“民法长廊”“民法广场”“民法公园”。济南市积极推动现有法治文化阵地改造升级，增加《民法典》内容，着力打造一批具有济南特色的民法典宣传阵地。章丘区法治文化主题公园、济阳区黄河宪法主题公园等区县法治宣传主阵地建成或更换了民法典宣传版块。威海市在环翠区法治

宣传教育中心、环翠区法治公园、荣成市十里河法治文化公园3处省级法治宣传教育示范基地、法治文化建设示范基地,从板块划分、细节调整入手,及时更新融入民法典内容,打造优质普法阵地。三是持续提升民法典宣传的吸引力和感染力。聊城市举办"鲁衡杯"民法典网络知识竞赛,全市各界干部群众积极参与,踊跃答题,参加人数达六万五千余人,在全市营造出学习宣传民法典的浓厚氛围。临沂市邀请书画家开展以"民法典与生活同行"为主题的法治书画创作交流会,6位书画家和临沂第六中学部分师生代表现场进行书画创作,活动共创作书画、折扇作品九十余件。昌邑市将《民法典》学习宣传和"法治家庭"创建有机结合起来,编印《家庭"全生命周期"法治行为实践养成指导手册——〈民法典〉篇》《家庭"全生命周期"法治行为实践养成指导手册——〈民法典〉五十问》两本宣传手册,利用夜市摆摊、下乡赶集活动免费向群众发放。蓬莱市围绕服务企业开展民法典宣传进民企活动,向企业讲解民法典新增条款及亮点,设置《民法典于生活同行》宣传刊板,通过漫画的形式,把学习宣传生动化。

【活动特点和效果】

据统计,《民法典》宣传月期间,全省组织各类培训、线上线下授课等集中学习活动16,000余场次,集中宣传活动6357场次;举办领导干部专题学法9517场次,青少年专题学习5255场次;开展民法典"十进"活动3200余场次;发放读本、宣传册等学习资料250万余份;运用网站、公众号等新媒体平台发送宣传信息230万余条;在报刊、电视台及广播电台开设专栏221个;制作主题文艺节目120个,举行专题文艺演出、知识竞赛200余场,有效推动山东省快速掀起学习宣传民法典的热潮。

案例编号:SDFXJH1597220169

山东省司法厅　程文静

山西省开展疫情防控专项法治宣传行动

【活动概况】

为深入贯彻落实以习近平同志为核心的党中央关于做好新冠肺炎疫情防控工作决策部署和省委工作要求,为打赢疫情防控阻击战营造良好法治环境,2020

年2月10日，组织召开了山西省省委全面依法治省委员会守法普法协调小组会议，专题研究疫情防控法治宣传工作；印发了《山西省疫情防控专项法治宣传行动实施方案》（以下简称《实施方案》），积极推动各级各单位认真贯彻落实，充分利用各种平台和阵地，从立法、执法、司法、普法和综合治理五个方面统筹部署、精准应对、强化联动、形成合力，增强群众遵纪守法意识，牢牢守住防控疫情法治安全底线，引导广大党员干部、基层组织、人民群众及时、全面了解疫情防控有关法律知识，自觉积极采取有效的防疫措施，有力营造了依法有序科学防疫的浓厚氛围，有效维护了社会的经济秩序和整体稳定。

【重点宣传内容】

（一）明确法治宣传重点内容

深入宣传习近平总书记关于全面提高依法防控、依法治理能力，为疫情防控提供有力法治保障的重要指示精神和中央及省委决策部署，充分展示各级各部门统筹协调推进各项举措的显著成效，讲述依法防控生动故事。广泛宣传我国《传染病防治法》《突发事件应对法》《野生动物保护法》《国境卫生检疫法》《突发公共卫生事件应急条例》等疫情防控法律法规。以全国普法办编印的《新型冠状病毒感染肺炎疫情防控工作有关法律知识问答》和省司法厅编撰的《防控新冠肺炎疫情涉及的法律问题》为依据，重点宣传我国《刑法》《民法》《行政法》《治安管理处罚法》等法律法规中涉及疫情防控工作的有关内容。

（二）严格落实“谁执法谁普法”责任制

各级各单位紧密结合职能，组织本单位、本部门工作人员以个人自学为主，通过法律条文解读、具体案例分析等方式，切实提升依法履职、依法防控的能力和水平，并利用本单位的电子显示屏、宣传栏等载体，加强单位内部疫情防控法治宣传，并通过悬挂横幅、张贴通告、刊登公益广告、发放宣传资料、电子屏幕轮播等方式，做好疫情防控法治宣传。各级卫健部门、林草部门积极指导相关领域法治宣传；各级交通主管部门组织部署在机场、汽车站、火车站、重要路口、高速公路出入口等交通枢纽进行宣传；各级文旅部门根据工作实际在相关场所进行宣传；各级市场监管部门组织部署在商场、超市、餐饮单位等场所进行宣传；各级教育主管部门组织部署在校园内部及周边场所进行宣传；各级政法部门组织部署在涉及疫情防控的司法、执法过程中针对特定人群组织进行宣传；其他各级有关单位及工会、团委、妇联等群团组织，也结合各自职能，组织部署进行宣传，进一步扩大法治宣传的覆盖面。此外,村、社区等基层组织,不仅在辖区内的村庄路口或小区楼道、电梯口等显著位置张贴通告,也组织工作人员结合日常工作开展法治宣传,推动疫情防控法治宣传融入社会生产生活各个方面。

(三)拓宽宣传渠道,开展线上讲法

充分发挥报刊、电视、广播等主流媒体平台宣传阵地主渠道作用。积极刊发、转发权威信息,通过手机平台推送相关信息,多形式、多层次、高密度地宣传疫情防控法治宣传信息,及时回应群众关心、社会关注的焦点问题,教育引导广大群众不信谣、不传谣,切实增强信心,推动形成全社会拥护支持和依法做好疫情防控工作的浓厚法治氛围;加强新媒体平台运用。做好网络舆情引导,各级各部门建立的官方网站、微信公众号、微博客户端等加大疫情防控法治宣传相关内容推送频率,积极运用图解、动画、H5 等方式制作一批生动活泼、接地气的在线宣传品,并通过网上知识竞答、微视频征集展播等方式开展宣传;推动形成宣传矩阵,广泛动员各界人士积极宣传相关法律法规知识,进一步扩大疫情防控法治宣传的覆盖面和影响力;强化舆情监管处置,省委网信办做好相关网络信息的收集、分析、研判,深入了解、及时回应网民关切,并会同有关部门迅速依法处置有意造谣、恶意曲解疫情防控有关法律法规等有害信息。

(四)紧密结合疫情防控实际,开展以案释法

疫情防控重点工作部门结合山西省实际,整理出台一批群众关心、社会关注的案例,特别是依法打击妨碍公务、危害公共安全、隐瞒缓报谎报疫情,不配合管控治疗、在居家隔离期间擅自逃离或散布谣言、哄抬物价、恶意囤积相关商品、制售假冒伪劣产品欺骗消费者等方面的案例,并邀请法官、检察官、律师或知名法学专家等法律工作者予以解读,充分发挥法治宣传教育在疫情防控过程中的引导作用,教育广大干部群众以案为鉴、努力提升法治意识,主动参与疫情防控。

【活动特点和效果】

(一)强化政治引领,多部门上下联动形成推进合力

新冠肺炎疫情防控工作开展以来,各级各单位都能深入贯彻落实习近平总书记关于疫情防控的重要讲话和一系列重要指示精神以及中央依法治国委员会第三次会议精神,根据中央、省委关于疫情防控的有关决策部署,按照省委全面依法治省委员会守法普法协调小组《实施方案》的部署要求,严格落实"谁执法谁普法"普法责任制,在本单位、本领域、本地区迅速组织部署开展疫情防控法

治宣传活动。省委宣传部下发经省委领导审定的疫情防控宣传标语 23 条,并会同省卫健委印制疫情防控宣传挂图 102 万张;省卫健委充分发挥行业优势,制作、发放新冠状肺炎疫情防控宣传折页、宣传画等资料 867 万余册;省林草局全面贯彻实施《野生动物保护法》,迅速着手启动我省《实施办法》修订工作;省交通厅在全省 7 个民航机场、113 个客运站及 649 个各级公路联合防疫点通过大屏幕、电子广播、临时展板等方式开展法治宣传;省文旅厅在对关停的文化和旅游经营单位开展执法检查时融入普法宣传,累计 18,715 家;省市场监管局针对大型超市、医疗连锁店等开展价格政策提醒告诫,并对有关疫情广告进行专项监测,累计监测 34,927 条次。其他单位也都能思想统一、步调一致,结合各自职能和时间节点,从立法、执法、司法等各环节开展疫情防控法治宣传,有力营造了全社会科学有序依法防控的良好氛围。

(二)突出重点对象,精准普法夯实疫情防控法治基础

结合我省疫情防控工作实际,围绕当下企业复工、学校复学等重点工作,重点针对领导干部、青少年、基层群众特别是农村、社区、老年人等人群开展法治宣传。省委组织部把法治教育列入干部教育培训总体规划,在山西干部在线学院增加"突发公共事件应急管理学习专题",组织党员干部在线学习疫情防控法律知识;省教育厅组织各地各校开展多种活动,积极宣传依法防控普法宣传资料和依法防控宣传视频、广播音频、挂图等,有效覆盖了全省师生;省民政厅引导城乡社区工作人员在基层入户走访排查登记时开展相关法治宣传,并引导养老机构、儿童福利机构、殡葬服务机构等民政服务机构和场所在开展疫情防控工作时进行法治宣传;省监狱局、戒毒局组织全体干警深入学习我国《传染病防治法》《突发公共卫生事件应急条例》等法律法规,并针对在押人员特别是刑满释放人员重点开展疫情防控法治宣传,有效确保了山西省监狱、戒毒特殊场所疫情零流入、零输出,确保做到全面覆盖、不留死角。

(三)把准舆论导向,努力营造全社会依法防控浓厚氛围

广播、电视、报刊等主流媒体积极发挥主阵地、主渠道作用,及时转载习近平总书记关于疫情防控重要指示、批示和讲话精神,刊发中央及省委关于疫情防控各项部署要求,强化正面引导。省广电局利用 1.8 万多个应急广播终端和农村广播设施,加强农村地区疫情防控法治宣传,引导广大民众做好自我防控,自觉遵法守法;山西广播电视台推出《众志成城 抗击疫情》《战"疫"在行动》电视特别节目,权威报道疫情,解读政策措施;《山西日报》在"法眼"专栏发表疫情防控系列文章 30 余期,分析疫情中的热点问题,普及相关法律知识。此外,各市的广

播电视台主频道、主频率在重要时段均开办专题栏目,设置"疫情播报""专家访谈""防护知识普及"等多个板块,宣传疫情防控法律知识,回应民生关切问题。充分利用微信、微博、官方网站等新媒体优势,进一步扩大了疫情防控法治宣传的覆盖面、渗透力。省委网信办发挥行业优势,一方面,放大主流声音,指导属地新闻网站和新媒体单位开设疫情防控专题专栏32个,组织推送相关新闻报道和融媒体产品10,670条,刊发信息13万余条,制作、播放融媒体产品8800余条,其中900余篇稿件和融媒体产品浏览量均已超过10万;另一方面,强化举报受理,依法处置各类违法违规信息500余条,注销、关停属地违法违规网站及自媒体账号11个,约谈整改涉疫情违规自媒体账号18个,有效震慑了网上违法违规行为,维护了网上舆情总体态势平稳。省司法厅通过"山西司法"微信公众号,编发疫情防控战时简报58期,推送涉疫信息上百条,并发动各级司法行政机关通过各自的官方网站、微信公众号、普法直播间等平台,广泛宣传疫情防控相关法律知识。各级各单位也迅速落实,在各自的官方网站、官方微博及微信公众号等平台开设专栏,通过有奖竞猜、在线答题、专家互动、在线咨询等方式,扎实开展线上普法,有效提升了广大群众依法抗疫的意识和信心。

(四)注重宣传实效,用群众喜闻乐见的方式开展宣传

努力贴近人民群众生活,通过开展以案释法、创作平面作品、拍摄普法短剧等方式,将法治宣传融入疫情防控工作各个方面。省公安厅加大疫情网络谣言和利用疫情生产、销售假冒伪劣医用器材犯罪的打击力度,及时向社会公布典型案例62起;省检察院开办"战疫情法律系列解读""以案释法"等专栏,及时解读疫情防控法律法规、司法解释和典型涉疫违法犯罪案件;省高级人民法院结合山西省6个审判实际,组织6名法官应邀做客山西卫视、山西电视台科教频道、太原电视台等栏目以案释法;省司法厅组织229名法律服务人员进行案例解读,编写《当前疫情防控中焦点问题的法律梳理》并在《山西日报》开辟专栏进行连载,联合山西经济资讯频道制作、播出电视节目《全民战"疫"背后的法治力量》2期,广泛开展法治宣传;推出《严格规范新冠肺炎疫情防控行政执法工作的八条意见》,出台《关于疫情防控期间加强法律服务支持中小企业平稳健康发展的意见》《关于开展企业复工复产律师公益法律服务活动工作方案》为全省疫情防控提供了及时优质高效的法律服务,依法有序推动企业复工复产;山西传媒学院创作疫情防控平面作品(海报、漫画插画等)2500余幅,文案200余篇,短视频、表情包、原创歌曲70余个;临汾市结合疫情发展形势,拍摄疫情防控普法短剧、微视频微动漫40余部,其中《病毒携带者》(7集)从一票难求、秘密返乡、不适症

状、全面封村、造谣传谣、违规聚餐、病情突发七个角度全面反映了我省广大干部群众积极战疫的生动场面。此外，各级各单位都结合自己的实际，通过广播、电视、“两微一端”等平台，就疫情防控相问题涉及的法律问题积极开展以案释法，有效保障了疫情防控工作沿着法治轨道顺利推进。

案例编号：SXJFXJH1584608661

山西省司法厅　魏　威

西藏自治区日喀则市开展防范新冠肺炎疫情专项普法宣传活动

【活动概况】

为认真贯彻落实西藏自治区日喀则市市委、市政府的安排部署，把握正确舆论导向，充分发挥法治宣传在防范新型冠状病毒的教育引导作用，进一步加大新型冠状病毒预防、控制和治疗的宣传力度，保障各族群众身体健康、生命安全和社会稳定，日喀则市普法办结合市情，开展防范新冠肺炎疫情专项普法宣传工作。

【重点宣传内容】

（一）习近平总书记关于新冠肺炎疫情的重要指示精神

坚持以习近平总书记关于新冠肺炎疫情的重要指示精神为指引，把人民群众生命安全和身体健康放在第一位，加强有关政策措施宣传解读工作，科学宣传疫情防护知识，推动在全社会形成疫情防控全民参与，人人有责的浓厚氛围，引导人民群众积极、科学应对新型冠状病毒，为我市经济发展和社会稳定提供宣传保证和舆论支持。

（二）与防疫相关的法律法规

立足倡导文明健康的生活方式，大力宣传我国《刑法》《传染病防治法》《野生动物保护法》《治安管理处罚法》《食品卫生安全法》《突发事件应对法》等相关法律，大力宣传突发《公共卫生事件应急条例》及《国家突发公共卫生事件应急预案》等行政法规，大力宣传最高人民法院、最高人民检察院《关于办理妨害预防、控制突发传染病疫情等灾害的刑事案件具体应用法律若干问题的解释》，进一步教育引导各族群众依法科学有序防控。

(三)惠民利民相关政策

大力宣传因新型冠状病毒引起的患者救治费用保障政策、因疫情形势严峻而取消行程的旅客免费退票政策以及疫情期间因履行相关预防和救治工作职责而死亡的情形属于工伤等相关政策,鼓励社会各界树立疫情防控信心,切实维护各族群众的生命安全、健康安全。

(四)法律责任

讲清楚哄抬物价、牟取暴利,严重扰乱市场秩序等行为的违法性,讲清楚国家机关工作人员在防控新冠病毒中不作为所负的法律责任,讲清楚故意传播传染病,拒绝接受检疫、强制隔离或者治疗所承担刑事责任,讲清楚编造、故意传播虚假恐怖信息行为的行政处罚和刑事责任,讲清楚单位和个人违反法律规定,导致传染病传播、流行,给他人人身、财产造成损害所承担的民事责任,为有效预防、控制和消除新冠病毒的流行等问题奠定坚实法治基础。

【活动特点和效果】

(一)开展健康教育,普及防疫知识

各级卫生部门充分利用宣传栏、院报、LED 显示屏、微信公众平台等官方平台,并设立预防新冠病毒咨询台,现场发放宣传单,解答就医人员疑问。各县区充分发挥乡镇宣传骨干、驻村工作队、村"两委"班子、村(居)法律顾问、"双联户"户长作用,通过入户宣讲、流动宣传车、微信群、村级广播宣传肺炎疫情防控相关知识,做好本辖区舆情监控工作。第一时间公开、透明通报疫情信息,科学解读,提高群众对公共卫生事件的认知,积极引导各族群众理性认识疫情,消除群众恐慌心理,营造良好的舆论氛围,提升政府公信力。

(二)形成关于新冠病毒的新闻报道方案

组织各大新闻媒体大力开展广播、电视、报刊、网络及相关部门做好疫情通报、防控知识的宣传教育工作。大力宣传习近平总书记和李克强总理的指示批示精神及市委、市政府的决策部署内容,大力宣传一线医护人员、民警、党员干部、人民群众中攻坚克难、团结一心、勇担重任、积极作为的先进典型,营造各行业、各部门联防联控,坚决打赢疫情防控阻击战的坚定信心和必胜决心的良好氛围。

(三)开展"以案释法"活动

加大法律服务力度,全面整合政法系统资源,调动法官、检察官、警官、律师、公证员、人民调解员的积极性,充分发挥法律专业优势,为人民群众提高普法宣传、法律咨询、法律援助、人民调解等服务。采用“线上普法微课堂”等指尖普法的形式，开展涉及公共卫生的刑事、民事、行政事项及合同纠纷、医疗事故、交通运输等方面的“以案释法”工作。

（四）在执法、服务、管理过程中普法

组织部署各市场监督管部门对个体商户、外地经商返藏人员以及医疗器械药店和超市从业人员开展针对性宣传。并在抓好动物疫病防控、打击违规宰杀、贩卖病死动物、打击贩卖野生动物和农、畜产品生产保供的执法过程中，为执法对象普及有关传染病防治、野生动物保护、食品卫生安全方面的法律法规，切实保障好人民群众的“菜篮子”“肉盘子”“钱袋子”。组织部署公安系统在全力做好本单位及下属单位的职工内部开展多渠道防范宣传的基础上，做好窗口单位和辖区内流动人员的防范宣传工作。在本单位及辖区内各公安检查站、便民警务站、出入境口岸、机场、铁路、酒店、宾馆、网吧、娱乐场所等地开展形式多样的防范宣传工作。

（五）制作防疫宣传歌曲

市民间艺术团演员创作疫情防控歌曲《爱和希望一直在》，赞扬了奋战在防控疫情斗争第一线的医务工作者和民警战士无私奉献、大爱无疆的崇高风范，讴歌了“一方有难，八方支援”的大爱精神，展现了各族群众众志成城、攻坚克难的坚定信念，诠释了共产党人的担当与作为，传递了满满的正能量，以文艺作品传播抗击疫情正能量。

此次专项普法活动，增强了全市各族群众自我防护能力和社会责任意识，倡导文明健康的生活方式，引导人民群众积极、科学应对新冠病毒，推动在全社会形成疫情防控全民参与、人人有责的浓厚氛围，为日喀则市打赢这场疫情防控阻击战提供了宣传保证和舆论支持。

案例编号：XZFXJH1582007302

西藏自治区日喀则市司法局普法与依法治理科　王　颖

西藏自治区普法办开展新冠肺炎疫情防控专项法治宣传教育活动

【活动概况】

新冠肺炎疫情发生以来，西藏自治区普法办深入贯彻落实党中央、国务院关于新冠肺炎疫情防控工作部署,深入贯彻落实自治区党委政府依法实施疫情防控的各项举措,在自治区党委政府和依法治藏委员会的坚强领导下,始终坚持以人民为中心的工作原则,始终坚持疫情防控、普法先行的工作思路,迅速在全区广泛组织疫情防控专项普法宣传,将普法宣传贯穿于疫情防控工作的全过程,积极引导各族群众增强法治意识,依法支持和配合疫情防控工作。在自治区普法办的统筹协调下,全区各地(市)、各单位普法办主动提升政治站位,相继开展疫情防控普法宣传活动,通过线上宣传、流动普法、公益视频、走街入户等方式,全面立体地向全区各族群众提供疫情防控法律服务。在疫情防控期间,各地(市)共计开展防疫普法宣传活动 15,000 余场次,悬挂张贴和播放防疫宣传标语、横幅、展板、海报、电子播放屏等 5 万余条,发放各类宣传品、宣传资料 50 余万份,受教育群众达 350 万余人次,切切实实地将防疫普法宣传融入各族群众的生活圈、微信圈、朋友圈、工作圈,为打赢疫情防控人民战争、总体战、阻击战提供强有力的法治保障。

【重点宣传内容】

(一)迅速安排部署

疫情发生后,自治区普法办主动履行工作职责,迅速贯彻落实习近平总书记关于防控新冠肺炎疫情的重要批示、指示精神,精心安排部署,细化工作举措,广泛组织动员,形成全社会共同参与的强大宣传声势。一是以依法治藏办名义印发《防控疫情专项法治宣传工作实施方案》,明确宣传重点、细化责任分工、提出工作要求,为疫情防控期间把握舆论导向,推动疫情依法防控奠定坚实基础,对指导全区各级各部门开展好疫情防控专项普法宣传具有重要实践意义。二是将疫情防控普法宣传纳入《西藏自治区 2020 年普法工作要点》,要求各地(市)普法办、区(中)直单位普法办始终围绕“疫情防控、法治同行”的工作主线,坚持问题导向,聚焦群众需求,教育和引导群众积极主动支持和配合疫情防控工作。三是结合工作实际,深入宣传当前全国疫情防控形势持续向好发展,是习近平总书记指挥、部署的结果,是党中央、国务院科学应对、依法防控的结果,是区党委、政府积极响应、措施有力的结果,是广大医务工作者和基层党员干部义无反顾、日夜奋战的结果,进一步引导群众破除封建迷信思想和恐慌心理,淡化消极影响。

(二)抓实重点面普法

一是组织开展“防控疫情、法治同行”线上答题活动。编写《疫情防控法律知识测试》题库,采取H5形式,联合自治区卫健委于2020年3月8日至12日在“学法风暴”平台组织开展全区线上知识考试,147,606人次参与。二是结合实际,开展“僧人洛桑普法大课堂”线上普法活动,重点参与对象为全区寺庙僧尼和驻寺干部,活动参与人数达159,076人次。三是以落实“谁执法谁普法”普法责任制为抓手,把农牧民群众作为疫情防控普法宣传的重点对象,依托驻村工作队、双联户、便民警务站、村居法律明白人等基层力量,采取法治宣讲、媒体引导、以案释法、公益短信等方式,在农牧区广泛开展疫情防控相关法律法规宣传,增强农牧民群众法治意识。

(三)抓实区域性普法

一是拉萨、山南、日喀则等市普法办结合冬春季爱国卫生运动,向群众广泛开展普法宣传,取得良好成效。拉萨市采取发放宣传资料和法律知识讲解等方式向34,800余名群众宣讲抗疫法律法规知识;林芝市在抗疫期间累计发放疫情防控宣传资料51,000余份,投放抗疫标语横幅70余条,制作战疫宣传小视频7部,教育引导群众在疫情期间坚决做到不扎堆、不聚集,不信谣、不造谣、不传谣。二是日喀则、那曲等市在疫情期间积极探索语音广播、视频播放等形式,使疫情防控法律宣传深入到各街道、乡镇、社区和村居。特别是日喀则市首先在电视台开辟了“法治珠峰　你我同行”普法栏目,解读新型冠状病毒的传播性质、致病原理、预防措施以及我国《传染病防治法》等相关法律知识,同时利用智能普法机器人“小扎”开展藏语语音宣传、法律知识查询和法律服务办理,实现了“人工智能+公共法律服务+普法宣传”的模式创新,为群众提供更加人性化的交互式专业法律服务。三是山南、昌都、林芝、阿里等地市整合社会力量,有序推进抗疫普法宣传工作。山南市启动“橙色平安”志愿服务活动,广泛动员辖区居民、党员等力量对疫情防控措施、安全生产隐患等情况进行宣讲和排查,形成了党员群众、齐抓共管、共防疫情的良好社会局面。林芝市为坚决打赢疫情防控阻击战,以“民警+政府干部”的工作方式,下沉至各个村居,开展抗疫法治宣讲,通过走访、答疑等方式,宣传法律知识、发放疫情防护宣传资料,形成了人人学法、户户知法的良好态势。阿里地区在抗疫期间,组织和发动返乡大学生、政法系统工作人员等开展抗疫普法宣传,进一步教育引导农牧民群众和青少年在疫情期间养成注重个人卫生防护、戴口罩、勤洗手、多通风、勤消毒的良好习惯。

(四)抓实社会面普法

一是编印汉藏双语《新型冠状病毒肺炎防控相关法律法规知识问答》(口袋

书)共印制5万册,发放到7地(市)、区(中)直单位、拉萨火车站和贡嘎机场等单位和场所,扩大宣传覆盖面。二是加大以案释法力度。围绕抗拒疫情防控措施、暴力伤医、制假售假、哄抬物价、诈骗、造谣传谣、失职渎职、破坏交通设施、破坏野生动物资源等方面内容,收集整理全国、全区疫情防控相关典型案例71个,编印6万册汉藏双语的《新型冠状病毒肺炎疫情防控典型案例以案释法读本》(以下简称《读本》),并同步推送到"法治西藏"微信平台。目前,《读本》已下发至全区各地(市)和区(中)直各单位。三是开展线上普法讲座。联合自治区律师协会,组织优秀律师开展"线上双语普法讲座",在"法治西藏"微信平台推送。已经发送4期,点击率达12,000余次。四是在"法治西藏"微信平台每日刊发中央和区党委安排部署、有关法律法规知识、卫生防疫知识、典型案例等内容,采取图文、动漫、微视频和歌曲等形式,引导干部群众遵纪守法,为依法防控营造浓厚法治氛围。疫情发生以来,共刊发有关信息200余条,总阅读量350万余人次,单条信息最高阅读量达到8.6万余人次。

【活动特点和效果】

一是发挥示范作用。及时了解掌握全区疫情防控普法宣传情况,总结典型经验,加大宣传推广,发挥好典型带动作用。

二是形成工作合力。充分发挥职能作用,自治区普法办牵头,联合宣传、统战、网信、法院、检察院、民委、教育、卫健委等五十多家成员单位,积极行动、相互配合、形成合力,迅速开展新冠肺炎疫情防控专项法治宣传行动,增强全区上下打赢新冠肺炎疫情防控人民战争的信心和决心。

三是线上线下同步。认真把握传统宣传媒体和新媒体的特点,坚持线上线下统一宣传口径、统一宣传内容、统一宣传重点的方式,见缝插针、相机而动,有针对性地开展线上线下普法活动,形成范围广泛、立体传播、整体联动的抗疫普法声势和格局。

案例编号:XZFXJH1587372422

西藏自治区司法厅　拉措卓玛

重庆市渝北区打造新媒体普法阵地营造浓厚法治氛围

【活动概况】

为探索实践"互联网+"智慧普法服务,2018年1月,渝北区司法局创办了以法律宣传为主的掌上公共法律服务综合平台——"渝北普法"微信公众号,公众号现已发展成为渝北区互联网普法的重要阵地。

"渝北普法"微信公众号立足于全区普法守法工作,主要任务包括:一是打造掌上公共法律服务综合平台,提供法律服务互动渠道;二是实现更加高效的线上普法;三是创建司法行政工作展示窗口。"渝北普法"微信公众号作为掌上公共法律服务综合平台,主页建有"律所导航""律师咨询""法律援助""法考公告""公证服务""司法鉴定"等便民服务平台;公众号现有"法哥普法""律师释案""全面依法治区""实时动态""普法行动""普法先锋""普法漫说""他方视角""聚焦时政"等固定栏目,以服务号的形式,每月定期推送4次,每次推送4~6条内容不等。

【重点宣传内容】

(一)围绕重点热点,全面普法

"渝北普法"微信公众号重点围绕习近平总书记关于全面依法治国的重要论述、以人民为中心的发展思想、党内法规、中心工作等方面开展;并结合区委"十项行动计划""三大攻坚战"和历年《重庆市渝北区普法依法治理工作要点》,策划与民众生产生活息息相关的宪法、民法典、劳动就业、安全生产、交通消防、食品安全、环境保护、扶贫救助、扫黑除恶、国家安全、电信诈骗、民间借贷、非法集资、高空坠物、安全上网、防邪禁毒、疫情防控等主题普法内容,对宪法、行政法、民商法、经济法、社会保障法、环境保护法、刑法、诉讼及非诉讼程序法等法律体系进行全面普法。除此,"渝北普法"微信公众号结合全年重要热点节点,如"3·8妇女节""3·15消费者权益日""4·15全民国家安全教育日""4·22世界地球日""6·26国际禁毒日""'七七'全民族抗战爆发纪念日""宪法宣传周"春节、国庆节、寒暑假、开学季、春运等,开展普法宣传,让群众在每个重要节气节点都能通过"渝北普法"微信公众号学到相关的法律法规知识,循序渐进地培养群众的尊法学法守法用法意识。

(二)配合部署安排,专题普法

自“渝北普法”微信公众号上线以来,配合工作部署及工作要求,策划推送了“宪法”“扫黑除恶”“疫情防控”、我国《民法典》和《社区矫正法》等重要专项普法行动的专题内容。2018 年 3 月 11 日,第十三届全国人民代表大会第一次会议通过《中华人民共和国宪法修正案》,在此期间,“渝北普法”微信公众号连续策划推送了 4 期“宪法”专题宣传内容,组织开展了宪法知识线上有奖问答活动,转载多条宪法解读类文章,掀起一股线上宪法学习热潮。自扫黑除恶专项斗争工作开展以来,“渝北普法”微信公众号策划推送了“党中央国务院决定了!在全国开展扫黑除恶专项斗争”“扫黑除恶专项斗争,你关心的都在这里!”“渝北区开展扫黑除恶专项斗争宣传活动展播”等三十余条“扫黑除恶”主题宣传内容,在全区营造了浓厚的扫黑除恶舆论氛围。疫情期间,“渝北普法”微信公众号充分发挥政法新媒体宣传作用,及时转载发布疫情相关政策、信息,并推送了 2 辑“重庆市渝北区司法局新型冠状病毒感染的肺炎疫情防控常见法律问题参考”,涉及 50 条与疫情相关的公共卫生领域法规,供社会各界参考,还推送了二十余条与疫情防控、复工复产相关的内容,为打赢疫情防控阻击战提供法治保障和法律服务。还针对我国《民法典》和《社区矫正法》等多部法律策划推送了普法专辑,积极引导群众主动学法,增强群众学法积极性。

(三)针对重点对象,精准普法

“渝北普法”微信公众号根据普法对象不同的特点,策划推送相应的普法内容,精准普法。针对领导干部、国家工作人员,通过“渝北普法”微信公众号的“普法先锋”栏目策划推送了“重庆市优秀人民调解委员会他们都做了啥?”“金牌调解员陈和初的二三事儿,告诉你调解员的必备技能”“厉害了!重庆市‘七五’普法中期先进集体——渝北区司法局”“学起来!重庆市‘七五’普法中期先进个人赵媛媛的经验分享”等内容,展示渝北区司法行政工作队伍的精神风貌,以人物带岗位、以人物带职能、以人物带普法工作。针对青少年群体,“渝北普法”微信公众号创新方式方法,用漫画、长图、游戏、H5 等形式,策划推送了“熊大熊二都知道这样干不得,你知道吗?”“同学,这些贷款千万不能碰!”“警惕!高考结束后这六样东西不能晒!”“开学在即,作业做完了吗?这里还有一张试卷,不要漏啦”等适合青少年阅读的普法推文,让青少年在轻松有趣的阅读环境中学到法律知识,增强法治意识。针对其他重点对象,“渝北普法”微信公众号在把握正确舆论导向的前提下,精心策划内容,寻找政务视角和群众视角的结合点,策划推送了“企业工作人员发明创造是否属职务发明”“民间借贷和非法集资的区别”“‘扫黑除恶，全民参与’知识竞赛”“‘管家’和‘东家’如何和谐相处，共建和谐小区？”“献血无偿，输血收费，原因何在？”等与百姓生产生活密切相关的法律知识以及百姓关注的社会热点、疑点、难点法律问题，不断提升群众的法治素养。

【活动特点和效果】

“渝北普法”微信公众号自2018年1月8日正式上线以来，已成功发布120期总计612条推文，累计点击阅读量达二十六万余次，现有关注人数18,674人。

从2020年3月起，“重庆政法”微信公众号开始公布全市政务微信公众号传播指数值（通过微信公众号推送文章的传播度、覆盖度、账号的成熟度和影响力反映微信公众号的整体传播力和影响力）排名。据公布，“渝北普法”微信公众号在3月的司法行政系统前十名中排名第七。通过持续推广、内容提升，6月，在全市司法行政系统前十名中排名第三。

案例编号：CQFXJH1600159135

重庆市渝北区司法局　罗　静

第三节 法治创建案例

山东省威海市环翠区切实为市域社会治理提供“法治保障”

【基本情况】

自山东省威海市创造性提出“六治一网”市域社会治理的整体工作思路以来，环翠区司法局围绕“六治融合、一网联动”工作模式的部署要求，聚焦建设现代化幸福威海首善之区总目标，紧扣环翠区“六治一网”工作的具体安排，大力推进全区法治宣传教育工作，通过“三变三取代”，为环翠区“六治一网”区域社会治理提供了有力的“法治保障”。2020 年 9 月，环翠区荣获首批“山东省法治政府建设示范县(市、区)”荣誉称号。

【任务措施】

(一)变工作格局，以“互联互动式”取代“单向输出式”

一是下沉“全科网格”，将“谁执法谁普法”工作机制巧妙融入吹哨报到“全响应”平台。将司法局服务基层各项职能充分整合，积极融入环翠区构建的“基础网格—社区网格—片区网格”三级网格管理体系。通过镇街、执法力量、职能部门下沉网格的常态化机制，实现了基层事项“组团式”治理服务，有效消除了在法律服务工作，尤其是普法工作过程中的形式主义，各单位部门各自为政、唱独角戏“零星普法”的现象明显改善。

二是采取“前店后厂”工作思路，将法治教育与政法宣传有机融合，搭建一站式法律服务平台。环翠区司法局凭借区公共法律服务中心办事大厅、宣传中心、机关办公区“分工不分家”的资源优势，日常通过“请进来”的方式对全区机关干部和广大居民开放，让“机关开放日”走向常态化，解开司法行政“神秘面纱”。环翠区公共法律服务中心已累计接待 78 次 11,700 余人次的观摩学习。同时，高度重视法德共建，2017 年，投资 30 余万元打造的环翠区法治公园，获评“全省法治文化建设示范基地”。目前，全区共建设各类规模的法治小公园共计

24 处。

（二）变传播形式，以“生动数字式”取代“传统看板式”

一是融合新老媒体，努力实现“全时空”。近年来，区司法局在原有报纸专栏、法治电视栏目、广播公交广告等平台基础上，深入结合群众法律服务需求，大力探索开拓新媒体领域。在建设区法治公园和普法展厅时，即开始创新采取“扫码学法”模式，多次受到省市领导肯定。官方微信、微博 2017 年即开通使用，全力打造便捷网上“法律淘宝”；微信端汇聚全区法律服务资源，构建“环翠区公法地图”，在全市率先引进 AI 法律咨询机器人，实现自助式法律服务。2019 年 1 月，环翠区司法局官方微博获评“2018 年度山东最具影响力司法系统政务微博”。实体平台、在线服务、智能服务“三驾马车”并驾齐驱，实现法律服务 24 小时全在线，保证群众随时随地都能得到一手法律资讯。2018 年 10 月及 2019 年 8 月，司法局主要领导两次参与山东广播电台《乡村振兴》栏目，面向全省推广环翠司法行政和普法工作典型经验。

二是推广优质载体，贴近民生“接地气”。2019 年 12 月开始，积极推广威海市普法办编印的《百姓法治宝典》，其汇集近 50 个百姓常见法律问题专题，融入本地地方性法规解读，并同步配套手机应用，通过扫码实现随时随地免费享受优质在线法律服务。区司法局按照市中区优先、民主法治示范村（社区）优先的原则，在鲸园、竹岛街道开展试点，在张村、环翠楼、孙家疃街道有序铺开，多方发力深入推进基层治理和法治乡村建设。

（三）变工作思路，以“对点聚焦式”取代“笼统宽泛式”

一是聚焦重点人群，吹响多方联动“集结号”。领导干部和青少年是“七五”普法的重点对象，区司法局始终长期关注并开展精准普法。一方面，规范化送法进机关，凝聚队伍法治建设合力。扎实贯彻落实党委（党组）书记带头讲法制度，把学法用法情况列入班子和领导干部年终述职内容，将法治教育工作融入机关干部考试、精神文明创建、干部培训课程，提升领导干部学法用法意识。区普法办制作发放 2 版领导干部主题书签 1700 多套，发放《领导干部法律知识读本》及宪法读本 3000 余本；组织部门开展“环翠讲堂”等培训班 60 余期，受教育干部 1 万余人次，组织镇街、单位开展专题培训 70 期，各类培训活动 366 场、培训干部 41，500 人次；宣传部门组织开展菜单式宣讲、“树典型、学先进、爱英模”宣讲活动 3000 余场次，受众人群达 10 万余人次。另一方面，特色化送法进学校，培育青少年法治精神。2016 年起陆续启动“以法立人，以法育人”“大手牵小手、学法齐步走”系列活动，定制印发青少年普法书签 3000 余套，举办青少年网络知识竞赛,提供4类普法点单课程。2019年启动“打卡通关式”互动普法项目——青少年法治训练营,通过机器人互动、答题飞行棋、模拟法庭等环节设置,搭配发放《法律校园行——青少年法治教育读本》,让青少年在趣味活动中潜移默化增强法律素养。在此基础上推动法治校园建设纵深发展,2017年在全市创新开展“一学校(幼儿园)一法律辅导员”活动,为全区46所中小学、幼儿园选配律师担任法律辅导员,提升师生法治意识和依法维权能力,开启依法治教、依法治校新局面。

二是聚焦重点事件,把握舆论引导“风向标”。在此次抗击新冠肺炎疫情的战役中,区司法局,一方面依法答疫,在环翠区政府网站、“法治环翠”公众号上推出“疫情防控法律咨询”窗口,设置13大类常见问题板块,提供22份实用法律文书,以真实案例深入浅出解读法律条文,畅通战“疫”法治保障绿色通道。疫情期间全区网站、微信、微博等媒体发布信息1840余条,发放宣传材料5万余份。另一方面主动作为,组织律师参加“疫情防控律师公益服务团”和“外贸企业微信服务群”,村居法律顾问每周电话微信走访宣传,局主要负责同志呼吁并带头参加志愿服务,切实做到守土有责、守土担责、守土尽责。不仅如此,此前针对“5·9重大交通事故”、温泉学校食堂曝光、银信融资等热点问题,区司法局均第一时间有效利用微信、微博等平台刊发特稿,引导舆论方向,提升群众的虚假消息鉴别能力。

【特点和效果】

环翠区司法局紧紧围绕全市“六治融合、一网联动”工作模式的部署要求,聚焦建设现代化幸福威海首善之区总目标,紧扣环翠区“六治一网”工作的具体安排,创新工作思路和方式,创新性地开展“三变三取代”,大力推进全区法治宣传教育工作,为全市“六治一网”区域社会治理提供了有力的“法治保障”。2018年环翠区获评第四批“全国法治县(市、区)创建活动先进单位”荣誉称号,2019年获评“全国七五普法中期先进县市区”荣誉称号,2020年荣获首批“山东省法治政府建设示范县(市、区)”荣誉称号。

案例编号:SDFXFC1600074487

山东省环翠区司法局　丁　帅

山东省临沭县坚持“五四三三”工作机制
打造法治护航乡村振兴“临沭样板”

【基本情况】

近年来,山东省临沭县县委县政府以习近平新时代中国特色社会主义思想为指导,认真贯彻落实全国、山东省加强乡村治理体系建设工作会议精神,以提升乡村治理法治化水平为核心,协调推进乡村振兴战略,坚持“五四三三”工作机制,加快法治乡村建设步伐,打造法治护航乡村振兴“临沭样板”,不断提升人民群众的法治获得感。

【任务措施】

(一)实施五项法治宣传举措,不断提高基层群众法律意识

1. 建设一个法治书屋

推进农家书屋与法治书屋相结合,在全县所有行政村居(社区)设立法治书屋、法治图书角,丰富农村文化生活,为村居(社区)提供学法平台。积极组织开展配送法律图书活动,县司法局联合县文化旅游局共投资 10 万余元,购买了涉及农村建设、治安管理、婚姻家庭、经济合同、损害赔偿等 40 余类图书配送到全县 20 余个村居(社区),目前全县村居(社区)已配备各类法律图书 3 万余册。规范农家书屋管理,健全借阅登记等各项制度,把农家书屋打造成乡村振兴的文化阵地。

2. 培养一批“法律明白人”

县委全面依法治县办印发了《临沭县村居(社区)“法律明白人”培训实施方案》,明确每个村居(社区)要培养 3 ~ 5 名“法律明白人”,培训周期为 1 年。培训内容全县统一制定,县、镇、村三级法律顾问负责授课,镇街每季度集中培训 1 次,镇街各工作区每月集中培训 1 次,各村居(社区)法律顾问每周通过微信培训 1 次。采取边学习边实践的方式,让“法律明白人”积极参与所在村居的矛盾纠纷化解、法治宣传、法律事务等引导工作,目前全县正在参加培训人员共 726 人。

3. 打造一个法治文化阵地

推动法治文化阵地与美丽乡村建设相融合,每个村居(社区)至少建设 1 个

法治宣传栏或法治宣传一条街。利用乡村大舞台、健身广场等场所,通过植入法治漫画、法治名言警句、法治宣传墙绘等法治内容,将法治元素渗透到群众的日常生活,让农民对普法宣传效果看得见、摸得着,增强法治宣传效果。打造特色文化阵地,建设了新埠社区宪法主题广场、沙埠法治文化公园等,目前全县已有各类村居法治文化阵地200余处。

4. 每月开展一次普法宣传

推动法治宣传常态化,突出乡村振兴主题,每月开展一次送法进村居、进社区等活动,通过发放普法宣传手册、法治手提袋、法治毛巾等宣传物品,增强普法效果。推行"互联网+法治宣传",借助临沭融媒、"法润临沭"微信公众号、"临沭普法"今日头条等新媒体,采取以案释法、播放法治电影等形式,全方位、立体式向群众提供法律宣传服务。利用部分村居自发组成的"庄户剧团",编排具有地方特色的普法节目,让法治宣传更加接地气、有人气。

5. 组建一个巡回法庭

推动"谁执法谁普法"责任制落实,县法院组建巡回法庭,定期选取有影响的案件,到村居(社区)巡回审理,实现审理一案、教育一片的效果。特别对于部分赡养、抚养等类型案件,主审法官就地现场开庭审理,村委会组织村民旁听,通过现场版的"以案释法",让周围群众通过旁听接受深刻的法治教育,今年以来已开展巡回审判4次。对于已经审结的案件,从维护群众合法权益角度出发,积极依法采取强制措施,对构成犯罪的,依法追究刑事责任。

(二)完善四项公共法律服务措施,打通法律服务群众"最后一公里"

1. 建设一个司法行政工作室

坚持"便民、利民"的法治理念,按照统一标识标牌、统一工作职责、统一工作制度、统一工作台账的要求,在村居(社区)建设司法行政工作室,积极打造村居(社区)公共法律服务一站式平台。在村居(社区)便民服务中心设立接待窗口,由村两委干部、专职人民调解员、"法律明白人"轮流值班,为群众提供人民调解、法律咨询、普法宣传教育等服务。目前,全县236个村(社区)全部建成司法行政工作室,开展各类法律服务活动2万余次。

2. 发放一本公共法律服务手册

开展公共法律服务宣传活动,印制2万份《公共法律服务手册》,免费发放给群众。该手册包括公共法律服务、人民调解、法律援助、司法鉴定、律师、公证、行政复议等内容,详细介绍了各类法律服务事项的办理程序、办理期限、收费标准,并公开了投诉监督电话,让群众对所有法律服务事项一目了然,既方便了群众，又增强了宣传力度，提升了宣传效果，提高了群众对公共法律服务的知晓率。

3. 用好一个网上法律服务平台

积极打造“互联网 + 公共法律服务”，依托“幸福临沭 App”“平安临沭”“法润临沭”微信公众号、“临沭普法”今日头条等新媒体，建设网上公共法律服务平台，在线开展法治宣传，解答群众提出的各类法律咨询，为群众提供法律援助等服务，对公证、人民调解、司法鉴定等事项实行网上申请和办理，全方位服务群众。自平台正式开通以来，共为群众办理各类法律服务事项 400 余件。

4. 管好“一村（社区）一法律顾问”

全县 236 个村（社区）全部选聘法律顾问，实现法律顾问全覆盖。加强对“一村（社区）一法律顾问”的管理，每年开展 2 次以上的专项考核，对开展法律服务不积极、不到位，服务质量差，干部群众反映问题较多的法律顾问及时进行调整，2019 年度已调整 12 人，对 2 名考核成绩差的法律顾问进行黄牌警告。2020 年以来，全县法律顾问共解答群众法律咨询 1600 余人次，协助化解矛盾纠纷 180 起，出具相关法律意见 220 份。

（三）健全三项矛盾纠纷化解机制，为法治乡村建设创造稳定的社会环境

1. 织密一张调解网络

印发了《临沭县关于加强人民调解工作的意见》及相关配套文件，坚持统一规划、统一管理，县、镇（街道）、村居（社区）和行业性专业性调委会整体联动，人民调解组织网络已全面建成。突出村级人民调解组织建设，全县所有村（居）委会都建立健全了人民调解委员会，明确人员组成和工作职责。按照人民调解规范化建设要求，每个调委会都刻制了公章，悬挂了标牌，设立了调解室，使用县司法局统一印制的规范格式调解文书，有力推动了调解工作的开展。

2. 建强一支调解队伍

建立专兼职人民调解员队伍，将全县 604 名网格警务员全部纳入专职人员调解员进行管理，每个行政村居（社区）专兼职人民调解员不少于 3 人，落实好办案补贴等保障措施。实施“法律顾问 + 人民调解”制度，将村居（社区）法律顾问明确为村居兼职人民调解员，参与所服务村居（社区）的矛盾纠纷化解，提高调解效率。建立人民调解员分级培训制度，以镇街为单位，每月开展 1 次集中培训，定期邀请优秀人民调解员、优秀基层法官结合典型案例进行专业培训，有效提升调解技能和水平。

3. 完善一套工作机制

建立矛盾纠纷预警和多元化解机制，专职人民调解员每天开展 1 次排查，对

于土地、婚姻家庭、道路交通等热点领域和重大疑难矛盾纠纷及时上报,由县或镇调解中心派人主动介入,就地调解,将矛盾化解在当地。落实考核、奖惩、案件补贴等制度,坚持"谁调解,补贴谁",推广"以案定补"激励机制,根据调解案件的难易程度、调解质量和数量给予相应补贴,每年发放各类调解补贴30余万元。积极开展重要时间节点"矛盾纠纷大排查"专项活动,目前已排查化解各类矛盾纠纷1800余件,有效发挥了人民调解"第一道防线"的重要作用。

(四)开展三项民主法治建设活动,为法治乡村建设打下坚实的基础

1. 制定一个村民自治章程

充分发挥农村党组织领导核心作用,依法推进民主决策、民主管理、民主监督,在县司法局、县民政局的指导下,在村居(社区)法律顾问的帮助下,全县所有村居(社区)依法制定了村民自治章程。该章程规定了村级重大决策、重大项目、重点领域中合法性审查制度,明确了"四民主两公开"各项制度,同时也提出了对村委会干部的要求,建立了民主评议和责任追究制度,提高基层群众的满意率。

2. 筑牢一张治安防控网络

加强治安防控,每个村居(社区)都建立了以网络警务员为主体的专职巡防队伍,实行分片包干、定点与动态全方位巡逻相结合,提高群众安全感。按照整体规划、合理布局、规范运作的原则,实现全县所有村居(社区)"雪亮工程"全覆盖,发挥了较强的威慑作用。加大工作力度,对农村社区服刑人员、刑满释放等特殊人群制定个性化帮扶方案,帮助他们化解心理障碍,尽快融入社会,有力地维护了基层社会稳定。

3. 创建一批民主法治示范村

扎实开展民主法治示范村(社区)创建,按照省、市创建标准,组织县、镇驻村网格员深入村居(社区)开展宣传动员,帮助解决创建工作中遇到的问题,促进创建工作质量提升。对全县64个县级民主法治示范村进行复核,逐项落实创建标准,确保创建质量,同时今年将新创建县级民主法治示范村100余个。目前,全县已有国家级民主法治示范村2个,省级民主法治示范村3个,市级民主法治示范村49个,县级民主法治示范村64个,年内民主法治示范村(社区)创建达到全县村居(社区)总数的70%以上。

【特点和效果】

临沭县围绕中央、省、市决策部署,全力推进法治乡村建设,落实"谁执法谁

普法”“谁服务谁普法”“谁调解谁普法”责任制，努力实现法治宣传规范化、制度化、常态化，乡村公共法律服务更加完善，农村执法质量明显提高，治安防控体系进一步健全，干部群众尊法学法守法用法自觉性明显增强，乡村治理法治化水平明显提升，人民群众的法治获得感不断增强。

案例编号：SDFXFC1589160872

山东省临沭县司法局　卢飞飞

山东省泰安市泰山区司法局发挥优势升级品牌
打造社区普法新模式

随着经济社会的不断发展，群众对法律的需求不断提升，但是法治宣传教育方式仍存在教育内容针对性实用性不强、宣传方式方法较单一、农村群众参与度满意率较低等问题。为充分发挥法治宣传教育在推进依法治区和服务民生方面的重要作用，山东省泰安市泰山区以满足社区群众法律服务需求为出发点和着力点，不断创新思路，积极打造集标准化、实用化、多元化、品牌化为一体的“普法驿站”新模式，形成独具泰山区特色的普法新名片。

【任务措施】

（一）以首家“居民学法驿站”为基础，探索改造升级

社区成立了以党总支书记为组长，分管副书记为副组长，辖区单位负责人及居民代表为成员的“民主法治示范社区”创建领导小组，从领导小组分工负责人到各网格员、楼长，都规定了职责任务，并层层签订责任书，全社区形成横到边、纵到底的民主法治示范社区创建责任网络。同时，相继完善了“创建领导小组职责”及“工作制度”“例会制度”“创建计划和实施方案”等规章制度。领导小组、网格员等责任人定期召开会议、调度工作情况，确保社区普法和依法治理工作顺利开展。

（二）以满足群众法律需求为出发点，开展多种活动

“普法驿站”建成以来，各项制度健全，运行规范，有专人负责，法治宣传教育职能得到充分发挥。

1. 开展以案释法。“普法驿站”内法律知识展板和自制法律台历的内容多

数是法院判决的案例,结合社区实际,通过图文并茂的形式,让群众易懂、易记,使居民受益匪浅。例如,2019 年 5 月,在法律台历上选登《都是"沙堆"惹的祸》,讲述一起在公路上临时堆放沙堆引发的人身损害赔偿纠纷。通过这个案例告诉群众,遇到法律问题时应该如何做才能更好地运用法律保护自己的合法权益。通过以案释法,使大家对生活中遇到的法律问题有了深入了解,明白了如何依法解决和处理相关问题。法律知识展板和法律台历每月更换 1 次内容,涉及《刑法》《合同法》等 60 多部法律法规,较好满足了居民的学法需求。

2. 开展网络普法。网络普法可同时以文字、图片、音频、视频等形式传播,形象生动,立体感强,对青少年和普通老百姓很有吸引力。因此利用"普法驿站"内的电子显示屏,在周末居民不上班的时间选播《庭审纪实》《法律讲堂》《今日说法》以及《普法栏目剧》等法规教育视频,并配备了《与法同行》《社区普法零距离》光盘,定期对居民播放。为提高收视率,规定计划内播放的节目,通过《月计划》告知,临时加播的内容通过法治小组长入户口头通知或发放通知单等形式告知居民。同时,社区还配备了多台电脑供人们查阅法律知识,较好地满足了群众的法律需求。

3. 开展"点对点"普法。为了让基层群众得到更精准的法律知识解读,也为了让国家机关"谁执法谁普法"普法责任制在社区落地开花,市司法局积极搭建"谁执法谁普法"微信联络群,每个执法司法部门分别派出专业人员组建泰山区普法讲师团,组织讲师团成员到社区"普法驿站"开展授课活动。授课前先向居民、社区干部征求意见,由居民决定所需要宣讲的题目,然后通过微信群通知相关部门和讲师团成员深入社区开展有针对性的授课。

4. 开展"文艺"普法。充分发挥社区文艺队伍的作用,组织他们开展法治文艺创作和演出活动。节目采取自编、自导、自演的形式,以群众为素材,演身边人、身边事,将法律知识融入人们熟悉的鲜活人物和事例中,特别是小品素材,突出以情感人、寓法于情。在法治文艺演出的过程中,还穿插法律常识小问答等环节,为回答正确的群众现场发放印有法律知识的手提袋、小扇子等作为奖品,调动了群众学法的积极性。

(三)以深化社区依法治理为落脚点,解民忧促稳定

"普法驿站"建在社区,服务于社区。为了更好地发挥普法宣传职能作用,市司法局定期补充更新法律图书,开设普法骨干培训办,每月至少开展 1 次普法宣传活动,积极对接山东科技大学和山东农业大学,从优秀的法律、法学专业大学生中招募社区普法志愿者,协助社区开展普法宣传活动。与此同时,充分整合

司法行政各项资源，组织社区法律顾问和律师会客厅的值班律师担任“普法驿站”服务员，免费向居民宣传法律知识，解答法律咨询，提供法律援助，化解矛盾纠纷。“普法驿站”成了社区居委会干部联系群众的桥梁和纽带，通过“普法驿站”，广大居民学法用法的能力得到提高，同时也调动了参与社区治理和民主法治建设的积极性。“四民主、两公开”制度得到充分落实，基层社会治理法治化水平明显提升。截至目前，有2个社区被评为全国民主法治示范社区、3个社区被评为全省民主法治示范社区、2个社区被命名为全省法治文化建设示范基地。

（四）以推进普法驿站有序开展为目的，强化制度保障

“不以规矩，不成方圆”。市司法局印制了《普法活动记录表》《法律咨询登记表》《法律需求征集表》和《“谁执法谁普法”开展活动情况反馈表》，做到活动有记录、视频有留存、咨询有登记。为确保居民学法用法活动扎实有效开展，市司法局建立了“普法驿站”各项规章制度。一是管理工作制度。普法驿站由社区专人负责，对驿站进行日常管理和维护。二是普法工作制度。每月采取多种形式，围绕社区居民关心的热点重点领域开展普法宣传活动。三是菜单式普法制度。社区居民根据法律需求进行“点单”，由普法讲师团成员赴社区进行“讲单”授课，开展“菜单式”普法。四是国家机关联络制度。推进国家机关“谁执法谁普法”普法责任制向社区延伸，联络有关国家机关及时派出工作人员到社区开展法治宣传教育工作。达到宣传一案，教育一片的效果，实现执法效果和社会效果的统一。五是大学生志愿服务等制度。从高校大学生中招募社区普法志愿者，协助社区开展普法宣传活动，同时为大学生志愿者提供良好的实习实践环境，调动普法志愿参与的积极性。

【特点和效果】

因各社区所处的地理位置不同，“普法驿站”的建设需要因地制宜、量体裁衣。有的社区地处旅游景区、客流量大；有的社区地处城区，人员密集、学校集中、驻地单位多；有的社区地处城乡接合部，外地人口多、治安环境弱……不同社区有不同特点，建设普法驿站的侧重点也应各不相同。泰前街道上峪村普法驿站位于世界自然文化双遗产的泰山风景区内，普法驿站应突出发挥室外宣传作用，通过建设普法文化广场，让过往游客在散步时就能受到法律熏陶；岱东社区位于泰城中心，是人口密集、学校集中、驻地单位多的社区，建设普法驿站应侧重往深度和广度上发展，大力推进社区法治化建设；岔河社区普法驿站地处城乡接

合部,应着重于调解矛盾纠纷,促进社区和谐稳定。通过多元化发展,普法驿站才能实现标准与特色并存、实用与效能共处,从而百花齐放。通过"普法驿站",广大居民学法用法的能力得到提高,辖区居民"办事依法、遇事找法、解决问题用法、化解矛盾靠法"意识明显增强,辖区居民群众表达诉求更加理性,更加愿意通过法律途径维护自身合法权益。

案例编号:SDFXFC1576324191
山东省泰安市泰山区司法局　庞　玲

广东省珠海市香洲区打造"互联网+社区治理"网格圈 创建民主法治智慧社区

【基本情况】

香洲区前山街道福石社区位于广东省珠海市香洲区西南部,坐落于美丽的前山河畔,辖区面积1.5平方公里,居民3274户,常住人口11,963人,辖区内共有10个花园小区,两大工业区,327家法人单位,3所学校和2家幼儿园。

近年来,福石社区以创建"民主法治示范社区"为契机,充分发挥"互联网+"优势,积极探索"E平台N服务"网格化工作机制,构建双线议事平台,提供特色法律服务,多措并举创新"互联网+社区治理"网格圈,全面提升社区民主法治化水平,促进了社区的和谐稳定。

【任务措施】

(一)完善服务管理体系,激发多元参与治理

福石社区深入贯彻落实全面依法治国战略部署,坚持依法治理社区,推动形成多层次多样化的社会治理体系,推进法治社区建设;坚持以人民为中心的发展思想,积极引导居民围绕社区事务开展民主协商、民主管理、民主决策、民主评议,形成良好的社区建设氛围。

一是干部带头学法,提升管理水平。推行社区工作人员学法制度,将法治教育纳入干部教育培训总体规划;坚持把依法办事作为检验社区工作人员学法用法的重要标准,把尊法学法守法用法情况作为年终考核的重要内容。

二是广纳居民意见,深化居务公开。将社区组织架构、居务、财务往来,53

项社区公共服务事项,办事流程等在网上平台进行公开,扩大居务公开的覆盖面和影响力。成立由社区党员、居民代表组成的社区居务监督委员会,自觉接受居民群众的监督评议,畅通民意表达渠道,激发社区治理活力。

三是扩充调解组织,化解基层矛盾。任命社区法律顾问担任社区人民调解委员会副主任,吸纳社区民警、各物业公司经理共同加入社区人民调解委员会,严格按照人民调解原则、程序、工作流程开展调解工作,定期开展社区纠纷排查和调处工作,并定期对调解员进行法律知识、调解技能培训。

四是组建社区“智囊团”,提供多元化服务。社区“智囊团”成员由辖区党员义工、居民代表、专家学者、“意见领袖”等组成,负责收集居民的法律需求、法律意见,以及就近解决邻里纠纷。每个“智囊团”成员都有自己的“责任田”,“智囊团”成员之间利用身边网络平台进行信息反馈,及时为辖区居民提供法律服务。

五是打造红色物业,激发自我管理。坚持党建引领,着力培育物业议事主体。通过法定程序在10个花园小区中成立5个小区业主委员会,2个正在筹备中,引导他们以法律的框架为范本,结合小区实际情况,制定以《××小区议事管理规则》、《××小区管理公约》和《银苑新村车辆管理规约(征求意见稿)》等自治章程,经业主大会表决通过,行政备案,提升民主自治水平。在未成立小区业主委员会的3个小区,按照“自愿精神、服务观念、责任意识、服从领导”的楼长工作原则推行楼长制,通过直选方式推选97名以党员为主导的“楼栋议事代表”,以邻里情为主线,行使小区议事协商,构建熟人社会,促进小区民主自治工作。

(二)“互联网+社区治理”,打造网格化服务圈

福石社区积极探索“互联网+社区治理”的“E平台N服务”模式(E是指互联网思维,N是指落实N项服务),通过“6D智慧平台”“智慧福石”微信公众号实现社区工作智能化、扁平化、精准化,助推民主法治社区创建。“6D智慧平台”运用人工智能建立社区大数据库,是实现党建、政务、法律服务、文化宣传等多功能一站式管理服务平台;对接6D手机微信端口,可实现业务数据自动统计分析、通知预警和全景坐标式立体展现。

福石社区结合自身实际,根据“地域相邻、人员相近”的原则,将社区科学划分为5个网格,编织了一个“横到边、纵到底”的治理网络。每个网格设立片区党支部,由“片区网格员+党员+小区智囊团成员+志愿者”组成网格服务队伍,安装了智慧服务平台,配置了网格终端机。在纵横交错的网格,加载地理信息、人口结构、资源分布等多维的数据信息。建立以网格管理员为触角的信息采

集，形成单元网格—社区—街道—区级—市级上下联动机制，畅通交流渠道，形成快速响应，高效处理的工作机制。工作人员发现社区存在的问题，可以利用手机拍摄后上传到平台，然后流转到相应的部门进行处理。

例如，对于社区戒毒康复人员，戒毒社工可以将其情况通过“6D 智慧平台”迅速反映给网格员、社区民警、卫生服务站医师等多种社会力量，实现资源共享。一旦有需要，可以通过平台联系其他力量介入，做到对戒毒人员的综合性长期跟踪帮教。市容巡查员在巡查中发现有车辆堵塞消防通道，可通过“智慧福石”微信号“显事镜”互动版块将现场情况拍照上传。系统定位网格信息后自动发送到网格长的手机，网格长接单后立即与网格员到场处理，通过物业公司与交警大队协调，顺利地将堵塞消防通道的车辆移出。

（三）构建双线议事平台，推进民主法治建设

福石社区早在 2015 年就开设了线下的社区居民议事厅，2016 年通过公益创投，与社工机构合作打造“美好家园共创行动——参与式社区治理模式”项目，搭建社区协商平台、建立社区协商机制。

线上线下双联动，党群议事促和谐。福石社区在党群服务中心和会议室设立“议事大厅”“世界咖啡厅议事平台”和搭建线上红福议事馆，由社区党员、居民代表、法律顾问等共同制定福石社区议事规则；确定参会人员，明确议事内容，建立会议议题会前公示制度，建立会议发言权，建立表决事项制度，建立会议纪律处罚制度（红牌或黄牌警告）。

近年来，福石社区通过民主协商议事，解决了荣泰河庭 C 区新旧物业交替、福石市场、前山至南屏次干道工程等市政工程建设，老旧小区自治、单车房硬底化、小区停车位规划、门禁卡的发放、业主堆放杂物等民生热点问题六十余件，成功调解率达 98%，探索出一条矛盾不上交的新时代“枫桥经验”。

例如，在推进荣泰河庭 C 区新旧物业交替这场“持久战”中，因第三次业主大会将原路桥集团物业有限公司表决出局时，业主、业主委员会、物业公司三方矛盾不断升级，选聘新物业一度中断，甚至对簿公堂。在社区党委的推动下，果断地组建了荣泰河庭 C 区业主委员会党支部，改选了荣泰河庭 C 区业主委员会主任，推选了党员刘某某律师担任党支部书记兼业主委员会主任。在党旗领航下，有效扭转了“被动”局面，变“引导”为“主导”，主动出击依法依规完成选聘新物业，并通过法律程序，让路桥集团的诉讼撤诉，有效缓解了剑拔弩张的紧张局面，把小区居民的“戾气”化为一团“和气”。本次调解被作为成功优秀案例被中国社区网、珠江晚报、香洲信息平台广泛报道。

线上议事广纳意,红福热议齐参与。社区党委通过“红福议事馆”,重点突出“红”字,即党员参与,每月提出1个社区热议的话题,社区居民浏览后可在话题下方留言,写出对这个议点的看法及建议,工作人员及时把大家的看法公布出来组织讨论。

例如,福石社区工作人员在“红福议事馆”推出文明养犬话题,收集到意见建议20余条,线上召开“党群议事会”,邀请了罗伯特议事团队,线下以“世界咖啡馆”圆桌会议的方式,分组讨论,谈论文明养犬话题,收集关于文明养犬建议12条,并形成了《福石社区文明养犬公约初稿》,经法律顾问审核,最终在居民代表的表决下,全票通过了《福石社区文明养犬规范》。

(四)创新社区法律服务,深化民主法治进程

福石社区以公共法律服务工作室为载体,在精准、及时为居民提供法律咨询、化解矛盾纠纷、定期法治宣传之外,创新工作模式、梳理规章制度、打造特色项目,为社区居民提供全方位的法律服务。

一是创新普法模式,提高居民法治意识。建设珠海市首个社区法治宣传主题公园,以通俗易懂的方式解读国家的政策法规,让普法活动更接地气。发挥资源优势,与辖区的4所学校组成共建单位,积极构建学校、家庭、社会三级普法教育网络,依托社区E平台开辟线普法小课堂,实现“家校互动、社区联动、媒体促动、模范带动”的青少年普法教育模式。通过“智慧福石”公众号开展以案释法,普及相关法律知识,将法治精神印刻在社会公众的意识中。

二是开展法治体检,深化法律顾问工作。福石社区法律顾问进一步纵深开展针对规则体系的法律服务,主动全面审查《社区居民公约》、社区管理制度,帮助收集梳理意见和建议,制定《福石社区文明使用共享单车公约》等。疫情期间走访落实民营企业法治体检活动,宣传《广东省涉疫减免租金群体性纠纷调解指引》,并与企业经营、管理者建立长期联系,随时为民营企业提供法律服务。

三是提供专项服务,维护妇女合法权益。自2013年起,福石社区成立了妇女维权工作站,将基层妇女维权工作纳入社区民主法治工作大局。妇女维权工作站由社区“市巾帼文明岗”志愿者和法律工作者组成,旨在宣传贯彻有关保护妇女的法律、法规,免费提供妇女维权方面的咨询服务,协助处理家庭暴力和调解家庭纠纷,为广大妇女群众维权提供更为便捷、更为快速的绿色通道,成为有效保护妇女合法权益的“老娘舅”。

四是发挥人大代表作用,助推民主法治建设。以前山街道福石社区的人大代表联络室为根据地,发挥人大代表作用,倾听民声民意,科学选题,推动科学

立,为新的《珠海市经济特区物业条例》提供了修订意见。

【特点和效果】

创新“互联网+社区治理”网格圈是社区民主法治工作的新业态,加速福石社区民主法治创建进入2.0时代。通过民主法治创建工作的深入推进,福石社区基层组织更加健全,基层民主更加规范,干部群众的法律意识和法律素质不断提高,依法决策、依法管理、依法办事的能力和效率显著提升,议事氛围浓厚,大到社区,小到居民琐事,都开始学会运用民主协商议事解决矛盾纠纷。2018年福石社区获省“民主法治社区”荣誉称号,入选广东省民主法治基层示范点,多次被珠海电视台、广东电视台广泛报道,并参与了珠海法治之城的拍摄。

案例编号:GDFXFC1596166887

广东省珠海市香洲区司法局前山司法所 赵 玺

第六章　人民调解类

第一节　行业性、专业性人民调解案例

上海市杨浦区王某等人与某企业劳动争议纠纷调解案

【案情简介】

2019年年底，上海市杨浦区某企业因经营调整停工装修。原定于2020年春节后完成装修开业，却因受新冠肺炎疫情影响装修工程停滞。该企业虽然在装修停工期间仍按正常出勤向30余名员工支付了工资，但因长期停业装修带来的资金回笼压力，以及疫情造成的营业额下降，故打算通过裁员解决困难。但王某等众多员工认为，某企业大幅裁员将对员工生活造成极大影响，且与国家关于应对疫情的政策相违背，由此与某企业产生矛盾纠纷。

为避免该群体性纠纷进一步激化，某街道人民调解委员会在安抚双方情绪并征得各方同意后，主动受理了该起纠纷。

【调解过程】

调解员通过电话和视频等方式组织双方进行了多次调解并提出了调解方案，但双方始终在人员分流数量和处置方式上无法达成一致，调解就此陷入僵局。

鉴于该起纠纷的调解工作存在困难，调解员向本区法律专家组成的“大调解”志愿团队请求专业法律帮助，邀请志愿团专家共同参与纠纷化解。志愿团专家分析纠纷情况后，帮助调解员调整了调解方案，并与调解员一同向某企业负责人进行了法律释明。我国的劳动合同采取“法定解除”原则，即解除劳动合同必须符合我国《劳动合同法》规定的解除理由和程序。某企业以疫情为由主张解除劳动合同，认为疫情原因适用于《劳动合同法》第40条第3款的规定，即劳动合同订立时所依据的客观情况发生重大变化，致使劳动合同无法履行，经用人单位与劳动者协商，未能就变更劳动合同内容达成协议的，用人单位在提前30日以书面形式通知劳动者本人或者额外支付劳动者1个月工资后，可以解除劳动合同,但某企业系在未与员工协商,也没有提前30日书面通知员工的情况下,直接告知员工解除劳动合同,显然不符合前述法律规定。对于企业来说,因疫情引发的停业、减产等诸多困难虽然会导致劳动合同的部分条款如工资标准等无法履行或继续履行成本过高,但并不意味着劳动合同永久无法履行。为全力推进复工复产复市,国家和上海市的相关政策都在引导企业与员工相互协商,采取调整薪酬、轮岗轮休、缩短工时等方式稳定员工工作岗位,尽量不裁员或者少裁员。至于薪酬调整的幅度,依据《上海市企业工资支付办法》第12条规定:“企业停工、停产在一个工资支付周期内的,应当按约定支付劳动者工资。超过一个工资支付周期的,企业可根据劳动者提供的劳动,按双方新的约定支付工资,但不得低于本市规定的最低工资标准。”听了调解员和专家的建议,某企业负责人有所触动,同意修改处理方案,也愿意再次与员工协商解决。调解由此出现转机,调解员以此为突破口,再次与王某等员工进行沟通。经过调解员的反复劝说,员工的对立情绪逐渐得到缓和,并表示愿意理解企业的难处。最终,在调解员和志愿团专家的不懈努力下,某企业同意将人员分流方案交由企业工会研究审定,调解员为每位员工逐一制定了个性化的降薪协议。

【调解结果】

经调解,王某等员工与某企业达成以下一致意见:

1. 企业留用20名员工,停工16名员工;

2. 停工待休员工的工资按正常出勤的60%支付,直至企业正常营业后,回岗位工作。

【案例点评】

人民调解具有独特优势:一是自愿性,更加契合当事人意思自治的要求,体现了当事人的自主性。同时,人民调解以自愿为基础,双方达成的调解协议一般能够自行履行。二是灵活性、高效性和低成本,更能满足复工复产企业快速解决纠纷,恢复正常经营的实际需求。

疫情防控期间,企业普遍面临较大的资金压力,希望通过裁员来缓解。而广大员工因疫情期间“一岗难求”的严峻就业局面,希望留在企业继续工作以维持生计。当事双方诉求分歧显而易见,只有熟谙法律条文和政策导向,找准矛盾双方的利益平衡点,才能提出最适合当事人的调解方案。在化解此类纠纷时,调解员既要立足疫情防控期间经济社会发展大局,从疫情防控和全力保障复工复产复市的角度出发,也要坚持平等保护、意思自治、诚实信用、公平合理的原则,不减损当事人的合法权益,依法妥善处理矛盾纠纷。

案例编号:SHRTHZ1590656546

上海市杨浦区司法局四平路司法所 汲建军

北京市平谷区花某与某物业公司物业纠纷调解案

【案情简介】

北京市平谷区某街道某社区业主花某,主要靠捡拾小区垃圾桶内的废品维持生计,并将废品堆积在楼道。邻居多次向物业反映此问题,物业也多次劝导花某尽快处理废品,并且不要占用公共区域,但劝导无效。物业于 2019 年年底某日晚上,在未通知花某的情况下,清走了花某堆放在公共区域的废品。2020 年新冠肺炎疫情期间,社区、物业积极开展卫生清洁消毒活动,但花某仍旧在楼道里堆积废品,并拒绝清理。

2020 年 2 月,社区居委会请求街道人民调解委员会(以下简称调委会)调解其社区居民花某与物业公司之间的矛盾纠纷。

【调解过程】

为尽快消除隐患,防止疾病传播,调委会立即开展工作。通过向居委会、物业、花某和周围业主调查,了解到如下情况:一是花某 70 多岁,一人居住在小区里的公租房内,无劳动能力,只能以变卖废品为生,且因物业先前清走其废品的行为,非常抵触物业公司;二是小区其他业主认为居住环境不整洁,花某占用公共楼道堆放废品,无消毒措施,存在安全隐患;三是小区物业开展工作困难,如花某在垃圾桶里乱翻乱捡造成保洁工作量增加,小区其他业主不满情绪增加,经常投诉。

综合上述情况,调解员围绕如何劝解花某清走废品为主线开展调解工作。首先,调解员向花某宣讲了相关法律法规。根据我国原《物权法》第 70 条规定:“业主对建筑物内的住宅、经营性用房等专有部分享有所有权,对专有部分以外的共有部分享有共有和共同管理的权利。”《最高人民法院关于审理建筑物区分所有权纠纷案件具体应用法律若干问题的解释》第 3 条规定,通道楼梯属于业主的共有部分。花某在楼道堆放废品,侵犯了其他业主的权利。而且根据我国《消防法》第28条规定:"任何单位、个人……不得占用、堵塞、封闭疏散通道、安全出口、消防车通道。"原《侵权责任法》第15条明确规定,侵权人具有停止侵害、排除妨碍、消除危险的义务。花某侵占公用楼道堆放废品的行为,不仅严重侵犯了其他业主的权利,而且给公共安全埋下了隐患。调解员同时指出,在全民阻击疫情的大背景下,小区内的公共卫生安全是社区阻击病毒的一道重要屏障。花某捡拾的废品存在交叉感染的隐患,不仅对自己的健康有影响,对左邻右舍的身体健康也是不利的。

最后,调解员向物业公司阐明,虽然清理小区公共部分的杂物属于其物业服务行为,但物业公司应该合理、妥善地与业主进行沟通处理,在花某不知情的情况下擅自处理花某的废品也是要承担相应责任的。

通过反复劝导说明,物业公司首先表示不应擅自处理花某的废品,并愿捐赠花某一些生活物资以示歉意。花某随即也表示认识到了自己的错误,愿意清理楼道废品,并承诺以后不会在楼道堆积杂物。

【调解结果】

经调解,双方达成如下调解协议:

1. 物业公司向花某当面道歉,当即履行;

2. 花某于2020年3月之前自行清理堆放在楼道的废品。

经回访,花某已清理堆放在楼道的废品,并收到物业公司赠予的生活物资。双方当事人均对此次调解表示满意。

【案例点评】

本纠纷中,调解员考虑到业主年龄较大且生活困难,为避免矛盾激化,在释明相关法律规定的基础上,劝导物业公司先行让步,平息业主的不满情绪;再从情理角度出发,劝导业主改正错误行为,化解矛盾纠纷。

随着经济社会的快速发展,物业纠纷逐年递增,只有政府、物业公司、业主共同发力,才能有效减少物业纠纷的发生。

案例编号:BJRTHZ1585383518

北京市平谷区兴谷街道人民调解委员会　赵海玲

河南省洛阳市西工区肖某与某小区物业公司物业纠纷调解案

【案情简介】

肖某是河南省洛阳市西工区某老旧小区的业主，在该小区拥有 2 套房屋，房产证登记的总面积为 68.8 平方米。由于该小区已建成 20 余年，基础设施较为落后，疫情防控期间，小区物业公司为加大对进出人员的管理，在小区大门处新安装了一套门禁设施，要求每户居民在登记居住信息并缴纳 2020 年物业费后，可为每户发放 3 张门禁卡。2020 年 2 月，肖某前往小区物业公司申领门禁卡，物业公司以肖某未缴纳物业费为由拒绝发放。肖某认为物业公司将物业费和门禁卡捆绑的做法不合理，便与物业经理韩某发生争执。韩某认为收取物业费开展物业服务是正常的行为，拒不退让，双方僵持不下。无奈之下，肖某来到社区人民调解委员会（以下简称调委会），请求帮助调解其与小区物业公司之间的纠纷。

【调解过程】

在接到肖某的调解申请后，调委会迅速组成调解小组，展开前期调查工作。调解员了解到，该小区内有一个利用自家住房开设门诊进行腰椎拔罐的中医，平日外来人员进出频繁，车辆乱停乱放，为小区管理带来很大不便。当前正值疫情防控的关键时期。为了规范服务管理，堵塞疫情防控漏洞，物业公司为小区加装门禁，并提前 1 个月在各单元楼内张贴通知，告知业主需要在 2020 年 3 月 1 日前办理门禁卡。大多数业主已经按照物业公司的要求缴纳了物业费并领取了门禁卡，但也有一小部分业主认为物业公司的做法不合理，拒绝将物业费与门禁卡捆绑。物业经理韩某告诉调解员，由于一些业主是租住户，所以需要其出示物业缴费单来证明是该小区业主。物业公司也是迫于无奈才将物业费和门禁卡挂钩，以实现物业公司的正常服务管理。

掌握情况后，调解员对案件进行了分析研判。通过分析认为，这起纠纷表面上是门禁卡的发放问题，但实际上涉及两种法律关系：一是业主未按照《物业服务合同》约定及时足额缴纳物业管理费，涉及合同违约的问题；二是物业公司将小区物业费与门禁卡发放捆绑，侵犯业主房屋居住权的问题。在查阅了相关法律条文后，调解员再次找到物业经理韩某并指出，物业公司催缴物业费情有可原，但小区业主有自由出入本小区的权利,利用门禁卡限制业主自由出入小区是违法行为。任何单位和个人不得侵犯他人对财产行使占有、使用、收益、处分的权利。业主“进家门”是行使对房屋所有权和居住权的最基本权利。物业企业以缴纳物业费为条件发放门禁卡的行为,已经侵犯到业主对其所有房屋的占有权与使用权。根据我国原《物权法》第35条规定:“妨害物权或者可能妨害物权的,权利人可以请求排除妨害或者消除危险。”因此,业主可以依法行使排除妨害请求权。在法律条文面前,韩某认识到物业公司的错误,表示愿意免费为小区所有业主提供门禁卡,但是希望调解员能帮忙和肖某沟通,督促其及时足额缴纳物业费。调解工作有了初步进展。

为尽快解决问题,防止矛盾升级,调解员来到肖某家中,告知肖某物业公司已经作出退让,愿意免费为所有业主发放门禁卡,但业主在享有物业服务权利的同时,也要承担按时缴纳物业费用的义务。首先,肖某与小区物业公司签订的《物业服务合同》中明确约定:“乙方(业主)应当在每年12月底前,及时足额缴纳下年度物业管理费用。”根据我国原《合同法》第107条规定:“当事人一方不履行合同义务或者履行合同义务不符合约定的,应当承担继续履行、采取补救措施或者赔偿损失等违约责任。”其次,根据《物业服务收费管理办法》第15条第3款规定:“业主应当按照物业服务合同的约定按时足额交纳物业服务费用或者物业服务资金。业主违反物业服务合同约定逾期不交纳服务费用或者物业服务资金的,业主委员会应当督促其限期交纳;逾期仍不交纳的,物业管理企业可以依法追缴。”最后,调解员耐心劝解肖某,如果长期拖缴物业费,不仅影响物业公司正常服务活动的开展,还会对个人信用造成影响,并且需要承担相应的法律责任。通过调解员释法明理的分析,肖某明白权利与义务是对应的,物业公司不再将门禁卡和物业费用挂钩,自身的合法权利得到了维护,自己也要积极履行缴纳物业费用的义务,更不能触犯法律。最终,在调解员调解下,双方达成一致意见。

【调解结果】

在调解员的主持下,双方签订调解协议如下:

1. 按照每平方米0.36元的物业收费标准,肖某一次性支付给物业公司2020年物业管理费297元;

2. 物业公司免费给肖某发放3个门禁卡,并承诺不再将门禁卡等相关设备与物业费用挂钩;

3. 此次纠纷处理后,双方不再因此事有其他纠纷和争议。

至此，纠纷得到解决，双方当事人对结果非常满意。

【案例点评】

本案涉及的物业纠纷问题较为常见。此类纠纷看似简单，却极易引发业主与物业公司的矛盾升级，因此需要调解员妥善处理，谨慎对待。在这起纠纷中，调解员能够快速找准定位，及时查找相关法律条文，迅速从纠纷中梳理出相关法律关系，对双方当事人进行法律知识宣传教育。调解员调解思路准确，方法得当，一针见血地指出问题，使双方当事人都能真正认识到自身错误，最终促成纠纷圆满解决。

案例编号：HNYRTHZ1600243020

河南省洛阳市西工区邙岭路街道中建社区人民调解委员会 杨宝宝

山东省青岛市罗某与某银行消费纠纷调解案

【案情简介】

2020 年 1 月，罗某接到某银行信用卡中心的客服电话，称为提供更优质服务，特向满足条件的信用卡用户提供合作商的品牌白酒等优惠礼品。罗某在电话中表示同意参与活动，并在几天后收到白酒，同时收到某银行短信，显示“活动参与成功，共消费 2500 元”“本次消费办理分期业务，共分 12 期，每月还 215 元”等内容。罗某认为，客服人员在电话中宣称礼品免费，但收货后却被扣款，某银行无销售白酒资质，其声称的“赠送”已构成“销售”，且在未经罗某本人确认的情况下，该笔款项还被办理了信用卡分期，存在严重的欺诈行为，故要求某银行退还已扣除款项，并承担赔偿责任。某银行则表示，客服人员在电话中已将活动详情如实告知，罗某也表示认可，故无法满足其诉求。双方沟通未果。

罗某于 2020 年 2 月向青岛市金融消费纠纷人民调解委员会（以下简称调委会）申请调解。调委会坚持金融为民与疫情防控并重的原则，在征询某银行同意后，决定通过网络在线调解解决本次纠纷，并指派了经验丰富的调解员。

【调解过程】

根据某银行的反馈，该业务由该行信用卡中心统一开展。为更加清晰地了解案情，调委会建议某银行调取客服人员与罗某的 2 次通话录音。

调解过程中,调解员首先告知调解双方的权利义务及调解纪律,随后在线播放了2次通话录音。通话中,客服人员表示“我们将统一委托顺丰免费送达,3瓶酒的价格就可以拿到6瓶,额外再赠送2瓶香槟酒”“已经联系过的客户都同意了,本次活动的真实性和提供产品的质量您都可以放心”等。罗某还没有答应购买,客服人员即快速地与罗某确认邮寄地址。最后,客服人员介绍“本次活动默认通过银行卡分期方式,全部金额2500元,通过信用卡每期还款215元,分12期偿还完毕”,并与罗某核实姓名、出生年月和手机尾号后结束通话。据此,某银行认为,客服人员已在通话过程中尽到告知义务,罗某已经知晓并确认,整个业务办理过程不存在任何过错,因此不能满足罗某的诉求。罗某则表示,客服人员确实提到过“总金额2500元”“办理分期付款”等内容,但由于客服人员语速很快,具体内容自己并没有听清楚,并且客服人员全程都在强调“优惠”“赠送”等词语,将听者注意力全都诱导至“领礼品”上,导致罗某无法充分理解和理性思考,只是机械性地“被”默认同意,自己是在银行的诱导下办理了业务,如果某银行不能迅速解决纠纷,自己将会通过其他渠道维权。

调解员一面安抚罗某情绪,一面帮助双方梳理事情经过。调解员认为,本次纠纷的争议焦点在两个方面:一是某银行推销白酒的行为是否超出其经营范围。实践中,消费者常常可以通过银行的信用卡积分换购和分期购买等形式获得银行合作商家的商品。在方式上,除了客服人员的电话营销外,最常见的是手机应用和网上商城。本质上这仍是合作商家的销售行为,而银行只是为消费者提供购买渠道和购买方式的便利,以此吸引消费者办银行的信用卡或增加消费者在该银行的资金流动。因此,在本次纠纷中白酒的销售行为与某银行是否具有资质无关。二是某银行在为罗某推广信用卡分期业务中是否存在违规。《中国人民银行金融消费者权益保护实施办法》(银发〔2016〕314号)第15条规定:“金融机构对金融产品和服务进行信息披露时,应当使用有利于金融消费者接受、理解的方式……应当根据金融产品和服务的复杂程度及风险等级,对其中关键的专业术语进行解释说明,并以适当方式供金融消费者确认其已接收完整信息。”中国人民银行、银保监会、证监会、外汇局等四部门联合印发的《关于进一步规范金融营销宣传行为的通知》(银发〔2019〕316号)要求金融机构“不得以欺诈或引人误解的方式对金融产品或金融服务进行营销宣传……不得使用偷换概念、不当类比、隐去假设等不当营销宣传手段”“不得损害金融消费者知情权……通过视频、音频方式开展金融营销宣传活动的,应当采取能够使金融消费者足够注意和易于接受理解的适当形式披露告知警示、免责类信息”。本案中,某银行客服人员在开展电话推销的过程中,并没有充分解释分期付款业务,而是全程将重点放在推销白酒上,加之说话语速非常快,使罗某的理解出现一定偏差,没有注意和接收到分期付款中应负担义务的语言。因此,某银行客服人员未对罗某尽到充分、全面的告知义务,存在不当之处。

在调解员的分析和沟通下,罗某的情绪逐渐缓和,某银行表示会加强内部整改,并就此事件对罗某造成的不便予以致歉,愿意协助罗某办理退货手续并退款。

最终,双方达成和解,调解成功。

【调解结果】

本案通过网络视频的方式进行,调解过程和调解协议由调委会全程录音录像。协议内容如下:

1. 某银行协助罗某办理退货手续,银行在收到货物后 3 个工作日内为罗某退款,并取消信用卡分期业务;

2. 双方达成调解协议,罗某不再就此事追究某银行的任何责任。

1 周后,调委会对罗某和某银行信用卡中心进行电话回访,某银行已为罗某办理退货退款手续,双方均对调委会的调解表示满意。

【案例点评】

消费者在日常生活中常会接到各类推销电话,若不仔细甄别,极有可能在不知情或模棱两可的情况下"被"办理某项业务。本案中,某银行客服人员虽然存在诱导推销的嫌疑,但两次通话的内容也做到相对具体;罗某虽未明确表示确认办理,但也没有明确表示拒绝。在此情况下,如何评价某银行的营销行为以及如何确定责任承担是本次调解的关键。

调解过程中,调解员认真听取双方陈述,仔细分析两次通话录音,力求做到不偏不倚,最终缓和了双方的矛盾。调解员向罗某普及金融知识,做好同类事件风险提示,同时也向某银行传导了消费者权益保护理念,积极推动该银行不断提高客户服务意识,得到了调解双方的认可和好评。对于今后处理同类纠纷也具有良好的借鉴意义。

案例编号:SDRTHZ1591923450

山东省青岛市金融消费纠纷人民调解委员会　范晋腾

第二节　其他人民调解案例

北京市延庆区李某某与肖某某合同纠纷调解案

【案情简介】

2019 年 5 月某日，北京市延庆区出租人李某某与承租人肖某某签订了为期 2 年的房屋租赁合同，租期自 2019 年 5 月至 2021 年 5 月，约定年租金为 33, 600 元，一年一付，押金 2500 元。2020 年 4 月，合同尚未期满，肖某某突然提出不再租用该房屋，双方为此发生口角。得知肖某某拖欠物业费、取暖费、水费与收视费后，双方矛盾进一步激化，并就支付违约金以及各项费用数额等问题多次协商未果，李某某向所在街道人民调解委员会申请调解。

【调解过程】

调解员于当日下午打电话给肖某某核实情况，肖某某同意调解。随后，李某某与肖某某来到街道人民调解委员会参加现场调解，调解员向当事人告知了双方的权利义务、工作原则、工作程序以及人民调解协议的法律效力等。

据了解，李某某现有 2 套房产，因子女在外工作，其中一套房子一直空置，遂将这套房屋出租给肖某某，租期 2 年。李某某认为合同尚未到期，肖某某擅自终止租赁关系属于违约，应该按照合同约定向其支付违约金，押金不予退还，并应补齐物业费、水费、收视费等相关费用。李某某提出，肖某某居住期间，房屋内冰箱损坏，肖某某还需支付冰箱维修费。肖某某表示，自己已提前向李某某提出退房请求，并不存在违约情形。关于物业费，因为李某某的房屋属于回迁房，有政府补贴，物业公司并不收取物业费，故自己不需要支付该费用。肖某某还指出，疫情期间自己没有在此房屋居住，李某某提供的冰箱无故出现故障，与自己无关，并要求李某某赔偿因冰箱故障导致自己冷冻食品全部损坏而产生的损失。

情况清晰后，调解员拨打电话，及时向小区物业公司核实情况，确认房屋属于回迁房，房主李某某无须支付物业费用。虽然不交物业费的事实已核查清楚，但双方仍争论不休，且情绪激动。调解员见双方对立情绪明显，于是转变调解策略，决定对当事人进行“背靠背”调解。

首先，调解员提出，根据我国原《合同法》第 107 条规定：“当事人一方不履行合同义务或者履行合同义务不符合约定的，应当承担继续履行、采取补救措施或者赔偿损失等违约责任。”合同尚未到期，肖某某提前退租，李某某可以要求肖某某承担违约责任，支付违约金。同时，原《合同法》第 114 条规定：“当事人可以约定一方违约时应当根据违约情况向对方支付一定数额的违约金，也可以约定因违约产生的损失赔偿额的计算方法。”虽然双方的房屋租赁合同规定了违约金，但调解员建议双方以实际损失为参考，防止严重脱离实际情况或损失赔付不足。

其次，关于押金退还问题，调解员对双方的房屋租赁合同条款一一梳理后，抓住合同书里提到的“待租赁期满或合同解除后，房屋租赁押金抵扣应由肖某某承担的费用、租金以及肖某某需承担的违约责任外，剩余部分如数返还给肖某某”，指出根据双方约定，李某某有权用押金抵扣应由肖某某承担的费用。最后，调解员巧打“感情牌”，向李某某指出，租户肖某某是生意人，因受疫情影响店铺一直处于歇业状态，损失非常大，建议李某某适当地站在肖某某的角度考虑问题，体谅肖某某的难处。经过调解员一番劝解，李某某表示愿意适当降低违约金。

另一名调解员积极做肖某某的思想工作，表示根据双方签订的房屋租赁合同，租赁期间的水费、取暖费等相关费用应该由租户承担，肖某某也应对提前终止合同的违约行为承担相应责任。而且 2020 年受疫情影响，房屋租赁市场疲软，闲置的房屋很多，那时提出退租，李某某心里肯定有怨言，最好的解决方式是互相体谅，双方都退让一步，现李某某已经拿出诚意，愿意适当降低违约金，建议肖某某也有所让步。肖某某听了调解员的话，思考片刻后，同意了调解员建议。

最后，见双方态度有所缓和，调解员又让双方当事人坐到了一起，双方“面对面”交流可以接受的最大限度条件。调解员以生活费用明细清单为依据，并结合市场价格预估维修费，在调解员的帮助下，最终双方当事人达成一致意见，签订了调解协议。

【调解结果】

在调解员的主持下，双方当事人经过多次协商，最终达成以下调解协议：

1. 双方协商于2020年4月解除2019年5月签订的房屋租赁合同;

2. 李某某不再退还肖某某租房押金2500元整;

3. 肖某某一次性支付李某某违约金、收视费、冰箱维修费、水费等共计1000元整,待双方签订协议后由肖某某以现金方式支付给李某某;

4. 此纠纷一次性解决,双方再无其他争议,今后双方不得以此为由再次向对方要求任何的经济赔偿;

5. 以上协议内容均为双方真实意思表示,双方均愿意自觉共同履行;

6. 本次协议自双方签字、街道人民调解委员会盖章后生效,均具有同等法律效力。

【案例点评】

本案成功解决,归纳如下几个方面:一是用好调解方法。调解纠纷时,调解员充分给予当事人理解和尊重,根据纠纷本身,结合双方态度和情绪,灵活运用“背靠背”“面对面”等方式推动纠纷化解。二是用心交流沟通。整个调解过程较长,调解员不仅要保持足够的耐心,寻找调解“突破口”,更要站在双方当事人的角度用爱心、诚心和责任心感动当事人,赢得双方当事人的充分信任。三是法理情推动纠纷化解。调解员善于察言观色,准确掌握当事人心理,最大限度实现情理法的融合,通过分析法律规定和疫情带来的影响,促使双方在知晓自身应承担何种责任的基础上,理性地协商解决问题。四是“民所需、我所应”。坚持和发展新时代“枫桥经验”,努力筑牢防控疫情第一道防线,及时调解因疫情防控产生的矛盾纠纷,提高在疫情防控等特殊时期矛盾纠纷化解的能力水平。

案例编号:BJRTQT1597733552

北京市延庆区儒林街道人民调解委员会　王艳英

江苏省启东市王某与宋某子女婚姻家庭纠纷调解案

【案情简介】

宋某(男)与王某(女)于1973年相识并结为夫妻,双方当时均为二婚,婚后未生育子女,共同抚养了双方婚前各自的1儿3女与1女。婚后40余年,宋某与王某相互扶持,相互尊重,感情融洽。在新家庭中,王某悉心照料宋某的子女,宋家子女却对王某一直抱有排斥心理，与王某、王某女儿偶尔也会小吵小闹，好在宋某能够从中调和，一家人总体上还算和气。

自2006年起，年迈的宋某因身体原因瘫痪在床，生活起居的重担全都落在王某肩上。2016年，宋某中风，语言能力丧失，身体每况愈下。宋某子女对王某的态度愈发恶劣，多次吵着要求王某离开宋家，并要求王某交出宋某的工资卡等财产。2017年10月，迫于压力，王某将宋某的工资卡移交给了宋某子女，但仍守护在宋某身边，并请了保姆一同照顾宋某。2019年3月，宋某因病去世，宋某子女与王某间的矛盾彻底爆发，一家人刚处理好丧事，就为财产与房屋问题大打出手，王某迫切希望调解委员会协调解决此事，合理分割宋某生前与其的共同财产。江苏省启东市某镇人民调解委员会调解员当即电话征求宋某子女同意，受理了这一起矛盾纠纷。

【调解过程】

调解员对矛盾纠纷缘由进行了深入细致的询问。王某认为，她与宋某是合法夫妻，共同生活40多年，宋某子女都在她手里长大成人且成家立业，现在一家人为了争夺家产而反目成仇，实在令其难以接受。况且家里财产都是公开透明的，2014年，她曾拿出18万元分给子女和孙女，当时每人拿到3万元。2017年10月，宋某的工资卡被宋某子女拿走，这些年老夫妻除了就医、生活开支以外，只剩有26.1万元。王某曾提出以此数额进行分割，但被宋某子女否决。王某现要求将当年分割的18万元也拿出来重新分配。宋某子女认为，26.1万元加上利息现在至少有30万元，且宋某王某两人都是退休职工，每人每月退休金都有8000元左右，王某应当拿出60万元进行分割。

在对案件有了初步了解后，调解员认为，该纠纷涉及金额较大，双方意见差距较大，要想解决该起矛盾纠纷，首先要明确两个要点：一是前期已分割的18万元是否应当重新分割，二是夫妻2人多年来有多少共同财产。调解员进行了实地走访调查，进一步了解当事人家庭内部情况，并查阅相关法律法规。通过调查，调解员了解到，该起矛盾纠纷最直接的导火线，是在宋某过世后，宋某子女把亲生母亲的遗像与宋某放置在一起，悬挂在老夫妻房屋的客厅里，以此逼迫王某离开自己家，且在王某不知情的情况下，宋某子女把自己父亲宋某的抚恤金和丧葬费等领取后归自己所有，让王某彻底寒心。在了解清楚这些情况后，调解员会同当事双方约定好调解时间，展开调解工作。这次调解工作，调解员从昔日情感、尊重死者入手,劝导双方不要把前期已分割好的18万元放在此次财产分割中,并提示双方本纠纷的焦点是界定夫妻俩共同财产。一番劝说后,王某表示可以放弃对18万元重新分割的要求,但财产分割以26.1万元为准,且房屋作为夫妻婚后共同财产,其愿意出资26万元购入,产权归其所有。宋某子女表示王某提出的分割数额较小,不愿意继续谈下去,调解一时陷入僵局。见此情况,调解员当即改变战略,从“面对面”调解转向“背对背”调解,分别与双方就矛盾处置方法进行深入交流,进一步了解各方需求。经过一番谈判,双方确定共同财产由26.1万元提高到30万元,且房屋的购入额需商议。双方的妥协,让调解员看到了此次调解成功的希望,但房屋价值如何界定,抚恤费和安葬费如何处置,房屋内的物品如何处置,仍是此次调解工作的难点。

找准问题难点之后,调解员积极与双方进行深入交流,一方面,调解员向双方进行了法律释明,包括我国原《婚姻法》第17条的规定以及原《继承法》第10条的规定,调解员通过给双方讲述法律规定中关于夫妻共同财产、遗产分割等规定,提高当事双方法律认知,引导当事人对房屋价值作出正确判断,在抚恤金、丧葬费的分割上达成共识。另一方面,调解员从情感角度出发,感化当事人,共忆家庭美好时光,提升亲情温度,劝导宋某子女要学会知足感恩,感恩王某为他们成家立业付出的辛劳,给予王某家庭温暖。最终,双方达成一致。

【调解结果】

双方约定:

1. 宋某与王某婚后财产共计30万元整,其中15万元归王某所有,剩余15万元由王某、王某子女和宋某子女平分,人均2.5万元。

2. 宋某与王某婚后房屋由王某购买,产权归王某所有。王某去世后,房屋、财产与宋某4个子女无关。

3. 房屋总额为30万元整,房款一半(15万元)归王某,剩余15万元归王某、王某子女和宋某子女平分,人均2.5万元。

4. 宋某的抚恤金归宋某的4个子女所有,王某去世后的抚恤金由王某女儿处理。

5. 王某去世后骨灰与宋某骨灰放在一起。

6. 本协议签订后,由宋某子女将宋某与王某房屋内有关照片和财产妥善处理好。

【案例点评】

财产继承与分割是最常见的家庭纠纷,如处置不当极易引发矛盾。调解此类纠纷,首先,应立足于查清家庭成员之间的相互关系,并了解彼此之间的诉求;其次,在正确适用法律的基础上,做好当事人各方的思想工作,使其能在互谅互解的前提下友好协商解决。

本案是一起家庭成员之间在财产数额与分割上意见不一致而引发的较为典型的家庭纠纷。调解委员会首先查清了家庭成员之间的关系,找出双方分歧,并拟定初步的调解方案。在实际调解中,调解员通过观察当事人的状态,运用多种方法和技巧,引导当事人的思路,注意抓住调解时机,把握调解的原则,提升了调解成功的概率。在探讨解决途径的过程中,能够抓住双方争议焦点,释明相关法律规定,共同确定调解思路与方案。最后通过依法解惑、以情感人,促使当事人在互谅互让的基础上,依法对财产数额与遗产分割以及相关事宜进行了公平合理的处理。这不仅使这起财产继承引发的纠纷得到合理的解决,还较为完美地解决了王某百年后的骨灰安置问题,从源头上预防了以后可能发生的矛盾纠纷,有效地维护了家庭和睦。

案例编号:JSRTQT1581564871

江苏省启东市司法局惠萍司法所　朱赛男

浙江省宁波市程某与某酒店合同纠纷调解案

【案情简介】

浙江省宁波市程某承包某酒店二楼餐厅进行经营。双方承包合同约定,程某经营期间产生的水电费用由某酒店代为收取缴纳。2020 年年初,因新冠肺炎疫情管控需要,某酒店被镇政府征用为集中隔离点。2 月,某酒店负责人王某多次通过微信、电话方式向程某催缴其拖欠的 1 月份水电费用。但因酒店被征用期间餐厅无法营业,因此程某不予认可,并以无法进入酒店核实为由,要求待酒店对外营业后再缴纳水电费用。3 月,王某将催款的书面通知拍照发送给程某,告知其再不缴纳水电费用就将采取停电措施。程某回复王某,如果停电,造成损失由某酒店负责。王某在通知次日对餐厅采取了断电措施。程某几天后得知此事赶回餐厅,但冷藏冷冻的食材和蓄养的生鲜均已变质或者死亡,双方由此产生争议。程某向当地镇调解委员会申请调解,要求某酒店赔偿食材损失6.2万元。

【调解过程】

镇调解委员会接受程某申请后,向某酒店询问了调解意向,某酒店同意调解,并委托王某参加调解工作。为顺利开展调解工作,调解员在对接镇卫生院、镇疾控办后,和双方当事人穿上防护服进入酒店查看和清点食材受损情况,并拍照取证,由双方现场予以确认。

根据现场取证情况,调解员告知某酒店,疫情期间酒店被征用为隔离点,程某无法前来核实水电费用的数额情有可原。根据《宁波供电公司疫情防控期间临时电价扶植政策解读及办理导引》的规定,供电公司对疫情期间不能按时缴纳电费的单位或个人可享有免缴滞纳金的延迟期限。因此,某酒店对疫情期间不能及时缴纳水电费的租户应给予一定的宽限,而不是采用单方停电的方法。在程某提出延期缴纳水电费的请求并告知停电会造成损失的情况下,某酒店仍单方面对餐厅断电,应当对由此造成的食材损失承担责任。王某解释称,某酒店有若干租户,如果都像程某一样不及时履行合约缴纳水电费用,酒店就要代其垫资缴费,不仅增加经营负担,还会造成管理困难,因此才采取了断电措施。但在看到程某损失惨重后,经过调解员的劝导,也认识到了断电行为的错误,愿意承担程某一半的损失,并愿意让程某将2月份电费延至4月份缴纳。

明确了某酒店的调解意向后,调解员针对程某开展调解工作。程某态度坚决,坚持要求某酒店赔偿其全部损失。调解员及时向程某进行了法律释明:双方在承包合同中明确约定程某应及时向某酒店缴纳水电费用。虽然因疫情某酒店被征用为隔离点,但缴纳水电费用的行为并不完全受疫情不可抗力的影响。根据我国原《民法总则》第180条、原《合同法》第117条的规定,不可抗力是指不能预见、不能避免且不能克服的客观情况。本次疫情属于法律上规定的不可抗力事件,但未履行合同义务的一方能否以疫情防控作为免责事由还需要结合具体情况综合判断,政府采取的防控措施导致合同约定的义务无法实际履行或者履行合同义务会违反政府防控政策、给疫情防控带来巨大风险等情形才能构成不可抗力的免责事由。本纠纷中,某酒店通知程某缴纳1月份水电费用,程某可以不去某酒店现场而采取网上支付的方式。即使对费用数额有异议,也可以在断电前通知相关部门帮忙把食材转运出去,避免损失发生或扩大。因此,某酒店作为疫情防控隔离点并不妨碍合同履行或风险规避。某酒店断电造成食材损失固然不对,但程某的行为也导致了损失的发生和扩大。在程某没有按照合同约定及时缴纳水电费用的情况下,某酒店主动提出将 2 月份电费延至 4 月份缴纳,并非不考虑租户难处,程某遇到困难时更应积极主动与某酒店协商解决。餐厅还要继续经营,双方不能带着矛盾进行合作。对于调解员的说法,程某点头称是,态度大为缓和。调解员趁热打铁询问程某是否愿意双方共同承担责任,程某表示,愿意将索赔金额降低至 3.5 万元。

至此,调解工作拨云见日,双方当事人的调解意向基本达成一致,调解员立即组织双方进行第三轮调解。调解员分析当事人心理,以疫情管控这个大环境为切入点,通过向当事人释明法律规定,帮助当事人分析利弊,成功消除了双方的嫌隙,最终双方达成一致调解意见。

【调解结果】

双方达成调解协议如下:

1. 某酒店一次性赔偿程某食材损失人民币 3.5 万元;

2. 程某在 4 月底缴清所欠水电费。

某酒店当场支付了 3.5 万元,双方握手言和。

【案例点评】

本起纠纷的发生正值疫情管控的特殊时期,在调解过程中,调解员冒着被感染的风险进入隔离点取证,高效解决了矛盾纠纷,维护了疫情期间社会的和谐稳定。

案例编号:ZJRTQT1587625370

浙江省宁波市海曙区洞桥镇人民调解委员会　陈　杰

浙江省平阳县黄某家属与某交通工程有限公司损害赔偿纠纷调解案

【案情简介】

2019 年 11 月某日,黄某在驾驶自购车辆为温州某交通工程有限公司(以下简称某公司)运送砂石过程中不慎坠落山谷身亡。因事故发生时,道路正在修建中,并不属于交通法规定义的道路,故公安交警部门未作出事故责任认定书。事故发生后,双方因责任划分问题和赔偿数额差距过大多次协商无果,黄某家属一行数十人来到辖区镇政府,采取拉横幅、静坐等方式给镇政府施压,希望借此方式达到让工程承包人某公司赔偿的目的。后经镇政府工作人员引导,双方于1周后来到镇人民调解委员会(以下简称调委会)请求调解。

【调解过程】

考虑到双方当事人分歧较大,且黄某家属方情绪尚不稳定,目前不适宜将双方召集在一起进行面对面调解,调解员决定先分别与双方当事人进行沟通,了解双方诉求及理由后再进一步制定调解方案。

调解员首先找到黄某家属,对其进行安抚宽慰,并劝导其通过合法渠道维护自身权益。黄某家属表示,他们也不愿意采用极端的手段维权,但某公司只愿意承担30万元人道主义补偿,态度实在恶劣。黄某是在按某公司要求给水库清淤时发生的事故,而道路坍塌是造成事故的主要原因,作为用工单位,提供安全的工作环境是某公司的责任,黄某突然离世不仅给家人造成了严重的精神伤害,家人将来还要承担经济上的巨大压力,因此,黄某家属要求某公司承担丧葬费、死亡赔偿金、精神抚慰金等各项损失共182万元。

某公司法务人员向调解员表示,黄某自备车辆为工地运输砂石,与某公司之间构成承揽合同关系,根据《最高人民法院关于审理人身损害赔偿案件适用法律若干问题的解释》(以下简称《解释》)第10条"承揽人在完成工作过程中对第三人造成损害或者造成自身损害的,定作人不承担赔偿责任"之规定,黄某应该为自己的安全承担责任,并且事故并非发生在给工地运输砂石过程中,而是在给水库清淤的回程途中,且黄某还可能存在超速的情形,因此公司只愿意承担30万元人道主义补偿。

首先,由于此案涉及的法律问题专业性较强,调委会特邀请法律顾问共同参与调解。对于双方争议的法律关系问题,法律顾问指出,虽然雇佣关系和承揽关系同为提供劳务而产生,但仍有本质上的区别,黄某自带车辆(劳动工具)运输砂石,符合承揽关系中自带劳动工具的特征,但从整个劳动过程分析,黄某所完成的工作成果(运输砂石以及清淤)不是其独立完成的,而是受某公司的指挥、约束,因此,定性为雇佣法律关系更为妥当,《解释》第11条规定:"雇员在从事雇佣活动中遭受人身损害,雇主应当承担赔偿责任。"据此,某公司应承担赔偿责任。其次,在事故责任认定问题上,经调委会和双方当事人现场查看后证实,造成事故的主要原因是路面坍塌。《解释》第16条指出:“下列情形,适用民法通则第一百二十六条的规定,由所有人或者管理人承担赔偿责任,但能够证明自己没有过错的除外:(一)道路、桥梁、隧道等人工建造的构筑物因维护、管理瑕疵致人损害的;(二)……”某公司作为该道路的管理人,自然对该道路承担维护管理的义务,如因维护管理瑕疵致人损害的,应承担赔偿责任;至于某公司所提出的黄某存在超速的抗辩,与事故的发生没有必然因果关系,因此某公司应承担全部责任。最后,在赔偿数额的认定上,调解员向黄某家属解释,国家对人身损害造成死亡的,有明确的赔偿标准,并对照《解释》的相关规定,现场测算出医疗费、丧葬费、死亡赔偿金、精神抚慰金、车辆损失费等各项损失共98万元。

调解员表示,能够理解黄某的死亡给家人带来的痛苦,但逝者已逝,对亲人来说应尽快恢复正常生活,而不是长期陷在案件赔偿的争议中。在调解员的耐心劝说下,黄某家属表示接受98万元的调解方案,某公司也表示愿意签订赔偿协议,进行分期付款,直至付清全部赔偿款项。

【调解结果】

在调委会的主持下,双方于2019年12月底签订调解协议书:

1. 某公司赔偿黄某家属医疗费、丧葬费、死亡赔偿金、精神抚慰金、车辆损失费以及家属处理上述事项必要其他费用等共计98万元整。

2. 支付方式:调解协议签订之日起3日内,某公司以现金方式将赔偿款10万元支付给黄某家属;在农历春节之前,某公司将剩余赔偿款88万元支付给黄某家属。

【案例点评】

本案中,对黄某和某公司之间的法律关系的认定和事故责任的认定专业性较强,调解员巧借法律顾问释法,让双方当事人对最终认定结果心服口服;对赔偿数额依照司法解释进行现场测定,不偏不倚,最终双方均表示满意。在处理这类矛盾纠纷中,要做好全面调查,善于借助外力,从矛盾中找到冲突的关键点,针对核心矛盾“对症下药”,有效解决问题,最终达到法律效果和社会效果双赢的结果。

案例编号:ZJRTQT1582969108

浙江省平阳县司法局顺溪司法所　潘进进

浙江省杭州市某科技公司与王某合同纠纷调解案

【案情简介】

2012年8月,浙江省杭州市某建筑公司将位于萧山区某街道某村的厂房出租给王某,双方签订租赁合同约定年租金450,000元,租赁期限15年,租赁期间王某可以对厂房进行装修用于生产经营。2017年3月,王某与厂房所在村委会签订了厂房周边杂地租赁合同,约定租赁期限3年,年租金每亩1500元,王某在厂房周边建设了一些地上建筑。

2019年7月,杭州市某建筑公司因未按期履行法院判决被申请强制执行,其位于萧山区某街道某村的厂房被法院拍卖,杭州某科技公司通过司法拍卖方式竞得该厂房所有权及国有土地使用权。取得该厂房所有权后,杭州某科技公司希望结束与王某的租赁合同收回厂房自己经营,双方为此产生纠纷,向街道人民调解委员(以下简称调委会)申请人民调解。收到双方当事人的申请后,调委会指派两名调解员进行调解。

【调解过程】

2019年11月,杭州市某科技公司的委托代理人李某某和王某的委托代理人在调委会的主持下进行了调解。调解员听取双方当事人陈述,李某某表示,自己公司通过司法拍卖的方式取得了杭州某建筑公司位于萧山区某街道某村的厂房所有权,现在该厂房归己方所有,公司需要对厂房进行装修改造后用于经营,因此要收回厂房的使用权。王某方则表示,他们和杭州某建筑公司在2012年8月签订了租赁合同,合同期限为15年,王某因为生产经营需要在厂房内进行了大量装修,安装了冷库和货用电梯等设施设备,希望能够继续经营,如果杭州某科技公司单方面解除合同,将会对王某造成重大损失,需进行赔偿。王某在厂房周边向村里租用的土地上搭建了设施,如果以后不再经营,厂房周边的设施也无法使用,如果对方要求解除租赁合同,这一部分的损失也必须赔偿。

了解双方诉求后,调解员查看了该厂房的司法拍卖公告、王某和杭州某建筑公司的租赁合同以及王某和某村村委会签订的土地租赁合同,并针对双方的争议焦点,以相关法律为基础认真分析,通过情理法相结合的方式对双方当事人进行劝说。

对于王某和杭州某建筑公司签订的厂房租赁合同对杭州某科技公司是否有约束力的问题，调解员表示，根据我国原《合同法》第229条规定："租赁物在租赁期间发生所有权变动的，不影响租赁合同的效力。"调解员在查看该厂房的司法拍卖公告时发现，公告中已明确载明该厂房的租赁情况，且王某和杭州某建筑公司的租赁合同中未对租赁期间发生所有权变动的情况做特别约定，因此杭州某科技公司作为新的所有权人应当"法定承受"该租赁合同，原租赁合同的权利义务内容维持不变（租金、期限等）。王某如果要求继续履行合同，其利益受到法律保护，杭州某科技公司无权单方面解除合同，但是有权要求王某支付租金。如果杭州某科技公司要求解除合同，应当承担违约责任。

对于王某要求杭州某科技公司赔偿其厂房装修的问题，调解员表示，参照《最高人民法院关于审理城镇房屋租赁合同纠纷案件具体应用法律若干问题的解释》第10条规定："承租人经出租人同意装饰装修，租赁期间届满或者合同解除时，除当事人另有约定外，未形成附合的装饰装修物，可由承租人拆除。因拆除造成房屋毁损的，承租人应当恢复原状。"第11条规定："承租人经出租人同意装饰装修，合同解除时，双方对已形成附合的装饰装修物的处理没有约定的，人民法院按照下列情形分别处理：（一）因出租人违约导致合同解除，承租人请求出租人赔偿剩余租赁期内装饰装修残值损失的，应予支持；（二）因承租人违约导致合同解除，承租人请求出租人赔偿剩余租赁期内装饰装修残值损失的，不予支持。但出租人同意利用的，应在利用价值范围内予以适当补偿；（三）因双方违约导致合同解除，剩余租赁期内的装饰装修残值损失，由双方根据各自的过错承担相应的责任；（四）因不可归责于双方的事由导致合同解除的，剩余租赁期内的装饰装修残值损失，由双方按照公平原则分担。法律另有规定的，适用其规定。"由于王某与杭州某建筑公司签订的租赁合同对厂房装修进行了约定，杭州某科技公司如要求解除合同，对王某因生产经营所需的装修中形成附合的装饰装修物，如吊设天花板、墙壁粉刷油漆等，应当赔偿剩余租赁期内装饰装修残值损失；对空调、电梯、太阳能热水器、抽油烟机未形成附合的装饰装修物，王某可拆除取回，杭州某科技公司如想要留用，应当支付相应对价，而王某拆除过程中如造成房屋损坏的应恢复原状。

对于厂房周边杂地上设施的赔偿问题，由于这些设施是王某自行在租用的村集体土地上搭建，与杭州某科技公司不存在法律上的关联关系，杭州某科技公司可以不用赔偿。但是，考虑到一旦合同解除，王某不在该处厂房生产经营，他搭建的这些设施也将等同于废弃，确实会对其造成一定损失，因此，调解员建议王某在经所在村村委会同意后,将所租赁杂地的使用权转让给杭州某科技公司,并将搭建的设施以合理的价格一并转让。

经过调解员耐心的解释和说服工作,双方争议的矛盾焦点逐一解决,最终调解成功,协议当场签订。

【调解结果】

经调解,双方达成以下调解协议:

1. 王某放弃厂房租赁合同剩余租赁期限的全部租赁权,原厂房范围内属于王某的财产全部转让给杭州某科技公司。

2. 王某将厂房周边杂地上的设施转让给杭州某科技公司,王某协助办理好土地使用权的转租手续。

3. 王某在协议签订后 3 日内交付厂房和周边杂地上的设施。

4. 杭州某科技公司向王某一次性补偿 86 万元,于协议签订后 3 日内支付。

【案例点评】

本案属于房屋租赁合同纠纷,适用"买卖不破租赁"原则,承租人提出要求继续租赁房屋的要求是合法的,其利益应该受到法律的保护,杭州某科技公司无权单方面解除合同,但是有权要求承租人支付租金。因此,建议在日常房产交易中,房屋买受人在购房前应当充分了解要购买的房屋是否已经出租,如果出租,租赁期限是否快到期,避免影响自己的购房用途或自己的投资计划。

案例编号:ZJRTQT1593766499

浙江省杭州市萧山区司法局新塘司法所　赵华军

湖北省武汉市青山区某酒店与刘某等 70 人合同纠纷调解案

【案情简介】

2018 年 5 月,湖北省武汉市青山区刘某等 70 位业主将自己的产权房屋租赁给武汉某酒店做家居客房,约定每人出资 2 万元由武汉某酒店按照统一标准装修,酒店每月向每户缴纳 1980 元的租金,在每季度第一个月的 5 日交付该季度的租金。2020 年 4 月,武汉某酒店不仅没有如期缴纳 2020 年第二季度租金,同时向 70 位业主发出公告，表示受疫情影响，第二季度酒店没有正常营业，要求业主免收酒店 4 个月的房租，如果业主不同意便退租。

70 位业主不同意酒店的要求，双方由此产生争议，遂于 2020 年 4 月某日向武汉市青山区某街道人民调解委员会申请调解。

【调解过程】

由于纠纷发生在新冠疫情期间，且涉及人员多、调解难度大，为化解纠纷，青山区某街道专门成立了由某街道主任、区市场监督局负责人、某街道司法所所长、专职人民调解员、社区律师组成的调解小组。调解小组首先引导 70 位业主内部协商，通过书面授权委托调解的形式，委托业主代表参与调解，将多人多项诉求集中为统一的调解意见，以提高调解效率。

2020 年 4 月某日，70 位业主的代表刘某、张某及付某 3 人以及武汉某酒店负责人王某参与调解。王某表示，受疫情影响，2020 年 1 月至 4 月武汉某酒店没有盈利，如果缴纳了 70 位业主第二季度的租金，酒店资金流断裂将导致破产。业主们如果不能为酒店减免 4 个月的租金，合同将很难继续履行，酒店愿意承担违约的责任。业主代表则认为，武汉某酒店直接发公告要求业主减免租金、且不经业主方同意就直接解约的强硬方式让人无法接受，同时，70 位业主的房子也大多是贷款购买的，需要资金还贷。

调解小组以疫情管控这个大环境为切入点，通过解释我国原《合同法》的相关规定帮助双方当事人分析利弊，请双方当事人相互体谅，和解协商。调解员告知王某：如果减免 4 个月的租金，意味着疫情造成的损失都要由出租人承担，这对于出租人是不公平的。虽然在处理与疫情有关房屋租赁问题上，合同的履行受疫情防控影响，但只要符合继续履行条件的，承租人请求解除租赁合同，一般情况下不会被法院支持。调解小组劝说业主代表，维护合同关系的稳定、鼓励合同继续履行是解决此类纠纷的原则，酒店继续经营也是大家都愿意看到的结果。但是，看到双方在房租的问题上仍僵持不下，调解小组迅速转变思路，劝说酒店方是否可以通过其他方式减少业主的损失。酒店方表示可以给予每位业主 1000 元的酒店代金券，在酒店等同现金消费，业主代表表示同意，同时表示愿意减免 3 个月的租金。

然而，在双方的调解意向基本达成一致之时，酒店方提出，由于疫情对酒店的影响需要很长时间恢复，希望业主给予酒店 6 个月的房租减半。业主代表哗然,愤怒之余表示刚才达成的合意也不作数了,场面一时难以控制。调解员迅速将酒店法人代表王某拉到一边,告知他,业主愿意减免3个月的租金,已是很大的让步了,酒店的损失不能完全让业主们承担,理解酒店经营困难,建议酒店可以通过延长租期的方式,确保业主的租赁收益期更长。王某表示同意,业主代表听后也觉得如果能够延长租期,可以给予酒店6个月的房租减半,随即表示同意此调解方案。至此,双方达成一致调解意见。

【调解结果】

双方自愿达成以下协议:

1. 合同时间自动延长1年,确保业主的租赁收益期更长;

2. 业主给予酒店方3个月的免租,酒店方给予每位业主1000元代金券,业主可以用此券在酒店消费;

3. 业主给予酒店6个月的房租减半(此6个月减半的租金在2021年6月1日前一次性补给业主);

4. 其他合同条款,按原合同执行。

【案例点评】

2020年1月23日封城令下,整个武汉市都处于停滞状态,各行各业纷纷歇业停产,对生产经营活动带来严重冲击。受疫情影响,作为商业活动中不可缺少的房屋租赁环节,出租人和承租人之间因房屋租赁涉及的租金减免、租期延长、合同解除、责任承担等方面产生诸多纠纷。

本案所涉房屋属于租赁生活用房却用于商业,且出租人均为自然人,若损失全部由出租人承担是有失公平的,调解员不拘泥于单纯减免租金,而是通过代金券、延长收益期等其他方式使双方达成合意,体现了人民调解工作在构建良好营商环境中的作用。

案例编号:HBRTQT1594802648

湖北省武汉市青山区红卫路街人民调解委员会　吴险峰

湖北省荆州市荆州区明某某与某供电所损害赔偿纠纷调解案

【案情简介】

2020年5月下旬某日，湖北省荆州市荆州区某供电所（以下简称供电所）发现辖区居民明某某种植的香樟、楠木等树木生长过高，担心会危及电力设施安全，在未告知明某某的情况下组织施工人员将相关树木修剪。明某某发现树木被处理后，立刻向该供电所讨要说法，明某某居住地的村人民调解委员会（以下简称调委会）主动介入进行调解，但双方因对损害补偿款数额争议较大，无法达成一致意见，调解一度陷入僵局。

2020年6月某日，明某某向镇人民调解委员会递交调解申请书，希望镇人民调解委员会能维护自己的合法权益。

【调解过程】

镇调委会受理后，立即指派调解员向当事人、供电所工作人员李某某和曹某某以及街坊邻居开展调查取证。在详细了解案情后，整理出本案的焦点主要有两个：一是供电所修剪的树木，是否都影响到了电力设施；二是是否该对修剪的树木给予补偿，补偿数额是多少。第二个问题是争议最大的问题，也是处理本案的核心。

为此，镇、村调委会的调解员一起到实地勘察，清点被修剪树木的数量，查看电线、电线杆和变电箱的情况。经查实，被修剪的树木共151棵，多为楠木，位于电线下的树木共101棵。同时了解到，该区域部分电线老化、弯垂现象严重，电线杆均是升级前的水泥杆。供电所工作人员曹某某反映，该区域的电力设施还未进行改造升级，但此项工作将在今年下半年完成施工。

镇调委会摸清相关情况后，组织双方当事人进行调解。明某某表示，自己靠种树为生，现遭受严重损失，要求按照市场价格赔偿损失3万元。同时，供电所必须在2020年下半年完成自己土地上电力设施的升级换代施工。供电所工作人员曹某某表示，修剪树木是为了保障全镇的用电安全，如果全镇的苗木种植户都要求补偿青苗款后才能修剪高压线下树木，供电所不仅无力承担这笔高昂的费用，也无法保障全镇的正常用电，甚至会促使部分农户故意在高压线下种植高冠树木，挟树要价。由于双方各执一词，均没有退一步的打算。镇调委会讨论研究后,决定采取"背对背"分别沟通的方法进行调解。

针对明某某提出的3万元赔偿款要求,调解员耐心的解释,供电所修剪的151棵树木,有101棵严重影响到高压电线的安全。根据我国《电力法》第53条第2款规定:"任何单位和个人不得在依法划定的电力设施保护区内修建可能危及电力设施安全的建筑物、构筑物,不得种植可能危及电力设施安全的植物。"第69条规定:"在依法划定的电力设施保护区内修建建筑物、构筑物或者种植植物、堆放物品,危及电力设施安全的,由当地人民政府责令强制拆除、砍伐或者清除。"对于这101棵树木,即使供电所不进行修剪,政府也会要求种植人自行修剪,这是法律规定的义务。调解员继续解释,剩下的50棵树木对电力设施影响小,可以针对此情况与供电所进行沟通,给予一定的补偿,但必须严格遵守法律的相关规定,不能随意要价。明某某表示自己愿意承担法律规定的义务,也愿意接受调委会的调解意见。

同时,调解员针对供电所修剪树木的行为向当事人说明,供电所在砍伐苗木之前应与当事人进行沟通,采用公告等方式通知当事人,供电所存在一定的程序瑕疵。而且,供电所也只能砍伐影响电力设施的树木,不能砍伐其他树木,所以应该向明某某支付另外50棵树木的补偿款。经过反复沟通交流,供电所负责人同意调委会的调解意见,也表示2020年下半年将会按计划完成该区域电力设施的升级换代。

【调解结果】

当日,双方在调解委员会的主持下签订调解协议书,主要内容有以下几点:

1. 当事人本着平等、自愿的原则签署该调解协议书;
2. 供电所按照市场价格一次性向明某某支付青苗补助款1万元;
3. 如供电所再进行砍伐作业时,应提前告知明某某,不能擅自砍伐;
4. 任何一方都不得再因此事发生新的矛盾纠纷。

双方对调解协议无异议,并当场签字。

【案例点评】

在本纠纷处理中,一方面必须考虑到全镇居民的用电安全,另一方面也要保护当事人的合法权益。调解员坚持平等自愿、实事求是的原则,到实地走访调查,搜集证据,同时遵守法律法规的相关规定,采用科学的调解方法分别对各方开展工作，而不是采取简单的“和稀泥、说软话”的处理方式。既保障了用电安全，又保障了当事人的合法权益，做到了法理、事理、情理的统一。

案例编号：HBRTQT1603355504

湖北省荆州区司法局川店司法所　程　伟

山东省东营市经济开发区杨某和某电力公司合同纠纷调解案

【案情简介】

杨某在山东省东营市经济技术开发区某市场租赁市邮政局的商铺一套。2020 年 4 月某日，该商铺发生火灾，杨某发现起火后拨打 119 火警。火灾扑灭后，有关责任主体未明确，杨某的损失未得到任何赔偿。杨某遂前往东营市信访局市人民来访接待中心提出诉求，希望有关单位能明确责任主体并得到赔偿。接访中心了解事情经过后，当日将案件转至市物业纠纷人民调解委员会（以下简称调委会）。

【调解过程】

调委会在告知双方调解原则、调解纪律、调解程序后，审查材料并受理该案，随即组成由调解员、调解秘书、法学专家组成的调解小组，开展摸底调查，与相关部门进行沟通，理清调解思路。

在调查过程中，调委会首先询问了东营市消防支队，查看了《火灾事故认定书》。消防支队答复：经调查认定，起火场所是东营市经济开发区某商行二层，过火面积约 6 平方米，烧毁空调、门、配电箱、窗户等物品一宗，火灾未造成人员伤亡。经统计，火灾直接财产损失为 189, 934 元。对起火原因认定如下：起火部位位于东营开发区某商行二楼东北房间的配电室处；起火点为配电室东墙北侧配电箱处；起火系电表线路老化故障和杨某违规使用大功率电器所致。

由于本案涉及部门较多，专业性较强，调委会多次与各有关部门协调沟通后，成立由市消防支队、市工信局、国网电力东营公司和某街道办组成专家小组对该案进行调解。参与调解方有杨某、本案电力维护单位东营某电力公司、物业公司和市邮政局。通过前期调查和当天询问质证，案件事实基本清晰。

杨某承认自己违规使用大功率电器的事实，但不认可自己是本次火灾的唯一责任主体。据《火灾事故认定书》记载,另一起火原因为电表线路老化故障。因此电表箱的归属成为案件顺利调解的关键。经调查,本案涉及商铺系 1994 年建成(开发商已注销),对商铺有管理权益的签约单位有两家(均已注销),某电力公司在商铺管理单位已注销的情况下继续对商铺承担电力维护工作,商铺电源来自物业公司变电箱,但物业公司不对商铺提供物业服务。自 1994 年建成至起火时间,起火部位的电表、线路未曾更换,严重老化。

为此,调解小组制定调解方案如下:首先明确双方责任,特别是电力公司的责任,其次再积极争取杨某的退让。鉴于专家小组的意见和《火灾事故认定书》,调委会指出,电力公司未尽到对商铺电力维护的职责,致使线路老化,引发火灾,应承担主要责任。按照我国原《合同法》中对于供电合同的规定,电力公司应当对杨某承担赔偿。电力公司承认有管理责任,但是对起火部位配电箱资产归属提出质疑,认为资产方也承担部分责任。这一质疑提出后,调解小组立即向工商、电力、街道办等有关部门单位求证,但难以确定起火部位配电箱资产归属。不过,这不能改变电力公司对这起火灾负有责任的事实,这也不影响杨某本人的责任承担。本着尽快解决纠纷的原则,调解小组对杨某进行劝说:"遇到这种情况都是大家不愿意看到的,电力公司的确有不可推卸的责任,配电箱归属确实无法核实,如果要进一步核实,势必需要耗费大量时间,不如你和电力公司双方共同承担,尽快拿到赔偿。"经过调委会"面对面"和"背靠背"劝说,双方各让一步,最终达成调解协议。

【调解结果】

经过长达 5 个半小时的沟通调解,双方达成以下协议:

1. 电力公司承担责任的 55%,一次性赔付杨某 10,500 元;

2. 剩下的 45% 由杨某自行承担。

当晚双方签订调解协议,握手言和。

【案例点评】

本案争议焦点,是火灾事故责任的确定和赔偿比例的划分。由于涉及领域较为专业,调委会第一时间协调相关职能部门和单位组成专家小组成为案件得以迅速化解的关键。调解员耐心细致地剖析案情,认真详细地解释法条是使双方当事人了解彼此感受,最终作出让步的基础。最后,科学可行的赔偿比例和方案是案件能在调解会议当天得到迅速解决的保证。调解员过硬的法律知识和严谨细致的工作态度,获得了双方当事人的好评,提升了调解员良好形象。

案例编号:SDRTQT1587437642

山东省东营市物业纠纷人民调解委员会　王永春　隋希光　张玉芹

第七章　法律援助类

第一节　各类法律援助典型案例

湖南省衡阳市雁峰区法律援助中心对罗某某涉嫌贩卖毒品罪提供法律援助案

【案情简介】

2018 年 7 月 9 日，吸毒人员汤某多次打电话给罗某某，想让其帮助购买毒品，提出要购买 2 克甲基苯丙胺（俗称“冰毒”），2 粒甲基苯丙胺片剂（俗称“麻古”），罗某某预估要 700 元。当天晚上，汤某在岳屏公园附近与罗某某见面并给付 700 元购买费。随后，汤某拿着这 700 元独自向上线“小彩”购买了 2 克冰毒、2 粒麻古，其中“小彩”附赠了罗某 1 粒麻古。罗某某用卫生纸包住 2 克冰毒、3 粒麻古正交付给汤某时被公安机关当场抓获。经鉴定，被缴获的毒品“冰毒”重约 2 克，麻古重约 0.46 克。

2018 年 7 月 10 日，罗某某因涉嫌贩卖毒品罪被湖南省衡阳市公安局直属分局刑事拘留，同年 7 月 19 日，被衡阳市公安局取保候审。2019 年 3 月 26 日，衡阳市公安局直属分局侦查终结，以罗某某涉嫌贩卖毒品罪向衡阳市雁峰区人民检察院移送审查起诉，雁峰区人民检察院受理后，以贩卖毒品罪向雁峰区人民法院提起公诉。

2019 年 7 月 29 日，衡阳市雁峰区人民法院致函衡阳市雁峰区法律援助中心，告知法援中心罗某某未委托辩护人，通知法援中心为罗某某指派援助律师。2019 年 7 月 30 日，衡阳市雁峰区法律援助中心指派湖南八方律师事务所律师张某、凌某承办此案。

法律援助承办律师接受指派后，立即到雁峰区人民法院查阅、拷贝了全部案件材料，反复研究了案卷材料，认真研究了起诉书，据证核对了事实，会见了被告人罗某某。在与罗某某会见中，罗某某对案件的证据材料均予以认可，但对事实认定有异议：罗某某此前与汤某不熟悉，汤某通过朋友得知罗某某可以购买到毒品，于是与罗某某联系，请求其帮他购买并支付 700 元毒资，罗某某从中并未获利，不构成贩卖毒品罪。

承办律师在充分了解案情的基础上,认为本案在事实认定、犯罪构成、法律适用方面争议较大:一是罗某某的行为是否符合贩卖毒品罪的犯罪构成要件;二是罗某某的行为是否属于代购毒品;三是为他人代购毒品,且数量未达到非法持有毒品的标准是否入罪;四是罗某某的证据链是否完整,是否排除了合理怀疑。本案承办律师经过多次讨论研究、查找相关案例、翻阅学术著作、检索法律法规等,形成了以下主要辩护意见:

一、被告人罗某的行为不符合贩卖毒品罪的特征或构成要件,也不是居间倒卖者,其当属无罪。被告人罗某没有贩卖毒品的主观故意,不符合贩卖毒品罪的主观特征。案发当天,被告人罗某接受汤某委托,仅为他人无偿代购 2 克冰毒及 2 粒麻古吸食,主观上无牟利的目的,也没有贩卖的故意。客观上对代购毒品无加价行为,贩卖是有偿转让,本案中被告人罗某交付毒品既没有获取金钱,也没有获取其他物质利益,不符合贩卖毒品罪的客观构成要件。检察机关指控被告人罗某属于居中倒卖者亦不符合,根据《全国部分法院审理毒品犯罪案件工作座谈会纪要》(以下简称《武汉会议纪要》)共同犯罪的认定中可知,居中倒卖者必然要从毒品交易中获利,以牟利为构成要件,被告人罗某并未获利,因而不属于居中倒卖者。

二、根据《武汉会议纪要》,为他人代购仅用于吸食的毒品,未从中牟利的,且数量未达到非法持有毒品标准的,不应认定为犯罪。结合本案,被告人系帮助吸毒者汤某购买用于吸食的毒品,未从中牟取任何利益,属于代购行为,且数量未达到非法持有毒品的标准,法无明文规定不为罪,法无明文规定不处罚,所以被告人的行为不应认定为犯罪。最高人民法院参考指导案例 1014 号以及江西省高级人民法院的相关案例等皆认定无偿为他人代购少量用于吸食的毒品的行为不构成犯罪。本案中罗某为他人代购仅用于吸食的毒品,未从中获取任何利益,且数量未达到非法持有毒品标准,因此不应认定为犯罪。

三、被告人主观恶性小,社会危害性小。罗某某家庭贫困,身患重病,以低保度日,无犯罪记录和犯罪前科,并深刻认识到自己的错误。

2019 年 9 月 29 日,承办律师收到本案裁定书,湖南省衡阳市雁峰区人民检察院以证据不足为由要求撤回起诉,法院裁定准许衡阳市雁峰区人民检察院撤诉。本案圆满结束。

【案件点评】

本案看似简单,实际复杂。行为人罗某并没有收取吸毒人员汤某的“介绍费""劳务费",没有贩卖的主观目的,也没有从中获利,并非刑法意义上的有偿交易毒品的犯罪行为。行为人可能涉及违法问题,但不应认定为贩卖毒品行为。承办律师多次查找相关案例、翻阅学术著作、检索法律法规,在庭审中依据事实和法律提出无罪辩护意见,最终受援人罗某因检察院撤诉后决定不起诉获无罪释放,维护了法律的公正,维护了受援人的合法权益。

案例编号:HNXFYGL1573113644

湖南省衡阳市雁峰区法律援助中心 张 多

北京市怀柔区法律援助中心
对魏某劳务纠纷提供法律援助案

【案情简介】

2018 年 9 月 4 日,魏某受李某雇佣在北京市怀柔区张各长村从事焊工工作。在工作过程中,魏某不慎从架子上摔落受伤。事发后,李某将魏某送至医院治疗,经诊断,魏某伤情为肾上腺血肿、多发肋骨骨折等。在魏某住院期间,李某在为其支付了部分医疗费用后,就不再继续支付,魏某多次电话联系李某,电话却始终无法接通。魏某家庭较困难,其爱人肢体残疾,有父母需要赡养,孩子需要供养,全家收入来源于魏某一人。因无力支付后续的治疗费用,伤情未愈的魏某只得出院在家中静养。

2019 年 3 月 8 日,魏某到怀柔区法律援助中心申请法律援助。怀柔区法律援助中心在审查了魏某的申请材料后,得知魏某在家中静养期间一直无法工作,至今没有收入来源,魏某的经济状况符合法律援助条件,作出给予法律援助的决定,指派北京市环亚律师事务所律师王某某办理此案。承办律师接受指派后,约见了魏某,告知其准备相关证据材料。2019 年 3 月 27 日,律师再次与魏某约见谈话,在准备相关案件材料后,于当日完成立案,并提交缓减免交诉讼费申请书及鉴定申请书,申请对魏某免交诉讼费用,对魏某的伤残等级、误工期、护理期、营养期进行鉴定。

开庭前,办案法官通过电话、传票等方式联系李某,均未能找到李某。法官联系王律师,告知无法联系到被告,需要进行公告送达,并于当日对司法鉴定机构选定及公告送达程序进行问询。2019 年 7 月 22 日,北京中天司法鉴定中心作出鉴定意见,魏某伤残等级为十级,赔偿指数为10%。在领取鉴定意见后,王律师约见魏某确定最终诉讼金额。王律师告知魏某可主张的赔偿项目,并告知魏某,尽管魏某属于外省农业户口,但其长期在北京打工,居住在北京,主要收入来源自城镇,建议魏某按照城镇标准主张伤残赔偿。最终,魏某确定诉讼请求269,506.2元。

2019年10月8日,法院开庭审理此案。由于被告李某经过法院公告送达传票,未到庭参加庭审,法院依法缺席审理此案。

法律援助承办律师认为:魏某经他人介绍,受雇于李某,从事焊工工作,双方约定日工资为300元,工作地点在怀柔区张各长村,工作内容是为房屋加盖二层。魏某与李某系劳务雇佣关系。魏某在工作过程中从架子上摔落受伤,系劳务过程中受到损害。接受劳务的一方作为劳务合同的组织者,应具有提示和风险防范意识,对提供劳务的人应具有劳动保障和安全注意义务,应当提供安全的工作场所和劳动条件。被告李某在原告魏某从事劳务过程中未尽到安全保障义务,未向魏某提供安全绳、安全帽等防护措施,根据我国原《侵权责任法》第35条规定:“个人之间形成劳务关系,提供劳务一方因劳务自己受到损害的,根据双方各自的过错承担相应的责任。”被告李某存在过错,导致原告魏某在从事劳务过程中受伤,应当承担相应赔偿责任。

针对魏某伤残赔偿标准,应当按照城镇标准计算赔偿金额,魏某自2017年开始在北京打工,庭审中魏某提供了居住证、焊工证、村委会证明等予以佐证,证明魏某主要收入来源于城镇,且居住于城镇,应当按照城镇标准支付伤残赔偿金。

法院认为,当事人有答辩并对对方当事人提交的证据进行质证的权利,李某经法院合法传唤,无正当理由拒不出庭应诉,视为其放弃了答辩和质证的权利,不影响法院依据已查明的事实进行裁判。提供劳务一方因劳务自己受到损害的,根据双方各自的过错承担相应的责任。本案中,魏某经人介绍为李某从事焊工劳务,双方之间形成个人之间的劳务关系。魏某在提供劳务期间所使用的搭板系其自行搭建,其因搭板的挪动坠落受伤。魏某于2019年6月13日取得特种作业操作证,表明其之前具备从事所属职业的专业技能,其应当了解从事特种作业的潜在风险,综合其年龄及所应有的认知能力,法院认为魏某在为李某提供电焊劳务过程中存在过失,应对自己受伤承担次要责任。因此,综合查明的事实,依法认定魏某应对其损失承担40%的责任。魏某自2017年3月在北京打工,并与2019年6月13日取得特种作业操作证,其主要收入来源于城镇,且居住于城镇,故应当适用城镇标准计算残疾赔偿金。

最终,法院于 2019 年 12 月 23 日作出一审判决,判令被告李某于判决生效后 7 日内给付魏某各项赔偿 135,251.6 元。由于魏某家庭困难,法院免除了魏某应缴纳的诉讼费 2288 元。

【案件点评】

本案是一起较为典型的提供劳务者受害责任纠纷案件。根据法律规定,个人之间形成劳务,提供劳务一方因自己受到损害的,根据双方的过错承担相应的责任。本案中,李某作为雇主,未对魏某尽到应尽的安全保障义务,存在相应过错,而魏某作为从事多年焊工的成年人,在提供劳务过程中,未尽到安全注意义务,对其自身损害的发生负有相应的过错。魏某是家中的顶梁柱,魏某受伤后,家人的生活变得十分拮据。尽管李某在事故发生后对魏某避而不见,但仍不能以此逃脱其应承担的民事责任。承办律师在案件办理过程中,充分准备证据材料,积极跟进案件进展,向魏某提出合理建议,使魏某合法权益得到最大限度的维护。

案例编号:BJFYGL1584705484

北京市怀柔区法律援助中心　王越洋

福建省福州市法律援助中心对林某荣遗嘱继承纠纷提供法律援助案

【案情简介】

林某荣是一位年近 50 岁的残疾人,从事公厕管理员的工作。其父林某苗是福州市某单位的职工,名下曾有一套单位宿舍,该房于 2004 年 11 月 26 日拆迁,后林某苗在仓山区取得了一套安置房。2006 年 10 月 26 日,林某苗在福州市公证处立下一份遗嘱,确定这套安置房中属于林某苗的份额全部由林某荣个人继承,其他任何人无权继承。2009 年 4 月 29 日,林某苗去世。虽然林某苗生前立下了这份遗嘱,但是他死后,林某荣的几个哥哥姐姐依然对这套安置房提出了各自的诉求。为了确定房屋归属,维护自己的合法权益,林某荣决定通过诉讼的方式解决纠纷。由于林某荣经济贫困,又身有残疾,无力聘请律师,2019 年 5 月 10

日，他来到福州市法律援助中心申请法律援助。福州市法律援助中心审核后批准了他的法律援助申请，指派福建纶音律师事务所律师陈某某承办此案。

法律援助承办律师接受指派后，通过会见林某荣、阅卷等方式，了解了大致的案情，发现本案证据不充足，有许多疑难问题。本案是一起继承纠纷，首先要查清所有继承人的信息。根据我国原《继承法》第 10 条的规定，遗产按照下列顺序继承："第一顺序：配偶、子女、父母。第二顺序：兄弟姐妹、祖父母、外祖父母。继承开始后，由第一顺序继承人继承，第二顺序继承人不继承。没有第一顺序继承人继承的，由第二顺序继承人继承。"在本案中，包括林某荣在内的第一顺序继承人都还在世，按照法定继承的规则，可能继承林某苗遗产的人就是林某苗的配偶、子女和父母。但是林某荣对这些人的信息掌握得并不完全，除了在福州的母亲范某腾和姐姐林某兰外，他只知道他父亲和前妻在福鼎市生有两兄妹林某群、林某仙，但是两人具体的生育情况，其父的前妻、父母是否健在等问题，林某荣都不了解。民事诉讼法要求民事诉讼案件要立案，就必须要有明确的被告。以目前的证据条件，本案连立案都办不到。鉴于这些人都在福鼎市，承办律师在福州无法查阅到这些信息，必须去福鼎市调查取证。于是，经过和法官的沟通，仓山区人民法院的法官同意出具一份介绍信，让法律援助承办律师前往福鼎市的相关部门调查取证。

为提高效率，承办律师坐动车来到福鼎市后，就包车前往几个地点调查取证。承办律师来到林某苗的父母和前妻住所地的镇政府、民政部门和派出所。因为林某苗的父母和前妻出生时间都很早，而当地派出所 1983 年后才将居民的户籍信息上底册或者通过电脑登记，所以派出所里没有他们的户籍信息，镇政府和民政部门也没有林某苗与前妻的结婚信息，承办律师只找到了林某群和林某仙的户籍信息。于是，承办律师变换思路，通过林某荣的亲属联络了当地的村委会和老人会，在当面问询之后，终于得知林某苗的父母已经去世多年，同时了解到了林某苗父母和前妻的姓名与确切的生卒时间，发现他们都早于林某苗去世，因此不能继承林某苗的遗产，另外林某苗前妻梅某菊和林某苗的结婚生育情况也被一并获悉。在承办律师的请求和帮助下，当地村委会出具了书面的证明。有了这份证明，本案终于得以立案。

接下来一个问题，是涉案房屋在林某苗死亡之前的归属问题。具体来说，就是这套房屋到底是林某苗和前妻梅某菊的共同财产，还是林某苗和后来的妻子范某腾的共同财产。如果这套房子是林某苗和梅某菊的共同财产，那么由于梅某菊早于林某苗去世，除去林某苗给林某荣的份额，剩下的原属于梅某菊的份额，林某群、林某仙以及梅某菊的父母均有可能继承，而范某腾则对这部分份额没有处分权，再加之调查梅某菊父母的户籍信息也相当困难，案情就大大复杂化了。而如果该房屋是林某苗和范某腾的共同财产，那么房屋目前的份额归属就是林某荣和范某腾各占一半，案情就比较明确和简单。

由于涉案的房屋是拆迁安置房，所以它的归属应当和之前被拆迁的房屋，即林某苗原先居住的单位宿舍一致。于是，承办律师来到福州市不动产登记中心调查该套房屋的相关材料，发现原来这套单位宿舍是林某苗在 1999 年购买取得的，而林某苗和范某腾是 1970 年结婚的，所以这套单位宿舍属于两人的婚后共同财产，而作为其拆迁安置房的争议房屋自然也就属于两人婚后共同财产。

2019 年 11 月 4 日，本案开庭审理。本案的 4 位被告中林某群和范某腾到庭参加诉讼，而林某仙和林某兰则未到庭参加诉讼。庭上，由于没有正式的户籍信息，承办律师主张村委会开出的证明具有同等效力，得到了法官的采纳。林某群一开始主张自己为长子，所以涉案房屋应当有自己的份额，后来又主张如果涉案房屋归受援人所有，那么受援人应当补偿自己人民币 30 万元。法律援助承办律师指出，根据法律规定，林某苗的公证遗嘱合法有效，被继承人在不违反法律和公序良俗的前提下，有通过订立遗嘱的方式处分自己财产的权利，既可以给部分继承人多分遗产，也可以给部分继承人少分或者不分财产。林某群提出的长子必须分得遗产的说法于法无据。此外，范某腾不仅同意林某荣对林某苗在该房屋份额的继承，还当庭同意把自己在该房屋的份额赠予林某荣。

仓山区人民法院经过审理，判决受援人胜诉，讼争房屋归受援人所有，且不需要向各被告支付补偿，各被告应当在判决书生效之日起 30 日内协助原告办理房屋权属变更手续。

【案件点评】

本案是一起发生在家庭内部的遗嘱继承纠纷。林某苗在生前已经立下了相当明确的遗嘱，但是他的几个子女对遗产分割问题还是产生了巨大的矛盾，以至于对簿公堂。受援人两个平时无来往的同父异母兄姐突然出现，要求分割遗产，其兄长以长子名义要求继承份额，他们的请求在法律上缺乏依据。法律援助承办律师克服困难到异地调查取证，并在开庭时根据继承法规定发表了代理意见，按照遗嘱继承优先于法定继承的原则，法院支持承办律师的意见，判决受援人的继承权合法有效，既维护了受援人的合法权益，也使被继承人的遗嘱得以实现，取得了良好的法律效果和社会效果。

案例编号:FJFYGL1585126494
福建省福州市法律援助中心　黄思源

广东省江门市新会区法律援助处对农民工覃某确认劳动关系提供法律援助案

【案情简介】

覃某(女)是广西壮族自治区上林县人,于2002年春节后到广东省江门市新会区某皮革厂(以下简称皮革厂)打工,每天工作9小时,住在厂方提供的宿舍。在工作期间,覃某没有与皮革厂签订劳动合同,皮革厂也没有为覃某购买社会养老保险。2018年3月6日,覃某因身体不适,到广西医科大学某医院进行治疗时被确诊为肺癌中晚期。确诊后,覃某多次住院治疗,花费巨额医疗费。覃某认为,其10多年来一直在皮革厂工作,生产车间布满粉尘,厂方从未向她提供过劳动保障用品,也没有依法为她安排定期职业病健康检查,是导致其患重疾的重要原因。2018年下半年,覃某及其家属向皮革厂要求申请职业病鉴定和工伤认定被拒,皮革厂还拒绝承认双方存在劳动关系。

2018年年底,覃某委托其亲友黄某到江门市新会区法律援助处申请法律援助。江门市新会区法律援助处了解案情后,开通农民工"绿色通道",决定给予法律援助,并指派广东圭峰律师事务所律师朱某某承办此案。

法律援助承办律师接受指派后,立即向覃某进一步了解案情,发现覃某现有证据不充分,有很大的败诉风险。于是,承办律师帮助和指导受援人覃某补充相关证据。做好准备后,承办律师马上代覃某向江门市新会区劳动人事争议仲裁委员会申请仲裁,请求确认双方的劳动关系。

在2019年4月26日的仲裁庭审过程中,皮革厂依然否认双方存在劳动关系,认为覃某是2016年5月开始为皮革厂提供量皮、剪皮工序的劳务。承办律师就之前准备的证据进行全面的举证,反驳皮革厂提出的观点,提出明确的代理观点:皮革厂是依法注册登记的个人独资企业,覃某的工资是当月收到上月发放的工资,每天上下班时间受厂方管理和约束,覃某从事的量皮、除皮、剪皮工作是皮革厂业务的组成部分。依据2005年5月25日劳动和社会保障部发布的《关于确认劳动关系有关事项的通知》(劳社部发〔2005〕12 号)第 1 条的规定,覃某与皮革厂之间存在的是劳动关系非劳务关系。承办律师的上述观点有理有据,被新会区劳动人事争议仲裁委员会采纳。2019 年5 月13 日,新会区劳动人事争议仲裁委员会作出了新劳人仲案字〔2019〕第 293 号《仲裁裁决书》,确认覃某与皮革厂双方自 2006 年4 月 10 日至 2018 年 7 月 31 日存在劳动关系。

2019 年5 月31 日,皮革厂不服仲裁裁决,向新会区人民法院提起诉讼,请求法院确认皮革厂与覃某于 2006 年 4 月 10 日至 2018 年 7 月 31 日不存在劳动关系,以及由覃某承担本案的所有诉讼费用。2019 年 8 月 16 日,该案在新会区人民法院双水法庭进行公开审理。承办律师提交以下证据,进行了充分的举证:(1)广东省居住证,证明皮革厂以其厂址为覃某办理居住证,覃某居住在皮革厂的工人宿舍;(2)与皮革厂管理员小青的手机短信,证明小青通过短信询问覃某 2017 年春节过后回厂上班时间及宿舍钥匙等,证实皮革厂与受援人双方之间存在管理与被管理的劳动关系;(3)与皮革厂投资人蔡某妻子陈某的手机短信,证明陈某认可覃某在皮革厂工作十几年,双方就工资待遇进行商讨;(4)照片一张,证明照片上的女子是投资人的妻子陈某,是她管理工厂的人事及通过其银行账户发放工资;(5)照片两张,证明覃某与陈某等人在皮革厂一起工作生活;(6)银行流水一份,证明 2013 年 8 月 20 日皮革厂投资人的妻子陈某基于与覃某存在人身隶属性的劳动关系出借 5 万元给覃某。

经过庭审,法庭归纳了本案的争议焦点:一是皮革厂与覃某之间存在劳动关系还是劳务关系;二是覃某入职时间和离职时间。围绕着法庭归纳的争议焦点,承办律师认为新劳人仲案字〔2019〕第 293 号《仲裁裁决书》认定事实清楚,适用法律正确,请法院维持。覃某自 2002 年 3 月起一直在皮革厂工作至 2018 年,从未间断。工作期间接受皮革厂的投资人蔡某及其妻子陈某的管理、安排。陈某负责人事、财务管理,向覃某发放工资,覃某的住宿由蔡某夫妻提供,居住在工厂提供的员工宿舍。2016 年 5 月前的工资以现金形式发放,2016 年 6 月开始以银行转账方式发放工资。皮革厂于 2006 年 4 月 10 日成立前,虽未办理经营执照,但是根据《关于确立劳动关系有关事项的通知》的规定,足以认定双方存在劳动关系。截至 2018 年 7 月 31 日,覃某未向皮革厂递交书面辞职申请或口头提出过辞职申请,所以劳动关系终止时间应为覃某达到退休年龄之时,即 2018 年 7 月 31 日。

承办律师的举证真实充分,代理意见合情合法,被新会区人民法院采纳。2019 年 8 月 30 日,新会区人民法院对本案作出(2019)粤 0705 民初 31 × ×号民事判决书,认定皮革厂与覃某自2006年4月10日至2018年7月31日存在劳动关系。但皮革厂为了拖延时间,从法律程序上打起拉锯战,以不服一审判决为由继续上诉至江门市中级人民法院。2019年11月18日,江门市中级人民法院作出(2019)粤07民终33××号民事判决书,驳回皮革厂的上诉,维持一审判决。至此,确认劳动关系的案件历经一年的时间,经过一裁二审的法律程序,最终获得了胜诉。

确认劳动关系的案件胜诉后,新会区法律援助处继续指派承办律师代理覃某向皮革厂索赔事宜。2019年12月26日,承办律师帮助覃某向新会区劳动人事争议仲裁委员会提出申请仲裁请求,要求厂方及其投资人支付病假工资23,335.67元和带薪年假工资4130元,合计共27,465.67元。通过承办律师的多次沟通,皮革厂终于清楚其无法逃避的法律责任,同意进行协商和解;而覃某因身体的原因,也希望能尽快取得赔偿款。开庭前夕,即2020年1月17日,在承办律师的努力下,皮革厂与覃某达成和解协议,双方所有争议即终告结。新会区劳动人事争议仲裁委员会根据和解协议内容制作劳动仲裁调解书。2020年1月21日,覃某拿到调解书确定的全部赔偿款12万元,该案圆满画上句号。

【案件点评】

该案是一起典型的农民工维权案例。案件经历一年多的时间,新会区法律援助处提供了二裁二诉4个程序的法律援助,用人单位从开始否认双方存在劳动关系拒不赔偿,最终同意签订和解协议并支付赔偿款,这与法律援助承办律师提供的专业服务密不可分。覃某是一位外来务工者,来江门市新会区工作十多年,一直没有与用人单位签订劳动合同,也没购买社会养老保险,在回乡过春节期间,突然被确诊为肺癌中晚期。巨额医疗费,让原本经济困难的家庭雪上加霜。但由于用人单位否认与其存在劳动关系,覃某在维权道路上举步艰难。令人欣慰的是,面对复杂而烦琐的维权索赔流程,在法律援助承办律师的辛勤付出和帮助下,覃某的合法权益得到了维护,感受到了司法的公平与正义。

案例编号:GDFYGL1596157960

广东省江门市新会区法律援助处　何小娜

安徽省蚌埠市淮上区法律援助中心对未成年人齐某甲死亡赔偿纠纷提供法律援助案

【案情简介】

2018年2月7日，齐某甲(2013年12月生)随奶奶赵某某到安徽省蚌埠市淮上区小蚌埠镇某社区亲戚家做客，其间赵某某带齐某甲在楼下玩耍，后齐某甲在无人陪同的情况下独自上楼。14时许，齐某甲从8楼电梯过道的窗口坠落在单元楼2楼门头上，蚌埠市某园物业管理有限公司(以下简称某园物业公司)员工拨打120急救电话并电话报警，120急救人员到场后确认齐某甲已死亡。

郭某某住在涉案楼宇的8层，事故发生时郭某某将自己的自行车放置于涉案楼宇8层电梯过道窗口处。齐某甲死亡时身高约106厘米，8楼电梯过道的窗台高度为93厘米，其中有一扇窗户常开。

齐某某、金某某是死者齐某甲的父母，他们向对涉案楼宇有管理职责的蚌埠市某镇某园社区居民委员会(以下简称某园社区)、某园物业公司提出索赔，但两家单位均拒绝赔偿。2018年3月，齐某某、金某某来到蚌埠市淮上区法律援助中心申请法律援助。淮上区法律援助中心工作人员经审查，认为齐某某、金某某申请事项符合《安徽省法律援助条例》第13条第6款的规定，且经济状况符合蚌埠市法律援助经济困难标准，因此决定给予其法律援助，指派安徽红点律师事务所律师刘某某承办此案。

法律援助承办律师接受指派后，与受援人取得联系，与某园社区负责人进行了沟通，希望能够通过调解解决纠纷。某园社区负责人表示，对社区是否需要承担责任应当以法院判决为准。

受援人遂准备向法院提起诉讼，但诉讼的前提是要明确本案以谁为被告。涉案楼宇所在社区是新型农民社区，隶属于某园社区居委会，某园社区是基层群众自治组织，某园物业公司是某园社区设立的物业管理公司，两者对涉案楼宇均有管理职责。承办律师把某园社区和某园物业公司列为共同被告。郭某某在涉事楼层停放自行车的行为也是导致齐某甲死亡的原因之一，也一并列为本案被告。承办律师告知受援人，合理的请求项目和请求数额更容易获得法院的支持，考虑到受援人居住在城乡接合部，虽为农业户口，但务工才是其重要的生活来源，最后确定诉讼请求是，要求3家被告按照城镇居民人身损害赔偿标准连带赔偿两原告死亡赔偿金、丧葬费、精神抚慰金等损失745,375元的30%,即223,612.50元。

本案的争议焦点在于:一是齐某甲死亡与郭某某在电梯过道放置自行车的行为之间有无因果关系;二是各方当事人应当如何承担事故责任,分担事故损失。

郭某某认为,受援人没有证据证明齐某甲是通过攀爬自己的自行车上的8楼窗台,自己放置自行车的行为与齐某甲的死亡没有因果关系,故不应当赔偿。

某园社区认为,受害人死亡是因其监护人监护不利导致的意外事件,过错在其监护人,社区没有义务教育居民清理杂物和监护居民的孩子,故不应当赔偿。

某园物业公司认为,死者的监护人即两原告没尽到法定的监护义务是造成本起事故的主要原因,应承担事故的主要责任;郭某某违反小区管理规章制度,擅自将自行车停放在楼道内的行为有过错,也是造成损害结果的间接原因,应承担相应的民事赔偿责任;物业公司在公示栏里张贴有管理制度和禁止性标语,公司员工在事故发生后第一时间报警、打120电话求救,已经尽到了管理人的义务,对于齐某甲的死亡没有过错,不应当承担责任。

庭审中,法律援助承办律师提出如下代理意见:第一,郭某在楼道停放自行车的行为与齐某甲的死亡结果存在因果关系,应当承担赔偿责任。齐某甲通过攀爬郭某某的自行车上窗台具有高度概然性,即可能性大于不可能性。2001年公布的《最高人民法院关于民事诉讼证据的若干规定》第73条规定:"双方当事人对同一事实分别举出相反的证据,但都没有足够的依据否定对方证据的,人民法院应当结合案件情况,判断一方提供证据的证明力是否明显大于另一方提供证据的证明力,并对证明力较大的证据予以确认。"虽然没有直接证据证明齐某甲是通过攀爬郭某某的自行车上的窗台,但间接证据证明这一事实存在的可能性较大。齐某甲不满5岁,身高约106厘米,如不借助其他物件,是无法爬上93厘米高的窗台的,郭某某停放的自行车是窗台前唯一可供攀爬且容易攀爬的物品,齐某甲通过攀爬自行车上窗台的事实具有高度概然性。某园物业公司在社区张贴栏里公开张贴了物业公司管理制度,明确规定不得在楼道里停放车辆,小区内也划定了自行车的停放地点,郭某某为了自己方便,把自行车停放在楼道走廊,该行为损害了社会公共利益和他人合法权益,与齐某甲的坠楼死亡之间有因果关系,郭某某应负赔偿责任。第二,某园社区向法院提供了与某园物业的关系证明,因此确定了某园物业是本案被告,物业未尽到适当的安全保障义务,应承担补充赔偿责任。我国原《侵权责任法》第37条规定:"宾馆、商场、银行、车站、娱乐场所等公共场所的管理人或者群众性活动的组织者,未尽到安全保障义务,造成他人损害的,应当承担侵权责任。因第三人的行为造成他人损害的,由第三人承担侵权责任;管理人或者组织者未尽到安全保障义务的,承担相应的补充责任。”某园物业公司作为该居民小区的物业管理公司,有义务对其管理的小区居民及出入人员提供安全便利的通行、居住生活等条件,作为对物业服务区域进行实际管理的物业服务企业,对公共区域内危险源的控制力显然要高于个别业主,对于小区内可能出现的各种危险情况要有相应的有效预警、警告、指示说明、通知和保护等措施,以防止他人人身、财产遭受损害。在本案中,郭某某是侵权人,某园物业公司是安保义务保障人,郭某某将自行车放置在8楼走廊窗口处,导致了损害的发生,郭某某应承担与其过错大小相适应的赔偿责任;作为物业管理公司对郭某某的侵权行为没有及时发现,及时劝导,没有尽到适当的安全保障义务,应对郭某某的赔偿责任承担相应的补充责任。

一审中,法律援助承办律师的代理意见被法院全部采纳。2018年8月22日,淮上区人民法院判决郭某某对受援人的损失应负25%的赔偿责任,即郭某某应赔偿两受援人各项损失共计84,433.75元,某园物业公司对郭某某的赔偿责任承担补充赔偿责任。

郭某某、某园物业公司不服判决提出上诉,蚌埠市中级人民法院于2018年12月25日作出终审判决:驳回上诉,维持原判。

【案件点评】

本案中,齐某甲坠楼过程没有目击者,也没有监控视频,法律援助承办律师根据现场遗留物,运用日常生活常识判断方法,依据高度概然性的证明标准,提出了郭某某不当放置自行车的行为和某园物业公司没有尽到合理管理义务的行为,与齐某甲坠楼死亡之间存在因果关系的主张。这一理由被法院采纳,确定了两受援人索赔的基本理由成立,为案件的胜诉奠定了基础。

承办律师合理确定责任比例也是诉讼主张能够得到法院支持的重要原因。在提供援助过程中,承办律师没有漫天要价,而是客观理性地提出了要求被告承担30%责任的诉求,避免法官产生受援人无理缠诉的认识,促成法院公正地判决被告承担25%的赔偿责任。

案例编号:AHFYGL1587606879

安徽省蚌埠市淮上区法律援助中心　平　凡

湖南省岳阳市法律援助中心对江某某工伤保险待遇纠纷提供法律援助案

【案情简介】

2018 年 9 月,江某清到某建设公司承建的项目部从事建筑工作,主要负责墙面清理。10 月 17 日,防护模板断裂,致使江某清从 6 米高的洞口摔至地下室底板上而受伤,经岳阳市人民二医院诊断,江某清多处骨折。2019 年 12 月 27 日,岳阳市人力资源和社会保障局认定江某清为工伤。2020 年 1 月 17 日,岳阳市劳动能力鉴定委员会鉴定江某清为陆级伤残。江某清多次找某建筑公司协商受伤赔偿事宜,而某建筑公司拒绝为其申报领取工伤保险待遇和赔偿。

2020 年 3 月 18 日,江某清到湖南省岳阳市法律援助中心申请法律援助。法律援助中心工作人员了解到江某清系农民工,事项是工伤保险待遇纠纷,立即启动农民工法律援助“绿色通道”,当日审批、当日指派湖南金骏律师事务所律师汤某某承办该案。汤律师接受指派后,及时梳理出案件脉络。江某清 59 岁,在工地上工作将近一个月,此次工伤需终身服药,腰部有四块钢板终身不能拿取,两个女儿仍在就学需要抚养,其受伤后,在工地打工的妻子为照顾他已辞职,家中现在没有可持续经济收入。

受援人系外地农民工,在岳阳没有固定居所,加之疫情影响,为最大限度方便受援人,承办律师让受援人回家,自己多次找建筑公司协商调解。多次协商未果后,承办律师告知江某清需向岳阳市劳动人事争议仲裁委员会申请仲裁,因公司已为其缴纳工伤保险并已申报工伤,故根据《湖南省实施〈中华人民共和国工伤保险条例〉办法》第 21 条“用人单位应当自收到劳动能力鉴定结论书之日起 30 日内,持工伤认定决定书和劳动能力鉴定结论书,到统筹地区经办机构为职工办理工伤保险待遇申报手续”的规定,可要求公司依法为江某清办理申报手续,并支付应当由用人单位承担的部分。

经仲裁庭开庭审理,考虑到江某清的特殊情况和今后的生活保障问题,与公司进行调解对江某清更为有利。庭后,承办律师又与公司进行沟通,最终公司同意支付 173,600 元给江某清(包含江某清之前向公司借款 36,000 元),并立即为其申请工伤保险待遇,且公司当时购买了补充工伤,也愿意配合申报,江某清可获得 4 万 ~5 万元补充工伤保险赔偿金额。考虑到江某清家庭经济困难,又无经济收入，若按照法律规定，其在一次性伤残就业补助金方面只能领取到10%，调解可获得最大收益，便将其中利弊告知江某清，最终江某清同意调解。当日下午，仲裁院出具调解书，公司当场支付了7万元给江某清，剩余7万元在2020年8月30日前支付。

【案件点评】

本案是一起典型的农民工维权案件。对于江某清这种没有签订劳动合同在工地中受伤的弱势群体，自行维权难度较大。根据司法部印发的《疫情防控和企业复工复产公共法律服务工作指引》文件精神，岳阳市法律援助中心充分发挥法律援助作用，开通疫情期间法律援助“优先通道”，采取多种措施切实保障法律援助质量，把矛盾纠纷多元化解机制挺在前面，促进援诉对接、援调对接，引导受援群众优先采取和解、调解等方式维权。本案法律援助承办律师本着有利于受援人的原则，坚持协商和解，庭前庭后多次沟通，最终促使双方达成调解协议，公司分两次支付受援人工伤保险待遇补偿款，且受援人当场拿到50%的现金，解决了受援人的现实生活困难，维护了受援人的合法权益。

案例编号：HNXFYGL1599459752

湖南省岳阳市法律援助中心　汤宁华

广东省汕头市龙湖区法律援助处对林某清涉嫌故意伤害罪提供法律援助案

【案情简介】

2019年4月29日，广东省汕头市龙湖区人民检察院提起公诉称：被告人林某清与被害人谢某鹏及其妻子陈某珍在汕头市龙湖区某小区门口相邻临时摊档卖菜。2017年1月8日8时左右，有一女顾客在向被告人林某清买菜时，询问了芥蓝菜的价格，被告人林某清告诉该女顾客每斤2.5元，旁边的陈某珍马上说他们的芥蓝菜每斤2元。之后，该女顾客向被告人林某清买菜后，走过去向陈某珍买菜，引起了被告人林某清生气并责骂陈某珍，进而引发了被告人林某清与陈某珍、被害人谢某鹏之间的口角并发生肢体冲突，双方还持扁担挥舞、对打，当被害人谢某鹏摔倒在地后，冲突才停息。被害人谢某鹏的儿子闻讯赶到现场并报警，民警随即到场处置。

2017 年 1 月 24 日,经汕头市龙湖区公安司法鉴定中心法医鉴定:谢某鹏因外力作用致全身多处软组织损伤,评定为轻微伤;谢某鹏的左侧第 7、8、9、10 肋骨骨折,评定为轻伤二级;谢某鹏的左侧腓骨骨折,评定为轻伤二级。综上,谢某鹏的损伤程度评定为轻伤二级,被告人林某清的损伤程度评定为轻微伤,陈某珍的损伤程度未达轻微伤。

汕头市公安局龙湖分局经过审查,于 2017 年 5 月 15 日以林某清涉嫌故意伤害罪予以刑事拘留,林某清因病于次日被监视居住,同年 11 月 16 日被取保候审。汕头市公安局龙湖分局于 2018 年 11 月 14 日以林某清涉嫌故意伤害罪一案向汕头市龙湖区人民检察院移送审查起诉。汕头市龙湖区人民检察院于 2019 年 4 月 29 日以林某清涉嫌故意伤害罪向汕头市龙湖区人民法院提起公诉。

因被告人林某清没有委托辩护人,根据广东省高级人民法院、广东省司法厅联合印发的《关于开展刑事案件律师辩护全覆盖工作实施办法(试行)》,汕头市龙湖区人民法院于 2019 年 5 月 7 日通知汕头市龙湖区法律援助处指派律师为林某清提供辩护。2019 年 5 月 7 日,汕头市龙湖区法律援助处指派广东潮之荣律师事务所律师郑某某担任被告人林某清一审阶段的辩护人。

承办律师接受指派后,于 2019 年 5 月 8 日到法院查阅了全部案卷材料。因被告人林某清患病被取保候审,承办律师多次前往被告人林某清的家中会见林某清,向其详细了解案发经过,听取其意见。被告人林某清在会见时陈述了案发经过,并提出案发时自己没有殴打被害人谢某鹏,被害人谢某鹏在追打自己的过程中,被树根绊倒而摔倒在地。本案中,被告人林某清归案后一直辩解其没有殴打被害人谢某鹏。因此,本案的关键在于其他证据是否能够相互印证,形成完整的证据链来证明被告人林某清殴打被害人谢某鹏致其轻伤二级。

通过对被告人林某清的陈述以及公诉机关已提交的证据材料的分析,承办律师认为被告人林某清、被害人谢某鹏及其妻子陈某珍对本案案发经过的陈述不一致,而案发时除上述人员在场之外,还有其他围观群众目睹了案发经过。其中,案发时证人刘某和在场围观并目睹了案发经过,其在本案侦查阶段先后作了 3 份笔录,均稳定地陈述了目睹的案发经过,且结合案发现场监控视频显示,从时间上及空间上看,刘某和的证言比其他证人的证言相对来说更加完整也更加客观真实。基于上述理由,承办律师在开庭前于 2019 年 6 月 4 日向汕头市龙湖区人民法院申请证人刘某和出庭作证,并获准许。

2019年6月10日，该案在汕头市龙湖区人民法院公开开庭审理。在庭审中，证人刘某和出庭作证，其证言证明了被害人谢某鹏先持扁担追打被告人林某清，后被告人林某清手持扁担进行抵挡，其间，被害人谢某鹏不慎被旁边的树根绊倒致伤，而且被告人林某清和被害人谢某鹏均没有持扁担打到对方身上的事实。该部分证言与被告人林某清关于被害人谢某鹏是被树根绊倒致伤的辩解意见相互印证，且刘某和能出庭作证，其证言的证明力相对较强。

在仔细研究、分析案卷材料的基础上，结合庭审情况，承办律师提出以下辩护意见：对公诉机关指控被告人林某清犯故意伤害罪的定性有异议，在案证据材料无法证明被告人林某清故意伤害他人身体致人受伤的事实，其不构成故意伤害罪。

第一，被告人林某清在主观上没有伤害他人的犯罪故意，客观上没有实施伤害他人身体的犯罪行为。本案系被告人林某清与谢某鹏、陈某珍因琐事发生口角而引起的争端，在此过程中，谢某鹏持扁担攻击被告人林某清，被告人林某清进行抵挡，在谢某鹏倒地后，林某清也没有攻击谢某鹏的行为。可见，被告人林某清主观上只是出于躲避、抵御谢某鹏的攻击行为，其没有伤害谢某鹏的犯罪故意。而案发后，被告人林某清多次稳定地供述了其没有殴打谢某鹏，事发时是谢某鹏持扁担攻击被告人林某清，林某清进行了抵挡的情形；结合证人刘某和于2017年9月24日所作的证言中说到“我一进去门口就看到谢某鹏拿了根木棍要去打林某清，林某清就拿了根扁担去挡”，及证人刘某和于2018年12月21日所作的证言说到“我骑着单车进入小区门口，就看到谢某鹏拿着木棍冲向林某清要去打他，林某清就拿了一根扁担去挡”，均可相互印证案发时被告人林某清是存在躲避、防御谢某鹏的攻击进行了抵挡的行为，但没有实施故意伤害谢某鹏的犯罪行为。综上所述，综合被告人林某清主客观方面，其在本案中不符合故意伤害罪的犯罪构成要件。

第二，在案证据材料无法证明谢某鹏的轻伤损害结果系由被告人林某清造成，无法排除可能系谢某鹏在攻击被告人林某清的过程中自己不慎摔倒所致的合理怀疑。结合被告人林某清的供述及证人郭某花、刘某和的证言相互印证可知，案发时，谢某鹏在持扁担攻击被告人林某清的过程中存在自身不慎摔倒在地的情形。在案证据材料中，证人郭某花于2018年12月25日所作的证言中说到“谢某鹏和林某清退到菜摊后面的一棵树，谢某鹏应该是被树木的跟绊倒，然后侧摔倒地，当时应该是左腰先着地。”而证人刘某和分别3次稳定地陈述了案发过程：(1)刘某和于2017年2月6日所作证言中说到“之后那个矮个子的老头可能被身后的树根绊了下就倒下去”;(2)刘某和于2017年9月24日所作证言中说到“谢某鹏后来退了一步,可能是绊到旁边的树木,就摔倒在地上,没一会就起来了”“我一进去门口就看到谢某鹏拿了根木棍要去打林某清,林某清就拿了根扁担去挡,接着两个人就用扁担、木棍互相挥来挥去几下,但是都没有打到对方的身上,后来谢某鹏后退一步被树根绊到就摔倒在地上,没一会就站起来了”;(3)刘某和于2018年12月21日所作证言中说到“当时他们两个人用木棍挥来挥去的时候,边挥边退到树木旁边,谢某鹏应该是绊到树根然后摔倒”。

本案卷宗中“关于谢某鹏伤情鉴定的说明”显示“上述损伤无特殊的工具痕迹,根据现有技术条件,无法鉴定致伤工具”。因此,谢某鹏在本案中的受伤成因存疑,无法证明谢某鹏的轻伤损害结果系由外来工具致伤,更无法排除可能系谢某鹏在攻击被告人林某清的过程中自己不慎摔倒所致的合理怀疑。

综上所述,在案证据材料无法形成完整的证据链条,无法证明谢某鹏的轻伤结果系由被告人林某清造成,被告人林某清在本案中不构成故意伤害罪。根据我国《刑事诉讼法》第55条之规定,遵循“犯罪事实清楚,证据确实、充分”的刑事案件定案证据标准及“疑点利益归被告人”的刑事法律基本原则,应判决被告人林某清无罪。

汕头市龙湖区人民法院采纳了法律援助承办律师的辩护意见。2019年8月9日,汕头市龙湖区人民法院作出(2019)粤0507刑初380号《刑事判决书》,认为公诉机关指控被告人林某清犯故意伤害罪证据不足、指控的犯罪不能成立,判决被告人林某清无罪。

【案件点评】

本案的关键在于公诉机关指控被告人林某清殴打被害人谢某鹏致其轻伤二级的证据是否能够相互印证,形成完整的证据链。法律援助承办律师全面地梳理本案各项证据,对各证据是否能够相互印证进行了分析并据此提出辩护意见。承办律师认为,被告人的供述、被害人的陈述、证人的证言之间出现较大矛盾,且与现场监控视频及法医鉴定等证据也不能相互印证,未能形成完整的证据链条,不足以证明被告人林某清殴打被害人谢某鹏致伤的犯罪事实,且存在无法排除案发当天被害人谢某鹏在与被告人林某清发生纠纷时意外被树根绊倒致伤的合理怀疑。因此,应遵循“犯罪事实清楚,证据确实、充分”的刑事案件定案证据标准,疑罪从无,认定被告人林某清不构成故意伤害罪。最终,法院采纳了承办律师的辩护意见,判决被告人林某清无罪。

案例编号:GDFYGL1598840584

广东省汕头市龙湖区法律援助处　郑嘉成

江苏省句容市法律援助中心对施某人身意外伤害保险合同理赔纠纷提供法律援助案

【案情简介】

2019 年 8 月 7 日,施某向江苏省句容市法律援助中心申请法律援助,称其子王某于 2018 年 5 月 28 日被发现昏迷在家中,送往医院诊断为脑出血,治疗无效并于 2018 年 9 月 10 日死亡。王某生前在本地某财产保险股份有限公司句容支公司(以下简称保险公司)投保了一份人身意外伤害保险。王某没有结婚,直系亲属只有施某和一个收养的女儿,在申请法律援助之前,施某与王某女儿一同向保险公司申请理赔被拒,保险公司认为王某是死于自身疾病,不属于意外伤害险的理赔范围。

为维护自身权益,施某向句容市法律援助中心申请法律援助。经审查,施某系正在享受最低生活保障待遇的人员,根据省两办和镇江市政府文件规定“正在享受最低生活保障待遇的人员因维护自身合法权益申请法律援助的,不限事项范围”,句容市法律援助中心当天受理了案件,并指派江苏刘桂生律师事务所律师裴某承办此案。

承办律师接受指派后,认真听取施某和王某养女的陈述,询问并确定本案有权起诉的所有继承人为施某和王某女儿。在确定适格的原告后,承办律师认真审阅了她们提供的所有证据资料:(1)一张加盖保险公司理赔专用章的保单复印件。列明保险期间从 2018 年 5 月 24 日至 2019 年 5 月 23 日,保险范围为意外身故、残疾给付 10 万元,意外医疗费补偿 4 万元(给付比例 80%,每次事故免赔 100 元)、意外住院津贴 1.08 万元(每次免赔 3 天,最高补贴 90 日,每日 30 元),该保单缺少完整具体的保险条款;(2)医院的诊疗资料中诊断结论是脑出血,但导致脑出血的原因在现有资料中未能体现。

承办律师发现,本案存在巨大的诉讼风险,部分资料尚有缺损,而这也是本案能否胜诉的关键。一是受援人未能保留完整的证据材料,且由于死者已去世一年多,遗体被火化,客观上已无法进行死因鉴定。二是受援人在开具死亡证明时,死因记录的是因疾病死亡,这对于保险理赔和诉讼造成了一定的阻碍和风险。三是受援人提供的诊疗资料中也未能证明确切死因,增加了胜诉难度。

为此,承办律师多次通过短信、微信、电话、面谈的方式向施某及王某女儿询问本案案情的有关细节,并详细告知了相关诉讼风险。经过与王某女儿的进一步沟通,承办律师了解到王某的意外保险实际是王某女儿为其父投保的,保险公司的销售经理并未曾仔细解释保险条款,只大概地说只要出现意外,比如交通事故一类的都可以理赔。

出事当天,王某女儿见到王某时,王某已因切开喉管接受治疗而无法说话,也无法说明当时的情况。王某女儿曾多次联系保险公司,保险公司也未有人前来调查,直到王某死后,向保险公司主张理赔,才做了谈话笔录,并按保险公司要求提交了所有的证据原件。因为送医院时王某头部有血肿,而主治医师当时也口头怀疑过有摔倒的可能性,因此王某女儿坚信其父是因摔倒撞到头部而导致脑出血去世。

承办律师根据掌握的情况,分析后认为本案有两处关键点:一是寻找证明王某是死于意外而非自身疾病的证据;二是本案是否属于保险公司的免赔范围。

承办律师首先联系了保险公司的理赔人员,证实了王某投保的保单原件在保险公司,但保险公司仍坚持认为王某是因为自身疾病导致死亡,不属于意外伤害险的理赔范围,拒绝理赔。承办律师又联系了王某的主治医生,但由于历时较久,主治医师已不能回忆出当时的具体情况,更不可能出庭作证。承办律师只能先陪同王某女儿到医院分别复印当时的检查资料、护理资料、病情记录等。

收集整理好案件相关资料,经过认真分析论证,承办律师认为本案有胜诉的可能性,遂于2019年8月19日以保险合同纠纷向句容市人民法院提起诉讼。

2019年9月27日、2019年11月4日,法庭分别组织双方召开了二次庭前会议、一次庭审,被告保险公司均主张王某死于自身疾病,并非意外事故,不属于保险理赔范围,不应承担赔偿责任。承办律师以事实证据来证明原告主张的合理性,向法庭提交了王某的CT报告单、手术科室护理记录单、病情记录等,指出手术科室护理记录单中可证实王某四肢有擦伤,2018年6月1日(王某入院后第四天)的头颅CT显示颅内未见明显脑血管疾患,2018年6月5日的病情记录中诊疗经过记录了“顶部头皮血肿”,2018年8月24日临床诊断为脑外伤后综合征。承办律师认为,这些证据形成了一个完整的证据链,可以证明王某是因跌倒撞到头部引起脑出血后导致死亡,而非自身疾病原因导致死亡。其死亡原因属于保险合同的理赔范围,被告应承担赔偿责任。

法庭辩论中,承办律师陈述了代理意见:(1)根据我国《保险法》第 17 条第 2 款规定:"对保险合同中免除保险人责任的条款,保险人在订立合同时……未作提示或者明确说明的,该条款不产生效力。"被告只向死者和原告出具了一张格式化的保单,未有任何关于免责条款的可引起投保人注意的文字说明,保险合同中的"意外事故"定义条款属于"免除保险人责任的条款",被告应事先向死者或原告明确说明和告知,其中包括对"意外事故"的概念、内容及其法律后果作出常人能够理解的明确说明,若被告无法举证证明其就"免责条款"履行了明确说明和告知义务,应承担举证不利的后果。(2)原告曾在第一时间向被告报案,但是被告没有第一时间到场查明死因,导致错过了鉴定死因的最佳时间,过错在于被告,而原告已经在自身能力范围内举证证明死因是"意外事故",被告否认,但没有提出任何有利的证据,被告应承担举证不利的责任。

经过审理,句容市人民法院最终采纳了承办律师的代理意见。2019 年 11 月 13 日,代理人收到一审判决书,判决认定保险公司应在保险合同的范围内承担保险责任,判决保险公司赔偿施某、王某女儿共计人民币 118,091.97 元。判决后双方未上诉。

【案件点评】

本案是一起人身意外保险理赔纠纷。法律援助承办律师接手案件时,由于受援人未能保留完整的证据材料,而现有关于被保险人死亡原因的证据明显对保险公司有利,导致受援方在诉讼前期较为被动。承办律师针对案件的疑点难点,多方取证,形成了较为完整的证据链,并就"免责条款"的履行方式、举证责任等陈述了代理意见,取得了较好的庭审效果,最终代理意见被法院采纳。实践中,人身意外保险合同通常为格式合同,本案的成功办理对同类保险合同纠纷具有一定的借鉴意义。

案例编号:JSFYGL1597049294

江苏刘桂生律师事务律师　裴　艳

江苏省常州市法律援助中心对缪某某产品生产者纠纷提供法律援助案

【案情简介】

缪某某,31岁,江苏省常州市天宁区人,长期居住于天宁区某镇,在江苏省无锡江阴市某起重搬运公司工作。妻子潘某刚分娩不久,没有工作,家里只有他一个劳动力。2018年10月26日,缪某某在驾驶东莞某公司生产的“随车吊”汽车起运货物时,“随车吊”汽车与吊机固定处54根螺丝全部断裂,致吊机侧翻,缪某某直接从吊机上被甩出,头部砸地,身体损伤严重。

事发之后,缪某某一直处于无意识“植物人”状态。其妻潘某无工作且要哺育孩子,还要承担缪某某的高额医疗费用。迫于生活压力,潘某找到缪某某所在江阴某公司,但公司否认与缪某某之间的劳动关系,不愿承担责任,并把矛头指向东莞某公司。无奈之下,潘某以东莞某公司为被告向江阴市人民法院提起产品生产者责任诉讼。

如何证明涉案“随车吊”存在缺陷这个问题难倒了潘某,同时也没有能力聘请律师。为难之际,刚好碰到常州市司法局、天宁区司法局、郑陆司法所三级联动,在天宁区某广场开展“送法进乡村、法援在行动”活动。潘某遂向法律援助工作人员请求帮助。工作人员经详细了解实际情况后,认为缪某某的情况符合法律援助的范围和条件,可以获得法律援助。

因案件在江阴市开庭,按照管辖规定应当由江阴市提供法律援助。但是缪某某全家都居住在常州,为方便沟通联系,潘某希望能在家乡常州获得法律援助。常州市法律援助中心考虑到潘某的实际诉求,本着便利当事人的原则,决定为缪某某提供法律援助,并指派江苏张林芳律师事务所律师王某某、吴某某承办此案。

法律援助承办律师代理此案后,先与该案相关当事人沟通,进一步了解事故情况,寻求妥善处理该案的方案。承办律师多次往返于常州和江阴,在调解方案无法达成一致意见时,承办律师建议可以分别进行产品生产者责任诉讼和工伤认定程序(另案处理)。产品责任之诉即本案的争议焦点在于:在没有明确的鉴定结论证明案涉“随车吊”存在缺陷的情况下,举证责任和责任由谁承担。承办律师坚持认为,凭借本案现有证据,案涉“随车吊”存在缺陷并与损害事实之间存在因果关系。承办律师已经完成举证义务,如果东莞某公司认为案涉随车吊没有缺陷或者还有其他原因导致损害的发生,应当进行举证,否则应当承担举证不利的后果,即应当承担产品生产者责任。

在确定了代理思路之后,法律援助承办律师进一步展开以下论证:

第一,案涉“随车吊”、司机室不符合保障人体健康和人身财产安全的国家标准,应该认定为缺陷。首先,企业按照相关标准,用足工料,这是最基本的要求,而根据东莞某公司总经理苏某与缪某某的聊天记录,对案涉“随车吊”,东莞某公司称“都是偷工减料,你知道就行了”。根据民事举证规则,自认的事实不需要证据证明,东莞某公司直接认可了案涉“随车吊”存在偷工减料不合标准的问题。而且,“随车吊”的吊机与汽车连接处由 54 根螺丝连接,本案仅凭肉眼就可看出螺丝和螺孔间存在明显缝隙,无法排除本案螺丝、螺孔偷工减料不合标准的问题。其次,流动式起重机有国家标准 GB/T20303.2 - 2006/ISO8566 - 2:1995。案涉“随车吊”为流动式起重机,仅仅设置了驾驶椅一只,无安全带、更无司机室,故不符合上述国家标准。而 GB/T3608 - 2008 是对高处作业的术语和定义等内容进行规定的标准。案涉“随车吊”,仅作业位置座椅到地面水平面的距离就已经到达 2.9 米,远超 2 米,应该认定为高处作业。东莞某公司未提供案涉随车吊适用的标准,又称案涉“随车吊”属于室内低空作业为主,不适用 GB/T 20303.2 - 2006,完全是强词夺理。

第二,案涉“随车吊”、司机室不符合保障人体健康和人身财产安全的要求,存在危及人身、他人财产安全的不合理的危险,应该认定为缺陷产品。根据本案相关证据材料,起重机的吨位为 100 吨/4.7 米,仅仅只有驾驶椅,无安全带,更无司机室,吊装的设备虽然为 80 吨左右,但还是远低于 100 吨。排除地震、台风的特殊情况后,在这种正常情况下,缪某某吊装过程中发生“随车吊”的吊机与汽车连接处断开 54 根螺丝突然、全部断开,并造成了损害的发生,超过了缪某某安全使用的合理期待和对危险的预防能力,产品存在不合理的危险。

第三,本案并没有证据证明是缪某某操作不当或其他原因所致。结合本案现有证据,以及江阴某公司提供的行政执行裁定书,东莞某公司曾因违法违规行为被质监部门进行过行政处罚,案涉“随车吊”转盘、司机室存在缺陷的可能性达到了高度盖然标准。

第四,正是在缪某某使用东莞某公司生产的“随车吊”进行吊装作业过程中,固定吊机与汽车的 54 根螺丝突然全部断裂,才导致吊机侧翻,缪某某从“随车吊”上摔下,在没有司机室保护的情况下,缪某某受伤严重。

第五,东莞某公司完全有法律义务,也有能力举证证明自己生产的产品不存在缺陷,以及缺陷与损害的发生之间没有因果关系。我国《产品质量法》第 12 条、第 22 条、第 26 条、第 32 条就是在本案情形下,东莞某公司承担举证责任的法律依据。本案中,根据东莞某公司公示的经营范围,东莞某公司既然可以生产、销售、设计、维修起重机械设备及配件,其对于案涉随车吊是否有标准、是否符合标准、是否存在不合理的危险,是否具有生产许可证、产品合格证等情况,应该明确知晓,并应该主动将其提供给法庭,但遗憾的是,东莞某公司一直未提供。相反,法律援助承办律师从有利于法院查明事实的角度,提出了鉴定申请,实际上是在帮东莞某公司承担举证义务,但这并不等于费用就应该由原告方缴纳。

法院最终采纳法律援助承办律师的主要观点,认定东莞某公司生产的"随车吊"存在缺陷并与损害事实之间存在因果关系,并判决东莞某公司赔偿 390,489 元。东莞某公司不服提起上诉,二审法院驳回上诉,维持原判。

【案件点评】

本案是一起产品责任引起的纠纷,涉及举证责任认定和分配问题,具有一定典型性。一般来讲,产品质量纠纷在没有鉴定结论的情况下,只凭现有证据认定产品存在缺陷以及缺陷与损害事实之间存在因果关系极为困难。本案法律援助承办律师围绕举证责任由谁承担这一核心问题,层层梳理案件事实,严密论证相关法律关系,扭转了举证责任上的被动地位,成功为受援人维权,展现了法律援助承办律师的责任担当和高超的专业素质。该案件的处理对进一步完善产品生产者责任纠纷的举证规则、完善当事人举证责任制度具有一定的参考意义。

案例编号:JSFYGL1597050642

江苏张林芳律师事务所律师　王文纪　吴俊超

湖南省长沙市天心区法律援助中心对李某某申请人身保护令提供法律援助案

【案情简介】

李某与妻子尹某共同生育了儿子李某某,6 岁的李某某经常受到父亲李某的棍棒教育,如,将头发绑在高脚灯上写作业、用铁丝困住手在家中不停歇地跑步以及用头撞墙使身体更结实等。一系列的体罚使李某某身体多处红肿淤青，见到父亲就感到恐惧。母亲尹某看在眼里，疼在心里，但也不敢明确阻止李某的行为。2020 年 4 月 20 日，李某某的姨妈来到他们租住的房子，发现李某某身上多处伤痕，得知是李某殴打所致，于是带着李某某和尹某来到附近的湖南云天律师事务所咨询律师。湖南省律师协会婚姻家庭委员会主任万某接待尹某并了解情况后，建议尹某报警并为李某某申请人身保护令。当天，万律师一边让尹某向公安派出所报警，一边帮助尹某向湖南省长沙市天心区法律援助中心申请法律援助，援助事项为申请人身保护令。中心工作人员审查了申请资料，认为李某某系未成年人，因家庭暴力导致合法权益受到侵害符合法律援助条件，立即受理了该申请，并指派万某办理此案。

2020 年 4 月 23 日，万律师为受援人向法院办理了人身安全保护令申请手续。法院调取了派出所就尹某报警指控李某涉嫌虐童一案所做的 3 份询问笔录后，根据我国《反家庭暴力法》的规定，于 4 月 28 日作出人身安全保护令并送达李某。经过法律援助承办律师、法官的教育，李某认识到自己之前的教育方式和理念是错误的，写下了保证书，保证不再体罚、虐待李某某。其间，为减少家庭暴力对李某某及其母亲产生的心理伤害，法律援助中心与万律师联系了公益心理咨询师先后 10 次对李某某及其母亲进行心理咨询、疏导服务。目前，李某某与母亲尹某共同生活，在心理咨询师的帮助下，父亲李某已经通过视频与李某某沟通过一次，孩子性格也变得更为开朗。

【案件点评】

本案受援人求助内容系代为申请人身保护令。年幼的受援人已长时间遭受家庭成员的殴打、威胁、辱骂，法律援助中心为了避免其再次遭受侵害，受理该案。本案探索了紧急情况下将未成年人带离危险监护人以及通过人身安全保护裁定制止针对儿童暴力的做法，体现了司法行政机关、妇联和法院在处理涉及未成年人案件中具有的儿童保护敏感性和儿童保护视角，也体现了未成年人保护工作中多部门联动的重要意义。

案例编号：HNXFYGL1597385664

湖南省云天律师事务所　万　薇

江苏省灌南县法律援助中心对101名农民工追索劳动报酬提供法律援助案

【案情简介】

江苏省连云港某蝶染料化工有限公司(以下简称某蝶公司)于2006年6月落户连云港市灌南化学工业园,属于高污染型企业。2017年12月,在全国环保及安全生产集中整治行动中,某蝶公司因环保不达标,被强制关停部分生产车间并责令限期整治改造,企业效益大幅下滑。公司法定代表人张某通过抵押借款等形式,投入巨额资金进行技术改造,并持续拖欠工人工资。到2019年上半年,某蝶公司已累计外欠债务3000余万元,拖欠工人工资近300万元。化工园区管委会积极协调县人社局、公安局等部门,共同安抚工人情绪并督促企业支付欠薪。由于法定代表人张某失联,工人也没有推出有威望的代表,相关部门的努力均无果而终。2019年7月13日,灌河法律服务所法律工作者韦某得知此消息后主动对接园区管委会,建议申请法律援助,通过法律渠道实现工人诉求,平息纠纷。园区管委会采纳意见,及时联系县法律援助中心,请求对工人们给予法律援助。

根据《江苏省法律援助条例》和《国务院关于解决农民工问题的若干意见》的相关规定,农民工请求支付劳动报酬的,可以申请法律援助,且免予经济困难审查。灌南县法律援助中心当即开通"绿色通道",指派灌河法律服务所法律服务工作者韦某、王某某承办此案,并指派1名工作人员负责协助配合,另选派2名法律服务工作者作为支援力量,成立5人工作专班迅速进驻园区。工作组在园区管委会专门设立办公室,迅速开展法律援助申请登记工作。承办人连续3天召集工人进行了4次座谈会,了解情况、倾听诉求、分析利弊、释法明理,24小时轮班值守解答问题,最大限度地引导工人依法理性维权。在化工园区管委会劳动争议调解室的积极配合下,承办人员通过查询公司账簿、生产日志、考勤记录、银行转账记录等资料,编制了一份完整的某蝶公司欠发职工工资表,涉及员工101人,累计拖欠工资人民币2,786,964元。由于法律援助的及时介入,加上承办人员耐心的心理疏导、法治宣传,以及大量的走访、梳理、登记、核实等工作,工人对法律援助的看法,由原来的"试试看"转变为相信、依靠承办人,原本焦虑的情绪也得以缓解。为确保"一个都不少",承办人通过电话、微信、驱车走访等方式逐一联系到离厂返乡和去外省打工的36名工人。考虑往返灌南申请援助和提交证据材料,时间长、费用高,承办人一次性将法律援助申请表、仲裁申请书、委托代理协议、授权委托书等所需文书材料逐一快递、邮寄并电话指导工人填写。经过十余天的连续奋战,承办人收齐了申请仲裁的全部基础性材料。在灌南县法律援助中心与人社局积极协调下,经工人集体同意,承办人迅速提起劳动争议仲裁。

从2019年7月22日起,承办人陆续将101名农民工追索劳动报酬的仲裁申请书提交至县劳动人事争议仲裁委员会。在园区管委会、县公安局多方努力下,终于辗转联系上某蝶公司法定代表人张某,并督促其尽快返回灌南,出庭参与案件审理。为避免漫长诉讼维权,尽快拿到拖欠工资,在仲裁庭的主持下,双方进行了多次沟通、对账、调解,91名工人与公司达成调解协议。其余没有达成协议的10名工人,仲裁庭立即开庭审理,对工人诉求予以全部支持。仲裁程序结束后,承办人第一时间向灌南县人民法院依法申请强制执行,并主张工资优先于普通债权,法院予以采纳。县法院拍卖了某蝶公司的机器设备,拍卖所得兑现了拖欠工人们的全部工资2,786,964元。

【案件点评】

本案是比较典型的农民工集体讨薪案。拖欠工资、集体讨薪案件,往往伴随着老板失联、工资与债权交织以及涉案人数和工资额较大的情况,这类案件处理不当往往可能引发群体性事件。本案中,法律援助工作人员及时主动介入,一方面疏导工人情绪,引导依法维权;另一方面抓紧证据收集,做好诉讼准备。在当地党委政府和相关部门的配合下,通过仲裁庭调解快速结案,帮助工人顺利拿到工资,体现了法律援助在维护困难群众合法权益、维护社会和谐稳定方面的积极作用。

案例编号:JSFYGL1597048408

江苏省灌南县法律援助中心　韦　永　王建新

第二节　决定不予法律援助的案例

重庆市铜梁区法律援助中心对刘某某房屋买卖合同纠纷依法不予法律援助案

【案情简介】

2018 年 6 月，刘某某(男，49 岁)与重庆市某房地产开发公司签订一份商品房买卖合同。交房日期临近，刘某某发现该商品房所在楼盘电梯附近墙面未贴瓷砖，认为此项违反合同中“电梯前室墙面使用墙砖及其他装饰材料”的约定。2019 年 9 月 20 日，刘某某向重庆市铜梁区法律援助中心提交法律援助申请，要求提起民事诉讼，向房地产开发公司主张违约金。经审查，法律援助中心决定不予法律援助。

【不予法律援助原因】

王某某所申请的法律援助事项是向重庆市某房地产开发公司主张违约金，属于房屋买卖合同纠纷，而该事项不属于重庆市法律援助事项范围。

【法律依据】

《重庆市法律援助条例》第 11 条规定：“公民对下列需要代理的事项，因经济困难没有委托代理人的，可以申请法律援助：(一)请求国家赔偿的；(二)请求给予社会保险待遇或者最低生活保障待遇的；(三)请求给付抚恤金、救济金的；(四)请求给付赡养费、抚养费、扶养费的；(五)劳动者与用人单位发生劳动争议，请求保护劳动权益的；(六)遭受家庭暴力、虐待、遗弃的；(七)农村土地承包经营权及其流转中合法权益受到侵害的；(八)交通事故、医疗纠纷、食品药品安全事故、产品质量责任事故中合法权益受到侵害请求赔偿的；(九)未成年人、老年人、妇女合法权益受到侵害的；(十)国家和本市规定因经济困难可以申请法律援助的其他情形。”而刘某某要求支付违约金的房屋买卖合同纠纷，不属于重庆市法律援助事项范围。

案例编号：CQFYBY1577781962

重庆市铜梁区法律援助中心　胡　娟

第八章　司法鉴定类

司法鉴定科学研究院对计算机软件著作权侵权行为所涉电子数据进行司法鉴定案

【案情简介】

法国D公司开发的C软件作为行业内的旗舰产品广泛用于航空航天、汽车、造船等行业的产品设计和建模，一套软件授权的报价在数十万元起。D公司偶然发现T公司正在招聘大量会使用C软件的人员，但T公司并未购买过相关软件的授权。虽然有合理怀疑，但并没有T公司侵权的直接证据。D公司于是向法院提出申请，对T公司办公场所使用的电脑中C系列软件的安装、使用情况进行诉前保全。

司法鉴定科学研究院在接受法院委托后，指派鉴定人与法院工作人员一同前往T公司办公地点对其安装、使用C软件的情况进行固定保全及检验。根据法院调查结果，T公司有工作电脑约180台。由法院按10%比例随机抽取其中的18台作为检材，由鉴定人当场进行检验分析。

司法鉴定科学研究院出具鉴定意见书后，法院于2018年6月判令T公司赔偿经济损失及合理费用共计人民币1505万元，是迄今为止软件侵权案件最大"罚单"。该案件作为法院保护知识产权的典型案例广为宣传。

【鉴定过程】

该鉴定依据SF/Z JD0400001－2014、SF/Z JD0403003－2015、SF/Z JD0400002－2015、GA/T 756－2008鉴定规范进行，使用SONY DSC－W830、SONY HDR－PJ390、FHASH 1.5.9.0等设备和工具。鉴定人于2017年5月11日与委托人一同前往T公司办公场所（××路××号）进行鉴定。由委托人指定检材后，司法鉴定科学研究院对其进行唯一性标识，18台检材电脑依次标识为"XXXXJC1"至"XXXXJC18"。之后按照以下步骤分别对检材中C软件的相关信息进行固定保全及检验，检验过程中拍照记录屏幕显示的关键内容，并进行全程录像：

1. 对检材外观进行拍照；
2. 对检材中已安装程序列表进行检验；

3. 对检材中已安装的C软件的版本、授权等信息进行检验,或对检材注册表中C软件的键值进行检验;

4. 对检材中C软件生成的错误日志文件进行检验。

经检验,检材中C软件的相关信息如表8-1所示。其中,编号为XXXXJC18的检材中安装的C软件版本号为"5.19",许可证信息中的目标ID为"1AXXXX68"。

表8-1 检材中C软件的相关信息

检材编号	提取位置	已安装程序列表中C软件	注册表中C软件相关键值	C软件错误日志文件最后修改日期
XXXXJC1	研发三部	无	有	2017-5-11 11:54
XXXXJC2	研发三部	无	有	2017-5-11 11:51
XXXXJC3	研发三部	无	有	2017-5-10 19:29
XXXXJC4	研发三部	有,不完整	有	2017-5-11 12:00
XXXXJC5	研发三部	无	有	2017-5-10 19:31
XXXXJC6	研发三部	无	有	2017-5-11 11:59
XXXXJC7	研发三部	有,不完整	有	2017-5-11 12:00
XXXXJC8	人力资源部	无	无	未找到日志文件
XXXXJC9	研发二部	无	有	2017-5-11 8:31
XXXXJC10	研发二部	无	有	未找到日志文件
XXXXJC11	研发二部	有,不完整	有	2017-5-5 17:28
XXXXJC12	质量管理部	有,不完整	有,内容为空	未找到日志文件
XXXXJC13	供应商管理部	有,不完整	有	2017-5-11 13:10
XXXXJC14	供应商管理部	有,不完整	有	2017-5-9 9:15
XXXXJC15	一分院二维造型	无	有,内容为空	未找到日志文件
XXXXJC16	三分院高级曲面	无	有	未找到日志文件
XXXXJC17	项目管理部	无	无	未找到日志文件
XXXXJC18	模型部	有	未检	2017-5-11 15:06

鉴定过程中的照片156张载于附件光盘,文件列表及各文件哈希值载于附件光盘根目录"照片哈希值.TXT",其MD5哈希值为"4617E66AFEC1D91F0B115E553BF7A053"。

【分析说明】

一般情况下,已安装程序列表中的记录在软件安装完成后生成,在软件卸载后被删除;C 软件在注册表中生成的相关键值在软件安装和使用时均可生成,在软件卸载时不能完全删除;C 软件错误日志文件在软件安装时不会产生,可在软件使用过程中产生并修改,在软件卸载后不会被删除。

除了 XXXXJC8 和 XXXXJC17,其余 16 个检材均检出 C 软件的安装、使用痕迹。

【鉴定意见】

检材中 C 软件安装、使用的相关信息见表 8 – 1,记录关键检验数据的照片见附件光盘。

案例编号:SHSJYW1576546239

司法鉴定科学研究院　李　岩

北京华夏物证鉴定中心对后添加笔迹案件文书鉴定案

【案情简介】

山东省某有限公司与德州市某有限公司长期以来都有贸易往来。现山东省某公司拿出一份证明,显示德州市某公司于 2017 年 1 月购买了白酒 153 箱。但德州市某公司经核对,当时仅购买了白酒 53 箱。双方对该证明存在争议。

山东省某有限公司将德州市某有限公司诉至某法院,在法院庭审过程中,德州市某公司提出山东省某公司拿出的证明上“153”中的“1”存在后添加的行为,并向法院提出鉴定申请,法院同意了德州市某公司的鉴定申请,并委托北京华夏物证鉴定中心对该证明上“153”中的“1”与“53”是否为同一支笔书写形成进行鉴定。

【鉴定过程】

本案鉴定依据《文书鉴定通用规范(SF/Z JD0201001 – 2010)》《篡改(污损)文件鉴定规范(SF/Z JD0201005 – 2010)》《多光谱视频文件检验仪检验规程(SF/Z JD0201014 – 2015)》,使用 VSC6000 文件检验仪对送检材料进行检验:

1. 宏观检验

经宏观检验,该证明纸张规格为长约 7.5cm,宽约 14.5cm。其表面未见刮擦、消退、拼接等异常痕迹。纸张质地未见明显差异,手写字迹排版布局未见明显差异。

2. 显微检验

经用 VSC6000 文检仪侧光检验发现,该证明上手写字迹均系黑色墨水硬笔书写,字迹清晰,特征明确,可供检验。

经用 VSC6000 文检仪不同波段光源对该证明上手写字迹进行吸收及反射特性检验,发现其上手写字迹“(153 箱)”中的“(1”与其他手写字迹的吸收及反射特性存在差异。(见图 8 – 1)

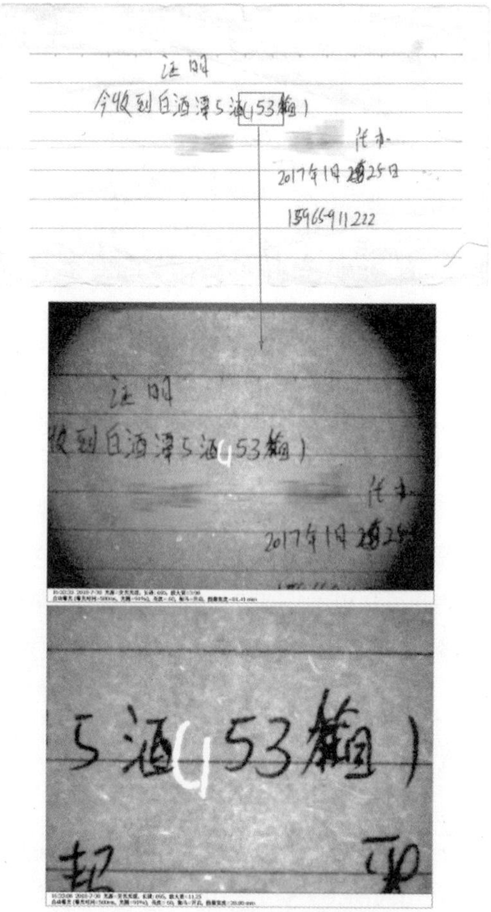

图 8 – 1　文检仪检验

【分析说明】

若该证明上手写字迹为同一支笔一次性书写形成，其对于文检仪不同波段光源的反射、吸收特性应是相同的。但在检验中发现该证明上手写字迹“（1”与该证明上其他手写字迹的反射、吸收特性存在差异，上述差异现象反映了该证明上手写字迹“（1”与其他手写字迹不是同一支笔书写形成。该证明上“（1”字迹是在该证明形成后，又进行添加形成的。

本案是一起典型的篡改文件鉴定案，伪造者往往利用正常文件进行添改、变造，从而达到不可告人的目的。文书司法鉴定越来越依赖于先进设备和技术手段，否则就难以发现变造痕迹。本案利用 VSC6000 文件检验仪对该证明进行多波段光源检验，观察该证明是否有刮擦、涂改、添加等变造痕迹。只有利用各种先进的仪器设备，对可疑文件进行各种检验后，才能最终判断可疑文件是否存在变造现象，最终得出的鉴定意见缺乏客观性、充分性和准确性，甚至可能是错误的鉴定意见。

【鉴定意见】

综上所述，检材上手写字迹“（1”与检材上其他手写字迹不是同一支笔书写形成。

案例编号：BJSJYW1538133928
北京华夏物证鉴定中心　刘立鹏　沈亚中

司法鉴定所对工厂职工李某工作期间昏迷死亡死因进行法医病理鉴定案

【案情简介】

2019 年 5 月 18 日，李某在工厂车间被人发现昏迷，送医院后宣布死亡。因后续处理工作需要，委托方委托某司法鉴定所对李某死因进行鉴定。

【鉴定过程】

（一）病理学检查记录

1. 脑：脑重 1295g，全脑表面未见挫伤出血。椎基底动脉、脑底动脉环以及大脑前动脉、大脑中动脉、大脑后动脉未见粥样硬化、血管瘤、血管畸形等病变。常规切开大脑、小脑及脑干,各切面肉眼未见异常,脑室系统通常。镜下蛛网膜下腔空虚,脑组织呈轻度水肿改变。

2. 心:心脏大小正常,重297g,表面未见挫伤、出血。沿血流方向剪开心脏,房间隔、室间隔完整。主动脉瓣周径为5.5cm,肺动脉瓣周径为6.5cm,二尖瓣周径为7.0cm,三尖瓣周径为8.5cm,各瓣膜未见增厚、粘连、钙化等改变。左心室壁、室间隔壁及右心室壁的厚度分别为1.0cm、0.9cm、0.3cm。心内膜及心肌切面未见异常。冠状动脉常规检查,左右主干开口位置正常,各主干管腔通畅,管壁未见增厚,未见粥样硬化病变。镜下部分区域心肌纤维断裂,未见新鲜及陈旧性心肌梗死,未见炎性细胞浸润。

3. 喉头、气管、支气管和肺:喉头黏膜未见水肿,气管支气管未见异常。左肺重425g,右肺重542g,双肺表面光滑,切面未见明显实变病灶。镜下肺组织呈淤血、水肿改变。

4. 肝:肝脏重1300g,大小为18.0cm×13.0cm×11.0cm,表面光滑,切面未见结节、包块等病变。镜下呈灶性淤血改变。

5. 脾:脾重135g,大小13.0cm×8.0cm×3.5cm,表面光滑,包膜完整,切面红髓白髓结构清楚。镜下脾包膜未见增厚,脾窦扩张淤血。

6. 肾:双肾共重245g,包膜易剥离,表面光滑。切面皮质髓质分界清楚,皮质厚度为0.7cm,肾盂、肾盏未见异常。镜下肾小球、肾小管组织结构正常,间质血管淤血。

7. 胰:胰腺重62g,大小11.0cm×4.0cm×2.0cm,质地中等,表面及切面未见出血、坏死等改变。镜下呈弥漫性自溶改变,未见炎性细胞浸润。

8. 甲状腺:甲状腺未见肿大,切面未见结节包块。镜下未见异常。

9. 肾上腺:肉眼及镜下未见异常。

10. 小肠:送检小肠一段,长约5cm,浆膜面光滑,黏膜面未见溃疡、穿孔、出血等改变。镜下肠壁各层自溶明显。

11. 左手掌处皮肤:镜下表皮层、真皮层、皮下层组织结构正常,棘细胞层细胞及皮肤附属器细胞的细胞核未见呈细长杆状、极性化排列等改变,皮内皮下未见出血。

12. 左食指处皮肤:镜下表皮层、真皮层、皮下层组织结构正常,棘细胞层细胞及皮肤附属器细胞的细胞核未见呈细长杆状、极性化排列等改变,皮内皮下未见出血。

13. 右手掌处皮肤：镜下表皮层、真皮层、皮下层组织结构正常，棘细胞层细胞及皮肤附属器细胞的细胞核未见呈细长杆状、极性化排列等改变，皮内皮下未见出血。

14. 右食指处皮肤：镜下表皮层、真皮层、皮下层组织结构正常，棘细胞层细胞及皮肤附属器细胞的细胞核未见呈细长杆状、极性化排列等改变，皮内皮下未见出血。

15. 右大腿处皮肤：镜下局部皮肤角质层缺失，表皮层细胞及部分皮肤附属器细胞的细胞核呈细长杆状、极性化排列，真皮胶原纤维肿胀、融合、凝固性坏死。

（二）法医病理学诊断

1. 右侧大腿根部皮肤电击伤；
2. 心肌纤维断裂；
3. 脑、肺、肝、脾、肾等多器官淤血、水肿；
4. 胰腺、小肠自溶。

（三）理化检验

送检的李某心血中未检出安定、甲基苯丙胺、甲胺磷、敌敌畏成分。

【分析说明】

根据公安局尸检记录及尸检照片，死者李某全身未见明显机械性损伤痕迹，口鼻部、颈项部未见捂、缢、勒、扼等痕迹，呼吸道内未见异物，可排除李某因机械性损伤和机械性窒息导致的可能性。

根据理化检验结果，可排除李某因安定、甲基苯丙胺、甲胺磷、敌敌畏中毒导致死亡的可能性。

根据病理组织学检验结果，死者李某脑、心、肺等主要器官未见明显自身疾病，可排除李某因自身疾病导致死亡的可能性。

复阅原尸检照片，死者右大腿根部见一1.3cm×0.4cm、略呈横行的皮肤损伤灶，损伤灶周边呈暗红色。镜下见局部皮肤角质层缺失，表皮层细胞及部分皮肤附属器细胞的细胞核呈细长杆状、极性化排列，真皮胶原纤维肿胀、融合、凝固性坏死，为典型的电流损伤后改变。结合死者死亡经过、目击证人询问笔录等综合分析认为，死者李某符合因触电致急性呼吸循环功能衰竭而死亡的特征。

【鉴定意见】

死者李某符合因触电致急性呼吸循环功能衰竭而死亡的特征。

案例编号:FJSJYW1572859185
福建科鉴司法鉴定所　林　明

司法鉴定所对涉毒饮料中违禁成分进行定性定量分析法医毒物鉴定案

【案情简介】

2017年8月到9月,广州市、中山市和佛山市的禁毒部门在娱乐场所查获一类带“×××”字样的饮料,该类饮料在外包装上标识“γ－氨基丁酸”字样,饮用该饮料后眩晕感会较为强烈。禁毒部门怀疑该饮料含其他违禁成分。广东正孚法医毒物司法鉴定所接到送检的该饮料样本后,根据γ－氨基丁酸的结构特征将鉴定范围放在与γ－氨基丁酸结构类似且具有强致幻作用的毒品γ－羟基丁酸及其相关物质γ－丁内酯上。经鉴定:该饮料中检出γ－氨基丁酸、γ－羟基丁酸和γ－丁内酯成分,质量浓度分别为80.3μg/ml、0.019mg/ml和1.55mg/ml。

禁毒部门依据鉴定结果,迅速联合药监部门查封下架了娱乐场所的×××类饮料,同时对生产企业进行了查封,追溯非法成分的源头,避免了该饮料的扩散。

【鉴定过程】

2017年9月5日,中山市公安局某支队送检疑似含有毒品成分的饮料×××型,其生产厂家为中山市某公司,生产地址为中山××镇某村某路。实验室给予该样本实验室样品编号SFE17090004。

该鉴定参考公共安全行业标准GA/T 1074－2013《生物样品中γ－羟基丁酸的气相色谱—质谱和液相色谱—串联质谱检验方法》鉴定规范进行γ－羟基丁酸的定性定量分析;样本稀释后直接进样,运用液相色谱—串联质谱法对γ－氨基丁酸进行定性定量分析;样本稀释后,用乙酸乙酯萃取饮料中的γ－丁内酯进行气—质联用法定性定量分析饮料中的γ－丁内酯成分。

（一）样品处理

1. 移取0.1ml待测样本两份于15ml离心管中，加入0.5ml PH4.0氯化铵饱和溶液，涡旋震荡15秒，加入乙酸乙酯3ml，涡旋震荡2分钟，3000RPM离心3分钟，转移有机层于玻璃试管置氮吹仪37℃吹干，残留物用100μL流动相复溶，进液相色谱—串联质谱仪进行γ－羟基丁酸定性定量分析。同步进行空白和空白添标实验。

2. 移取0.2ml待测样本两份于15ml离心管中，加入1.8ml PH4.0氯化铵饱和溶液，涡旋震荡15秒，加入乙酸乙酯3ml，涡旋震荡2分钟，3000RPM离心3分钟，取有机层200μL进气相色谱—质谱仪进行γ－丁内酯定性定量分析。同步进行空白和空白添标实验。

3. 移取0.1ml待测样本两份于5ml离心管，加入0.9ml色谱纯甲醇，涡旋震荡15秒，过0.22μm有机系滤膜，进液相色谱－串联质谱仪进行γ－氨基丁酸定性定量分析。同步进行空白和空白添标实验。

（二）检验结果

经检验，空白样品中未检出γ－羟基丁酸、γ－氨基丁酸和γ－丁内酯成分；空白添加样品中检出γ－羟基丁酸、γ－氨基丁酸和γ－丁内酯成分；SFE17090004号样品中检出γ－羟基丁酸、γ－氨基丁酸和γ－丁内酯成分，质量浓度分别为80.3μg/ml、0.019mg/ml和1.55mg/ml，且平行样相对相差均小于5%。

【分析说明】

参考标准的前处理、仪器分析方法的选择：根据鉴定所对××系列饮料的研究，此类饮料中常检出的成分包括γ－羟基丁酸、γ－氨基丁酸、γ－丁内酯和咖啡因，由于γ－丁内酯的化学结构对GA/T 1074－2013鉴定标准中的衍生化试剂BSTFA和MTBSTFA不稳定，其内酯环容易开环转变成γ－羟基丁酸，最终无法定性饮料中γ－羟基丁酸的来源（无法判断是实验环节的转化还是饮料中含有）。故选用非衍生化直接提取的前处理方法进行饮料中γ－羟基丁酸的液相色谱－串联质谱法定性定量分析。

γ－丁内酯在碱性条件下易开环产生γ－羟基丁酸，故前处理环节中通过调节PH至4.0来达到γ－丁内酯和γ－羟基丁酸转化的动态平衡。

鉴于γ-丁内酯具有一定的挥发性,经过乙酸乙酯萃取后,不宜进行负压加热蒸干和正压加热氮吹,需使用萃取的有机试剂直接进样来保证检测结果的精密度。

【鉴定意见】

从"×××型"(SFE17090004)样品中检出γ-羟基丁酸、γ-氨基丁酸和γ-丁内酯成分,其质量浓度分别为80.3μg/ml、0.019mg/ml和1.55mg/ml。

案例编号:GDSJYW1546929508

广东正孚法医毒物司法鉴定所　王　平

司法鉴定中心对宫颈癌患者医院手术是否存在医疗过错及责任相关度进行法医临床鉴定案

【案情简介】

据送检材料记载:被鉴定人贺某某因患糖尿病于2019年4月1日住某某中心医院。后经检查宫颈原位癌,并于4月30日行腹腔镜全子宫、双附件切除术,盆腔粘连松解术,术中误扎右侧输尿管,现委托黑龙江省鹤岗市天正司法鉴定中心就某某中心医院对贺某某的诊疗行为是否存在过错及责任相关度进行法医临床鉴定。

【鉴定过程】

(一)某某中心医院住院病案(0374735)摘抄(2019年4月1日至2019年5月6日)

病志记载:

主诉:间断乏力5年。现病史:患者于入院5年前无明显诱因出现乏力,无口渴,无多饮、无多尿、无头晕头痛,无发热,无恶心呕吐,无手足麻木,曾诊断为"糖尿病,"曾服用降糖药物及皮下注射胰岛素治疗,血糖控制尚可,为求进一步系统治疗来该院就诊,门诊以"糖尿病"收入院。查体:T:36℃,R:18次/分,P:72次/分,BP:144/84MMHG。神志清,双肺叩诊清音,呼吸音清音,未及干湿罗音,未闻及哮鸣音,心节律齐,心音正常,无腹部压痛及反跳痛,肝脏脾脏未触及,颈静脉回流征阴性，双下肢浮肿。2019 年 4 月 11 日妇科会诊记录：

处置：行阴道镜宫颈活检术，术后行病理检查。

会诊意见：宫颈癌筛查非典型鳞状细胞，不排除高级别上皮内病变。

2019 年 4 月 10 日妇科液基薄层病理检查报告：非典型鳞状细胞，不排除高级别鳞状上皮内病变(ASC-H)。诊断：(1)糖尿病；(2)宫颈病变。诊断：宫颈原位癌。处置：转科手术治疗。于 2019 年 4 月 22 日行宫颈锥切术。于 2019 年 4 月 30 日行腹腔镜全子宫加双附件切除术加盆腔粘连松解术：

术中见"……子宫体萎缩，双侧输卵管、双侧卵巢外观未见异常，乙状结肠与左侧腹壁形成膜状粘连，大网膜及部分肠管与前腹壁及右侧盆壁形成粘连，钝性分离上述粘连，以超声刀分贝钳夹右侧骨盆漏斗韧带、输卵管系膜及其峡部，卵巢固有韧带电凝充分断离，双极电凝右侧圆韧带、双侧宫旁组织电凝充分，超声刀离断；同法处理左侧，打开膀胱腹膜返折，下推膀胱困难，双极电凝右侧子宫动静脉，超声刀剪断，同法处理左侧子宫动静脉，以双极电凝双侧子宫主、骶韧带，电凝充分、剪断。单极电勾沿举宫器瓷环沿穹隆切下子宫，自阴道取出全子宫及双附件。阴道断端挛缩于膀胱后方，暴露困难，阴道断端质地硬，钳夹困难，1－0 可吸收线连续缝合阴道断端，缝合难度较大，同线包埋腹膜……术毕"。

2019 年 5 月 3 日泌尿外科会诊记录：

拟定疾病：糖尿病、宫颈原位癌、右肾积水。诊断：右肾积水。处置：行右输尿管支架置入引流肾积水。彩色多普勒超声检查报告单(2019 年 5 月 5 日)示：右肾轻度积水，右侧输尿管上段扩张；左肾、膀胱、左侧输尿管未见明显异常。

内窥镜影像工作报告单(2019 年 5 月 6 日)示：左侧输尿管口位置正常，喷尿正常，右侧输尿管口位正常，管口周围轻度水肿，未见喷尿，输尿管镜进膀胱壁超滑导丝均不能上进入输尿管内，余膀胱各壁未见异常。

泌尿系 CTU(2019 年 5 月 6 日 59609)示：右肾积水；右侧输尿管扩张；子宫切除术后改变；请结合临床。

临床确定诊断：(1)2 型糖尿病；(2)冠状动脉粥样硬化性心脏病；(3)高血压 2 级；(4)动脉粥样硬化。补充诊断：(5)重度骨质疏松；(6)右拇指屈肌腱狭窄腱鞘炎；(7)宫颈病变；(8)宫颈原位癌；(9)盆腔粘连；(10)右肾积水；(11)子宫腺肌瘤。

(二)某某大学附属第一医院住院病案(0808234)摘抄(2019 年 5 月 6 日至 2019 年 5 月 22 日)

病志记载：

主诉:右腰痛伴积水3天。现病史:患者半月前于×××中心医院被确诊为“宫颈癌”,一周前于当地行手术治疗,术后病人自感右腰部疼痛,行相关检查未明确病因。后经考虑为输尿管误扎。门诊以“右肾积水”收入该院泌尿科。于2019年5月7日行输尿管—膀胱吻合术:

术中见“……分开腹内及腹横肌,向内侧分开腹膜外脂肪,向上方游离腹膜返折,探查右输尿管增粗,与周围组织界限不清,仔细分离输尿管与周围组织向下至与膀胱连接部,发现输尿管末端被缝线结扎,在结扎处输尿管上端切断输尿管,膀胱右侧壁切以长约2厘米切口……术毕”。

辅助检查:

泌尿系DR(2019年5月12日XR2049313)示:双侧肾脏及腰大肌外形显示清晰,右肾区、右侧输尿管行程及膀胱区见双“J”导管影。

彩色多普勒超声诊断报告单(2019年5月21日)示:双肾泥沙样结石,右肾轻度肾盂积水;右侧输尿管内管状回声,请结合临床,随诊。

临床确定诊断:(1)右肾积水;(2)右侧输尿管远端闭锁。

【分析说明】

医方对贺某某的医疗行为是否存在过错、右侧输尿管闭锁及右侧输尿管膀胱吻合术是否与医方腹腔镜全子宫加附件切除术有因果关系及参与度?

医方在对患者贺某某进行宫颈癌筛查时发现宫颈液基薄层病理有非典型鳞状细胞不排除高级别鳞状上皮内病变,后行阴道镜宫颈活检,病理报告示宫颈细胞有高危人乳头癌病毒HPV感染史,宫颈细胞病毒癌基因E6E7处于转录活动期病变风险在增加,又进行宫锥切术,宫颈慢性炎伴低级别上皮内癌变1点10点处为高级别上皮内癌变(CINⅢ级),累及腺体/原位癌,以上检查可以看出医方对贺某某的原位癌诊断是符合会诊常规的,经过多项病理检验结果认为原位癌诊断成立,具有手术指征,并且选择手术方式是正确的。

根据术后病人临床症状及二次手术证实,右侧输尿管末端被缝线结扎,并有肾积水,右输尿管远端闭锁的改变,可以认为系由于腹腔镜全子宫附件切除术、盆腔粘连松解术时误扎形成。

医方对患者贺某某行腹腔镜全子宫加附件切除术以及盆腔粘连松解术,腹腔镜手术是一种切口小、痛苦小、且时间短、恢复快的治疗方法,但腹腔镜同时有一定的局限性,镜下的解剖位置不能达到开腹手术直观下层次清晰,医方在腹腔镜发现盆腔有粘连，阴道断端挛缩于膀胱后，暴露困难的情况下，应及时改变手术方式，特别是在切开膀胱腹膜返折处更应该特别注意，避免右侧输尿管误扎导致输尿管膀胱吻合术。因此，认为医方的医疗行为未尽到高度注意义务存在过错，责任相关度为全部责任。

【鉴定意见】

医方对贺某某医疗行为存在过错，与其误扎右侧输尿管—膀胱吻合术存在因果关系，责任相关度为全部责任。

案例编号：HLJSJYW1573172837

黑龙江省鹤岗市天正司法鉴定中心　伦　杰

司法鉴定中心应保险理赔之需对工伤受害人边某四肢截肢伤残等级进行法医临床鉴定案

【案情简介】

2019 年 8 月 7 日，边某在堆龙德庆区工作时被电击伤，伤后送往某某医院住院治疗。现应保险公司理赔要求，由司法鉴定机构对边某伤残等级进行法医临床鉴定。

【鉴定过程】

（一）病历摘要

2019 年 8 月 7 日至 2019 年 8 月 30 日某某医院住院病历（住院号：A××××）：边某，男，42 岁，患者在室外工地不慎碰到高压电线（具体情况不详），其双上肢、双腋窝及双下肢被电击致伤（具体电压不详），患者立即摔倒，倒在地面钢管上，无昏迷及呕吐史。入院查体：体温 36.7℃，脉搏 118 次/分，呼吸 24 次/分，血压无法检查（四肢张力过高）。专科情况：患者神志清楚，双肺呼吸音稍粗，未闻及明显干湿啰音，心腹查体未见明显异常。双上肢、双下肢及双腋窝可见散在电击伤创面，面积大小约 20% TBSA，双手为电击伤入口，双下肢为电击伤出口，各创周红肿明显，四肢创面肿胀明显，张力较高，双手、双前臂及双小腿创面中央区域为毁损伤，脂肪组织、肌肉及部分骨外露，脂肪组织色泽暗黄，质脆，部分已液化、坏死,肌肉已发黑,呈烧焦样,创周皮肤及剩余创面为焦痂,痂皮质韧,痛觉消失,双前臂创面痂下可见树枝状栓塞血管网,双手及双前臂已干性坏疽,双腕关节及双肘关节被动屈曲,双手呈"握拳状",双手各指、双腕关节、双肘关节及双肩关节屈伸活动不能,双侧桡动脉及尺动脉搏动未扪及,双手各指末梢无血运,右小腿创面有活动性出血,双侧腘窝动脉及足背动脉搏动弱,双足冰凉,双侧膝关节及踝关节屈伸活动受限。入院诊断:(1)失血性休克;(2)急性肾损伤;(3)代谢性酸中毒;(4)双上肢、双小腿筋膜间隙综合征;(5)急性心肌损害;(6)急性肝功能损害;(7)凝血功能障碍;(8)重度贫血;(9)胸腔积液;(10)双下肺坠积性肺炎。于2019年8月10日在全麻下行双上肢、双腋窝清创探查术+双侧肩关节离断术+双下肢清创术+VSD负压吸引术。于2019年8月15日在全麻下行双下肢清创探查术+双大腿中下离断术。于2019年8月23日在全麻下行左大腿清创术+动脉损伤缝合术。于2019年8月30日出院,出院诊断:(1)电击伤20% Ⅲ°,全身多处;(2)失血性休克;(3)重度贫血;(4)急性肾损伤;(5)代谢性酸中毒;(6)双上肢、双小腿筋膜腔间隙综合征;(7)急性心肌损害;(8)急性肝功能损害;(9)凝血功能障碍;(10)胸腔积液;(11)双下肺坠积性肺炎;(12)双上肢、双腋窝清创探查术+双侧肩关节离断术+双下肢清创术+VSD负压吸引术术后;(13)双下肢清创探查术+双大腿中下离断术后。

(二)法医学检验

1. 检验方法

按照《法医临床检验规范》(SF/Z JD0103003-2011)、《法医临床影像学检验实施规范》(SF/Z JD0103006-2014)对被鉴定人进行检验。

2. 体格检查

自诉:工作时高压电击伤致四肢毁损伤,双上肢、双下肢截肢术后。

查体:轮椅推入检查室,神志清楚,回答切题,查体合作。头颅发育正常,五官端正,无异常。专科情况:右上肢从右肩关节处缺失,残端见一23cm弧形线状疤痕,残端愈合良好。左上肢从左肩关节处缺失,残端见一25cm弧形线状疤痕,残端愈合良好。右下肢从膝关节上方、大粗隆下方31cm处缺失,残端见一20cm横行线状疤痕,残端愈合良好。左下肢从膝关节上方、大粗隆下方31cm处缺失,残端见18cm横行线状疤痕、8cm纵形线状疤痕,残端愈合良好。双侧髋关节屈伸功能不受限。

【分析说明】

经对所提供的边某病历资料进行审阅,结合目前检查情况,被鉴定人边某:"(1)电击伤20% Ⅲ°,全身多处;(2)失血性休克;(3)重度贫血;(4)急性肾损伤;(5)代谢性酸中毒;(6)双上肢、双小腿筋膜腔间隙综合征;(7)急性心肌损害;(8)急性肝功能损害;(9)凝血功能障碍;(10)胸腔积液;(11)双下肺坠积性肺炎;(12)双侧肩关节离断术后等诊断成立。伤者伤情符合电击伤损伤特征。

被鉴定人目前双上肢、双下肢缺失,对于肢体缺失的情形,医疗治疗终结后即可鉴定,且双上肢从双侧肩关节处缺失,双下肢从双侧大腿中下处缺失。伤者四肢缺失,符合2013年6月8日中国保险行业协会、中国法医学会联合发布的《人身保险伤残评定标准》第7.6条四肢的结构损伤,肢体功能或关节功能障碍:"三肢以上缺失(上肢在腕关节以上,下肢在踝关节以上)"之规定,评定一级伤残。

【鉴定意见】

被鉴定人边某四肢缺失的伤残等级评定为人身保险一级伤残。

案例编号:XZSJYW1572324262

西藏阜康医院法医临床司法鉴定中心　温吕方

司法鉴定中心对交通事故受害人陈某某创伤性脑梗塞、蛛网膜下腔出血伤病关系及伤残等级进行法医临床鉴定案

【案情简介】

2020年4月19日上午9时30分许,被鉴定人陈某某骑三轮人力车行驶至丰城市拖铁公路荣塘镇望郭村委会某路段附近时发生交通事故致头部、胸部损伤,伤后在丰城市人民医院住院治疗。受丰城市公安局交警大队拖船中队委托,要求江西省丰城市丰安司法鉴定中心对其伤情行伤病关系鉴定、人体损伤程度鉴定。

【鉴定过程】

(一)资料摘要

1. 丰城市人民医院入院记录

2020 年 4 月 19 日丰城市人民医院入院记录(住院号:1748714):患者入院前约两小时骑自行车与三轮电动车发生碰撞,头面部及左上肢外伤出血,感头痛、头昏,伴恶心,呕吐,左下肢无力,无呼吸困难,无抽搐,无昏迷。高血压多年,口服药物治疗。饮酒六十多年,平均 4 两/日,未戒酒。T36.6°C,P82 次/分,R20 次/分,BP:152/85MMHG。胸廓对称,左胸部压痛,胸廓挤压痛阳性,呼吸运动正常,肋间隙正常,语颤正常。专科情况:神志清楚,头颅无畸形,头面部见多处擦伤及长约 0.5cm 皮肤裂伤,见头部软组织肿胀,左上肢见多处擦伤及长约 0.5cm 皮肤裂伤,左下肢肌力Ⅱ-Ⅲ级。双侧肱二、三头肌腱反射正常,双侧膝、跟腱反射正常,双侧 BABINSKI 征阴性,双侧 KERNIG 征阴性。辅助检查:2020 年 4 月 19 日 CT 平扫片示:(1)左侧顶骨骨折,左侧额部及颞顶部头皮血肿,蛛网膜下腔出血;(2)左侧胸部肋骨骨折,两肺下叶外伤性湿肺可能。心电图提示左室高电压。诊断:(1)创伤性蛛网膜下腔出血;(2)创伤性脑梗塞;(3)顶骨骨折;(4)肋骨骨折;(5)肺挫伤;(6)头皮裂伤;(7)上肢皮肤裂伤;(8)高血压。

2. 丰城市人民医院头颅 CT 检查诊断报告单

2020 年 4 月 19 日丰城市人民医院头颅 CT 检查诊断报告单(1182068 号)检查所见:左侧顶骨见骨折线影,左侧额部及颞顶部见皮下血肿影,纵裂池、鞍上池及局部脑回、脑沟等密度呈均匀增高。两肺下叶见片状密度增高影,左侧胸部肋骨可见骨折线影。诊断结果:(1)左侧顶骨骨折,左侧额部及颞顶部头皮血肿,蛛网膜下腔出血;(2)左侧胸部肋骨骨折,两肺下叶外伤性湿肺可能。

2020 年 4 月 19 日丰城市人民医院头颅 CT 检查诊断报告单(1182120 号)检查所见:左侧顶骨见骨折线影,左侧额部及颞顶部见皮下血肿影,纵裂池、鞍上池及局部脑回、脑沟等密度呈均匀增高。诊断结果:左侧顶骨骨折,左侧额部及颞顶部头皮血肿,蛛网膜下腔出血。

3. 丰城市人民医院头颅 MR 检查诊断报告单

2020 年 4 月 21 日丰城市人民医院头颅 MR 检查诊断报告单(2004211210536 号)检查所见:右侧枕叶、丘脑及额顶叶见多发点状、斑片状异常信号影,T1WI 呈低信号改变,T2WI 呈高信号,T2 - FLAIR 及 DWI 呈明显高信号改变,右侧基底节区见斑片状长 T1 长 T2 异常信号影,T2 - FLAIR 呈低信号改变,周边见少许高信号影;余脑实质见多发点状稍长 T1 稍长 T2 异常信号影,T2 - FLAIR 呈高信号改变;双侧枕叶脑沟内可见线状等 T1 长 T2 异常信号影,T2 - FLAIR 呈高信号改变。诊断结果:(1)右侧枕叶、丘脑及额顶叶多发脑梗死;(2)右侧基底节区脑软化灶;(3)蛛网膜下腔出血;(4)脑实质散发缺血灶。

2020 年 4 月 22 日丰城市人民医院头颅 MR 检查诊断报告单(2004221131191 号)检查所见:右侧颞叶、枕叶、丘脑及额顶叶见多发点状、斑点状异常信号影,T1WI 呈低信号改变,T2WI 呈高信号,T2 - FLAIR 及 DWI 呈明显高信号改变,右侧基底节区见斑片状长 T1 长 T2 异常信号影,T2 - FLAIR 呈低信号改变,周边见少许高信号影;余脑实质见多发点状稍长 T1 稍长 T2 异常信号影,T2 - FLAIR 呈高信号改变;原双侧枕叶脑沟内线状等 T1 长 T2 异常信号影基本已消失。诊断结果:(1)右侧颞叶、枕叶、丘脑及额顶叶多发脑梗死;(2)右侧基底节区脑软化灶;(3)脑实质散发缺血灶。

2020 年 4 月 22 日丰城市人民医院颈部血管、心脏彩超诊断报告单(B2004220114 号)诊断结果:右侧颈总动脉分叉处内中膜增厚,右侧颈总动脉分叉处软斑及硬斑形成,左侧颈总动脉分叉处硬斑形成,左侧颈内动脉起始段混合斑形成,升主动脉增宽,左房增大,左室舒张功能下降,主动脉瓣钙化灶,二、三尖瓣及主动脉瓣轻度关闭不全。

4. 丰城市人民医院胸部 CT 检查诊断报告单

2020 年 4 月 25 日丰城市人民医院胸部 CT 检查诊断报告单(1182120 号)检查所见:左侧胸部肋骨见有多发性骨折线,对位良好,两下肺见斑片状高密度影,密度均匀,边界不清。左侧胸膜腔内见少量积液征。诊断结果:左侧胸部多发性肋骨骨折并左侧少量胸腔积液,两下肺炎症。

5. 丰城市人民医院头颅 MR 检查诊断报告单

2020 年 4 月 25 日丰城市人民医院头颅 MR 检查诊断报告单(2004251151242 号)检查所见:右侧额叶及颞叶见片状稍长 T1 稍长 T2 信号,DWI 呈高信号,T2FLAIR 呈高信号,右侧基底节区见片状长 T1 长 T2 信号,DWI 未见明显异常高信号,T2FLAIR 呈低信号,周围见片状高信号。双侧额部硬膜下见弧形长 T2 信号。诊断结果:(1)右侧额叶及颞叶脑梗死;(2)右侧基底节区脑软化灶;(3)双侧额部硬膜下积液。

2020 年 5 月 1 日丰城市人民医院 MR 检查诊断报告单(2005010938237 号)

诊断结果:考虑右侧额顶叶及右枕叶脑梗塞,并微出血。

6. 丰城市人民医院CT检查诊断报告单

2020年5月2日丰城市人民医院CT检查诊断报告单(1182120号)检查所见:两肺下叶及左肺上叶见斑片状密度增高影,边缘模糊。左侧第4~7肋见骨皮质不连。诊断结果:两肺挫伤,左侧第4~7肋骨折。

(二)法医学检验

1. 检验方法

按照《法医临床检验规范》(SF/Z JD0103003-2011)对被鉴定人进行检验。

2. 体格检查

被鉴定人陈某某一般情况可,神清,平躺在丰城市人民医院脑外科(神经外科)病房床上,自动体位,查体合作。自诉:左侧上、下肢麻木感、乏力。查体:神志清晰、言语清晰、问答切题。双侧眼睑启闭正常,睁眼时双侧眼裂对称,双眼睑、球结膜未见充血、出血,双侧瞳孔等大等圆,对光反应灵敏;颈软无抵抗,左额部见1.1×0.5cm、0.5×0.5cm、1.5×0.6cm皮肤擦伤后瘢痕,左侧颧面部见2.5×1.0cm皮肤擦伤后瘢痕;胸部左前上侧及背部左上侧咳嗽时有疼痛,外表未见红肿、青紫斑;左前臂近端后侧见3.0×1.5cm皮肤擦挫伤结痂,左手背见0.6×0.6cm、1.0×0.5cm、0.8×0.4cm伴散在性点状皮肤擦伤结痂;右手背见0.4×0.3cm、1.0×0.6cm皮肤擦伤后结痂;右手拇指背侧见0.4×0.2cm、0.2×0.2cm皮肤擦伤后结痂;四肢肌张力不高,左侧上臂肌力3级,左侧前臂肌力4级,左手指屈指肌力4级,左侧下肢肌力3级,左足背屈、跖屈肌力1级,右侧上、下肢肌力5级,右手指屈指肌力5级。左侧肱二头肌肌腱反射、左侧膝腱反射稍亢进,右侧肱二头肌肌腱反射、左侧膝腱反射正常,双侧踝阵挛阴性,双侧霍夫曼征阴性,双侧腹壁反射存在,右侧提睾反射存在,左侧提睾反射未引出,双侧巴彬氏征阴性。

阅片所见:2020年4月19日丰城市人民医院头颅CT平扫片(CT号:1182068、1182120)示:左侧额部及颞顶部见皮下血肿影、纵裂池、鞍上池及局部脑回、脑沟等密度呈均匀增高。提示:左侧额部及颞顶部头皮血肿、蛛网膜下腔出血。

2020年4月21日丰城市人民医院头颅MRI平扫片(MRI号:2004211210536)示:右侧枕叶、丘脑及额顶叶见多发点状、斑片状异常信号影,T1WI呈低信号改变,T2WI呈高信号,T2-FLAIR及DWI呈明显高信号改变,右侧基底节区见斑片状长T1长T2异常信号影,T2-FLAIR呈低信号改变,周边见少许高信号影;

余脑实质见多发点状稍长 T1 稍长 T2 异常信号影,T2 – FLAIR 呈高信号改变;双侧枕叶脑沟内可见线状等 T1 长 T2 异常信号影,T2 – FLAIR 呈高信号改变。提示:右侧枕叶、丘脑及额顶叶多发脑梗死;右侧基底节区脑软化灶;蛛网膜下腔出血;脑实质散发缺血灶。

2020 年 4 月 22 日丰城市人民医院头颅 MRA + MRI 平扫片(MRI 号:2004221131191)头颅 MRA 示:双侧大脑后动脉管腔狭窄。头颅 MRI 平扫示:右侧颞叶、枕叶、丘脑及额顶叶多发脑梗死;右侧基底节区脑软化灶;脑实质散发缺血灶。

2020 年 5 月 1 日丰城市人民医院头部灌注成像 MRI 片(MRI 号:2005010938237)示:右侧额顶叶及右枕叶脑梗死、并微出血。

2020 年 5 月 2 日丰城市人民医院肋骨 CT 平扫 + 三维重建片(CT 号:1182120)示:左侧第 4、5、6、7 肋骨各见一处骨折征象。

【分析说明】

根据法医临床学检验所见,结合病史及临床检验,综合分析如下:

被鉴定人陈某某伤后头面部及左上下肢外伤出血,感头痛、头昏,伴恶心呕吐,左下肢无力,送院途中有呕吐,头面部软组织肿胀,多处擦伤及皮肤裂伤,左胸部压痛,胸廓挤压痛阳性,左下肢肌力Ⅱ ~ Ⅲ级,结合临床影像学检查入院诊断为:创伤性蛛网膜下腔出血,创伤性脑梗塞,顶骨骨折,肋骨骨折,肺挫伤,头皮裂伤,上肢皮肤裂伤。该鉴定中心阅其受伤后影像资料证实:左侧额部及颞顶部头皮血肿,右侧枕叶、丘脑及额顶叶、颞叶多发脑梗塞(死),蛛网膜下腔出血,左侧肋骨骨折并左侧少量胸腔积液。以上损伤符合钝性暴力作用的损伤特点,结合案情,交通事故中撞倒、摔跌可以形成。

伤病关系鉴定:(1)被鉴定人陈某某存在原有基础性疾病:①被鉴定人年龄大(85 岁),既往高血压饮酒病史。②心电图提示左室高电压;颈部血管、心脏彩超提示:右侧颈总动脉分叉处内中膜增厚,右侧颈总动脉分叉处软斑及硬斑形成,左侧颈总动脉分叉处硬斑形成,左侧颈内动脉起始段混合斑形成,外主动脉增宽,左房增大,左室舒张功能下降,主动脉瓣钙化灶,二、三尖瓣及主动脉瓣轻度关闭不全;CT 提示:右侧基底节区脑软化灶。(2)被鉴定人陈某某确证存在较严重的外伤性改变:①头面部软组织肿胀,多处擦伤及皮肤裂伤,左胸部压痛,胸廓挤压痛阳性,左上肢多处擦伤及皮肤裂伤,左下肢肌力Ⅱ ~ Ⅲ级;②受伤后头颅CT示:左侧额部及颞顶部头皮血肿,蛛网膜下腔出血;受伤3天以后头颅MRI示:右侧枕叶、血脑及额顶叶多发脑梗塞(死),蛛网膜下腔出血,脑实质散发缺血灶;胸部CT提示:左侧肋骨骨折(第4、5、6、7肋),左侧少量胸腔积液。

综上所述:被鉴定人陈某某自身存在动脉粥样硬化等血管病变,在遭较大钝性暴力作用下,容易发生血管内膜损伤继发血栓形成或内膜上的斑块脱落,引起脑部多发性梗塞,且其既往即存在右侧基底节软化灶等陈旧脑梗表现。考虑其脑内多发梗死与本次交通伤在时间上存在连续性,故综合判断被鉴定人陈某某的脑梗塞(死)的发生与该次外伤及原有基础疾病存在因果关系;根据既往病史及伤后的临床表现体征和辅助检查结果,认为脑梗塞的发生是外伤与原有基础疾病共同作用引起的,二者(外伤与原有基础疾病)作用相当。

人体损伤程度鉴定:(1)被鉴定人陈某某脑梗塞,目前存在肢体瘫痪等神经系统症状和体征,脑梗塞的发生是外伤与原有基础疾病共同作用引起的,二者(外伤与原有基础疾病)作用相当;根据“两院三部”发布并自2014年1月1日起实施的《人体损伤程度鉴定标准》第4款总则第4.3.2款伤病关系处理原则及第5.1.2.i款、第5.1.3.f款之规定,此伤情构成轻伤一级。(2)被鉴定人陈某某创伤性蛛网膜下腔出血,根据《人体损伤程度鉴定标准》第5.1.4.e款之规定,此伤情构成轻伤二级。(3)被鉴定人陈某某左侧第4、5、6、7肋骨各见一处骨折,根据《人体损伤程度鉴定标准》第5.6.4.b款之规定,此伤情构成轻伤二级。

综上所述,被鉴定人陈某某的损伤程度构成轻伤一级。

【鉴定意见】

伤病关系鉴定:被鉴定人陈某某脑梗塞的发生是外伤与原有基础疾病共同作用引起的,二者(外伤与原有基础疾病)作用相当;

损伤程度鉴定:被鉴定人陈某某的损伤程度构成轻伤一级。

案例编号:JXSJYW1593997456

江西省丰城市丰安司法鉴定中心　滕国徽　谢东泉

法医司法鉴定所对王某交通事故死亡原因进行法医临床鉴定案

【案情简介】

2020年1月8日18时许，王某驾驶的小型轿车行驶至高速公路时，车辆右后部被后方小型普通客车左前部追尾碰撞，造成两车受损的道路交通事故。2020年1月9日15时许，王某驾驶小轿车返回××市其父母家中，反映胸痛（其间已至××市××乡卫生院检查未果），为缓解胸痛症状在其父母家中服用白砂糖开水、药酒和止痛药，后卧床休息。17时许，王某被其母亲发现失去意识，经抢救无效于2020年1月9日19时20分在××市人民医院被宣告死亡。为查明王某的死亡原因，特委托武汉大学医学院法医司法鉴定所进行鉴定。

【鉴定过程】

（一）病例摘要

××市××乡卫生院120出诊院前急救病历：

主诉：发现呼之不应1～2小时（患者母亲及亲友提供病史）。于2020年1月9日19时27分（到达现场）发现患者呼吸心跳停止后第一时间行胸外心脏按压，予以盐酸肾上腺素注射液1mg肌肉注射，持续予以心肺复苏术30分钟后，患者生命体征仍未恢复，抢救无效，于2019年1月9日20时5分宣告临床死亡。

××司法鉴定中心司法鉴定意见书（××中心[2020]毒鉴字第××号）：王某的血液中未检出吗啡、单乙酰吗啡。

（二）尸表检查

成年女性解冻尸体，身着黑色内裤。尸长166cm，发长50cm，发育正常，营养中等，尸僵缓解；尸斑暗红色，位于背部及四肢背侧未受压处，指压不褪色。双眼角膜混浊，双侧瞳孔不易透视，结膜未见出血。

头颅未见畸形，头皮未见破损，未触及颅骨骨擦感。双侧耳垂见金属耳环。面部未见畸形，未见皮肤破损、挫伤出血。左眼上睑中段下侧近睫毛处见一范围约0.5cm×0.5cm表皮剥脱。双外耳道、双侧鼻部未见异常，口鼻周围未见损伤痕。口唇皮革样化、无紫绀，牙列整齐、见金属牙套固定牙列，口唇、唇周、唇黏膜、牙龈未见损伤,口腔内未见异物。

颈、项部皮肤未见异常损伤痕,颈椎活动度无异常,未及骨擦感。胸廓稍呈鸡胸状,胸壁、腹壁、背部皮肤未见破损、挫伤出血等改变。胸骨区见范围4cm×2cm类椭圆形青紫色变,切开皮肤见局部血管丰富、饱满充盈,未见出血。下腹部见一横行长10cm条索状浅表性瘢痕。

四肢未见畸形,无骨擦感,无反常活动,皮肤未见损伤、未见皮下出血。双手指甲紫红色指甲油附着,足甲床苍白、无紫绀。肛门及会阴部未见明显异常。

(三)尸体解剖及法医病理学检查

头部:冠状切开头皮,头皮、皮下、帽状腱膜下未见出现,双侧颞肌未见出血,颅骨未见骨折。全脑重1293g(正常参考值:1300~1500g),两侧大脑半球对称,大脑、小脑、脑干表面、切面未见挫伤、出血,双侧小脑扁桃体疝形成。镜下:各部位脑组织内血管及神经细胞周围间隙增宽、水肿明显,未见出血、挫伤灶。

颈部:舌骨、甲状软骨、环状软骨未见骨折。喉头、会咽部未见异物,双侧扁桃体无明显异常。

甲状腺:重30g(正常参考值:20~40g),双侧大小基本对称,质地较硬,未见明显结节。镜下:甲状腺实质内弥漫分布簇状聚集淋巴细胞、部分成淋巴结节滤泡,夹杂树枝状分布的纤维组织增生,实质内偶见结节状纤维增生;甲状腺腺泡大部分消失、偶见少量孤立腺泡。

取直线式切开暴露胸腹腔,胸腹部皮下、肌肉未见出血。胸骨2~3肋间处横行骨折,骨折处未见明显出血(考虑抢救时胸外按压形成)。左、右侧横膈高度均位于第5肋间处。胸腔内各器官位置正常,双侧胸腔无粘连,左、右侧胸腔内分别见50ml、50ml血性液体。心包饱满、紫色,打开心包腔,心包腔内见约630ml血液及血凝块。食道内未见异物,食道壁未见出血及糜烂,食道静脉未见曲张。喉头、会咽部、气管及左右支气管腔内未见明显异常。腹腔内各器官位置正常,未见出血,肝、脾、肾、胰腺未见破裂、挫伤、出血。胃内较空虚,仅少量胃液,胃黏膜未见出血或溃疡。膀胱空虚。

主动脉根部梭形囊状膨胀,外膜近右心房处见一长1.6cm破裂,破口周围片状出血并浸润至右心房表面;主动脉根部内膜见散在斑点状粥样硬化斑块,根部邻近肺动脉处内膜见横行撕裂状长2.5cm破裂口,内、外膜分离形成夹层,夹层内见大量血凝块、颜色深浅不一。镜下:破口处血管壁组织缺损呈撕裂状,破口处及邻近区片状出血,可见以中性粒细胞为主的炎性细胞浸润及血小板梁状结构,部分出血灶可见分层状,大部分红细胞形态完整,部分红细胞破坏呈红黄色变,可见少量巨噬细胞吞噬现象。出血外围区及右心房浸润区可见以中性粒细胞为主炎性细胞浸润。

心脏:重454g(正常参考值:250～270g),心尖圆钝,心脏未见破损,左心腔扩张,心脏四腔及各瓣膜未见赘生物,各瓣膜未见明显器质性病变。左心室壁厚1.6cm(正常值参考范围:0.8～1.0cm),右心室壁厚0.2cm(正常值参考范围:0.2～0.3cm),室间隔厚1.5cm(正常值参考范围:0.8～1.0cm)。三尖瓣周径10.5cm,肺动脉瓣周径7.5cm,二尖瓣周径11cm,主动脉瓣周径8.3cm。心肌切面见左心室后壁、侧壁、心尖部斑片状纤维灶,未见明显出血。左、右冠状动脉开口未见异常,冠状动脉为右优势型;右冠状动脉、左主干未见明显狭窄,左前降支、左旋支节段性Ⅰ－Ⅱ级狭窄。镜下:右心室心外膜下及心肌间质内脂肪组织增多、心肌疏松,部分心肌肌浆凝聚、嗜酸性增强;右心房及右冠脉近主动脉破裂出血区片状心外膜下出血伴炎性细胞浸润,部分出血灶内见含铁血黄素,部分出血灶见纤维浆液、血小板结构伴炎性细胞浸润;左心室心外膜增厚,间质散在纤维增生、局部心肌呈岛状分布,部分心肌嗜酸性增强,肌浆凝聚,心肌断裂,未见明显出血灶;冠状动脉管壁非对称性增厚、粥样硬化;窦房结未见明显异常,房室结中心体处见一小钙化灶,其余未见明显异常。

肺:左肺重377g(正常参考值:325～480g),右肺重531g(正常参考值:360～570g);双肺表面未见破裂,质地光滑、软,色暗红,未触及结节感,表面及切面未见结节、肿瘤或空洞。镜下:肺淤血明显,灶性气肿、水肿,间质内未见明显炎性细胞渗出。

肝:重1455g(正常参考值:1300～1500g),大小28cm×19cm×5cm,肝形态轮廓未见异常,表面及切面未见结节、挫伤、出血;胆囊充盈,内见黄绿色胆汁。镜下:肝小叶结构存在,肝窦扩张、淤血,实质内未见出血、未见明显炎性细胞浸润或纤维组织增生。

脾:重186g(正常参考值:140～180g),大小13cm×8.5cm×3cm,形态轮廓未见异常,表面及切面未见挫伤、出血。镜下:未见明显异常。

肾:左肾重140g,右肾重141g(单侧正常参考值:120～140g);双肾包膜完整,肾实质未见出血或肿瘤,肾盂内未见结石、无积水或扩张。镜下:肾贫血状改变,实质内未见出血或肿瘤结构,肾小管自溶改变,未见管型。肾上腺自溶改变。

(四)法医病理学诊断

1.主动脉夹层破裂并心包填塞;

2.扩展性心肌病,右心室脂肪浸润,部分心肌肌浆凝聚,灶性肌纤维断裂,冠

状动脉粥样硬化症(Ⅰ-Ⅱ级),心脏中心体灶状钙化;

3. 桥本甲状腺炎;

4. 肺淤血,灶性水肿、气肿;

5. 脑水肿;

6. 腹部条索状浅表性瘢痕(考虑既往手术遗留);

7. 胸骨骨折(考虑抢救形成)。

【分析说明】

根据尸体解剖、法医病理学检验、毒化检验结果,结合案情经过,综合分析如下:

第一,被鉴定人王某存在下列显著病理学改变:(1)心包腔内大量血液及血凝块填塞;(2)主动脉根部夹层形成、内外膜见明显破裂口,外膜破裂口与心包腔相通;(3)病理学检验见夹层破裂出血区炎性细胞浸润且出血有层状、红细胞形态不一;(4)主动脉根部可见粥样硬化病变。主动脉夹层破裂、心包填塞可引起急性死亡。根据组织病理学,推测主动脉破裂出血起始于死亡前12小时以上。

被鉴定人也存在桥本甲状腺炎、扩张型心肌病等病变,此类病变系自身慢性过程形成,这些病变可引起心血管功能障碍;但结合案情经过,不支持其因这些疾病直接导致的死亡。

第二,被鉴定人王某的体表、胸腹部未见明显挫伤或出血,提示死亡前其机体未遭受严重的机械性暴力损伤;其口鼻未见捂痕,颈部未见扼、勒痕,故不符合机械性损伤或窒息导致的死亡。

被鉴定人的胸骨骨折符合濒死伤特征,考虑为抢救时胸外按压形成。

第三,根据毒物化验结果,王某的血液中未检出吗啡等毒品成分;也没有其他常见毒物或毒品中毒的证据;故不支持其生前摄入毒品或相关毒物。

综上所述,根据尸体解剖、法医病理学检查,结合案情经过,综合分析认为,被鉴定人王某系在桥本甲状腺炎并扩张型心肌病的基础上、因主动脉根部夹层破裂引起心包填塞致急性循环功能衰竭而死亡,交通事故作用过程可为主动脉夹层破裂致死的诱发促进因素。

【鉴定意见】

被鉴定人王某系在桥本甲状腺炎并扩张型心肌病的基础上、因主动脉根部夹层破裂引起心包填塞致急性循环功能衰竭而死亡,交通事故作用过程可为主动脉夹层破裂致死的诱发促进因素。

案例编号:HBSJYW1606282993

武汉大学医学院法医司法鉴定所 汪 浩

司法鉴定科学研究院对患者麻醉意外与卫生院医疗过错参与度进行法医临床鉴定案

【案情简介】

2016 年 5 月 27 日,张某因被李某(张某邻居)持刀刺伤全身多处到当地 A 医院就诊,后转至上级 B 医院进一步治疗。

2016 年 5 月 27 日,张某到 A 医院就诊时主诉“左小腿刀刺伤近 1 小时”。查体:神志清,表情淡漠,颜面苍白,皮肤湿冷,查体合作,左小腿中段外侧及后侧分别见 2cm 及 3cm 长刀刺伤皮肤伤口各 2 处和 3 处,膝关节胫骨粗隆下至腓骨小头下平面见有捆扎电线 1 根,皮肤挤压痕迹明显(立即给予松解)。考虑患者处于失血性休克早期,立即给予抗休克对症支持治疗,约四十分钟后,患者精神明显好转。左足背伸功能受限,拇趾及足背部和小腿外侧皮肤感觉麻木迟钝。初步诊断:左小腿软组织刀刺伤,左腓总神经损伤。手术记录:局麻,连通 2cm 刀刺伤口及 2 处 3cm 刀刺伤且扩创切口分别 10cm 和 20cm 长,切口分别距胫骨前嵴 5cm 和 7cm,切口上端距胫骨粗隆和腓骨小头平面 5cm 和 6cm,刀刺伤口深约 5cm,部分腓肠肌断裂,深处渗血较多,切开深筋膜,分别缝合肌肉断端,延长 3cm 刀刺伤口扩创切口至腓骨小头下 3cm,逐层沿肌间隙分离探查腓总神经,见无断裂,分层缝合切口及刀刺伤口,稍加压包扎,术毕。2016 年 6 月 4 日出院。

2016 年 7 月 13 日。张某到 B 医院继续就诊,诊断“左侧腓总神经损伤”。于 2016 年 7 月 16 日进行“左腓总神经探查吻合术”,术中自腓骨小头后上 3cm 经腓骨上段做一 6cm 长切口,依次切开皮肤、皮下筋膜,沿股二头肌腱和腓肠肌外侧头之间分离出腓总神经,向远端探查于腓骨颈后侧见腓总神经离断,其断端肿胀粘连,周围组织界限不清,遂于腓骨颈内侧沿其与趾长伸肌间隙内分别寻找到腓浅神经和腓深神经,向近端探查于腓骨长肌的深面可见腓浅神经和腓深神经的断端,局部粘连,神经表面颜色发灰,依次游离之。将腓总神经损伤远近端的坏死失活组织切除直至见到正常的神经乳头后予以吻合。

当地法院审理此案时认为,首先需要明确案件归责,张某的神经断裂伤若为加害人(李某)持刀刺伤导致,则由李某承担相应刑事责任和民事赔偿责任,若张某的神经断裂伤为A医院诊疗行为导致,则由A医院承担相应的民事赔偿责任。为正确审理此案,法院委托司法鉴定科学研究院对张某神经断裂伤的原因进行鉴定,并根据神经断裂伤原因进行损伤程度、致残程度鉴定。

【鉴定过程】

(一)检验方法

检测依据:SF/Z JD0103003 - 2011《法医临床检验规范》;SF/Z JD0103005 - 2014《周围神经损伤鉴定实施规范》;SF/Z JD0103006 - 2014《法医临床影像学检验实施规范》。

步入检查室,神清,查体合作。左小腿上段外侧可见多条瘢痕,包括外伤性瘢痕和手术遗留瘢痕。其中,左腓骨颈处一条外伤性瘢痕与超声检查提示左腓总神经膨大处(修复缝合处)相吻合。左侧踝关节被动活动度:背屈20度,跖屈40度;右侧踝关节活动度:背屈30度,跖屈50度。左踝关节主动背屈和各足趾主动背伸肌力较右侧明显减退(肌力3级)。左小腿下段前外侧和足背皮肤针刺觉明显减退。

(二)实验室检查

2017年5月19日,行神经肌电图检查:左侧腓总神经支配肌(包括腓骨长肌、胫前肌、踇长伸肌、趾短伸肌)均可见失神经电位,募集反应均明显偏弱(其中腓骨长肌为单纯相,胫前肌和踇长伸肌为少量MUP,趾短伸肌为偶见MUP);左侧腓总神经远端支配肌CMAP波幅严重降低,潜伏期明显延长,运动神经传导速度严重降低;肌电图提示:左侧腓总神经(膝部)呈严重损伤的电生理特征。

2017年5月20日,进行超声检查:左下肢腓总神经在腓骨颈处形成明显的膨大。超声提示:左腓总神经(腓骨颈水平)损伤,神经局段膨大。

【分析说明】

被鉴定人张某于2016年5月27日被他人持刀刺伤左小腿,致左小腿多处软组织锐器创伴左侧腓总神经断裂伤,先后经临床行左小腿清创+血管神经肌腱探查术和左腓总神经探查吻合修复术等治疗。

（一）关于神经损伤的精准定位和因果关系分析

四肢周围神经损伤在人体伤害案件中并不少见，常见损伤原因包括锐器刺伤、骨折损伤、局部持续性卡压损伤等。一般的周围神经损伤案件，其定位判断主要根据原发损伤的部位、致伤机制结合临床手术探查中直视下所见，即可确定神经损伤的大致部位及其与原发损伤之间的关系。

腓总神经在大腿下段背面、腘窝上角自坐骨神经分出后，沿腘窝上外缘经股二头肌内缘下行，至腓骨头后方并绕过腓骨颈，向前穿腓骨长肌起始部，即分为腓浅神经及腓深神经两终支。腓总神经在腓骨颈处最为表浅，故损伤好发于此。当然，对于刀刺伤而言，由于刺创有一定深度且刺创方向多变，在小腿中上段处的刺创造成腓总神经损伤的可能性均很高。本例中，张某左小腿中上段原发损伤包括 5 处刀刺伤，其中至少 3 处与腓总神经及其分支的走行紧密毗邻，同时 A 医院的探查切口亦完全位于腓总神经及其分支的走行路线上，因此，简单依据大致的损伤部位进行推测已无法区分刀刺伤和 A 医院手术损伤两种原因。传统的神经肌电图检查具有公认的良好的神经损伤定位价值，能根据神经的解剖特点，例如在哪个节段发出哪些分支（尤其是具体的肌支），结合神经肌电图证实损伤的肌支来判断神经损伤部位。需要指出的是，神经肌电图作出的神经损伤定位也是一种大致的范围。例如，本例中，神经肌电图检查证实张某左侧腓总神经支配的腓骨长肌、胫前肌、踇长伸肌、趾短伸肌均可见失神经电位，说明损伤节段位于腓骨颈毗邻位置及以上，而据此在本例中仍无法区分不同损伤原因。另外，根据 B 医院手术探查所见，“腓骨颈后侧见腓总神经离断”，提示腓总神经为断裂伤（锐器完全切断），而刀刺伤和 A 医院手术操作两种原因均为锐器切割伤。因此，本例中依据大致的神经损伤部位和损伤类型，均无法做出可靠判断。于是在鉴定时提出需要更加精准的定位手段方能鉴别不同损伤原因。

近 5 年来，高频超声在周围神经损伤的临床诊疗实践中已经得到广泛且较成熟的应用。同时，法医学专业亦有学者开始关注高频超声在周围神经损伤鉴定中的应用价值。2015 年，王晓刚等对 38 例不同损伤原因（包括锐器创、骨折、钝挫伤等）造成的周围神经案例进行高频超声检测和研究，最终提出高频超声不仅可以对神经损伤进行精准定位，还能区分神经损伤类型（如锐器切割导致的断裂伤、卡压性损伤）等。根据姜凡等的研究，利用高频超声可以对腓总神经全部节段进行清晰的成像，包括神经最为表浅的腓骨颈处，亦可利用超高频（如 15KHZ 以上）探头进行清晰成像，并能清晰地区别神经组织和周围组织以及显示神经内束状结构,从而准确反映出神经病损特征。据此,鉴定人提出采用高频超声检查对张某的腓总神经损伤部位进行检查。最终超声检查结果不仅对损伤部位作出精准定位,还判断出上述损伤部位已进行过神经吻合修复(与 B 医院手术修复记录相一致)。根据高频超声的检查结果显示,张某的腓总神经吻合处(原先损伤处)与腓骨颈旁的一处刀刺伤(黑色线条)完全吻合,而与 A 医院的探查切口(损伤部位近、远两端的红色线条)不一致。最终客观、准确、可靠地证实了张某的神经损伤原因系李某刀刺伤所致,而非 A 医院手术探查操作所致。

(二)关于损伤程度和致残程度

张某遭他人持械(如刀)致左小腿多处软组织锐器创伴左侧腓总神经断裂伤,依照《人体损伤程度鉴定标准》第 5.9.4.b)条"四肢重要神经损伤"之规定,张某的左侧腓总神经断裂伤已构成轻伤二级。

目前司法鉴定科学研究院鉴定时检见张某遗留左侧踝关节主动背屈和左足各趾主动背伸功能障碍(肌力 3 级)。依照《人体损伤致残程度分级》标准第 5.9.1.7)条之规定,张某左侧腓总神经损伤后遗症已构成人体损伤九级残疾。

【鉴定意见】

张某于 2016 年 5 月 27 日遭他人刀刺伤,与其左侧腓总神经损伤之间存在直接因果关系,刀刺伤为直接原因。

张某的左侧腓总神经断裂伤已构成轻伤二级。

张某左侧腓总神经损伤后遗症已构成人体损伤九级残疾。

案例编号:SHSJYW1593757702

司法鉴定科学研究院　俞晓英

司法鉴定科学研究院对借款合同纠纷所涉自然人保证合同签名真实性进行文字鉴定案

【案情简介】

2016 年 4 月 × × 日,湖北省某市某区人民法院受理原告中国某银行股份有限公司某经济技术开发区支行与被告一某市某建材有限公司、被告二徐某甲、被告三马某、被告四徐某乙、被告五徐某丙以及被告六湖北某投资担保有限公司借款合同纠纷案。

原告诉称:2014 年 6 月 × × 日,原告与被告一签订人民币流动资金贷款合同,约定原告向被告发放贷款 × 佰万元,期限 12 个月,自 2014 年 6 月 × × 日起至 2015 年 6 月 × × 日止。2014 年 6 月 × × 日,原告与被告六签订保证合同及保证金质押合同,担保被告一贷款本金 × 佰万元及利息、违约金、实现债权的费用等。2014 年 6 月 × × 日,原告与被告四、被告五签订自然人保证合同,约定为被告一贷款 × 佰万元及利息、违约金、实现债权的费用等提供连带责任保证。2015 年 4 月 × × 日,原告与被告二、被告三签订自然人保证合同,为被告一债务提供连带责任保证。

综上所述,原告按合同约定全面履行了义务,但被告一未能按约偿还贷款,虽经原告多次催要,遭被告推诿,拒不还款,保证人亦未履行保证义务。为此,特提起诉讼,请求法院依法裁判:(1)判令被告一偿还借款本金 × × 元及利息 × × 元(包括复利和罚息),2015 年 10 月 × × 日至清偿日的利息(包括复利和罚息)、据借款合同约定另行计算;(2)判令被告六履行担保义务;(3)判令被告二、被告三、被告四以及被告五对上述债务承担连带清偿责任;(4)判令被告连带承担原告实现债权实际发生的律师费用损失 × × 元;(5)由被告承担本案全部诉讼费用。

被告一辩称:本案借款合同是无效的,是原告与被告六串通损害国家利益,被告一不是实际借款人,不承担民事责任,其申请追加被告查明实际用款人,合同签名不是被告四、被告五本人签的。

被告二、被告三辩称:两被告没有为本案提供担保,不应承担责任,贷款合同未履行,被告二、被告三为原告许诺但未履行第二笔贷款,原告对贷款合同进行涂改,不具有真实性,原告的行为属于妨害诉讼行为。

被告四、被告五辩称:两被告在外地学习、工作不知道此贷款活动,也未提供担保,保证合同中不是本人签名,原告提供的担保合同不是真实的,不应承担责任,原告诉求无事实法律依据,应予驳回。

法院经审理:2014 年 6 月 × × 日,原告与被告一签订人民币流动资金贷款合同(编号:× ×),合同约定甲方向乙方借款人民币 × × 佰万元整,借款期限一年,自 2014 年 6 月 × × 日至 2015 年 6 月 × × 日止,贷款利率为固定利率,即起息日基准利率上浮 20%,在借款期限内利率保持不变。罚息利率为贷款利率上浮 50%。还款方式为按月结息,结息日固定为每月的第 20 日。

2014 年 6 月 × × 日、2015 年 4 月 × × 日,原告先后分别与被告四、被告五、被告二及被告三签订自然人保证合同(编号分别为××-1、××-2、××-3、××-4),合同主要内容为:(1)保证范围为主合同项下本金人民币××佰万元整及利息(包括复利和罚息)、违约金、赔偿金、债务人应向乙方支付的其他款项、乙方实现债权与担保权利而产生的费用(包括但不限于诉讼费、仲裁费、财产保全费、差旅费、执行费、评估费、拍卖费、公证费、送达费、律师费等)。(2)保证方式为连带责任保证。(3)保证期间为自本合同生效之日起至主合同项下债务履行期限届满之日后2年止。

2014年6月××日,原告与被告六签订保证合同,约定保证单位为主合同项下本金××佰万元及利息、违约金、赔偿金、债务人应向原告支付的其他款项、实现债权与担保权利而产生的费用,保证方式为连带责任保证,保证期间为自本合同生效之日起至主合同项下债务履行期限届满之日后两年止。后双方于同日签订保证金质押合同,约定被告六以本合同约定的保证金专户中的保证金提供质押担保,合同主要内容为:(1)保证金专户,被告六在本合同签订之日起3个工作日内将人民币××拾万元的保证金存入保证金专户,非经原告同意,被告六不得对保证金专户内资金进行支用、划转或做其他任何处分。(2)质押担保范围为主合同项下本金××佰万元整。(3)质权的实现,债务人不履行主合同项下到期债务或不履行被宣布提前到期的债务,或违反主合同的其他约定,原告有权从上述保证金专户中划收相应款项,无论原告对主合同项下的债权是否拥有其他担保,也无论其他担保是否由债务人自己提供,原告在本合同项下的担保责任均不因此减免,均有权直接从上述保证金专户中划收相应款项。

借款合同签订后,原告于2014年6月××日向被告一银行账户发放贷款××佰万元。合同履行期间,原告于2015年6月××日扣划被告六保证金××拾万元,另被告一于2015年6月××日偿还原告借款本金××元,2015年5月××日之前被告一正常支付利息,5月××日之后未再支付贷款利息,至贷款到期日2015年6月××日,被告一尚欠原告贷款本金××元。

被告四、被告五提出保证合同中签名不是其本人所签,申请笔迹鉴定。

故原告与被告四、被告五签订的自然人保证合同中被告四、被告五签名是否为本人所签成为被告四、被告五是否承担保证责任的重要证据。为查明案件事实,法院遂委托司法鉴定科学研究院鉴定对上述签名进行笔迹司法鉴定。

司法鉴定科学研究院接受委托后,鉴定人对两份检材上的徐某乙、徐某丙签名进行分析,两签名为黑色墨水笔书写,速度中等偏快,运笔自然,笔迹特征能得到反映,具备鉴定条件。样本3、样本5上的徐C字迹书写速度较慢,与样本1

上的徐某乙签名的笔迹特征变化较大。样本2、样本3、样本4上的徐某丙字迹书写自然,笔迹特征相对稳定。鉴定人经独立检验分析比对,于2018年9月出具司法鉴定意见书:检材1上需检的"徐某乙"签名与样本上的徐某乙字迹不是同一人所写;检材2上需检的"徐某丙"签名与样本上的徐某丙字迹不是同一人所写。

法院最终审理认定:原告与被告一签订的《人民币流动资金贷款合同》,原告与被告二、被告三、被告六签订的自然人保证合同、保证合同、保证金质押合同,均系各方当事人真实意思表示,内容不违反法律法规的强制性规定,合法有效。贷款合同签订后,原告依约将贷款××佰万元发放至被告一账户中。合同期限届满后,被告一未能足额清偿借款本息,其作为借款债务人应继续履行偿还贷款本金义务,即××元。同时作为逾期还款的违约方,应承担借款期内的利息[2015年5月××日至2015年6月××日期间利息为××元,2015年6月××日至2015年6月××日利息为××元,并根据借款合同约定在借款利率月息×.×%基础上上浮50%承担逾期罚息(其中2015年6月××日至6月××日止罚息为××元)]。被告二、被告三、被告六为被告一的债务承担连带保证责任。原告主张被告六、被告二、被告三对被告一的债务承担连带保证责任,符合法律规定,法院予以支持。原告另主张被告四、被告五对被告一的债务承担连带清偿责任,经司法鉴定科学研究院鉴定,出具的鉴定意见书中显示被告四、被告五与原告签订的自然人保证合同中保证人签名并非被告四和被告五本人真实签名,故原告主张两被告对被告一债务承担连带清偿责任的请求,法院不予支持。

法院判决:(1)被告一于本判决生效后10日内支付原告借款本××元及利息、罚息(其中2015年5月××日至2015年6月××日期间利息为××元,2015年6月××日至2015年6月××日利息为××元,2015年6月××日至2015年6月××日罚息为××元,自2015年6月××日起至贷款付清之日止,以××元为基数,按月息×.×%计算)。(2)被告二、被告三、被告六对第一项判决债务承担连带保证责任。保证人承担保证责任后,有权向被告一追偿。(3)驳回原告其他诉讼请求。

故法院采信了鉴定意见书,以鉴定意见书为依据,认定被告四、被告五对被告一的债务不承担连带清偿责任。

【鉴定过程】

检材1:日期为“2014年6月××日”、合同编号为“××-1”的自然人保证合同原件1份6页,第6页落款“甲方或授权代理人(签字)”处“徐某乙”签名为需检字迹。检材2:日期为“2014年6月××日”、合同编号为“××-2”的自然人保证合同原件1份6页,第6页落款“甲方或授权代理人(签字)”处“徐某丙”签名为需检字迹。

样本1:日期分别为“2014/×”“2014/×”“2014/×”“2014/×”“2014/××”“2014/××”的《工资表》复制件6张,每张上“确认签字”栏“徐某乙”签名为徐某甲样本字迹。样本2:留有徐某丙书写字迹的笔记簿1本,其内首页上的“徐某丙”签名为徐某丙样本字迹。样本3:日期为“2017年6月1日”的《询问笔录》原件2页,其上徐某乙书写字迹及签名为徐某乙样本字迹,徐某丙书写字迹及签名为徐某丙样本字迹。样本4:委托方提供的徐某丙书写的实验样本原件4张。样本5:委托方提供的徐某乙书写的实验样本原件4张。

本鉴定依据SF/Z JD0201001-2010和SF/Z JD0201002-2010鉴定规范进行。本鉴定借助放大镜、体视显微镜等仪器进行检验。

经检验,检材1上需检的“徐某乙”签名为黑色墨水笔书写,速度中等偏快,运笔自然,笔迹特征能得到反映,具备鉴定条件;检材2上需检的“徐某丙”签名为黑色墨水笔书写,速度中等偏快,运笔自然,笔迹特征能得到反映,具备鉴定条件。

经检验,样本1为复制件,徐某乙签名笔画较清晰;样本3、样本5上的徐某乙字迹书写速度较慢,与样本1签名的笔迹特征变化较大。样本2、样本3、样本4上的徐某丙字迹书写自然,笔迹特征相对稳定。

将检材1上需检的“徐某乙”签名与样本1、样本3、样本5上的徐某乙字迹进行比较检验发现:两者书写风貌特征不同,且在相同单字的写法、运笔、搭配比例等笔迹特征上存在诸多差异。

将检材2上需检的“徐某丙”签名与样本2、样本3、样本4上的徐某丙字迹进行比较检验发现:两者书写风貌特征不同,且在相同单字的写法、笔顺、运笔、搭配比例等笔迹特征上存在诸多差异。

【分析说明】

根据上述检验结果,经综合评断认为:检材1、检材2需检签名与同名样本字迹的笔迹特征差异点价值高,特征总和分别反映了不同人的书写习惯。

【鉴定意见】

(一)检材 1 自然人保证合同上需检的"徐某乙"签名与样本上的徐某乙字迹不是同一人所写。

(二)检材 2 自然人保证合同上需检的"徐某丙"签名与样本上的徐某丙字迹不是同一人所写。

案例编号:SHSJYW1577798333

司法鉴定科学研究院　叶瑞仁

司法鉴定科学研究院对涉嫌故意伤害罪受害人神经断裂伤残等级及其与伤害行为关联性进行法医临床鉴定案

【案情简介】

2016 年 5 月 27 日,张某因被李某(张某邻居)持刀刺伤全身多处到当地 A 医院就诊,后转至上级 B 医院进一步治疗。

2016 年 5 月 27 日到 A 医院就诊时,主诉"左小腿刀刺伤近 1 小时"。查体:神志清,表情淡漠,颜面苍白,皮肤湿冷,查体合作,左小腿中段外侧及后侧分别见 2cm 及 3cm 长刀刺伤皮肤伤口各 2 处和 3 处,膝关节胫骨粗隆下至腓骨小头下平面见有捆扎电线 1 根,皮肤挤压痕迹明显(立即给予松解)。考虑患者处于失血性休克早期,立即给予抗休克对症支持治疗,约四十分钟后,患者精神明显好转。左足背伸功能受限,拇趾及足背部和小腿外侧皮肤感觉麻木迟钝。初步诊断:左小腿软组织刀刺伤,左腓总神经损伤。手术记录:局麻,连通 2cm 刀刺伤口及 2 处 3cm 刀刺伤且扩创切口分别 10cm 和 20cm 长,切口分别距胫骨前嵴 5cm 和 7cm,切口上端距胫骨粗隆和腓骨小头平面 5cm 和 6cm,刀刺伤口深约 5cm,部分腓肠肌断裂,深处渗血较多,切开深筋膜,分别缝合肌肉断端,延长 3cm 刀刺伤口扩创切口至腓骨小头下 3cm,逐层沿肌间隙分离探查腓总神经,见无断裂,分层缝合切口及刀刺伤口,稍加压包扎,术毕。2016 年 6 月 4 日出院。

2016 年 7 月 13 日张某到 B 医院继续就诊,诊断"左侧腓总神经损伤"。于 2016 年 7 月 16 日进行"左腓总神经探查吻合术",术中自腓骨小头后上 3cm 经腓骨上段做一6cm长切口,依次切开皮肤、皮下筋膜,沿股二头肌腱和腓肠肌外侧头之间分离出腓总神经,向远端探查于腓骨颈后侧见腓总神经离断,其断端肿胀粘连,周围组织界限不清,遂于腓骨颈内侧沿其与趾长伸肌间隙内分别寻找到腓浅神经和腓深神经,向近端探查于腓骨长肌的深面可见腓浅神经和腓深神经的断端,局部粘连,神经表面颜色发灰,依次游离之。将腓总神经损伤远近端的坏死失活组织切除直至见到正常的神经乳头后予以吻合。

当地法院审理此案时,认为首先需要明确案件归责,张某的神经断裂伤若为加害人(李某)持刀刺伤导致,则需由李某承担相应刑事责任和民事赔偿责任,若张某的神经断裂伤为A医院诊疗行为导致,则由A医院承担相应的民事赔偿责任。为正确审理此案,法院委托司法鉴定科学研究院对张某神经断裂伤的原因进行鉴定,并根据神经断裂伤原因进行损伤程度、致残程度鉴定。

【鉴定过程】

(一)检验方法

检验依据:SF/Z JD0103003 - 2011《法医临床检验规范》;SF/Z JD0103005 - 2014《周围神经损伤鉴定实施规范》;SF/Z JD0103006 - 2014《法医临床影像学检验实施规范》。

步入检查室,神清,查体合作。左小腿上段外侧可见多条瘢痕,包括外伤性瘢痕和手术遗留瘢痕。其中,左腓骨颈处一条外伤性瘢痕与超声检查提示左腓总神经膨大处(修复缝合处)相吻合。左侧踝关节被动活动度:背屈20度,跖屈40度;右侧踝关节活动度:背屈30度,跖屈50度。左踝关节主动背屈和各足趾主动背伸肌力较右侧明显减退(肌力3级)。左小腿下段前外侧和足背皮肤针刺觉明显减退。

(二)实验室检查

2017年5月19日,行神经肌电图检查:左侧腓总神经支配肌(包括腓骨长肌、胫前肌、踇长伸肌、趾短伸肌)均可见失神经电位,募集反应均明显偏弱(其中腓骨长肌为单纯相,胫前肌和踇长伸肌为少量MUP,趾短伸肌为偶见MUP);左侧腓总神经远端支配肌CMAP波幅严重降低,潜伏期明显延长,运动神经传导速度严重降低;肌电图提示:左侧腓总神经(膝部)呈严重损伤的电生理特征。

2017年5月20日行超声检查:左下肢腓总神经在腓骨颈处形成明显的膨大。超声提示:左腓总神经(腓骨颈水平)损伤,神经局段膨大。

【分析说明】

被鉴定人张某于2016年5月27日被他人持刀刺伤左小腿，致左小腿多处软组织锐器创伴左侧腓总神经断裂伤，先后经临床行左小腿清创＋血管神经肌腱探查术和左腓总神经探查吻合修复术等治疗。

（一）关于神经损伤的精准定位和因果关系分析

四肢周围神经损伤在人体伤害案件中并不少见，常见损伤原因包括锐器刺伤、骨折损伤、局部持续性卡压损伤等。一般的周围神经损伤案件，其定位判断主要根据原发损伤的部位、致伤机制结合临床手术探查中直视下所见，即可确定神经损伤的大致部位及其与原发损伤之间的关系。

腓总神经在大腿下段背面、腘窝上角自坐骨神经分出后，沿腘窝上外缘经股二头肌内缘下行，至腓骨头后方并绕过腓骨颈，向前穿腓骨长肌起始部，即分为腓浅神经及腓深神经两终支。腓总神经在腓骨颈处最为表浅，故损伤好发于此。当然，对于刀刺伤而言，由于刺创有一定深度且刺创方向多变，在小腿中上段处的刺创造成腓总神经损伤的可能性均很高。本例中，张某左小腿中上段原发损伤包括5处刀刺伤，其中至少3处与腓总神经及其分支的走行紧密毗邻，同时A医院的探查切口亦完全位于腓总神经及其分支的走行路线上，因此，简单依据大致的损伤部位进行推测已无法区分刀刺伤和A医院手术损伤两种原因。传统的神经肌电图检查具有公认的良好的神经损伤定位价值，能根据神经的解剖特点，例如在哪个节段发出哪些分支（尤其是具体的肌支），结合神经肌电图证实损伤的肌支来判断神经损伤部位。需要指出的是，神经肌电图作出的神经损伤定位也是一种大致的范围。例如，本例中，神经肌电图检查证实张某左侧腓总神经支配的腓骨长肌、胫前肌、踇长伸肌、趾短伸肌均可见失神经电位，说明损伤节段位于腓骨颈毗邻位置及以上，而据此在本例中仍无法区分不同损伤原因。另外，根据B医院手术探查所见，“腓骨颈后侧见腓总神经离断”，提示腓总神经为断裂伤（锐器完全切断），而刀刺伤和A医院手术操作两种原因均为锐器切割伤。因此，本例中依据大致的神经损伤部位和损伤类型，均无法作出可靠判断。于是笔者在鉴定时提出需要更加精准的定位手段方能鉴别不同损伤原因。

近5年来，高频超声在周围神经损伤的临床诊疗实践中已经得到广泛且较成熟的应用。同时，法医学专业亦有学者开始关注高频超声在周围神经损伤鉴定中的应用价值。2015年，王晓刚等对38例不同损伤原因（包括锐器创、骨折、钝挫伤等)造成的周围神经案例进行高频超声检测和研究,最终提出高频超声不仅可以对神经损伤进行精准定位,还能区分神经损伤类型(如锐器切割导致的断裂伤、卡压性损伤)等。根据姜凡等的研究,利用高频超声可以对腓总神经全部节段进行清晰成像,包括神经最为表浅的腓骨颈处,亦可利用超高频(如15KHZ以上)探头进行清晰成像,并能清晰地区别神经组织和周围组织以及显示神经内束状结构,从而准确地反映出神经病损特征。据此,鉴定人提出采用高频超声检查对张某的腓总神经损伤部位进行检查。最终超声检查结果不仅对损伤部位作出精准定位,还判断出上述损伤部位已进行过神经吻合修复(与B医院手术修复记录相一致)。根据高频超声的检查结果显示,张某的腓总神经吻合处(原先损伤处)与腓骨颈旁的一处刀刺伤(黑色线条)完全吻合,而与A医院的探查切口(损伤部位近、远两端的红色线条)不一致。最终客观、准确、可靠地证实了张某的神经损伤原因系李某刀刺伤所致,而非A医院手术探查操作所致。

(二)关于损伤程度和致残程度

张某遭他人持械(如刀)致左小腿多处软组织锐器创伴左侧腓总神经断裂伤,依照《人体损伤程度鉴定标准》第5.9.4.b)条“四肢重要神经损伤”之规定,张某的左侧腓总神经断裂伤已构成轻伤二级。

司法鉴定科学研究院鉴定时,检见张某遗留左侧踝关节主动背屈和左足各趾主动背伸功能障碍(肌力3级)。依照《人体损伤致残程度分级》标准第5.9.1.7)条之规定,张某左侧腓总神经损伤后遗症已构成人体损伤九级残疾。

【鉴定意见】

张某于2016年5月27日遭他人刀刺伤,与其左侧腓总神经损伤之间存在直接因果关系,刀刺伤为直接原因。

张某的左侧腓总神经断裂伤已构成轻伤二级。

张某左侧腓总神经损伤后遗症已构成人体损伤九级残疾。

案例编号:SHSJYW1577798250

司法鉴定科学研究院　高　东

司法鉴定中心对新生儿死亡死因进行法医病理鉴定案

【案情简介】

2019年6月30日,新生儿(父亲王某某与母亲李某某之子)在临沂市某某人民医院出生,7月2日办理出院,出院小结显示新生儿APGAR评分10分,当日母子2人回家由家人护理照顾。7月3日下午1时,因出现嗜睡、呼吸困难、抽搐、低体温等情况,又入临沂市某某人民医院治疗。

2019年7月4日9时医院发病危(重)通知书,通知书记载:目前情况为嗜睡、呼吸困难、抽搐、低体温待查,病人心率情况不佳。7月4日11时病情加重,12时宣告临床死亡。

现由临沂市某某人民医院、新生儿父亲王某某与母亲李某某共同委托山东政法学院司法鉴定中心就新生儿死亡原因进行鉴定。

【鉴定过程】

(一)资料摘抄

1. 据委托材料中临沂市某某人民医院2019年6月30日~7月2日李某某住院病历(00002458××号)摘要:

主诉:停经39周,不规则下腹痛4+小时。

现病史:平素月经规律,末次月经2018年9月30日,预产期2019年7月7日。本次妊娠为自然妊娠,核对孕周无误。停经40+天自测尿HCG(+),出现恶心、呕吐等早孕反应,孕3+月自然缓解,孕4+月自觉胎动,至今良好。唐氏筛查低风险,未行妊娠期糖尿病筛查,孕6+月B超排畸筛查无明显异常。现因“停经39周,不规则下腹痛4+小时”入院。

产科检查:宫缩不规律,胎位L0A,胎心规律,140次/分。阴道检查:先露头,S-1,宫颈软,宫口开大1+cm,胎膜存。辅助检查:彩超示单活胎头位,晚孕,脐带绕颈2周。

诊疗经过:入院后完善相关辅助检查,于2019年6月30日顺娩一足月男婴,外观无畸形,1分钟评10分,总产程4时15分,产后总出血量约200ml。产后指导母婴皮肤接触,吸吮乳头,早期开奶;并给予常规会阴擦洗、促进子宫收缩药物及补血药物应用;抗生素预防感染及能量支持治疗。产后经过良好,治愈出院。

出院诊断:(1)39 周妊娠分娩,G1P1A0L1,LOA;(2)脐带异常;(3)中度贫血。

2. 据委托材料中临沂市某某人民医院2019 年7 月3 日 ~7 月4 日新生儿住院病历(00002462 × ×号)摘要:

主诉:发现反应差,嗜睡,抽搐4 小时余。

现病史:患儿系 G1P1 足月于2019 年6 月30 日18 时10 分在该院产科经阴分娩。生时体重 3. 5kg,羊水无异常,胎盘无钙化,脐带无异常。生后 1 分钟 APGAR 评分:10 分。患儿生后混合喂养,生后24 小时排胎便,出院后在家自行看护,近4 小时患儿家属发现患儿进奶一般,嗜睡,抽搐,不哭,反应差,未予特殊处理,遂来我科就诊,监测体温 35. 5℃,行血常规:白细胞 10. 27 ×109/l,中性粒细胞6. 84 ×109/l,血小板数 277 ×109/l,血红蛋白 229g/l。超敏 C 反应蛋白 1. 35mg/l。血糖 3. 4mmol/l↓。给予保暖后体温仍 35. 5℃,经检查以“反应差、体温低原因待查”收入院。患儿自发病来哭声、反应差,吃奶少,嗜睡,大小便可。患儿因病情需要入住监护室,暂时母婴分离。

入院时查体:患儿男,足月新生儿貌,哭声、反应差,全身皮肤黏膜颜色苍黄,周身皮肤暖,四肢末端稍凉,前囟平,巩膜黄染,颈软,双肺呼吸音粗,未闻及干湿性啰音,心音有力,律齐,各瓣膜听诊区未闻及杂音,脐带残端未脱落,脐凹见血性分泌物,腹软,肠鸣音正常,脊柱、四肢及外生殖器未见明显异常,指(趾)甲达指(趾)端,CRT <3s,四肢肌张力低。吸吮、拥抱、握持等原始反射减弱。

2019 年 7 月 3 日血常规:白细胞 10. 27 109/l↑,中性粒细胞百分比 66. 60%,淋巴细胞百分比 26. 20%,单核细胞百分比 6. 00%,嗜酸性粒细胞百分比0. 50%,嗜碱性粒细胞百分比0. 7%,中性粒细胞绝对值6. 84 109/l↑,淋巴细胞绝对值 2. 69 109/l,单核细胞绝对值 0. 62 109/l,嗜酸性粒细胞绝对值 0. 05 109/l,嗜碱性粒细胞绝对值 0. 07 109/l,红细胞 6. 39 1012/l↑,血红蛋白 229g/l↑↑,红细胞压积 67. 40%↑,平均红细胞体积 105. 50fl↑,平均红细胞血红蛋白含量 35. 80pg↑,平均红细胞血红蛋白浓度 340g/l,红细胞分布宽度标准偏差 65. 10fl↑,红细胞分布宽度偏离系数 17. 70%↑,血小板 277 109/l↑,血小板压积 0. 29%↑,平均血小板体积 10. 50fl,大血小板比率 26. 00%↑,血小板分布宽度 10. 20fl,超敏 C 反应蛋白 1. 35mg/l。

2019 年7 月3 日:葡萄糖 3. 40mmol/l↓。

2019 年7 月3 日:凝血酶原时间 22. 30s↑,活动度 33. 80%↓,国际标准化比值2.18↑，凝血酶时间17.90s，部分凝血酶原时间43.20s↑，纤维蛋白原2.57g/l。

2019年7月3日：新生儿ABO血型O型，新生儿RH血型阳性，新生儿直接抗人球蛋白试验阴性，游离试验阴性，放散试验阴性。

2019年7月3日：血生化+肝功+肾功+心肌酶谱+电解质：血氨1620umol/l↑。谷丙转氨酶13.70u/l，谷草转氨酶35.13u/l，谷草/谷丙2.56，总胆红素196.32umol/l↑，直接胆红素18.38umol/l↑，间接胆红素177.94umol/l↑，总蛋白50.29g/l↓，白蛋白36.53g/l↓，球蛋白13.76g/l↓，白球比2.7↑，碱性磷酸酶151.08u/l，谷氨酰胺转移酶54.38u/l↑，胆碱酯酶5835u/l，总胆汁酸4.86umol/l，肝胆酸1.70mg/l，尿素9.10mmol/l↑，肌酐44.40umol/l，尿酸488.21umol/l↑，胱抑素C 1.27mg/l↑，视黄醇结合蛋白12.30mg/l↓，肌酸激酶197.97u/l↑，肌酸酶同工酶27.80u/l↑，乳酸脱氢酶425.82u/l↑，A－羟丁酸352.48u/l↑，缺血修饰白蛋白64.50u/ml，钾6.6mmol/l↑，钠138.0mmol/l，氯105.0mmol/l，钙1.97mmol/l↓，二氧化碳结合率14.50mmol/l↓，阴离子间隙18.5mmol/l↑，镁0.93mmol/l↑，磷2.29mmol/l↑。

2019年7月3日：乙型肝炎病毒表面抗原0.010iu/ml，乙型肝炎病毒表面抗体36.059iu/ml↑，乙型肝炎病毒E抗原0.010peiuiu/ml，乙型肝炎病毒E抗体0.020peiuiu/ml，乙型肝炎病毒核心抗体0.200peiuiu/ml，人类免疫缺陷病毒抗体0.018s/co（参考值<1.00），梅毒螺旋体抗体0.014s/co，丙型肝炎病毒抗体0.008s/co。

2019年7月3日：降钙素原0.439ng/ml↑。

2019年7月3日：血气电解质分析：K4.79mmol/l，NA 137.5mmol/l，CA 1.04mmol/l↓，CL98.8mmol/l，PH 7.515mmol/l↑，PO2 94.5mmhg，PCO223.5 mmhg↓，NCA1.099mmol/l↓，TCA2.197mmol/l↓，HCO319.1mmol/l，SBC23.9mmol/l，BE－1.3mmol/l，BEECF－4.0mmol/l↓，TC0219.9mmol/l↓，SO，98.21%，P50 23.5mmhg↓，A-AD0225.4mmhg↑，RI 0.3。

2019年7月3日23时30分：微量血糖测量结果4.6mmol/l↓，血氨1415umol/l↑。

2019年7月4日9时50分：微量血糖测量结果3.6mmol/l↓，血氨1328umol/l↑。

2019年7月4日：超声检查（20190704004号）：脑结构清楚，中线居中。双侧脑室对称，大小正常。双侧脉络丛外形规则。双侧脑室旁白质回声正常。双侧丘脑、基底核、小脑等其他结构未见明显异常。肝脏大小形态可,被膜完整,实质回声均匀,血管纹理清。胆囊大小可,壁不厚,内透声好,肝内外胆管无扩张。胰脾大小形态及内部回声未见异常。双肾大小形态可,被膜完整,实质回声未见异常。双肾集合系统无分离。超声提示:脑结构、肝胆胰脾肾未见明显异常。

患者入院后给予特级护理,完善各项相关检查,患者病情危重,于 2019 年 7 月 4 日 11 时整出现呼吸心跳骤停,立即给予新生儿窒息复苏术,给予气管插管、胸外心脏按压,并给予多次应用肾上腺素等药物,期间多次给家长沟通,且让患儿家长探视患儿,经积极抢救 1 小时患儿仍无心跳、呼吸,于 12 时整宣布临床死亡。

出院诊断:(1)临床死亡;(2)呼吸、心跳骤停;(3)高氨血症;(4)高钾血症;(5)低钙血症;(6)低血糖;(7)新生儿胆红素血症;(8)酸中毒;(9)遗传代谢性疾病。

(二)法医学检验

1. 检验方法

按照《法医学尸表检验 GA/T 149 - 1996》《法医学尸体解剖 GA/T 147 - 1996》《法医学新生儿尸体解剖 GA/T 151 - 1996》《法医病理学检材的提取、固定、包装及送检方法 GA/T 148 - 1996》,对新生儿仲某的尸体进行了检验。

2. 尸体检验

(1)尸表检验

冻藏后解冻尸体。薄毛巾被、秋衣包裹。发育正常,营养中等。

尸斑呈暗红色,位于体表背侧低下未受压部位,指压不褪色;全身大小关节尸僵已缓解。

身长(颅顶至足跟)53cm,体重 3. 37kg。坐高(颅顶至臀部)36cm。头围(额结节和枕外隆凸水平)32cm,胸围(乳头水平)32cm,腹围(脐水平)33cm。头部径线测量:双顶径(双侧顶骨结节之间)9. 5cm,枕额径(鼻根至枕外隆凸)11. 5cm;枕颏径(颏部尖端至后囟门顶)13. 5cm;枕下前囟径(前囟门中心至枕外隆凸下方)10. 5cm;前囟门直径(前囟门的各边与对边)2cm。身宽测量:肩宽(两侧肩胛最突出)13cm,身宽(双侧髂前上棘)10cm。鼻尖及颏部皮肤黄染。脐带根部断离,脐窝未见肿胀、发红等改变。

头(面)部:黑发,头顶发长 2cm。颜面部紫红色。双眼闭合,角膜高度混浊,双侧瞳孔窥不清,双侧睑结膜未见充血。口、鼻腔、外耳道未见明显异常。口唇发绀。

颈(项)部:未见明显损伤。

胸腹部:胸前区中上部皮肤见4cm×6cm红色改变。

背臀部:未见明显损伤。

四肢:右手背第4掌骨处见一注射针孔,左肘窝见一注射针孔,双手指、足趾甲床发绀。

肛门及外生殖器:未见异常。

(2)尸体解剖及器官检查

头部:头皮未见出血,双侧颞肌未见出血。硬脑膜外、硬脑膜下及蛛网膜下腔均未见出血。颅骨未见骨折及血肿。脑:重395g,脑组织水肿,轻度液化。脑组织未见明显出血。

颈部:颈前肌群未见出血,舌骨、甲状软骨、环状软骨均未见骨折,喉头水肿。

胸腹部:胸骨、肋骨未见骨折,左侧胸腔未见积血、积液,右侧胸腔少量积液,约3ml。腹腔未见积血、积液,各器官均未见破裂及出血,检验如下:心:心包完整,心包腔见少量淡红色液体,约5ml,心脏表面无出血点,左、右冠状动脉及其分支管腔通畅,管壁未见异常。卵圆孔未闭合。左心室壁厚3cm,右心室壁厚1.5cm,室间隔厚0.7cm。各瓣膜周径测量如下:三尖瓣4cm,肺动脉瓣1.8cm,二尖瓣3.4cm,主动脉瓣1.7cm。动脉导管未闭。

气管:左右支气管未见明显异常。

胸腺:重14g,大小5cm×6.5cm×0.5cm,表面淤血,未见出血点。

肺:左肺2叶,重31g,大小8cm×6cm×1.8cm;右肺4叶,重41.6g,大小9cm×6cm×2cm。双肺质地实,双肺未见出血点,双肺淤血明显,双肺切面暗红。

肝:重148g,大小14cm×8cm×2cm。表面光滑,淤血,呈暗红色,切面呈暗红色,未见颗粒状结节样改变。胆囊未见异常。

脾脏:重9.6g,大小5.5cm×3cm×0.8cm。被膜皱缩,淤血,切面暗红色。

肾:左肾重19.4g,大小6cm×3cm×1.5cm,被膜光滑;右肾重21.4g,大小7cm×3.5cm×1.5cm,被膜光滑。双肾表面、切面均未见明显异常。

胰腺:重3.6g,大小5.5cm×2cm×0.5cm,呈暗红色;切面淤血。

胃:胃内容为淡黄色糊状液体,量约10ml,胃黏膜未见明显异常。

肠:总长272cm,未见出血及坏死。

(3)组织病理学检验

脑:自溶,神经细胞高度肿胀,尼氏小体消失,胞质透亮。

心:动脉导管未闭,先天性卵圆孔未闭。心肌纤维波浪形改变,纤维间隙增宽,心肌细胞脂肪变,血管内空虚,红细胞少见。

肺:右肺4叶。肺泡上皮细胞稀疏,肺淤血,肺间质、肺泡腔内炎细胞浸润,部分肺泡腔内充满红细胞,肺泡腔内充满均质淡红色物质,肺泡周围毛细血管充血。

肝:肝小叶结构不明朗,肝细胞排列紊乱,细胞界不清,肝板结构不清,细胞脂肪变,肝细胞内色素沉积,肝窦内红细胞部分溶解。

脾:红髓、白髓结构明确,脾门处脾外纤维结缔组织内见灶状色素沉积。

胰:胰腺小叶存在,腺泡分布略稀疏,腺泡间不易查见胰岛,胰腺外纤维结缔组织内可见灶状色素沉积。

肾:皮髓质结构存在,弥漫性肾小管与集合管的上皮细胞内色素沉积,肾盂周脂肪量少,脂肪内查见色素沉积。

胃:胃壁结构层次正常,黏膜结构大致正常。

肠:黏膜层部分脱落,残留黏膜内部分腺体溶解,间质内查见嗜酸性颗粒。

胸腺:皮髓质结构存在,未见明显异常。

喉头:黏膜下固有层内腺体上皮细胞松解。

膈肌:膈肌内神经束、肌束大致正常。

(4)法医病理学诊断

动脉导管未闭;先天性卵圆孔未闭:心肌纤维波浪形改变,心肌细胞脂肪变;右肺4叶;多脏器(肺、肝、胰、肾等)色素沉着;体表多处针眼伴皮下出血。

3. 毒物分析

血液、胃内容物中未检出常见安眠镇静类药物、杀鼠药、杀虫剂和有机磷农药成分。

4. 串联质谱检测

取死者住院期间化验用血样送检,进行遗传代谢病串联质谱检测,检测报告(19S1021365号)摘要:

ALA = 565.81↑,MET = 58.56↑,PHE = 123.74↑,VAL = 200.27↑,C4 = 0.71↑,C6DC = 0.11↑,C8 = 0.21↑,C8DC = 0.11↑,C10 = 0.47↑,C12 = 1.4↑,C14 = 2.29↑,C14:1 = 0.59↑,C16 = 25.09↑,C16:1 = 2.24↑,C16 - 0H = 0.19↑,C18 = 3.94↑,C18:1 = 6.6↑,C16:1 - 0H = 0.18↑,C18:1 - 0H = 0.09↑,C18:2 = 0.85↑,C0/(C16 + C18) = 1.10↓,(C16 + C18:1)/C2 = 0.85↑。

提示:血多种氨基酸和肉碱显著或明显升高,不排除存在脂肪酸氧化缺陷类疾病的可能性。

5. 染色体检测

取左大腿外侧肌肉组织进行染色体畸变检测：

未检出染色体非整倍体或 100kb 以上已知的、明确致病的基因组拷贝数变异（CNVS）。

其他类型 100kb 以上的拷贝数变异（CNVS）：5 号染色体 Q23. 1 处重复 0. 36mb区域，经查询 DGV、DECIPHER、OMIM、UCSC 以及 PUBMED 公共数据库资源，未找到与该片段相关的明确致病信息和文献报道。

6. 基因检测分析

取左大腿外侧肌肉组织及其父母血液进行基因分析，结果如下：

死者样本分析到 SLC25A20 基因于染色体位置 CHR3：48936227 和染色体位置 CHR3：48921567 分别有 2 个杂合突变：

（1）C. 1A > T，家系验证分析，受检者之父该位点杂合变异，受检者之母该位点无变异；

（2）C. 199 - 10T > G，家系验证分析，受检者之父该位点无变异，受检者之母该位点杂合变异。

提示：SLC25A20 基因变异，表现为肉碱酰基转移酶缺乏症。

【分析说明】

根据委托方提供的病历资料、尸体检验所见、组织病理学观察及相关检验报告，分析认为：

1. 尸体检验未检见机械性损伤、机械性窒息征象，可排除上述死因。

2. 血液、胃内容物中未检出常见安眠镇静类药物、杀鼠药、杀虫剂和有机磷农药成分，可排除常见毒药物中毒死亡。

3. 尸检见死者动脉导管未闭、先天性卵圆孔未闭、右肺 4 叶等先天性发育异常情况，其出生后有嗜睡、呼吸困难、抽搐、低体温等症状，入院后检查发现低血糖、高血氨，肝功能异常，并伴有电解质紊乱，与肉碱酰基转移酶缺乏症的常见临床表现吻合。遗传代谢病串联质谱检测显示，血液多种氨基酸和肉碱显著或明显升高，提示存在脂肪酸氧化缺陷类疾病的可能。进一步基因检测分析发现，死者在 SLC25A20 基因检测出两个杂合突变位点，其父母分别为携带者，证实了死者为遗传代谢性疾病肉碱酰基转移酶缺乏症个体。脏器组织病理学镜检亦显示多器官见色素沉着，考虑为溶酶体吞噬无法代谢的脂类物质所形成。

肉碱—酰基肉碱转位酶缺乏症(CAMIFINE-ACYLCARNIFINE TRANSLOCASE DEFICIENCY,CACTD,OMIM +212138)是由于肉碱—酰基肉碱转位酶缺陷致长链酰基肉碱不能进入线粒体内膜参与脂肪酸氧化而出现的一系列以脂肪酸氧化障碍为特征的罕见常染色体隐性遗传病。在人体没有进食的情况下,不能通过分解某种脂肪转化为能量的病症。症状通常出生以后就会显现,包括呼吸困难、抽搐、心律失常,患者在分解脂肪释放能量的时候通常有低血糖、酮水平低等症状。许多患有该病的胎儿在新生儿期夭折,症状较轻者直到儿童期才发病,这部分人面临功能衰竭、神经系统损害、昏迷和猝死的危险。常见临床表现:易激惹;癫痫发作;嗜睡;昏迷;全身性肌张力减低;肌无力;心肌病;心动过缓;房室传导阻滞;心室肥厚;低血糖;高氨血症;肝脏肿大;低血压;肝脏转氨酶升高;横纹肌溶解症;二羧酸尿症;血清肌酸磷酸激酶升高;室性心动过速;心跳呼吸骤停;室性期外收缩。

根据文献资料记载,该病 1992 年被首次报道,国外发病率在(0.2 ~1.8)/10 万,东亚地区发病率相对其他地区较高。全世界共有约 55 例报道,绝大部分患者预后不良,本病患儿大多于生后 1 年内死于心脏问题或猝死,病死率达 65%,即使得到早期诊断和治疗,CACT 病死率仍高。在报道的新生儿猝死病例中,其中 1 例基因检测结果与本案例完全相同。

综上所述,根据死者病历资料记载、尸体检验、组织病理学观察所见、基因检测及其他相关实验室检查结果,结合该疾病的文献报道及研究情况,分析认为,死者系因患有肉碱酰基转移酶缺乏症,出生后出现脂肪酸氧化障碍肌体能量供给不足,最终导致呼吸循环功能衰竭死亡。

【鉴定意见】

死者系因患有肉碱酰基转移酶缺乏症,出生后出现脂肪酸氧化障碍肌体能量供给不足,最终导致呼吸循环功能衰竭死亡。

案例编号:SDSJYW1577779046

山东政法学院司法鉴定中心　李学博

第九章　仲裁工作类

第一节　国内仲裁案例

申请人对被申请人就代理进口协议合同纠纷提起仲裁案

【案情简介】

2017 年 10 月 23 日，申请人与被申请人签订代理进口协议，约定：申请人委托被申请人代为进口 30 万桶重整油，申请人向被申请人支付 16,500,000.00 元作为开证保证金。据此，申请人向被申请人支付保证金 17,500,000.00 元。2017 年 11 月 22 日，双方又签订补充协议，约定：由被申请人协商解决供货及代理开证问题，如不能解决，申请人承担损失 2,000,000.00 元，被申请人在两个工作日内将剩余保证金退还申请人。

2017 年 11 月 30 日，被申请人与 A 公司签订代理进口协议，约定：被申请人委托 A 公司进口 30 万桶抽余油，被申请人应于 2017 年 12 月 4 日前支付 A 公司进口金额的 15%（折合 29,216,250.00 元）作为保证金。2017 年 12 月 1 日，被申请人通过邮件提醒申请人查收代理进口协议，并付清剩余保证金 11,716,250.00 元。申请人回复称，被申请人提供的其与 A 公司签订的代理进口协议与之前合同约定的货物品名不同，技术指标不一致，财务无法完成付款，要求被申请人与 A 公司重新签订代理进口协议。2017 年 12 月 3 日，被申请人与 A 公司签订补充协议，将货物名称由抽余油改为重整油。2017 年 12 月 4 日，被申请人向 A 公司支付保证金 17,500,000.00 元。2017 年 12 月 5 日至 2017 年 12 月 7 日，申请人承诺向被申请人支付剩余开证保证金。

其后，A 公司转委托 B 公司从供货商 C 公司进口重整油，2018 年 1 月 20 日签发提单，2018 年 2 月 9 日报关放行。2018 年 3 月 1 日，申请人向被申请人发送“退还保证金暨披露损失郑告函”。2018 年 3 月 5 日、3 月 12 日、3 月 27 日，被申请人催促申请人付款提货。2019 年 4 月 2 日，A 公司向被申请人发送通知函，告知被申请人已没收保证金 17,500,000.00 元，同时要求被申请人承担其他违约责任。

申请人认为，补充协议签订后，被申请人未按协议履行。据此，申请人提出仲裁请求,主张解除双方签订的代理进口协议,要求被申请人退还保证金1750万元、支付利息、承担申请人的律师费10万元。

被申请人认为,申请人未按照合同约定按时付款提货、支付剩余保证金,给被申请人造成了重大损失。据此,被申请人提出仲裁反请求,要求申请人支付经济损失5,123,963.57元。

【争议焦点】

1. 2017年10月23日代理进口协议的性质;
2. 2017年10月23日代理进口协议的解除;
3. 2017年11月30日代理进口协议的性质及其法律后果;
4. 实际进口货物是否符合合同约定;
5. 代理报酬应否支持。

【裁决结果】

1. 解除申请人与被申请人于2017年10月23日签订的代理进口协议;
2. 驳回申请人的其他仲裁请求;
3. 驳回被申请人的仲裁反请求。

【相关法律法规解读】

(一)关于2017年10月23日代理进口协议的性质

我国原《合同法》第396条规定:"委托合同是委托人和受托人约定,由受托人处理委托人事务的合同。"代理进口协议虽未约定被申请人的代理报酬,但约定了进口货物的价格。仲裁庭认为,从权利义务来看,可理解为被申请人以差价作为代理报酬,代理进口协议符合委托合同的特征,应为委托合同。

(二)关于合同解除的认定

我国原《合同法》第45条规定:"当事人对合同的效力可以约定附条件。附生效条件的合同,自条件成就时生效。附解除条件的合同,自条件成就时失效。"双方于2017年11月22日签订的补充协议并无明确具备某一条件后解除合同的意思表示,因此,不属于附解除条件的合同。2018年3月1日的"退还保证金暨披露损失郑告函"亦无法得出申请人通知被申请人解除合同的结论。庭审时,双方当事人一致同意解除2017年10月23日代理进口协议,仲裁庭予以支持。

（三）关于2017年11月30日代理进口协议的性质及法律后果

原《合同法》第400条规定："受托人应当亲自处理委托事务。经委托人同意，受托人可以转委托。转委托经同意的，委托人可以就委托事务直接指示转委托的第三人，受托人仅就第三人的选任及其对第三人的指示承担责任。"2017年11月30日，被申请人与A公司签订的代理进口协议对申请人是否具有约束力，取决于该转委托是否取得了申请人的同意。2017年12月5日至2017年12月7日，申请人承诺向被申请人支付剩余开证保证金。由此可见，申请人同意被申请人的转委托行为。故2017年11月30日的代理进口协议中被申请人的权利义务应由申请人承担，申请人无权要求被申请人返还保证金1750万元。相应地，保证金利息以及律师费的仲裁请求亦不应得到支持。

原《合同法》第403条第2款规定："受托人因委托人的原因对第三人不履行义务，受托人应当向第三人披露委托人，第三人因此可以选择受托人或者委托人作为相对人主张其权利，但第三人不得变更选定的相对人。"A公司虽向被申请人主张过权利，但并未造成被申请人实际承担损失。据此，被申请人有义务向A公司披露被代理人为申请人，由A公司选择2017年11月30日代理进口协议的合同相对人。

（四）关于实际进口货物是否符合合同约定

进口货物报关单和通关无纸化进口放行通知单及入库单显示，报关进口和卸载到油罐的货物名称均为重整油。货物到港后，被申请人3次发函催促申请人付款提货，申请人亦曾要求提货5000吨。如果涉案货物品质或规格存在问题，申请人应当在提货之前或在付清货款提货后的合理期限内提出异议，但申请人未付款，亦未提货。因此，申请人迟至本案仲裁中才就实际进口货物是否为重整油以及品质要求提出异议，超出了合理期限。另外，被申请人提供了品质证书及重量证书以证明涉案油品质量、数量规格符合要求，申请人否认该证据，但未提出实质性的抗辩理由和证据，应承担举证不能的法律后果。综上所述，仲裁庭认为，实际进口货物符合合同约定。

（五）关于代理报酬应否支持

原《合同法》第400条规定："受托人应当亲自处理委托事务。经委托人同意，受托人可以转委托。"从被申请人反请求损失的计算方式和计算明细来看，反请求损失系两份代理进口协议的差价损失，该差价实质上属于代理报酬。被申请人的主要义务为代理申请人进口货物，但其并未实际提供该服务，而是未经申请人同意转委托给A公司，因被申请人未实际履行代理合同，且未实际履行的原因为其将代理进口货物的工作转委托给 A 公司。因此,被申请人援引原《合同法》第 113 条的规定主张预期可得利益损失的反请求,仲裁庭不予支持。

进出口代理合同纠纷一般较为复杂,极为考验仲裁员的专业水平和实践经验。本案仲裁庭层层剖析,使双方当事人胜负皆服。原《合同法》第 402 条赋予了代理人以自己的名义办理代理事务的合法性,使货代公司的业务操作模式在法律上得到承认。合同法未限制代理人收取代理报酬的方式,目前我国货代业以"吃差价"作为取得代理报酬的模式并不为法律所禁止。

【结语和建议】

隐名代理存在极大风险,签订代理合同时,被代理人应审慎调查代理人的信息,确保选定的代理人具备从事代理行为的资质、能力和信誉。代理合同内容应明确、具体、合法,避免歧义,以防止双方日后因代理合同产生纠纷。代理合同履行过程中,被代理人应监督代理人严守合同,避免代理人超越代理权损害被代理人利益。同时,代理人应树立严守合同意识。合同法确立了代理合同中的过错责任原则,因代理人的过错造成被代理人损害的,被代理人有权向代理人主张损害赔偿责任。

案例编号:SDGNZC1587629859

华南国际经济贸易仲裁委员会　张志国　肖东良

申请人对被申请人就融资租赁纠纷提起仲裁案

【案情简介】

2017 年 5 月 4 日,申请人与被申请人一签订了融资租赁合同,合同约定:(1)被申请人一将拥有完全产权的豪沃牌牵引汽车出售给申请人,再由申请人将该车辆出租给被申请人一;(2)租赁期限为 2017 年 5 月 4 日至 2019 年 5 月 3 日,被申请人一应在融资租赁合同签署后每月 10 日按时足额向申请人支付租金;(3)被申请人一未能按时足额支付到期租金的,申请人有权立即通知被申请人一解除合同,要求被申请人一立即返还租赁物或无须经司法程序即取回租赁物或禁止被申请人一使用租赁物;(4)因被申请人一违约,申请人为保障租赁物安全,收回租赁物的,不意味合同的终止或解除。

同日,申请人根据被申请人一的指示将购车款支付给车辆卖方;被申请人一向申请人出具租赁物接收确认函,确认收到案涉租赁物;被申请人一还向申请人出具声明函,被申请人一无条件同意在其出现相关违约情形时,由申请人直接采取包括收回租赁车辆进行处置的方式用于清偿其对申请人的债务。

同日,被申请人二、被申请人三、被申请人四出具保证函,为被申请人一在融资租赁合同项下的全部债务承担连带保证责任。

自 2018 年 9 月 30 日起,被申请人一未再向申请人支付租金。2018 年 11 月 20 日,申请人委托案外人甲拖回案涉租赁物,并向甲支付了拖车费 1 万元。该次扣车之后,双方进行协商,被申请人一、被申请人二认为申请人提出的违约金及拖车费过高,最终双方未达成一致意见。至申请人申请仲裁时,被申请人已经逾期 9 期租金未支付。

本案中,申请人提出解除融资租赁合同,要求被申请人一按照全部未付租金及迟延付款违约金与收回租赁物价值的差额向申请人赔偿损失,并要求被申请人一承担收车费用等。被申请人则提出仲裁反请求,要求申请人返还租赁物并赔偿车辆停运损失等。

【争议焦点】

(一)申请人是否有权自力取回租赁物并要求被申请人一承担收车费用

融资租赁中,出租人自行取回租赁物类似于自助行为,自助行为属于私力救济。同公力救济相比,其具有便捷性、有效性的特点。且从社会契约论的角度出发,考虑到权利保留、国家特许、底线救济、个人自治、公力救济正当性危机等因素,其亦具有正当性。我国法律法规并未禁止自力取回租赁物,只是权利人自力取回租赁物的过程中不可采取暴力、胁迫等违法方式损害他人的合法权益。

同时,融资租赁中出租人自行取回租赁物,还可以理解为合同赋予的一项民事权利。合同中,出租人一般都会与承租人约定,在承租人拖欠租金等违约情况出现时,出租人有权取回租赁物,该约定可理解为对违约责任的约定,即出租人可以采取自行取回租赁物的方式追究承租人的违约责任。我国原《民法总则》第 129 条规定:“民事权利可以依据民事法律行为、事实行为、法律规定的事件或者法律规定的其他方式取得。”第 130 条规定:“民事主体按照自己的意愿依法行使民事权利,不受干涉。”出租人自行取回租赁物的权利属于民事权利,出租人、承租人通过签订合同的民事法律行为赋予了出租人该项权利,则出租人可以按照自己的意愿行使,承租人或他人不得干涉。

本案中,申请人在被申请人一违约的情形下,以自力取回的方式收回租赁车辆符合合同的约定,且不违反法律禁止性、强制性规定,故仲裁庭予以支持。

(二)申请人收回租赁车辆后,被申请人一是否有权主张车辆停运损失。

我国原《合同法》第119条规定:"当事人一方违约后,对方应当采取适当措施防止损失的扩大。"因此,出租人自力取回租赁物后,应当出于减少损失的善意,及时和承租人协商处理,如要求承租人立即履行合同、承担违约责任,或者要求解除合同等。在无法协商解决的情况下,应当及时采取法律措施,而不能放任双方法律关系长期处于不确定状态,使损失扩大。本案申请人于2018年11月20日取回租赁物,但直到本案申请仲裁,申请人才在仲裁申请书中要求解除融资租赁合同,明显超出了合理的时间,具有相应的过错。在仲裁申请书送达被申请人一前,合同并未解除,被申请人一仍需履行合同义务,根据合同权利义务对等的原则,被申请人一有权要求享有合同的权利,即使用租赁物,故仲裁庭酌定在租赁物被申请人取回后3个月起至合同解除前,申请人应当赔偿被申请人一车辆停运损失。

【裁决结果】

仲裁庭最终认定:融资租赁合同解除,被申请人一应向申请人支付相应的损失赔偿金及收车费用;申请人应向被申请人一支付相应的停运损失,并驳回被申请人要求返还租赁物的仲裁请求。

【相关法律法规解读】

原《民法总则》第129条　民事权利可以依据民事法律行为、事实行为、法律规定的事件或者法律规定的其他方式取得。

原《民法总则》第130条　民事主体按照自己的意愿依法行使民事权利,不受干涉。

原《合同法》第119条　当事人一方违约后,对方应当采取适当措施防止损失的扩大;没有采取适当措施致使损失扩大的,不得就扩大的损失要求赔偿。当事人因防止损失扩大而支出的合理费用,由违约方承担。

本案申请人取回租赁物,怠于行使权利,直到本案申请仲裁,申请人才在仲裁申请书中要求解除融资租赁合同,明显超出了合理的时间,具有相应的过错。因而,不得就其扩大的损失要求赔偿。

【结语和建议】

本案事实并不复杂，在车辆融资租赁业务中，出租人往往对租赁车辆装有GPS，有些还持有钥匙，这为承租人违约后，出租人自行取回租赁物提供了便利。在实践中，出租人为了减少损失，首要寻求的救济方式也是取回租赁车辆。仲裁庭在审理本案时，对第一个焦点问题，即收车费用的承担问题，其实还隐含了对出租人自力取回租赁车辆合法性的评价问题。如果对自力取回行为的合法性不予认可，则该项主张显然不能支持，只有认可自力取回租赁车辆行为的合法性，才能进一步审查合同是否有约定、支出是否合理的问题。那么，对于未征得承租人同意，出租人趁承租人不注意将租赁物予以取回的行为，是否有法律依据？该问题似乎处于法律空白地带，但仲裁庭充分考虑了承租人违约的事实、合同的约定、该行业的惯例，以及民事法律对当事人维护自身权益方式的精神，对出租人自力取回租赁物的行为予以认可，进而根据合同的明确约定，支持取回费用由承租人承担。

另外，对取回后的停运损失，承租人是否有权向出租人索赔？在出租人取回租赁物后，双方的心态往往会发生变化，对承租人而言，既然租赁车辆已被取回，则自然会认为无须再支付租金，但对出租人而言，处置租赁物后如果不足以弥补损失，则承租人还需继续承担租金，如果在车辆价值能基本弥补出租人损失的情况下，出租人有时便不急于处置。但此处其实涉及时间价值的评判，如果取回租赁物后不快速处理，一方面，随着时间的推移租赁物价值可能贬损；另一方面，随着时间推移未还租金产生新的违约金或逾期利息，将加大承租人的偿还责任。但本案的焦点为租赁物取回后的停运损失，从合同的角度来看，合同明确约定了承租人违约的情况下出租人有权取回，似乎由此造成的后果或损失都应由承租人承担。但事实上，如果出租人在取回租赁物后的合理时间内就双方的合同关系进行处置，则可以及时止损，而如果出租人取回租赁物后，不对双方合同关系及时进行处置，对承租人而言实际是不公平的。因为，一方面，合同尚未解除，其仍应根据合同约定承担继续扩大的损失；另一方面，由于租赁物被取回，其又无法享有合同的权益。由此可见，仲裁庭适当支持承租方的停运损失，实际是对双方责任的明确、权利义务的平衡。

案例编号：FJGNZC1590147075
厦门仲裁委员会　徐智敏

申请人对被申请人就房屋租赁合同纠纷提起仲裁案

【案情简介】

本案系房屋租赁合同纠纷案件,申请人为承租人,被申请人为出租人。2019年初,申请人与被申请人签订一份房屋租赁合同,约定被申请人将其在广州市越秀区的一套房屋出租给申请人用作经营民宿使用,租赁期5年,按月结算租金。该合同还约定:如自然灾害、国家建设、政府政策、政府禁止此处经营民宿等不可抗力导致合同无法继续履行的,双方均不承担责任。

2020年年初,新冠肺炎疫情在全国范围内突然暴发,各地纷纷采取应急措施,广东省于2020年1月23日启动重大突发公共卫生事件一级响应,于2020年2月7日发布《第3号通告》,规定所有居民小区(村)实施封闭管理。申请人承租涉案房屋经营的民宿因受到疫情严重影响,希望被申请人可以减免其2020年2月5日至4月4日的房租和物业费,但被申请人认为相关商业经营风险应当由申请人自行承担。双方无法协商一致,故产生本案仲裁。

【争议焦点】

承租人能否以涉案房屋经营受到新冠肺炎疫情严重影响为由,要求出租人减免房屋租金及物业费?

【裁决结果】

仲裁庭经审查后认定2020年2月5日至4月4日的涉案房屋租金损失由双方按比例承担,物业费由申请人自行负担,理由如下:

一方面,新冠肺炎疫情作为突发性的卫生公共事件,各地政府均采取措施严格控制大量人员的随意流动,广东省为应对疫情,也采取了相应的疫情防控措施,并于2020年1月23日启动重大突发公共卫生事件一级响应,2020年2月7日颁布《第3号通告》实行小区封闭管理。对于因此不能履行合同或合同履行受到严重影响的当事人而言,属于不能预见、不能避免并不能克服的不可抗力。本案中,申请人经营的民宿因疫情防控措施受到了严重影响,处于停业状态。另一方面,涉案房屋性质为住宅,合同中约定的租赁用途为“经营民宿等”,即合同的约定并不排除申请人对房屋除经营民宿以外其他用途的开发,疫情的防控措施客观上不会影响申请人对租赁房屋的实际控制权,因此涉案合同的履行虽存在重大障碍,但并非完全不能履行。

综合上述两点分析,同时考虑到双方对于涉案合同的履行不存在过错,最终仲裁庭根据我国原《合同法》第5条关于“当事人应当遵循公平原则确定各方的权利和义务”的规定,认为由疫情引发的损失由双方合理分担,更有利于平衡双方的权利义务,酌情认定对于2020年2月和3月的租金,由申请人承担60%,被申请人承担40%。

至于物业费,仲裁庭认为物业管理费属于申请人应当支付的费用,该费用系由物业管理公司收取,被申请人仅是代为收取,故仲裁庭对申请人主张减免物业费的仲裁请求不予支持。

【相关法律法规解读】

原《民法总则》第6条规定:民事主体从事民事活动,应当遵循公平原则,合理确定各方的权利和义务。

原《合同法》第5条规定,应当遵循公平原则确定各方的权利和义务;第117条规定:因不可抗力不能履行合同的,根据不可抗力的影响,部分或者全部免除责任,但法律另有规定的除外。当事人迟延履行后发生不可抗力的,不能免除责任。本法所称不可抗力,是指不能预见、不能避免并不能克服的客观情况。

不可抗力作为一个古老的法律概念,具有不受当事人意志支配的特点,一般会作为民事责任的免责事由。在司法实践中,一般采取主客观相结合的标准对是否构成不可抗力进行判断。一般而言,基于外来因素而发生的、当事人以最大谨慎和最大努力仍不能防止的事件应当认定为不可抗力。此次新冠肺炎疫情暴发,政府为了保护公众生命健康,按照甲类传染病的标准采取了相应疫情防控措施,从其产生和形成的突发性、传播和影响的广泛性及控制和阻断的艰巨性来看,新冠肺炎疫情应属不能预见、不能避免、不能克服的客观情况,属于不可抗力。

同时,不可抗力作为法定免责事由,其适用必须严格依法进行且符合公平原则,准确把握疫情原因与合同不能履行之间的因果关系和原因力大小,综合考虑疫情对不同地区、不同行业、不同案件的影响,避免因为权利义务失衡导致对市场交易秩序造成不利影响。本案中,仲裁庭结合合同实际约定,认为承租人对于涉案房屋仍享有控制权,能够以其他方式合理使用房屋,在出租人不存在过错的情况下,减免全部租金对其也是不公平的,该部分租金损失可由双方当事人按照公平合理原则进行分担。

【结语和建议】

新冠肺炎疫情对租赁、旅游、运输、娱乐等行业的影响深远,导致越来越多的类似纠纷进入司法程序。因此,对于如何准确适用不可抗力规则方面应有足够的重视。具体来说,主要有以下几点:

1. 坚持鼓励交易原则。针对疫情或者疫情防控措施对合同履行的影响,从助力和推动复工复产和稳定经济发展的角度考虑,应力求将各方当事人损害降到最低,将疫情对市场秩序的影响降到最低,尽量鼓励和推动合同的履行。

2. 当事人约定优先。如当事人在合同中已就不可抗力情形下的责任减免或者变更、解除合同等情形进行约定,只要该约定不违反法律法规强制性规定或者公序良俗,应当尊重;同时注重发挥调解功能作用,以求和谐解决争议。

3. 准确把握适用条件。严格按照《民法典》的相关规定对不可抗力要件进行分析,避免不可抗力滥用情况的发生;对当事人是否存在可归责事由进行个案判断,并严格适用法定变更或解除合同的事由。

4. 明晰举证责任。当事人主张适用不可抗力部分或者全部免责的,应当就不可抗力直接导致民事义务部分或者全部不能履行的事实承担举证责任。因疫情或者疫情防控措施不能履行合同义务,当事人主张其尽到及时通知义务的,应当承担相应举证责任。

案例号:GDGNZC1590453102

中国广州仲裁委员会　彭经伟

委托人作为申请人对被申请人某律师事务所就风险代理合同纠纷提起仲裁案

【案情简介】

2016 年,案外人就与被申请人的买卖合同纠纷向上海市宝山区人民法院提起诉讼,请求判令被申请人向其支付货款 1,035,972.86 元。

2017 年 2 月 16 日,被申请人与申请人签订了两份委托代理合同,约定由申请人指派律师团队代理被申请人该宝山法院案件及其反诉或另行起诉，法律服务费的收取方式为基本费+成功费；基本费分别为35,000元与25,000元，成功费按被申请人所得财产利益的50%收取。

2017年3月20日，申请人该案负责团队律师与被申请人时任总经理签订《会谈纪要》，该纪要约定，律师在代理案件过程中应尽可能一并解决模具费、样品开发阶段的付费样品费、缺陷件索赔款，并约定将模具费、样品费及缺陷件索赔费部分减损或盈利总额的35%作为律师辛苦工作的奖励。《会谈纪要》作为之前双方签署的律师代理合同的补充，与律师代理合同具有同等法律效力。

2017年2月27日、3月27日，被申请人向申请人共支付了60,000元法律服务费。

此后，申请人代理被申请人应诉，并针对上海市宝山区人民法院案件向上海市浦东新区人民法院另行起诉。

2018年2月7日，上海市宝山区人民法院出具了民事调解书，由被申请人向案外人支付货款460,000元，双方就本案无其他争议。

同日，上海市浦东新区人民法院制作了调解笔录，笔录中被申请人与案外人明确就模具涉及的费用和货物不再向对方主张任何权利，并由案外人向被申请人支付10,000元补偿款。2018年2月8日，上海市浦东新区人民法院根据上述笔录作出了民事调解书，由案外人向被申请人补偿1万元，双方就本案无其他争议。

此后，申请人向被申请人开具了金额总计60万元的发票，并多次催告被申请人支付法律服务费，但未果。

2019年11月18日，申请人提起仲裁，请求裁决：(1)被申请人立即向申请人支付拖欠的法律服务费603,500.93元；(2)被申请人立即向申请人支付前述款项的迟延支付利息共计5000元；(3)本案仲裁费用由被申请人承担。

被申请人辩称：

1.本合同因违反法规规定，不具备履行的条件。(1)本案中所涉收费比例50%超过了《律师服务收费管理办法》中所规定的实行风险代理收费，最高收费金额不得高于收费合同约定标的额的30%之范围标准，违背了应在政府指导价标准的范围内与委托人协商确定具体案件的收费标准的规定。(2)申请人在代理案件中存在诉讼失误，不仅未实现被申请人的诉讼目的，而且导致了被申请人的损失。申请人要求被申请人支付风险部分的律师费，没有依据。

2.代理过程中，申请人未就双方争议的质量焦点依法予以处理，未胜诉且在案件代理过程中存在严重失误,致使被申请人丧失了最好的救济途径与手段,给被申请人造成了损失,责任应自行承担。

【争议焦点】

1. 超出《律师服务收费管理办法》规定的风险代理收费约定是否有效;

2. 申请人代理过程中是否存在过失。

【裁决结果】

(一)关于两份委托代理合同及《会谈纪要》的效力

1. 两份委托代理合同部分无效。

两份委托代理合同经申请人与被申请人盖章,应于盖章之日起成立。两份委托代理合同实际采取风险代理的方式,合同就法律服务费均约定了按基本费+成功费的计收方式,其中对成功费的约定为所得相关财产利益的50%。而根据《律师服务收费管理办法》第13条第2款:"实行风险代理收费,最高收费金额不得高于收费合同约定标的额的30%"的规定,应当对成功费计算比例予以调整。

就上述风险代理收费规定的效力问题,仲裁庭进一步认为,我国司法部与国家发展和改革委员会根据我国《价格法》第20条的规定取得了制定《律师服务收费管理办法》的授权,该办法第13条第2款关于风险代理的限制系两部门制定的政府定价,属于《价格法》第20条就律师风险代理费的具体化。从《价格法》第12条、第39条规定也可见,申请人应按照政府定价确定风险代理费的标准,该等规定属于效力性强制性规定,一旦违反即可能受到有关部门的行政处罚。两份委托代理合同关于成功费比例的约定显然超越了政府定价,构成对《价格法》的实质违反,应认定该二份合同约定比例中超过30%的部分无效。

2.《会谈纪要》部分无效。

《会谈纪要》系申请人该案负责团队律师与被申请人时任总经理签订,虽未加盖申请人与被申请人的公章,但《会谈纪要》的内容系案件关联款项的处理,双方均以单位名义签署,故在没有相反证据的情况下,应认定申请人该案负责团队律师与被申请人时任总经理在《会谈纪要》的签字系职务行为,《会谈纪要》在申请人与被申请人间合法成立。鉴于与两份委托代理合同部分无效的相同理由,《会谈纪要》所确定的成功费超出标的额30%的部分应为无效,《会谈纪要》

其他条款有效。

（二）关于申请人代理过程中是否存在过失

被申请人辩称申请人该案负责团队律师对诉讼焦点处理不当导致被申请人利益受到损失。对此仲裁庭认为：

1. 从合同目的出发，申请人的代理行为减少了被申请人的预期损失，依约完成了委托。分析两份委托代理合同及《会谈纪要》的内容（尤其是关于成功费的约定），并结合该案背景，被申请人的目的在于：通过委托律师代理案件，尽量不支付或少支付案外人款项，一并处理与案外人的潜在纠纷。因此，只要申请人的代理结果符合被申请人的委托目的，即可认定申请人依约履行了相关义务。而从法院制作的调解笔录及调解书来看，代理结果已经实现了被申请人的委托目的，故可认定申请人依约完成了委托。

2. 关于申请人代理行为的判断。仲裁庭认为，不同律师对同一案件作出不同的策略选择无可厚非。首先，鉴于诉讼的过程存在巨大的复杂性和不确定性，诉讼策略的选择没有绝对的标准答案，要判断哪种策略为绝对错误应经过权威第三方的独立调查，故仅凭有限的书面材料就否定申请人当时的诉讼策略，其结果必然是不充分甚或不公平的；其次，被申请人未向仲裁庭提供其在漫长诉讼期间对申请人代理行为提出异议或向权威机关投诉的证据，对法院的调解书亦无异议地依约履行，可以推定被申请人对申请人案件处理结果的认可，因此在被申请人未提供有效反证的前提下，仲裁庭无法认定申请人的代理行为存在过失。

综上所述，依据两份委托代理合同及《会谈纪要》，结合被申请人的实际付款情况及违约事实，被申请人应向申请人支付法律服务费及逾期付款延迟利息，且成功费的计算比例应由调整至30%。被申请人应向申请人支付法律服务费443,232.86元；支付逾期付款延迟利息5000元。

【相关法律法规解读】

《价格法》第12条规定："经营者进行价格活动，应当遵守法律、法规，执行依法制定的政府指导价、政府定价和法定的价格干预措施、紧急措施。"第39条规定："经营者不执行政府指导价、政府定价以及法定的价格干预措施、紧急措施的，责令改正，没收违法所得，可以并处违法所得五倍以下的罚款；没有违法所得的，可以处以罚款；情节严重的，责令停业整顿。"

《律师服务收费管理办法》第13条第2款规定："实行风险代理收费，最高收费金额不得高于收费合同约定标的额的30%。"

根据上述法律规定,笔者认为,当事人订立法律服务合同,约定的风险代理的最高收费金额不得高于收费合同约定标的额的30%,高于收费合同约定标的额30%的风险代理收费约定违反法律强制性规定,其效力应属无效。

【结语和建议】

本案是一起涉及律师风险代理服务费的服务合同纠纷。风险代理是一种特殊委托诉讼代理,委托人先支付较少的代理费或不支付代理费,案件执行后委托人按照执行到位债权的一定比例付给代理人作为报酬。该种代理形式最终的法律服务费与案件结果关联,且往往约定的比例较高,故为保护双方当事人,《律师服务收费管理办法》规定实行风险代理收费,律师事务所应当与委托人签订风险代理收费合同,明确约定双方应承担的风险责任、收费方式、收费数额或比例,并规定了不能进行风险代理的案件类型和风险代理收费比例的上限。

实务中,代理人提供法律服务时,有事会与委托人在合同中约定较高的风险代理收费标准。而由于法律服务的特殊性以及诉讼过程的复杂性与不确定性,双方往往会在诉讼策略上存在分歧,并在代理结束后对法律服务费的金额与付款产生纠纷。

在实践中,当事人常为获取利益或案件的胜诉,在合同中约定超过法规规定上限的风险代理收费标准。虽该情形目前在行业中较为普遍,但值得注意的是,此类约定实质违反了法律的强制性规定,应认定为无效约定。作为法律从业人员,代理人在合同中作此类约定时,也应当考虑到双方就法律服务费问题发生纠纷情形下的风险。此外,法律服务费纠纷案件中,委托人对代理人是否尽责也常提出异议,而有时双方对此的分歧实质是双方缺乏沟通,委托人未理解法律规定及代理人诉讼策略所致。对于提供争议解决的法律服务机构而言,应依据双方所确认的事实及查明代理情况,结合法律实务经验作出客观判断,并且尽力主持双方进行沟通与调解,以此引导和规范律师行业的发展。

在处理这类纠纷时,在法律层面,虽然合同对法律服务费的收费标准具体明确,亦是双方真实的意思表示,但仍需考虑该约定是否违反了法律法规,以及其所涉及的法律法规为强制性规定抑或管理性规定,从而判断合同对法律服务费的约定是否有效。在事实层面,该类案件中当事人常会就代理过程中发生的各类情况各执一词,此时需要抽丝剥茧,剔除案外因素,结合行业惯例综合判断受托人是否在提供法律服务的代理过程中存在过错或未尽审慎义务的情况。

案例编号：SXSGNZC1590040228

上海仲裁委员会　蔡名珺

被申请人以申请人代理律师系仲裁员为由向法院提出申请撤销仲裁裁决案

【案情简介】

2018 年 4 月，重庆仲裁委员会受理唐某某等人与 A 公司的股权转让纠纷案，并于 2018 年 9 月作出裁决。嗣后，A 公司以唐某某等人在仲裁案件中的委托代理人系该会仲裁员，属于我国《仲裁法》第 58 条第 3 款规定的仲裁庭的组成或仲裁程序违反法定程序的情形为由，向人民法院申请撤销仲裁裁决。A 公司认为，唐某某等人的代理人在担任仲裁委员会仲裁员期间代理该仲裁机构的仲裁案件，其与仲裁庭的组成成员属于仲裁规则规定的“在同一单位工作”的特殊关系，故仲裁庭的组成程序违法。唐某某等人辩称，《仲裁法》和该会《仲裁规则》并未规定仲裁员不得担任代理人。在不承办与本人担任仲裁员办理过的案件有利益冲突的法律事务的情况下，仲裁员以专职律师身份在其任职仲裁机构代理案件不属于撤销仲裁裁决的法定情形。经人民法院审理查明：唐某某等人在仲裁案件中的代理人确为某律师事务所律师，该仲裁委员会编印的仲裁员名册显示，该代理人在 2018 年 8 月至 2023 年 8 月任该仲裁委员会仲裁员。

【争议焦点】

担任仲裁员的律师，以代理人身份承办本人现任职的仲裁机构案件的行为是否构成程序违法？

【裁决结果】

人民法院经审理后裁定驳回 A 公司的申请。

人民法院认为，判断仲裁庭组成人员与当事人、代理人是否在同一单位工作应以具体的工作单位（社保缴纳单位）为依据。本案中唐某某等人的代理人系兼职仲裁员，其工作单位是律师事务所，而不是仲裁委员会，其与仲裁委员会并不具有劳动关系或人身隶属关系,也不受其人事制度的管理和约束,彼此之间为松散的聘用关系。因此,本案仲裁员成员与唐某某等人代理律师非工作于同一工作单位。A公司对“同一单位工作”做扩大化解释缺乏事实与法律依据。

【相关法律法规解读】

第一,法律规定。《仲裁法》第34条规定:“仲裁员有下列情形之一的,必须回避,当事人也有权提出回避申请:(一)是本案当事人或者当事人、代理人的近亲属;(二)与本案有利害关系;(三)与本案当事人、代理人有其他关系,可能影响公正仲裁的;(四)私自会见当事人、代理人,或者接受当事人、代理人的请客送礼的。”

第二,司法解释。《最高人民法院关于适用〈中华人民共和国仲裁法〉若干问题的解释》第20条规定:“仲裁法第五十八条规定的‘违反法定程序’,是指违反仲裁法规定的仲裁程序和当事人选择的仲裁规则可能影响案件正确裁决的情形。”

第三,部门规章。《律师执业管理办法》第28条第3款规定:“律师不得担任所在律师事务所其他律师担任仲裁员的案件的代理人。曾经或者仍在担任仲裁员的律师,不得承办与本人担任仲裁员办理过的案件有利益冲突的法律事务。”《律师和律师事务所违法行为处罚办法》第7条规定:“有下列情形之一的,属于《律师法》第四十七条第三项规定的律师‘在同一案件中为双方当事人担任代理人,或者代理与本人及其近亲属有利益冲突的法律事务的’违法行为:……(五)曾经担任仲裁员或者仍在担任仲裁员的律师,以代理人身份承办本人原任职或者现任职的仲裁机构办理的案件的。”

第四,仲裁规则。《重庆仲裁委员会仲裁规则》(2013年版)第34条规定:“仲裁员有下列情形之一的,应当回避,当事人也有权提出回避申请:(一)是本案当事人或者当事人、代理人的近亲属;(二)与本案有利害关系;(三)与本案当事人、代理人有其他关系,可能影响公正仲裁的;(四)私自会见当事人、代理人,或者接受当事人、代理人请客送礼的。本条第一款第三项的‘其他关系’是指下列情形事宜:(一)为本案事先提供过咨询的;(二)现任本案当事人法律顾问或者其他顾问,或者曾经担任当事人法律顾问或者其他顾问但该顾问关系结束未满两年的;(三)与任何一方当事人、代理人在同一单位工作的;(四)法律规定的其他关系。”

对于律师担任兼职仲裁员的情况,因为律师的工作地点是律师事务所而不是仲裁委员会,律师与仲裁委员会并不具有劳动关系或人身隶属关系,律师对仲裁委员会也不具有掌控力。同时,律师兼职仲裁员的情况也比较普遍,不能因为仲裁员具有律师身份而影响仲裁结论的效力;“同一单位工作”是具有清晰的法律界定的,不能随意进行扩大化解释。

【结语和建议】

(一)认定仲裁程序违法应以法律规定和仲裁规则为依据

从上述规定来看,《仲裁法》《民事诉讼法》相关法律及司法解释没有将律师仲裁员代理所在仲裁机构所受理案件的行为作为据以撤销仲裁裁决的违反仲裁法定程序的情形。仅有部门规章位阶的《律师执业管理办法》和《律师和律师事务所违法行为处罚办法》对限制律师仲裁员代理部分案件作出了规定,而根据司法部律师公证工作指导司对山东省司法厅所作的“关于在制定《律师执业管理办法》时,考虑到《处罚办法》中有关律师担任仲裁员的规定执业限制过于严格,专门就有关条款作了修改,律师担任仲裁员执业限制问题应以《律师执业管理办法》的相关规定为准”的答复,《律师和律师事务所违法行为处罚办法》中针对该问题的相关规定已不再适用,而《律师执业管理办法》是司法部关于律师违法行为处罚方面的部门规章,故根据《最高人民法院关于适用〈中华人民共和国仲裁法〉若干问题的解释》第 20 条规定其不能作为仲裁程序是否违法的依据。

根据《最高人民法院关于适用〈中华人民共和国仲裁法〉若干问题的解释》第 20 条的规定,律师仲裁员能否代理仲裁案件,还应以仲裁规则对此项的规定为据。前述案例中,仲裁规则并未限制律师仲裁员代理仲裁案件,故人民法院未支持 A 公司撤销仲裁裁决的申请。

(二)对仲裁员回避情形不宜作扩大解释

《仲裁法》第 34 条第 3 款的规定实际是确立的仲裁员回避制度,其中关于“有其他关系,可能影响公正仲裁的”规定对律师仲裁员代理案件具有实质性影响,但对此不应做扩大解释,因若将组成仲裁庭的仲裁员与作为代理人的律师仲裁员均为同一仲裁机构仲裁员的身份认定属于上述规定的情形,要求仲裁员回避,将导致律师仲裁员实际上无法代理仲裁案件,将不利于仲裁事业和律师事业的发展。前述案例中,该仲裁委员会的仲裁规则对“其他关系”作了明确规定,这为律师仲裁员代理仲裁案件作出了明确指引,也为人民法院审理该类案件提供了裁判依据,是值得提倡的。

若仲裁机构的仲裁规则并未对可能影响公正裁决的“其他关系”进行明确,则应当依据个案具体情况,对代理人基于仲裁员身份与组成仲裁庭的仲裁员之间关系的影响力进行评判;若可能影响公正裁决的,则应当适用回避制度,更换仲裁员。

(三)“在同一单位工作”应以是否具备相应实质关系为认定标准

在前述案例中,人民法院并未以形式上均为同一仲裁机构的仲裁员作为是否是“在同一单位工作”的认定标准,而是根据该仲裁规则的规定,将社保缴纳情况、劳动关系、人身隶属关系等作为认定标准,并据此驳回了 A 公司要求撤销仲裁裁决的申请。

(四)不限制律师仲裁员代理案件符合国际惯例

《国际律师协会关于国际仲裁中利益冲突问题指南》是国际上相对普遍认可的标准,从其规定来看,并无关于律师仲裁员不得在其任职机构代理案件的规定。同时,国际商会仲裁院、英国伦敦国际仲裁院等影响力颇大的国际仲裁机构均未对此予以限制。

人民法院在本案中作出了支持律师仲裁员代理仲裁案件的裁定,体现了人民法院对仲裁事业的支持,为律师仲裁员代理案件提供了明确的指引,对仲裁和律师行业均具有重大的指导意义。

律师是仲裁员的重要来源,也是仲裁职业共同体的重要组成部分,律师仲裁员熟悉仲裁事务,其代理仲裁案件能够为其代理的当事人提供更专业的法律服务,因此,在不违反法律规定和仲裁机构仲裁规则规定的前提下,应当对律师仲裁员在其受聘的仲裁机构中代理仲裁案件予以鼓励和支持。

仲裁事业的发展需要公正、独立裁决的仲裁环境,也需要热爱仲裁事业的业界精英人士的加入,因此,仲裁机构应当在仲裁规则中对律师仲裁代理案件作出明确规定,避免不必要的争议,推动仲裁事业和律师行业共同良性发展。

案例编号:CQGNZC1589873813

重庆仲裁委员会　刘　瑶

申请人对被申请人就民间借贷纠纷提起仲裁案

【案情简介】

申请人在本案主张被申请人偿还民间借贷借款本金 5700 万元及利息,被申请人认可了申请人的主张而仅抗辩经营收入不足以偿还借款。当事人双方虽未形成实质争议,但仲裁庭认为,依法仍应从如下方面对上述民间借贷的事实和法律性质的真实性、合法性进行审查。

本案中,申请人当庭陈述且出具了其银行账户往来流水单,证明其出借资金主要来源其同乡和生意伙伴刘某甲、刘某乙父子;申请人、刘某甲、刘某乙主要是从事钢材贸易和建材生意。申请人出借资金来源单一,未发现有向不特定社会公众吸纳资金的情形。申请人及其资金筹集人刘某甲、刘某乙经核查,也未发现向社会不特定对象反复和经常出借资金情形,尚不构成职业放贷人。被申请人出现经营困难,欠付工程款较多,且其以法定代表人名义借款,由被申请人提供反担保和还款的一笔3000万元银行贷款在2014年9月6日到期,在此时由被申请人法定代表人出面向福建同乡申请人提出借款,在时间节点和情由上尚属自然合理。考虑到现实社会生活中,尤其是在福建乡土社区中,存在在同乡亲故之间以言立信,不立字据即可大额借支往来的传统习俗,虽无助于规范商事行为,但仍具有诚信正面意义。故在本案中,申请人在没有和被申请人签署书面借款协议,也没有收取借条等债权凭证的情况下,仅凭口头约定即通过银行转出巨额资金,是对双方借款事实和法律性质证明力的削弱,而非一票否决。被申请人在事后向申请人出具确认函,确认借款事实和法律性质,是对申请人权利主张的补强,仲裁庭综合其他证据予以认定。

本案中相关融资款5700万元虽均未直接汇入被申请人账户,而是汇入游某个人账户,但应视为被申请人的借款,理由是:(1)游某是被申请人的正式员工;(2)游某接收的5700万元款项中,部分款项随即转入被申请人法定代表人银行账户用于归还银行贷款,部分款项用于陆续支付被申请人在外欠付的工程款及利息,未发现短期内巨额回流给申请人或资金筹集人的情形;(3)游某直接向资金筹集人刘某甲偿还过利息;(4)被申请人及其主要负责人均认可游某接收使用借款的行为系其代表公司的职务行为。故,被申请人使用员工个人银行账户接收使用单位借款,规避监管,确系违反财经法律法规,但不影响游某接收使用借款资金是代表被申请人的职务行为的性质判定。

本案中,申请人、被申请人的法定代表人均到庭说明借款前后来由去向,各自陈述清楚,符合普遍社会认知,互相不矛盾。被申请人的全资控股股东亦出具证明证实知晓本案借款属于公司借款用于经营。案件审理过程中,尚无案外人或其他利益相关人提出异议。申请人与被申请人虽然不能举证证明其口头借款协议的内容,但被申请人在接收申请人汇出款项后,在2015年4月前按月按固定金额分7期向资金筹集人直接给付了资金,该固定金额和接收金额的比例为2.5%,符合借款关系的基本特征。事后,被申请人向申请人出具了确认书,追认了双方之间的借款性质。截至裁决书作出之日,尚无其他证据证明双方之间另有约定和往来,存在其他法律关系。

综上所述,申请人和被申请人在本案中的经济往来,存在较多的不规范之处,但其形成民间借贷法律关系的基础事实存在,迄今未发现相反证据和案外人异议,且经仲裁庭对借款的资金来源,借款发生时间和原因,出借方式,接收、使用和偿还方式,利益相关人及借款性质进行综合考量,尚未发现存在明显虚假和互相矛盾,故仲裁庭依据高度盖然性规则,判定本案申请人和被申请人之间系民间借贷关系。该民间借贷关系出自自愿,不违反法律规定,受到法律保护。双方当事人依法应全面履行双方民间借贷合同约定的义务。

【争议焦点】

1. 出借资金来源;
2. 借款发生时间和原因;
3. 借款的出借方式;
4. 借款接收、使用和偿还方式;
5. 利益相关人的问题;
6. 借款性质的问题。

【裁决结果】

1. 被申请人向申请人偿还借款本金5700万元及利息5472万元(已计算至2019年4月22日,之后以借款本金5700万元为基数,按照年利率24%的标准继续计息至被申请人全部清偿完毕之日止);

2. 本案仲裁受理费568,610元,处理费113,722元,合计682,332元,由被申请人承担。

上述被申请人应向申请人支付的款项,应自本裁决书送达之日起10日内履行完毕。

【相关法律法规解读】

审理民间借贷纠纷案件时,应当严格审查借贷发生的原因、时间、地点、款项来源、交付方式、款项流向以及借贷双方的关系、经济状况等事实，综合判断是否属于虚假仲裁，可以从以下各方面主动审查：

1. 出借人是否明显不具备出借能力；

2. 出借人申请仲裁所依据的事实和理由是否明显不符合常理；

3. 出借人是否提交债权凭证或者提交的债权凭证存在伪造的可能；

4. 双方当事人是否在一定期间内多次参加民间借贷诉讼、仲裁；

5. 当事人一方或者双方无正当理由拒不到庭参加仲裁，委托代理人对借贷事实是否陈述不清或者陈述前后矛盾；

6. 双方当事人是否对借贷事实的发生没有任何争议或者诉辩明显不符合常理；

7. 借款人的配偶或合伙人、案外人的其他债权人是否提出有事实依据的异议；

8. 当事人是否在其他纠纷中存在低价转让财产的情形；

9. 当事人是否不正当放弃权利；

10. 其他可能存在虚假民间借贷仲裁的情形。

【结语和建议】

（一）案件受理阶段，积极提示和预警虚假仲裁风险及后果

仲裁机构立案部门从形式上审查当事人提交的仲裁申请材料时，发现争议类型属于虚假仲裁多发领域，且存在仲裁主体关系异常、仲裁请求较为特别或者仲裁依据或初步证据材料较为单薄等情形的，可以在与当事人进行交流时向其初步了解争议发生的背景情况，并充分提示当事人从事仲裁活动时应本着诚信、善意的原则，向其讲述虚假仲裁或仲裁欺诈的法律后果，必要时可要求当事人签署诚信仲裁承诺书。同时，立案部门应对案件材料进行信息标识或说明，为后续参与案件处理的办案人员做好信息提示及预警。案件受理阶段对于虚假仲裁的识别，有助于为后续程序中仲裁庭积极应对虚假仲裁。

（二）案件受理后开庭审理前，充分阅卷，关注虚假仲裁风险点

对于可能存在虚假仲裁风险的仲裁案件，案件受理后办案人员继续推进仲裁程序工作时，应进一步审查案件材料，关注仲裁条款、仲裁主体、立案依据和仲裁请求是否具体明确，并在程序推进的过程中进一步向当事人适当了解案件背景，留意当事人的态度并注意识别其提供信息的真伪。在仲裁庭组成后，及时和仲裁庭做好沟通及对接工作，提示仲裁庭在进行庭前准备时，不仅不能因双方当

事人已达成一致意思表示便忽视对案件材料的细节性研读,反而应当特别关注此类案件在仲裁程序及实体方面可能存在的风险,及时做好阅卷笔记和庭审提纲,以便开庭时有针对性地进行调查,这样既可以充分识别真正的虚假仲裁,又有助于排除正常案件的虚假仲裁嫌疑。

(三)开庭审理阶段,全面审慎地识别虚假仲裁风险点

一是加强庭审整体把控,观察出庭人员的反应和表现。开庭时向出庭人员释明和强调出庭纪律,重申诚信仲裁原则及虚假仲裁的法律后果,通过进一步观察出庭人员在庭审中的表现,如是否存在己方意见自相矛盾、故意让渡己方核心利益或漠视己方利益,词不达意或顾左右而言他等情形,进一步加强对虚假仲裁的心证或排除虚假仲裁的嫌疑。

二是注重证据核对与审查。当事人主张的事实与理由前后矛盾时,仔细核对其出示的证据原件,在没有交易凭证的情况下,不轻信当事人的口头陈述和自认。当事人拒不出示证据原件或者不能合理解释证据的,不予采信。

三是审慎开展庭审调查。对于当事人明显不符合行业惯例和商业理性的解释和说明,通过适当追问、详细了解合同签订及履行合同的背景情况,初步判断虚假仲裁风险较高的案件,要求当事人本人、了解交易过程的经办人等出庭。同时,以对从业经验和对行业的理解作出专业判断并适时回应,提高当事人伪造事实背景的难度。

(四)开庭后到结案阶段,谨慎认定事实并适时作出裁决

对于通过开庭仍未消除虚假仲裁疑虑的案件,仲裁庭作出裁决时应更加审慎,确保只有在证据链条清晰、完整的情况下方予支持申请人的仲裁请求。若在案证据不足以使仲裁庭形成心证并认可申请人的主张,仲裁庭可以以证据不足为由,裁决驳回其仲裁请求。

对于双方当事人事先达成和解,急于要求仲裁庭出具调解书的情形,仲裁庭应当对和解协议的合法性进行审慎审查,经进一步审查认为确实构成虚假仲裁的,经谨慎论证后,适时裁决驳回申请人的仲裁请求。

案例号:HNXGNZC1592185595

长沙仲裁委员会　方　超

申请人对被申请人就建设工程施工合同纠纷提起仲裁案

【案情简介】

申请人与被申请人经协商签订了建设工程施工承包合同(以下简称本案合同),约定由申请人承包位于某市开发区的一处厂房及传达室的土建、钢结构、水电安装、附属设施安装等工程。合同履行过程中,某市地方税务局和国家金库需要对国库资金收入进行更正,为了配合此项调整,应税务要求,申请人代被申请人提交了相关退税材料,并向税务机关另行支付了部分税款,某市地方税务局审查资料通过后,将退税款退还至被申请人账户,被申请人至提起仲裁之日尚未将此笔退税款返还申请人。工程竣工后,申请人已将完整工程资料提交给被申请人,并要求返还履约保证金,但被申请人亦未予以返还。

申请人提出仲裁请求:(1)被申请人向申请人返还履约保证金 200 万元,并按照同期同档中国银行贷款利率支付利息;(2)被申请人向申请人返还税务机关退税款 786, 544 元。

【争议焦点】

1. 被申请人向申请人返还履约保证金的条件是否成就;
2. 申请人要求返还履约保证金的仲裁请求是否超过仲裁时效;
3. 被申请人是否应向申请人返还税务机关退税款。

【裁决结果】

(一)关于返还履约保证金及支付利息的仲裁请求

仲裁庭注意到,本案合同第二部分专用条款第 8 条第 2 款约定:"……在合同签订后,首次工程款拨付时,甲方(被申请人)扣留贰佰万元作为本项目履约保证金,工程竣工后,完整工程资料提交给甲方,甲方在十五个工作日内无息返还履约保证金。"申请人所示证据"工程竣工验收证明书"显示,本案所涉工程于 2014 年 8 月 25 日通过竣工验收。

仲裁庭认为,申请人所示证据"转工程款申请单"中"转工程款申请"显示,被申请人在收到上游公司拨付的与本案工程相关的工程进度款 1000 万元后,扣留了 13 万元管理费以及 200 万元保证金,并将剩余工程款 787 万元转付给了申请人。转工程款申请单属于申请人向被申请人提交的请求支付工程款的申请,从常理来看,该申请的原件应当保存在被申请人处,被申请人虽对该证据不予认可,也没有提供证据予以否认,仲裁庭结合被申请人向申请人支付工程款流水总计,对转工程款申请单予以认可,可以作为认定相关事实的依据。根据申请人提交的证据显示,被申请人在转付给申请人工程款时,扣留了200万元的履约保证金。根据我国《建筑法》第61条的规定,交付竣工验收的建筑工程,必须具有完整的工程技术经济资料。现申请人提交证据证明本案所涉工程已通过竣工验收,从本案工程已通过竣工验收的事实即可证明施工单位已提交了与竣工验收相关的完整的工程技术经济资料。故仲裁庭认为,被申请人返还履约保证金的条件已成就,被申请人应当向申请人返还履约保证金。现申请人请求返还扣留的履约保证金,仲裁庭予以支持。

关于返还履约保证金的数额,仲裁庭注意到,本案中双方均认可本案工程的结算和付款方式为:按照被申请人与上游公司的结算价款,在被申请人收到上游公司的工程款后,扣除1.3%的管理费,剩余部分支付给本案申请人。申请人证据显示,就本案工程上游公司共向本案被申请人支付工程款62,589,190.83元。被申请人虽对申请人证据上游公司与被申请人签署的补充协议和上游公司向被申请人支付工程款凭证不予认可,但也未提供证据予以否认,仲裁庭结合该两份证据的实际情况,对该两份证据予以确认,即可以作为认定案件相关事实的依据。则被申请人应当向申请人支付的工程款为:62,589,190.83元×(1-1.3%)=61,775,531.35元。申请人认可本案被申请人共向其支付工程款60,035,980元,被申请人对此也未提供证据予以否认,且也未提供证据证明其向申请人支付的工程款多于前述申请人主张的金额,故仲裁庭认定本案被申请人已付工程款为60,035,980元。则被申请人就本案工程尚欠申请人的履约保证金为:61,775,531.35元-60,035,980元=1,739,551.35元。故仲裁庭裁定被申请人应当向申请人返还履约保证金1,739,551.35元。

关于申请人请求被申请人支付履约保证金逾期返还的利息,仲裁庭认为,被申请人逾期返还保证金,实际上占用了申请人的资金,申请人请求按照中国人民银行同期同类贷款利率计算被申请人逾期返还的利息符合法律的相关规定,仲裁庭对其关于利息的仲裁请求予以支持。

(二)关于被申请人主张的申请人关于返还履约保证金的请求已过仲裁时效的问题

仲裁庭认为,根据本案合同约定,履约保证金的返还条件虽于工程通过竣工验收之日已经成就，但从申请人提交的证据材料来看，被申请人在2014年8月25日之后，直至2017年9月上游公司仍在拨付本案被申请人工程款以及被申请人仍在转支付本案申请人工程款。被申请人支付本案工程项下的工程处于持续之中，故仲裁庭对被申请人关于仲裁时效已过的主张不予认可。

（三）关于返还税务机关退税款的仲裁请求

仲裁庭注意到，申请人提交的证据均证明被申请人已收到相关退税款786,544元。仲裁庭认为，根据本案合同第5条的约定，本案工程开工前及施工中发生的各种税费均由申请人承担，庭审中被申请人也认可本案工程的相关税费是由申请人承担，现申请人提供证据证明其就本案工程缴纳的税款786,544元已退至被申请人账户，且申请人已另行以被申请人的名义缴纳了相应的税款，故仲裁庭对申请人请求被申请人返还退税款786,544元予以支持。

【相关法律法规解读】

（一）关于工程竣工验收的相关法律法规解读

《建筑法》第61条规定："交付竣工验收的建筑工程，必须符合规定的建筑工程质量标准，有完整的工程技术经济资料和经签署的工程保修书，并具备国家规定的其他竣工条件。建筑工程竣工经验收合格后，方可交付使用；未经验收或者验收不合格的，不得交付使用。"

《建设工程质量管理条例》第16条规定："建设单位收到建设工程竣工报告后，应当组织设计、施工、工程监理等有关单位进行竣工验收。

建设工程竣工验收应当具备下列条件：

（一）完成建设工程设计和合同约定的各项内容；

（二）完整的技术档案和施工管理资料；

（三）有工程使用的主要建筑材料、建筑构配件和设备的进场试验报告；

（四）有勘察、设计、施工、工程监理等单位分别签署的质量合格文件；

（五）有施工单位签署的工程保修书。

建设工程经验收合格的，方可交付使用。"

针对以上关于建设工程竣工验收的相关规定，作以下解读：

1. 建设工程的竣工验收，是指发包人在收到承包人的竣工验收申请报告后，组织勘察、设计、监理、施工等单位，依照国家有关法律、法规及工程建设规范、标准的规定，对工程是否符合设计文件要求和合同约定的各项内容进行检验，并评价工程是否验收合格的过程。竣工验收合格是工程交付使用的前提条件,同时是工程款支付、质量保修期、竣工日期确定的主要因素。

2. 依照法律法规的规定,交付竣工验收的建筑工程,必须具备以下条件:

(1)必须符合规定的建筑工程质量标准。包括依照法律、行政法规的有关规定制定的保证建筑工程质量和安全的强制性国家标准和行业标准,建筑工程承包合同约定的对该项建筑工程特殊的质量要求,以及为体现法律、行政法规规定的质量标准和建筑工程承包合同约定的质量要求而在工程设计文件中提出的有关工程质量的具体指标和技术要求。只有完全符合上述质量标准,不存在质量缺陷的建筑工程,才能作为合格工程予以验收。

(2)有完整的工程技术经济资料。一般应包括建筑工程承包合同、建筑工程用地的批准文件、工程的设计图纸及其他有关设计文件、工程所用主要建筑材料、建筑构配件和设备的出厂检验合格证明和进场检验报告,申请竣工验收的报告书及有关工程建设的技术档案等。

(3)有建筑工程质量保修书。工程竣工交付使用后,施工企业应对其施工的建筑工程质量在一定期限内承担保修责任,以维护使用者的合法权益。为此,施工企业应当按规定提供建筑工程质量保修证书,作为其向用户承诺承担质量保修责任的书面凭证。

(4)具备国家规定的其他竣工条件。例如,按照国务院建设行政主管部门的规定,城市住宅小区竣工综合验收,还应做到住宅及公共配套设施、市政公用基础设施等单项工程全部验收合格,验收资料齐全;各类建筑物的平面位置、立面造型、装饰色调等符合批准的规划设计要求;施工机具、暂设工程、建筑残土、剩余构件全部拆除运走,达到场清地平的目标;有绿化要求的,已按绿化设计全部完成,达到树活草青的目标。

3. 建设工程必须经竣工验收合格后,方可交付使用;没有经过竣工验收或者经过竣工验收确定为不合格的建筑工程,不得交付使用。

(二)我国法律对仲裁时效的相关规定

仲裁时效,是指当事人向仲裁委员会请求仲裁的法定期间。即当事人在仲裁时效期间内如果不向仲裁委员会请求仲裁,就丧失了通过仲裁方式解决纠纷,保护其合法权益的权利。

《仲裁法》第74条规定:“法律对仲裁时效有规定的,适用该规定;法律对仲裁时效没有规定的,适用对诉讼时效的规定。”

原《民法总则》第188条第1款规定:“向人民法院请求保护民事权利的诉

讼时效期间为三年。法律另有规定的,依照其规定。”

(三)关于履约保证金的相关法律法规解读

履约保证金,是指承包人向发包人提供的用以保证其履行合同义务的担保。承包人不履行合同义务,发包人可以按照合同约定扣除其全部或部分履约保证金。

履约保证金不同于定金。定金对支付定金的一方和接受定金的一方均有约束力,担保的是双方特定行为。而履约保证金是单方担保,为承包人向发包人提供的用以保障其履行合同义务的担保。定金适用双倍返还规则,履约保证金不适用双倍返还的规则。最高人民法院《关于适用〈中华人民共和国担保法〉若干问题的解释》第118条规定,当事人交付留置金、担保金、保证金、订约金、押金或者订金等,但没有约定定金性质的,当事人主张定金权利的,人民法院不予支持。

《招标投标法实施条例》第58条规定,招标文件要求中标人提交履约保证金的,中标人应当按照招标文件的要求提交。履约保证金不得超过中标合同金额的10%。

【结语和建议】

1. 在建设工程招标项目中,基本上都要求中标人提交履约保证金。在承包人按照合同约定履行义务后,发包人应当向承包人返还履约保证金。因此,承包人要重视履约保证金的管理,以免出现法律风险。在招标文件要求提交履约保证金的情况下,承包人应当与发包人在合同中约定履约保证金返还的条件和期限以及发包人逾期返还的违约责任。避免在合同履行完毕后双方在履约保证金返还问题上发生争议。

2.《招标投标法》第60条规定,中标人不履行与招标人订立的合同,其提交的履约保证金不予退还。给招标人造成的损失超过履约保证金数额的,还应当对超过部分予以赔偿。因此,承包人在与发包人签订合同后,应当按照合同约定积极履行合同义务,避免出现履约保证金被发包人没收不予退还的情形。

3. 根据国家发展改革委、原建设部等部委《工程建设项目施工招标投标办法》第85条规定,招标人不履行与招标人订立的合同的,应当返还中标人的履约保证金,并承担相应的赔偿责任。因此,在承包人已经提交履约保证金的情况下,如果发包人不履行合同,承包人即可以主张返还履约保证金,并可要求发包人承担相应的赔偿责任。

案例编号:HBGNZC1594867750
廊坊仲裁委员会　田　斌

申请人某房地产公司对被申请人某国有企业就房地产合作开发协议纠纷提起仲裁案

【案情简介】

申请人为某房地产开发公司,被申请人为某国有企业,2012年7月18日,申请人与被申请人签订了“某某房地产开发项目的合作协议”(以下简称合作协议)。2012年10月19日,申请人与被申请人又就后续合作事宜签订了“某某房地产开发项目的补充合作协议”(以下简称补充合作协议),约定由被申请人提供名下土地与申请人进行房地产项目合作开发。

申请人认为,双方在补充合作协议中约定,如果开发方案有变化,被申请人有权优先选择项目中任何房产予以置换。由于被申请人拟建设的公寓楼土地用途为住宅用地,被申请人无法充分开发利用,因此要求申请人按照补充合作协议中的约定予以商业置换。2016年9月15日,申请人与被申请人就置换申请人名下的商业房产签订了商品房买卖合同,且该部分商业房产申请人已经交付给被申请人。2018年11月13日,申请人与被申请人签订《综合商务楼(公寓)与商业用房产权置换备忘录》(以下简称《备忘录》),进一步明确申请人不再为被申请人代建综合商务楼(公寓),被申请人以自己名下的综合商务楼(公寓)及相应的土地使用权置换项目中申请人名下的商业房产。双方约定,被申请人应于申请人取得期房建设工程规划许可证、双方签订认购协议书后配合申请人完成土地使用权的转让登记手续。申请人于2018年11月29日取得期房建设规划许可证,双方于2019年8月29日就置换的期房签订认购协议书,已达成双方约定的被申请人配合申请人办理土地使用权转让登记的条件,但经申请人多次催告,被申请人未予配合办理。申请人请求被申请人配合申请人办理土地使用权转让登记。

被申请人认为,在与申请人签订一系列合作协议、补充合作协议等协议,且上述协议经上级单位批准后,双方均按约定履行。但是自双方签订《备忘录》后申请人项目进度缓慢，被申请人认为有实施风险，后期利益无法保障，故办理转让登记手续停滞。而且由于登记制度的改革，申请人要求办理转让登记手续的土地证现在已经不存在了，该土地证下的地块已经与其他地块合并登记到某某号不动产权证书里面了。

随后申请人申请变更仲裁请求，请求被申请人配合申请人办理某某不动产权证书中某某地块的分割及转让登记手续。

【争议焦点】

1. 申请人请求被申请人为申请人办理土地使用权转让登记手续的事实和法律依据；

2. 涉案土地是否达到办理转让登记的条件。

【裁决结果】

（一）申请人请求办理土地使用权转让登记手续的事实和法律依据

仲裁庭认为，申请人与被申请人签订了合作协议、补充合作协议及《备忘录》，确立了房地产项目合作开发法律关系，上述协议已经被申请人的上级单位批准，协议也明确约定双方通过招拍挂联合竞买的方式取得土地使用权。在申请仲裁前，该合作项目已按照相关规定办理土地使用权出让手续及相关项目审批手续并进行开发建设。故双方所签订协议及合作开发行为不违反国家法律、行政法规的强制性效力规定，合法有效。双方在合作范围内根据合作协议的约定对房产置换达成的一致意见合法有效。

（二）涉案土地是否已达到办理转让登记的条件

申请人与被申请人产权置换的土地，双方通过联合竞买的方式取得土地使用权并办理了土地证，由于登记制度变更，现已登记在某某号不动产权证书中，根据该证书附记及附图中记载内容，土地性质、土地位置、分摊面积、使用期限与双方约定地块内容一致，经开庭询问，申请人与被申请人一致认可是同一地块。

仲裁庭认为，根据本案事实及相关证据证明，按照申请人与被申请人《备忘录》的约定，申请人于 2018 年 11 月 29 日取得约定置换商业期房的某某号建设工程规划许可证，并于 2019 年 8 月 29 日与被申请人双方签订了认购协议书。置换商业的现房部分申请人与被申请人已签订商品房买卖合同，且该部分商业房产已经交付被申请人，被申请人履行涉案土地使用权转让的条件已经成就，被申请人对此表示认可。并且因涉案土地已经和项目其他土地合并登记,履行义务需进行分割转让,且被申请人为便于履行转让交付义务,已委托相关单位进行了置换土地的界址点测绘,对交付范围进行了确定,申请人对测绘结果表示认可无异议。

综上所述,申请人请求被申请人配合申请人办理某某不动产权证书中某某地块的分割及转让登记手续的仲裁请求应予支持。

【相关法律法规解读】

我国原《合同法》第8条:"依法成立的合同,对当事人具有法律约束力。当事人应当按照约定履行自己的义务,不得擅自变更或者解除合同。依法成立的合同,受法律保护。"

我国原《合同法》第60条:"当事人应当按照约定全面履行自己的义务。当事人应当遵循诚实信用原则,根据合同的性质、目的和交易习惯履行通知、协助、保密等义务。"

我国原《合同法》第61条:"合同生效后,当事人就质量、价款或者报酬、履行地点等内容没有约定或者约定不明确的,可以协议补充;不能达成补充协议的,按照合同有关条款或者交易习惯确定。"

按照申请人与被申请人《备忘录》的约定,申请人取得约定置换商业期房的建设工程规划许可证,且申请人、被申请人双方还签订了《认购协议书》。置换商业的现房部分,申请人与被申请人已签订《商品房买卖合同》,部分商业房产已经交付被申请人,被申请人履行涉案土地使用权转让的条件已经成就,被申请人对此表示认可,符合约定的明确情形。被申请人应当遵循诚实信用原则,按照约定履行自己的义务,不得擅自变更或者解除合同。

【结语和建议】

本案为房地产合作开发协议纠纷,双方当事人就合作开发事宜签订多份协议以达到合作开发的目的。本案中申请人请求被申请人办理涉案土地的分割及转让登记手续,不是单项的土地转让问题,实质上还是双方之间的合作协议履行过程中的问题,是双方房地产开发合作关系的一个延续。在双方所签订的合作协议合法有效、不违反国家法律法规强制性规定,且已达到双方办理转让登记手续约定条件的前提下,应该支持申请人的仲裁请求。在房地产合作开发过程中,双方应该按照合同约定积极履行各自的合同义务，一旦发生争议，也应本着友好协商、公平正义的原则解决问题，使项目合作顺利进行下去。

房地产合作开发，是指拥有土地使用权、开发资质、建设资金等要素的不同当事人之间共同出资、共担风险、共享利益的合作建房行为，是一种房地产开发的联合经营行为。在房地产合作开发的过程中，首先，要对合作各方的诚信和履约能力进行尽职调查。其次，要结合项目本身及自身条件，科学设计合作开发模式，根据各种模式的特点作出相应的合同约定。最后，要加强合同履约管理，积极跟进合同的全过程，对合同及时进行修改、补充，严格执行合同。出现争议后，双方应当本着公平正义、友好协商的原则，理性协商解决问题，依据法律规定和双方的约定积极承担责任，最大限度地降低双方损失。

案例编号：HBGNZC1595209400

石家庄仲裁委员会　杨　静

申请人某房地产开发公司对被申请人某市自然资源和规划局就国有建设用地使用权出让合同纠纷提起仲裁案

【案情简介】

2017年10月1日，某市自然资源和规划局（被申请人）对外发布了《市国有建设用地使用权网上挂牌出让公告》，决定以网上挂牌方式出让某地块国有建设用地使用权。2017年11月3日，某地产集团有限公司经多轮竞价以28,933万元竞得该地块的国有建设用地使用权。同日，市土地收购储备中心与该公司签订成交确认书，对上述竞得事实进行确认，并确认竞得人缴纳的竞买保证金，自动转作受让地块的定金。2017年11月16日，该公司成立某房地产开发有限公司（申请人）拟开发案涉地块。2017年11月17日，申请人作为受让人与被申请人作为出让人签订了案涉地块的国有建设用地使用权出让合同。

合同签订后，申请人与被申请人就合同履行产生争议。申请人认为，被申请人未按合同约定做到净地交付，也未签订交地确认书及协助办理相关权属登记，影响了涉案土地的开发利用，存在违约行为。申请人依据合同约定的仲裁条款向随州仲裁委员会申请仲裁，请求被申请人立即向申请人履行国有建设用地使用权出让合同项下土地的净地交付义务；被申请人向申请人支付逾期交付土地的违约金7000万元;仲裁费用由被申请人承担。

被申请人认为,其向申请人多次下达催缴款通知书后,申请人仍未按合同约定付清出让款项,申请人违约在先。其按合同交付标的物仅存在瑕疵,不影响申请人的开发利用,遂提出反请求,请求反请求被申请人支付滞纳金及利息损失6356.928万元,反请求仲裁费用由反请求被申请人承担。

审理中,申请人自愿放弃要求被申请人支付逾期交付土地的违约金7000万元之仲裁请求。

【争议焦点】

1. 关于出让设定了国有建设用地使用权的土地使用权是否有效?

2. 出让人是否应履行交地义务?

3. 合同约定土地现状交付和第三方交付能否免除出让人"净地交付"的义务?

4. 申请人的本请求与被申请人的反请求是否成立?

【裁决结果】

1. 被申请人履行交地义务。

2. 申请人承担违约金(以3467万元为本金,按日1‰的标准,自2017年12月18日起计算至2017年12月30止);申请人承担利息(以5786万元为本金,按人民银行公布的贷款基准利率4.35%的标准,自2017年12月18日起计算至2017年12月30止)。以上款项于本裁决书送达之日起15个工作日内支付。

3. 驳回反请求申请人的其他反仲裁请求。

【相关法律法规解读】

(一)关于出让设定了国有建设用地使用权的土地使用权是否有效的问题

国有建设用地使用权,是指使用权人对国有土地享有占有、使用和收益的权利,其有权利用该土地建造建筑物、构筑物及其附属设施。国有建设用地使用权是用益物权,依照我国原《物权法》第2条第3款的规定,用益物权也具有排他的属性,即只有依法取得国有建设用地使用权的人才能合法使用该土地。依照原《物权法》第136条的规定,可以在一宗地的地表、地上、地下分别设立建设用地使用权,但新设立的不得损害已经设立的使用权、地役权等用益物权,意味着同一宗地的同一空间只能设立一个建设用地使用权。建设用地使用权出让是设立使用权的一种方式,国有建设用地使用权出让必须遵照前述规定执行,在组织出让前应当让同一宗国有土地的同一空间已经设立的物权灭失,否则会出现两个以上的建设用地使用权人相互"排他"的无序局面,不符合原《物权法》和《土地管理法》的立法目的,是被法律禁止的行为。依据原《物权法》第 28 条、《土地管理法》第 58 条及《国有土地上房屋征收与补偿条例》的规定,灭失国有建设用地使用权的法定方式包含房屋征收或者依法收回国有土地使用权。

案涉宗地中包含某社区登记使用的国有建设用地使用权,市土地收购储备中心采取"收购国有土地使用权"和"转让地上建筑物"的方式,以取得某社区登记使用的国有建设用地使用权。市土地收购储备中心分别与该地上房屋承租人及登记的物权人签订了补偿安置协议、国有土地使用权收购合同和收购房屋补偿合同,对土地和其他房屋支付了合同约定的收购补偿款。依照我国原《合同法》第 133 条的规定,签订不动产"收购或者转让合同"并不当然取得物权,该中心在依据合同占有某社区房屋及土地并经过市人民政府批准时才可以依据合同取得相关物权。

依据《国务院关于促进节约集约用地的通知》(国办〔2008〕第 3 号)之"(十一)"的规定,储备土地出让前,应当处理好土地的产权、安置补偿等法律经济关系,完成必要的前期开发,缩短开发周期,防止形成新的闲置土地。依据《闲置土地处置办法》(中华人民共和国国土资源部令第 53 号)第 21 条的规定,市、县国土资源主管部门供应土地应当符合:土地权利清晰、安置补偿落实到位、没有法律经济纠纷。依据《国土资源部、住房和城乡建设部关于进一步加强房地产用地和建设管理调控的通知》(国土资发〔2010〕151 号)之四"严格住房建设用地出让管理"中"(一)规范编制拟供地块出让方案"的规定,不得毛地"出让"。

显然,被申请人在挂牌出让时未让已经设立的属某社区享有的国有建设用地使用权灭失,未满足出让的法定条件。

出让的目的是有偿将土地使用权让与给受让人,被申请人在合同的履行过程中逐步履行了"收购、补偿"义务,占有了案涉地块内原属于某社区的绝大部分房屋、土地,基本具备了土地出让条件,消除了被法律禁止的因素,向申请人交付了出让地块中的绝大部分土地并办理了不动产证,依照"鼓励交易"原则应当视为出让合同有效。

（二）关于出让人的交地义务问题

1. 从法律层面看，出让人应当依照法律规定和根据合同约定履行交地义务

依照原《合同法》第60条的规定，签订合同的当事人应当按照约定全面履行自己的义务，案涉出让合同第6条约定出让人在2017年12月30日前交付土地，被申请人作为出让人，在此时间节点之前将出让的土地交付申请人是合同约定的义务，现有证据未能证明被申请人向申请人发出过交地通知书，也未能证明双方签订过交地确认书，不能证明被申请人在约定的交地时间节点之前履行了合同约定的交地义务。

2. 从规范性文件层面看，出让人应当履行交地义务

依据《招标拍卖挂牌出让国有土地使用权规范(试行)》第15条“市、县国土资源管理部门向受让人核发《建设用地批准书》，并按照《国有土地使用权出让合同》《建设用地批准书》确定的时间和条件将出让土地交付给受让人”的规定，出让人在与受让人签订出让合同之后，负有向受让人交地的义务。

综上所述，出让人负有按照合同约定的时间交付土地的义务。

（三）关于合同约定土地现状交付和第三方交付能否免除出让人“净地交付”义务的问题

土地出让过程中，出让人的义务是根据合同约定交付“满足建设条件的国有建设用地使用权”，受让人的义务是遵守约定支付出让金和建设。双方争议的“现状土地条件”来自原国土部的“国有土地使用权出让合同”示范文本，原国土部、原工商总局在《关于发布国有土地使用权出让合同示范文本的通知》(国土资发〔2008〕86号，以下简称《通知》)之“使用说明”第6条中，载明“属于原划拨(出租)建设用地使用权补办手续的”选择“现状土地条件”，“属于待开发的建设用地”选择“场地平整、基础设施条件”。被申请人在案涉土地出让合同中填写的内容是将待开发的土地选择为“现状土地条件”，且约定由他人履行本应由被申请人履行的义务，与《通知》的说明不一致。尽管《通知》是规范性文件，违反该通知的内容，不一定导致该条款无效或者不能免除当事人的合同义务，但依照原《合同法》第65条的规定，合同不能约定仅由当事人之外的第三人履行本应由当事人自己履行的义务，被申请人在格式文本中填写由“市城投公司和收储中心”履行交地义务，“市城投公司和收储中心”均不是合同的当事人，不能以此排除出让人的交地义务，当“市城投公司和收储中心”未履行交地义务时，被申请人应当履行交地义务。被申请人辩称其没有交地义务的理由不能成立。

综上所述，合同约定“市城投公司和收储中心负责交地”，不能免除出让人

依约交地的义务。

(四)关于申请人的本请求及被申请人的反请求是否成立的问题

1. 申请人第一项仲裁请求

申请人的第一项仲裁请求为,依法裁决被申请人立即向申请人履行国有建设用地使用权出让合同项下土地的净地交付义务。

2017 年 11 月 17 日,申请人与被申请人签订案涉地块的“国有建设用地使用权出让合同”时,案涉地块并非净地,未达到交付条件。但被申请人于 2019 年 2 月 27 日将案涉地块的补偿安置款基本支付完毕,并于 2019 年 4 月 17 日协助申请人办理案涉地块的国有建设用地使用权不动产登记权证时,案涉地块已基本达到净地标准,申请人已认可此时案涉地块符合交付条件。而且,经过质证查实,此时申请人已对案涉地块的大部分进行了砌筑围挡,并对案涉地块的大部分进行占有使用、开发经营。由此可见,2019 年 4 月 17 日,申请人办理案涉地块的国有建设用地使用权不动产登记权证时,被申请人用实际行为完成了案涉地块的大部分净地交付义务。合同约定“现状交付”及建筑物由申请人拆除,但现状是指物理现状,而不是权利现状,否则申请人无权自行拆除。现在仅剩一户租赁商铺的经营户未搬离,在未来可能会影响相关单位对申请人建造行为的验收,被申请人仍须尽快督促相关人员搬离现场、履行全部交地义务。故申请人请求被申请人履行净地交付义务,应当予以支持。

2. 申请人第二项仲裁请求

申请人的第二项仲裁请求是要求被申请人承担违约金 7000 万元。

2017 年 11 月 17 日,申请人与被申请人签订案涉地块的出让合同时,案涉地块并非净地,不符合出让条件。双方在出让合同中约定,被申请人应在 2017 年 12 月 30 日前将出让宗地交付给申请人,直到 2019 年 4 月 17 日,被申请人才基本完成交地义务,明显晚于出让合同约定的交地时间,构成违约,对此被申请人依法应当承担违约责任,申请人主张被申请人应当承担违约责任的理由成立,应当予以支持。但是在审理中申请人自愿放弃要求被申请人支付逾期交付土地的违约金 7000 万元之仲裁请求,系其对自身权利的自由处分,合法有效,应予确认。

3. 被申请人的反请求

被申请人请求依法裁决申请人支付滞纳金及利息损失 6356.928 万元,理由是申请人存在逾期支付土地出让金的违约行为。而申请人认为其未按期支付土地出让金是依法行使合同履行抗辩权、被申请人的反请求无事实和法律依据。

2017 年 11 月 17 日,申请人与被申请人签订案涉地块的出让合同,约定了申请人分期支付出让金,第一期于当年 12 月 17 日前付 14,467 万元,第二期于当年 12 月 30 日前付 5786 万元,第三期于 2018 年 3 月 30 日之前付 8680 万元。据此,申请人应当在 2017 年 12 月 17 日之前支付 14,467 万元,是在被申请人交地之前履行支付出让金义务。但是除其竞买保证金 11,000 万元自动转为出让金外,申请人未在约定的时间前支付剩余 3467 万元,亦无证据证明申请人向被申请人提出了合法的抗辩事由,不属于行使了不安抗辩权,其迟延付款行为构成违约,应当根据法律的规定及合同的约定承担违约责任。申请人的违约责任本应至付清第一期出让金之日止,鉴于双方约定的第二期支付日就是被申请人履行交地义务之日,此时双方互负履行义务,而被申请人此时未履行交地义务,申请人依照原《合同法》第 66 条的规定,有权拒绝履行付款义务,其拒绝付款不再构成违约。因此,申请人应当承担违约责任的期限自 2017 年 12 月 18 日起至同月 30 日止。

根据出让合同的约定,申请人应当在 2017 年 12 月 30 日前支付出让价款 5786 万元,并承担自 2017 年 12 月 17 日起至付清之日止的利息。但是申请人支付出让价款的原因和目的是取得国有建设用地使用权,支付利息的条件是占用土地并自占用之日未依约付款。被申请人在申请人支付第二期出让价款时应当交地,但其没有依约交地,造成申请人未能依法使用该宗地,不满足应当支付未及时付款的利息。至 2019 年 4 月 17 日,被申请人基本履行交地义务前,申请人履行了全部付款义务,申请人对被申请人交地前不再承担支付利息义务。故申请人依法应当承担逾期付款的利息的起止日为自 2017 年 12 月 17 日起至自 2017 年 12 月 30 日止。

根据出让合同的约定,申请人应当在 2018 年 3 月 30 日前支付出让价款 8680 万元,并承担自 2017 年 12 月 17 日起至付清之日止的利息。申请人的第三期付款义务在被申请人交地之后,虽经被申请人多次催告,申请人至 2019 年才付清出让价款,但是申请人自 2018 年 2 月始,反复书面要求被申请人先履行交地义务,之后再支付清出让价款。依照原《合同法》第 67 条的规定,申请人行使后履行抗辩权之后,至被申请人履行交地义务时止,申请人有权拒绝履行付款和支付利息的要求,申请人未付款既不构成违约也无须承担利息。

【结语和建议】

（一）该案对土地使用权出让中无权处分的效力与鼓励交易原则的借鉴意义

本案交易的标的物是建设用地使用权（用益物权），与一般的物权具有显著的差别，既涉及所有权又涉及使用权，所有权问题在我国《土地管理法》修改后及《民法典》实施后，在实践中将更加凸显，在此不予讨论。实践中，土地管理部门往往不从法律体系的角度理解土地使用权的内涵，导致组织出让他人依然受法律保护的土地使用权，容易出现合同效力之争。

我国关于土地的法律体系已经基本构成，《土地管理法》侧重于“土地用途管制”“耕地保护”“权属争议调处”“土地征收”等公法层面的问题；《房地产管理法》侧重于房地产开发与交易的管理；原《物权法》从私法层面关注了“物权的种类”“物权的保护”和“物权的使用和交易”等方面。

案涉地块中包含部分已经设立国有建设用地使用权的土地，被申请人再出让该部分建设用地使用权是否有效？仲裁庭用物权法和合同法关于鼓励交易的原则回应了这个问题。原《物权法》第 2 条规定了什么是“物权”以及“物权”的排他属性，第 136 条规定了如何设立“用益物权”中的建设用地使用权，即一个地块的三层空间分别只能设立一个建设用地使用权，第 9 条规定了建设用地使用权消灭需要登记，未经登记的不发生效力。仲裁庭据此得出案涉地块中尚存一个建设用地使用权，被申请人对此部分无权处分的结论。

尽管被申请人在公开出让建设用地使用权时，案涉地块中尚存一个建设用地使用权，被申请人对此部分无权处分，但该部分土地占比较小，且被申请人在履行合同的过程中，也在积极为完成交易创造条件，通过《国有土地上征收与补偿条例》规定的路径逐步消灭已经设立的“用益物权”，基本排除了被禁止交易的情形，仲裁庭运用合同法关于“保护交易安全”和“鼓励交易”的原则作出了裁决。

（二）该案关于土地使用权出让，将“民法”和“行政法”作为一个法律体系进行析理释法的借鉴意义

该案争议基本反映了土地使用权出让过程中存在的矛盾，尽管最高人民法院现在将“土地使用权出让合同”纳入行政合同的范畴，但其既适用行政法又适用民法的本质属性没有发生变化，故该案的裁决理由仍然具有现实意义。

仲裁庭将“民法”和“行政法”作为一个法律体系进行析理释法，没有拘泥于

传统上“民法”和“行政法”各自独立的视角看待双方的争议,而是将“民法”和“行政法”作为一个法律体系看待,以民事主体依据行政法取得(未取得)的相关权利视为受“民法”保护(禁止)的角度,将“民法”和“行政法”交叉运用,进而明确了双方的权利义务,为案结事了打下了基础。经过明法辩理,使双方当事人赢得明明白白、输得心服口服。裁决后,双方当事人均服从裁决,自觉履行了裁决书决定的义务,社会效果较好。

案例编号:HBGNZC1594776609

随州仲裁委员会　樊友清

申请人对被申请人某公司及其股东就对赌协议纠纷提起仲裁案

【案情简介】

2016 年 5 月,申请人与 6 名被申请人及甲公司、乙公司、丙公司、丁公司(6 名被申请人及甲公司、乙公司、丙公司均为丁公司的股东)签订增资协议,约定申请人以 4000 万元认购丁公司 427 万股股份,交易完成后,丁公司新增注册资本 427 万元,申请人持有丁公司 427 万股股份。

2016 年 5 月,申请人与 6 名被申请人签订补充协议,约定丁公司应当实现 2 个经营目标:一是 2016 年年底的利润达到 52,000,000.00 元;二是 2018 年 12 月 31 日前向有权机关报送上市申报材料并被受理。如不能实现,则申请人可在 2018 年 12 月 31 日起 6 个月内,以书面形式要求 6 名被申请人回购申请人所持有的丁公司的部分或全部股份。另外,补充协议对回购价格作了约定。

申请人依约履行了增资协议约定的义务,丁公司履行了增加资本金验资、股东会决议、修改章程、工商登记变更等法定手续,申请人成为丁公司的股东。

增资协议、补充协议签订后,丁公司未向申请人分红,也未于 2018 年 12 月 31 日前向有权机关报送上市申报材料。

2019 年 4 月 26 日,申请人通过邮政特快专递分别向 6 名被申请人寄送了“履行股权回购义务之告知函”,函告其于 2019 年 5 月 10 日前回购申请人持有的丁公司全部股份,回购价格按照补充协议的约定确定。

6 名被申请人未履行股份回购义务,申请人向青岛仲裁委员会申请仲裁,请求仲裁庭裁决6名被申请人回购申请人所持有的丁公司的全部股份，支付股份回购款5760万元（暂计算至2019年5月10日，自2019年5月11日起至款项全部付清之日止的股份回购款按照合同约定计算），并支付利息，6名被申请人承担连带责任。

6名被申请人认为，补充协议违反丁公司全体股东签署的增资协议的约定，亦违反法律的规定，应当被认定为无效。丁公司未能报送上市申报材料并被受理系因证监会政策变动导致，此种情况难以预见和避免，应当适用情势变更原则解除补充协议，6名被申请人不应当就全部股份回购承担责任。

【争议焦点】

1. 增资协议的性质和效力；
2. 补充协议的性质和效力；
3. 应否适用情势变更原则解除补充协议；
4. 申请人行使股份回购请求权的法律后果；
5. 6名被申请人的责任承担。

【裁决结果】

1. 6名被申请人回购申请人持有的丁公司427万股股份，支付股份回购款5760万元，并支付利息；

2. 6名被申请人对上述义务承担连带责任。

【相关法律法规解读】

（一）股权性融资协议的认定

申请人通过认购股份的方式成为丁公司的新股东，6名被申请人等丁公司的老股东通过出让丁公司部分股份的方式使得丁公司获得发展所需的资金。依据增资协议，虽然申请人不参与丁公司的具体管理，但申请人订立合同是为了取得丁公司的股份，而非取得对丁公司的债权，即申请人是以成为丁公司的股东为目的的战略投资人。因此，增资协议的性质为股权性融资协议，且合法有效。

（二）对赌协议的认定

关于对赌协议，最高人民法院《全国法院民商事审判工作会议纪要》（法〔2019〕254号）认为，实践中俗称的对赌协议，又称估值调整协议，是指投资方与融资方在达成股权性融资协议时,为解决交易双方对目标公司未来发展的不确定性、信息不对称以及代理成本而设计的包含了股权回购、金钱补偿等对未来目标公司的估值进行调整的协议。

本案中,基于丁公司未来发展的不确定性,申请人与6名被申请人签订补充协议,从内容上来看,其符合最高人民法院对对赌协议或估值调整协议的认定。补充协议系双方当事人真实意思表示,未违反法律、行政法规的效力性强制性规定,合法有效。

(三)情势变更原则的适用

最高人民法院《关于适用〈中华人民共和国合同法〉若干问题的解释(二)》第26条规定:"合同成立以后客观情况发生了当事人在订立合同时无法预见的、非不可抗力造成的不属于商业风险的重大变化,继续履行合同对于一方当事人明显不公平或者不能实现合同目的,当事人请求人民法院变更或者解除合同的,人民法院应当根据公平原则,并结合案件的实际情况确定是否变更或者解除。"

补充协议系对目标公司丁公司上市及若未能上市的后果提前作出预设安排。虽然丁公司是否符合上市公司的标准或条件属于公权力决定的事项,但是双方当事人在缔结对赌协议时,对丁公司可能无法达到证监会规定的上市标准或条件的客观情形是明知的,不存在双方在缔结合同时对这一结果无法预见的情况,并且已经在补充协议中对丁公司无法达到上市公司标准或条件的后果作出了明确约定。因此,不应当适用情势变更原则解除补充协议。

(四)申请人行使股份回购请求权的法律后果

由于丁公司未于2018年12月31日前向有权机关报送上市申报材料并被受理,补充协议约定的这一经营目标未实现,申请人有权依据补充协议请求6名被申请人回购股份。

2019年4月26日,申请人通过邮政特快专递分别向6名被申请人寄送了"履行股权回购义务之告知函",函告其履行补充协议约定的回购义务,于2019年5月10日前回购申请人持有的丁公司全部股份。此为申请人行使回购请求权的行为,该行为致使申请人与6名被申请人之间形成股份回购关系,并且确定股份回购基准日为2019年5月10日。

(五)6名被申请人应否承担连带责任

原《民法总则》第178条规定:"二人以上依法承担连带责任的,权利人有权请求部分或者全部连带责任人承担责任。连带责任人的责任份额根据各自责任大小确定;难以确定责任大小的,平均承担责任。实际承担责任超过自己责任份额的连带责任人,有权向其他连带责任人追偿。”

本案中,申请人明确要求6名被申请人承担连带责任,6名被申请人均在补充协议上签章确认,作出承诺,自愿履行补充协议项下的回购股份和支付股份回购款义务,该约定符合现行法律对连带责任的规定。并且,在补充协议缔约主体的表述上,补充协议将6名被申请人不作区分地共同约定为“乙方”;在权利义务条款的设计上,补充协议也未对6名被申请人按照持股比例加以分割,只是笼统地作为“乙方”加以约定。因此,6名被申请人应当就申请人的回购股份、支付股份回购款及支付利息义务承担连带责任。

【结语和建议】

对赌协议为无名合同,在本质上属于股权性融资协议,包含了股权回购、金钱补偿等对未来目标公司的估值进行调整的内容。本案裁决书对对赌协议层层剖析,充分说理,准确回应了双方当事人的争议焦点。投资者与融资者在签订对赌协议时应当遵守法律规定,只要对赌协议不违反法律、行政法规的效力性强制性规定,应当认定为有效,当事人据此提出的仲裁请求,应当予以支持。

最高人民法院《全国法院民商事审判工作会议纪要》(法〔2019〕254号)对对赌协议进行了界定,对于统一裁判思路起到了重要作用。该纪要遵循“当事人意思自治”“契约精神”等理念,对对赌协议的效力作出了原则上有效的统一意见,对于保护投资人的权益、提升资本机构对企业融资的积极性具有现实意义。虽然纪要中关于“对赌协议”的裁判规则内容不能直接作为裁决依据进行援引,但是其理念充分契合仲裁“意思自治”原则,对仲裁实践有重要的参考价值和指导意义。市场主体在签订对赌协议时,应当从“对赌条款”的法律效力和可实际履行性等方面予以审慎考虑,特别注意对目标公司和控股股东加以区分,对各方主体的责任加以明确,确保“对赌条款”可执行,合理合法地保护自身投资权益。

案例编号:SDGNZC1594609785

青岛仲裁委员会　张志国　叶　露

第二节　涉外仲裁案例

申请人承包人对被申请人发包人就乌兹别克斯坦某铁路线电气化项目工程款纠纷提起涉外仲裁案

【案情简介】

本案涉及"一带一路"沿线国家铁路线电气化项目的工程款及工程延期争议。2007 年 9 月,案外人即业主方 S 公司作为发包人与案外人 Z 公司作为总承包人签订合同一,约定由 Z 公司承包乌兹别克斯坦某铁路线电气化项目的相应批次工程。后申请人某公司(以下简称申请人)与被申请人某公司(以下简称被申请人)作为承包人与 Z 公司作为发包人签订合同二,申请人与被申请人之间随后签订了本案分包合同,约定合同价格为 1.9 亿余元,工程竣工时间为 730 天,通用条款部分使用了《土木工程施工合同条件》(以下简称 FIDIC 条款)。本案合同约定:根据本合同应支付的所有款项,包括给承包人的预付款、进度款和最终尾款,应由发包人在收到最终用户 S 公司相关付款后 15 天内支付。

2008 年 4 月 15 日,业主工程师签发了开工日期通知。2010 年 7 月,业主工程师签发了"接收证书",确认案涉工程的完工日期为 2010 年 7 月 31 日,同时列明了案涉工程的 22 项未完工作。2014 年 8 月 29 日,业主工程师签发"未完工作的接收证书",确认"接收证书"中提到的未完工作于 2014 年 8 月 29 日全部完成。本案合同下剩余工程款 4000 余万元人民币被申请人未向申请人支付。

申请人主要仲裁请求为被申请人向申请人支付拖欠工程款 4000 余万元人民币。被申请人认为,本案合同约定的"背靠背"条款有效,其尚未从业主方 S 公司获得相关付款,故其向申请人支付工程款的条件尚未成就。且 S 公司提出,由于案涉工程延期完工 4 年,主张扣罚 200 余万欧元的罚金,被申请人与 S 公司之间的争议处于另案仲裁的状态。被申请人主要仲裁反请求为申请人向被申请人支付工程延期违约金 1900 余万元人民币。

本案合同约定适用乌兹别克斯坦共和国的法律,仲裁庭确定适用乌兹别克斯坦共和国的法律审理本案。

【争议焦点】

1. 依据本案合同约定，在被申请人尚未收到业主支付的工程款之前，申请人是否有权向被申请人主张支付剩余部分工程款，也即"背靠背"条款在本案情形下是否适用。

2. 工期延误违约责任的认定，包含竣工日期的确定、工期是否延误认定、延误事件分析以及延误责任的认定等。

【裁决结果】

1. 被申请人向申请人支付工程款 2200 万元人民币；

2. 驳回被申请人的仲裁反请求。

【相关法律规定】

1. 国际咨询工程师联合会（International Federation of Consulting Engineers, FIDIC）《土木工程施工分包合同条件》（1994 年第 1 版）；

2. FIDIC《施工分包合同条件》（2011 年第 1 版）；

3. FIDIC《生产设备和设计—施工分包合同条件》（2019 年第 1 版）；

4. 我国原《合同法》第 45 条；

5. 乌兹别克斯坦共和国相关法律。

【案例评析】

（一）相关法律规定解读

本案争议中主要涉及两方面的法律问题：一是合同约定"背靠背"条款的效力及适用；二是 FIDIC 合同中关于竣工日期的认定。现针对上述两个问题简要解读如下：

1. "背靠背"条款的效力及实践中的运用

"背靠背"条款是建设工程行业一种约定俗成的用语。一般来说，"背靠背"条款，是指在有偿合同中，约定负有付款义务的一方，以其获得在其他合同中某第三方的款项作为其支付本合同款项之前提条件的条款。建设工程合同中，为减轻因发包人拖延支付工程进度款、拒付变更索赔款项等原因带来的财务风险，总承包人往往会利用其优势地位，在与分包人签订的合同中设置"背靠背"条款。这种设置可以使得总承包人将总承包合同中的风险、义务和责任等相关内容转移分散到各个分包合同中，由各分包人部分或全部承担，借此减少总承包人的相关风险、义务和责任。

在国际上，FIDIC 编制的《土木工程施工分包合同条件》(1994 年第 1 版)、《施工分包合同条件》(2011 年第 1 版)以及《生产设备和设计—施工分包合同条件》(2019 年第 1 版)等版本中均认可适用"背靠背"条款。在英美法中也有"Pay-when-paid"和"Pay-if-paid"条款等类似"背靠背"条款的提法，但在认可上述条款效力并认可其构成支付条件的情况下，上述条款也并不能完全豁免总包人对分包人的支付义务，法院也会着重调查业主没有向总包人支付的原因。

国内的司法实践一般也倾向于认为总包人和分包人双方自愿达成的"背靠背"条款合法有效。同时，在该条款的适用上，首先，要以分包合同有效为前提。其次，既然要求分包人对业主不支付工程款要共担风险，其对业主的支付状况应享有知情权，总包人有义务向分包人提供业主工程款结算与支付的相关信息，如未结算、未支付的情况、拟采取的追索措施等。最后，如果有证据证明存在总包人拖延结算、在合理的期限内未能达成结算或怠于向业主主张债权等情形，可适用原《合同法》第 45 条的规定，认定总包人怠于行使权利造成付款条件未成就，视为支付条件已成就，总包人应当向分包人支付工程款。如《北京市高级人民法院关于审理建设工程施工合同纠纷案件若干疑难问题的解答》第 22 条规定："分包合同中约定待总包人与发包人进行结算且发包人支付工程款后，总包人再向分包人支付工程款的，该约定有效。因总包人拖延结算或怠于行使其到期债权致使分包人不能及时取得工程款，分包人要求总包人支付欠付工程款的，应予支持。总包人对于其与发包人之间的结算情况以及发包人支付工程款的事实负有举证责任。"

2. FIDIC 合同中关于竣工日期的认定

本案中双方一个争议焦点即为工期是否延误，涉及工程竣工日期的认定。由于双方采用的是 FIDIC 黄皮书合同文本，根据 FIDIC 黄皮书第 10.1 款的相关规定，在工程师颁发接收证书后，工程已经竣工并可移交给业主。工程师应当在接收证书中注明工程或单位工程按照合同要求竣工的日期，以及是否存在任何对工程或单位工程预期使用目的没有实质影响的少量扫尾工作和缺陷和完成这些扫尾工作和缺陷的时间要求。也即，在 FIDIC 黄皮书的语境下，工程师颁发接收证书后,雇主应当接收工程,接收证书中注明的竣工日期即为工程的实际竣工日期。工程中存在的对工程预期使用目的没有实质影响的少量扫尾工作和缺陷对工程接收没有影响,但工程师可在接收证书中注明此类扫尾工作和缺陷以及承包人应当完成的时间要求。

本案工程中,工程师先后颁发了两份接收证书,但是工程师的第二份接收证书实质上是对前一份接收证书中注明的扫尾工作的接收,不能就此认定为整个工程的接收日期。因此,在本案中应当以第一份接收证书中注明的日期视为工程的竣工日期,并据此判断是否存在竣工日期的延误。

(二)案例评析

本案最终的处理结果是对申请人的本请求给予了部分支持,对被申请人的反请求未予支持。对此评析如下:

1. 申请人的本请求仅得到部分支持的原因

乌兹别克斯坦共和国的法律允许当事人约定"背靠背"的条款,仲裁庭因此先确认了双方约定的"背靠背"条款的效力。

但对于工程款支付条件是否成就,则不能从查明的乌兹别克斯坦共和国的法律直接得出结论。就此,仲裁庭结合事实情况进行综合判断。第一,工程师已于2010年7月31日及2014年8月29日就案涉工程签发了"接收证书"及"未完工作的接收证书",表明工程已在相应的日期移交给业主使用,业主支付相应工程款的条件已成就。第二,被申请人在较长的时间内仅以发函的方式催要工程款,未能采取更加有效且实质性的方式追索剩余工程款,已属怠于行使权利。第三,由于业主拖欠被申请人的工程款绝大部分属于被申请人应当再支付给申请人的工程款,而从合同的实际履行情况来看,申请人并不具备直接或单独向业主追索工程款的条件。第四,申请人在被申请人通过仲裁或其他方式向业主追索工程款时负有支持、协助和配合义务,且本案涉及工期是否延误以及相关的责任问题尚未解决。据此,仲裁庭认为申请人有权向被申请人主张支付剩余合理部分的工程款。

2. 被申请人的反请求未得到支持的原因

被申请人的反请求是主张申请人完工出现严重延误,应当承担工程延期违约金。通常工期延误可能是业主原因、承包人原因或第三方原因等引起。因此,工期延误责任的认定涉及竣工日期的确定、工期是否延误的认定、延误事件分析以及延误责任的认定等。仲裁庭根据本案证据材料虽可以认定竣工日期以及工期是否出现延误,但对于延误事件分析以及延误责任的认定,则需要在确定业主与被申请人之间延误责任的前提下,才能确定本案申请人与被申请人之间的延误责任。由于被申请人与业主之间关于工程延期违约金的索赔问题未最终解决,尚不确定该损失是否实际发生,且被申请人与业主之间的争议还处于另案仲裁的状态,该争议案仍属于合理的期限内,因此,仲裁庭未支持被申请人的该项反请求。仲裁庭同时认为,如被申请人确有证据证明其对本案工程的业主承担了相关的误期损害赔偿,且该等损害是由于申请人原因引起,被申请人可根据合同的约定另行主张。

【结语和建议】

本案涉及两家中国企业“走出去”之后产生的境外工程建设工程合同纠纷。申请人实际上是境外工程中的分包人,被申请人是境外工程中的总包人。相对于从中国“走出去”的总包人而言,中国的分包人更缺乏识别和应对国际工程中法律风险的意识、能力和经验,在“走出去”的过程中也承担了更多风险,遭受了更多的损失。结合相关案例,对中国“走出去”的分包人提出以下几方面的建议:

(一)合同签订阶段的注意要点

在合同价款约定为固定单价的合同中,工程量的计量方式要约定为便于计量确定以及后期结算方便的模式。关于工程验收和交接,要尽量约定一个具体明确的验收交接方式,避免约定以业主验收代替分包合同的验收。要尽量简化洽商变更的确认方式,利于合同履行过程中对于洽商变更项目的认定和计量。要对合同履行过程中可能出现的不可抗力、情势变更等予以约定。

(二)合同履行过程中的注意要点

一是要注意履行过程中的证据收集和留存。对于某些关键的证据材料,可以事先在国外做好证据的公证、认证工作。二是施工过程中重点做好洽商变更的管理。由于发生争议后很难去国际工程现场进行勘验或鉴定,因此,过程中洽商变更的管理对于分包人尤其重要。施工过程中,避免违反工程所在国的法律法规或其他规定而导致违法后果。做好意外情况的应急处理,如发生战争、政治动乱等情形。例如,定期将在境外工程现场产生的与工程相关的资料和证据材料等寄回所在国妥善保管,避免后期争议处理时证据材料缺失。

(三)合同履行后期的注意要点

一是在工程竣工验收和交付中保留对自己有利的验收资料,必要时利用影像资料予以佐证。二是对于工程结算，争取在境外撤场前一次性结算完毕，否则一旦分包人撤回所在国，再继续结算的难度就非常之大。如果对于工程价款一时难以确定，可以考虑先把工程量核对并签字确认。三是要及时确认已付款和未付款额。简化和规范付款的路径和渠道，避免存在多个付款路径和渠道，包括代为采购材料、代为支付工人工资或劳务派遣费、境内境外两条线付款等。

（四）关于争议解决方式

伴随“一带一路”倡议不断推进，越来越多的中国企业走出国门，参与各类国际项目。国际工程项目争议往往包含了专业技术规则、法律适用、管辖确定等事项，也涉及施工环节众多、参与主体多样、工期长、证据多等现实因素。因此，中国企业应当综合运用包括仲裁、调解、建设工程争议评审等多元争议解决方式解决国际工程中发生的争议。在国际工程案件中，仲裁具有其独特的优势。一是仲裁机制灵活，能最大限度体现当事人的意思自治，以最符合案件实际情况的方式推进程序、解决争议。当事人在仲裁协议中可以就仲裁机构、仲裁地、仲裁语言、适用法、仲裁员国籍等仲裁程序中的关键事项进行约定，甚至也可以就开庭安排、证据的提交和质证、庭审程序、审理措施等事项进行协商，而仲裁庭也可以针对案件的实际情况，采取更加灵活的审理措施。二是仲裁的专业性，有助于更好地解决纠纷。仲裁员通常拥有丰富的行业实践经验并能够深刻领会复杂的商事交易，可以适用行业规则、惯例、法理公平合理地解决纠纷。国际工程案件处理中，容易出现证据材料缺失的问题。在处理此类问题时，特别是涉及工程结算中工程变更洽商的审查与认定、工程质量瑕疵的判断、施工过程中相关证据材料的分析认定等，具有工程专业背景和实务经验的仲裁员会比单纯作为法律专家的法官更具有优势。三是仲裁具有广泛的国际可执行性。仲裁裁决可根据《承认及执行外国仲裁裁决公约》在全球超过 160 个国家得到承认和执行（截至 2020 年 2 月 27 日为 162 个）。

案例号：BJCWZC1584613038

北京仲裁委员会/北京国际仲裁中心　沈韵秋

申请人某外籍公民对被申请人某中国公民就出口管制等政府行为导致合同无法继续履行纠纷提起涉外仲裁案

【案情简介】

本案申请人是一外籍公民,被申请人为中国内地公民。申请人称:2016年11月10日,申请人与被申请人签订股份转让合作协议书,其中约定:申请人以人民币1400万元(以下币种均为人民币)的价格受让被申请人所有的"X"船舶的50%股份;被申请人应在收到第一笔股权转让款300万元后立刻办理"X"船舶过户事宜;非不可抗力原因造成的本合同无法履行的违约方应赔偿守约方的损失,违约金按实际完成交易金额的双倍计算。申请人依约履行了付款义务,共计向被申请人指定的银行账户汇入650万元股权转让款。然而,被申请人收款后,经多次催促仍借口拖延,拒不配合办理"X"船舶的过户事宜。被申请人的违约行为导致股份转让合作协议书无法继续履行。根据法律及双方约定,被申请人理应退还申请人已支付的合同交易款项650万元,并向申请人支付违约金1300万元。

申请人提出仲裁请求如下:

1. 确认股份转让合作协议书因被申请人之违约行为导致合同无法继续履行而解除;

2. 被申请人向申请人返还申请人已支付船舶股权转让款计人民币650万元;

3. 被申请人向申请人支付违约金计人民币1300万元;

4. 被申请人向申请人补偿因申请本次仲裁案件而支出的合理费用(包括但不限于律师代理费)暂计人民币25万元;

5. 被申请人承担本案全部仲裁费用(包括但不限于仲裁费、鉴定费等)。

被申请人辩称:股份转让合作协议书第1条约定:"甲方收到乙方第二笔款项后'X'船舶过户并转移到乙方指定的公司名下。"据此,办理过户手续的前提条件是收到第二笔款,此后多长时间内完成将船舶过户并转移到申请人指定的公司名下,没有约定。且第二笔款项300万元,申请人至今没有完全支付,被申请人享有先履行抗辩权。退一步讲,假设申请人关于先后两笔300万元款已支付完毕的主张为事实,则第二笔款也是到2017年4月8日才支付完毕,此时距中国商务部与海关总署联合发布2017年第28号公告(2017年5月26日),决定对所列挖泥船实施出口管制仅一个多月时间。根据中国船籍转外国船籍的程序规定作合理的时间推定，也根本无法在2017年5月26日之前完成船舶过户。此后国家对所列挖泥船实施出口管制，是诉争双方都应承受的合同风险，因此，无法办理的责任不在被申请人。被申请人依约履行了义务，有2017年1月11日与船务代理公司签订的代理协议书、同月20日办理的“船舶注销登记证明书”、先后3次派人到Y国催促申请人申报办理船舶入籍事宜的出入境记录，以及为使船舶适航购买相关设备的票据等为据，予以证实。股份转让合作协议书第2条第1项约定：“本协议签订之日起三日内，乙方向甲方支付首期船舶股权转让款300万元人民币。”协议于2016年11月10日签订，申请人至少应当在同月14日内支付约定款项，但申请人在约定的时间内只支付50万元。股份转让合作协议书第2条第2项约定：“2016年11月21日乙方组织相关人员对甲方的‘X’船舶进行入籍前各项指标参数核验。”但申请人迟迟不能组织相关人员核验，致使代理协议第2条第3项和第5项未能落实，无法办理出口。该项中还约定：“经乙方相关人员核验满足符合入籍条件后，再向甲方支付人民币300万元。”由于申请人怠于履行核验义务，约定的第二笔预付款迟迟未完全支付。申请人借口申报办理入境手续需要“船舶注销登记证明书”原件，被申请人将该证明书原件交给申请人后，申请人既不向当地入境主管部门申报船舶入境事宜，又不返还该证明书原件，加上不派人办理验船以及不提供应由申请人提供的相关材料，造成被申请人无法办理船舶的过户和出境手续。可见，涉案合同不能在商务部与海关总署联合发布2017年第28号公告前履行的责任在申请人而不在被申请人。本案非因被申请人违约，恰恰相反，是因申请人违约而导致合同无法履行。申请人主张其总共支付650万元，并以此为基础双倍计算违约金没有事实和法律依据。退一万步讲，即使被申请人有违约，则违约金按交易金额的双倍计算与原《合同法》违约赔偿的补偿功能相悖。而且，双倍计算也与同条关于“造成合同无法履行的违约方应赔偿守约方的损失”的约定相悖。故即使存在一方违约，也应适用赔偿守约方损失的约定，摒弃“按实际完成交易金额双倍计算”的约定。“违约金按实际完成交易金额的双倍计算”过高，应降低到守约方实际损失的额度内，即按已支付交易金额同期同类银行贷款利率计算的金额。

【争议焦点】

仲裁庭经审理后归纳本案争议焦点为：(1)本案应适用的法律；(2)关于合

同效力的解除;(3)涉外案件中,外方当事人的授权及公司注册登记材料是否必须经公证认证。

【裁决结果】

涉案合同内容包括了船舶股份转让、船舶过户和船舶在Y国的生产经营三个主要部分。如此,双方在履行整个合同期间,无疑将不可避免地分阶段、按顺序涉及中国法和Y国法的适用。船舶股份转让是以船舶买卖形式来实现的,而船舶过户则要求双方分别向各自的主管部门办理出户和入户手续。合同中虽有上述第5条约定,但从“乙方保证该船舶过户和打捞生产作业均符合Y国相关法律法规和有关条例,否则由乙方承担全部责任”这一表述来看,可以得知,被申请人因对日后将要适用的Y国法不甚了解而产生疑虑。为消除该疑虑,申请人对被申请人作出了相应保证。其中的“船舶过户”,只是指在Y国的船舶入户,并不能包括船舶在中国的出户。而该条约定中“本协议约束甲、乙双方,为甲、乙双方之间的真实意思表示,但应当遵循Y国相关法律法规和有关条例的具体规定予以实施”这一表述,也只是指要在印尼实施的合同约定部分,应符合Y国法的规定。它不能涵盖合同约定的须在中国履行的部分。再从双方在辩论中均以原《合同法》有关规定为法律依据而发表意见来看,双方对船舶入境印度尼西亚前、就合同在中国履行过程中发生的争议的分析和解决适用中国法,意思表示是一致的。尤其是作为印度尼西亚公民的申请人,在本案中既没有提供适用Y国法的证据,又没有提出Y国法查明并适用的要求。据此,仲裁庭认为,对涉案合同的审查、合同效力的认定、合同条款的解释、合同在中国履行中发生的争议分析和解决等,应当适用中国法。

股份转让合作协议书是双方自愿订立,因未发现有违反中国法律、行政法规的强制性规定而生效。

在履行期间,被申请人以商务部与海关总署联合发布2017年第28号公告,致使涉案船舶出口受阻,属不可抗力因素,合同无法继续履行等为由,主张单方解除合同。然而,该公告是对其所列的船舶实施出口管制,而非禁止出口。涉案船舶虽然在该公告实施的管制之列,但只要满足该公告规定的“登记、提交相关文件、经审查许可”等条件,还是可以出口的。不可抗力是指不能预见、不能避免和不能克服的客观情况。至于能不能克服,应以“有没有采取合理措施”“有没有尽力”等作为衡量标准。当被申请人将公告情况书面告知申请人后,申请人即通过其聘请的律师发出律师催告函，声称“委托人（申请人）积极准备材料向中国商务部申请报批”，并要求被申请人按公告规定去办理相关事宜。而被申请人却以向商务部申请办理不在涉案合同约定的范围内、是申请人单方设定被申请人义务等为由，予以拒绝。虽然被申请人在其后发出的通知函和“解除协议通知函”中称“经多方咨询获知船舶客观上已无法出口”，但仍未提供具有说服力的证据。因此，由于未能证明“不能克服”，不可抗力的条件尚未成就。

被申请人是依照原《合同法》第96条规定向申请人发出“解除协议通知函”，并认为涉案合同自该通知函到达对方时解除。然而，申请人否认收到该通知函，并认为因未收到该通知函涉案合同尚未解除。对“到达时解除”还是“收到时解除”，双方理解不一。以上述EMS快递单和快递跟踪记录所显示的“IDA签收”来说，足以证明EMS“到达”了申请人地址并由“IDA”代申请人签收，从而应当认定该通知函于IDA签收时到达申请人。办公场所由指定人员统一收发邮件甚为普遍，而指定人员签收邮件可视为经邮件所示收件人的授权。虽然不能排除指定人员未将签收的邮件交给收件人本人的可能性，但在法律规定“到达对方时”而不是“对方收到时”的情况下，该指定人员事实上是否将签收的邮件交给收件人本人，可在所不问。因此，申请人所谓通知函要由其本人签收才算“到达”的说法于法无据，也与事实不符。

然而，就单方解除合同，其效力的发生，不仅要有“通知到达对方”这一形式要件，而且要有实质性要件，即具有原《合同法》第93条第2款、第94条规定的情形。本案中，因不构成不可抗力，因缺乏“不可抗力致使不能实现合同目的”这一实质性要件，涉案合同不因通知函到达申请人而解除。

申请人提出的第1项仲裁请求为“确认股份转让合作协议书因被申请人之违约行为导致合同无法继续履行而解除”。可见，其对解除合同的请求附加了条件，但若条件不成就，其是否还请求解除合同，尚不明确。被申请人对申请人附加条件的解除合同的请求提出异议，认为申请人解除合同的请求不能附加条件。仲裁庭考虑到虽然双方在合同履行中均有下文所述的违约行为，但该违约行为尚未严重到致使合同无法继续履行而不得不解除的地步，还考虑到双方未在涉案合同中对船舶的出户和入户手续约定明确限期，依照原《合同法》第62条关于“债务人可以随时履行，债权人也可随时要求履行，但应当给对方必要的准备时间”的规定，当庭询问双方是否要求继续履行，但双方的回答是不需要继续履行。经仲裁庭询问并释明，申请人的回答是不附加条件也请求解除合同。而被申请人就此认为，双方均有解除合同的意思表示，属协商解除合同。既然双方均有不愿继续履行的明确表示,更重要的是申请人提出了不附加条件也解除合同的请求,仲裁庭认为对此请求可予以准许。

【相关法律规定】

我国《涉外民事关系法律适用法》第41条:"当事人可以协议选择合同适用的法律。当事人没有选择的,适用履行义务最能体现该合同特征的一方当事人经常居所地法律或者其他与该合同有最密切联系的法律。"

我国《仲裁法》第16条:"仲裁协议包括合同中订立的仲裁条款和以其他书面方式在纠纷发生前或者纠纷发生后达成的请求仲裁的协议。

仲裁协议应当具有下列内容:(一)请求仲裁的意思表示;(二)仲裁事项;(三)选定的仲裁委员会。"

原《合同法》第62条"债务人可以随时履行,债权人也可随时要求履行,但应当给对方必要的准备时间"。

原《合同法》第93条"当事人协商一致,可以解除合同。当事人可以约定一方解除合同的条件。解除合同的条件成就时,解除权人可以解除合同。"

原《合同法》第94条"有下列情形之一的,当事人可以解除合同:(一)因不可抗力致使不能实现合同目的;(二)在履行期限届满之前,当事人一方明确表示或者以自己的行为表明不履行主要债务;(三)当事人一方迟延履行主要债务,经催告后在合理期限内仍未履行;(四)当事人一方迟延履行债务或者有其他违约行为致使不能实现合同目的;(五)法律规定的其他情形。"

【案例评析】

本案是一起船舶买卖合同案件纠纷,其中的核心问题即为合同解除的效力为何。在面对国家政策发生变化而使合同履行面临障碍时,不能当然认为合同不具备继续履行可能性。本案中,国家只是对涉案船型进行出口管制,并非绝对不可出口进行交易。可以看出,合同解除应该具备解除的实质条件,不当然因为解除合同通知的送达而解除。

【结语和建议】

我国是世界造船大国,也是船舶出口大国。在国家政策调整的情况下,合同当事人如果履行合同,如何处理和降低违约风险是每一个造船厂都应该特别注意的事项。无论是造船还是船舶买卖,均为涉及资金庞大、交易期长、交易节点复杂的产业。因此,船厂或船东应在整个交易期内都做到法律风险防控,将每个环节标准化,在利润下滑的背景下,尽量降低经营风险。具体到本案中,对不可抗力条款的引用,需要谨慎,严格遵守法律规定的 3 个要素,同时应该履行好相应的合同义务,以免在涉诉时陷于被动地位。

案例编号:SHCWZC1595833171

中国海事仲裁委员会上海分会　周　昕

第十章　律师工作类

第一节 律师代理、辩护成功的诉讼案例

律师代理某市环保局参与吴某、冯某某诉湖南省某县环保局、某市环保局撤销行政复议决定行政诉讼案

【案情简介】

湖南省某县某水库上游区域(原某金矿矿区)历史遗留重金属污染治理工程,为"十二五"期间中央财政专项资金重点支持的重金属污染防治项目。2015年11月2日,湘江重金属污染治理委员会办公室对某县人民政府作出湘重办函〔2015〕112号《湘江重金属污染治理委员会办公室关于某县某水库上游区域(原某金矿矿区)历史遗留重金属污染治理工程技术方案的审查意见》,要求注意在工程实施过程中,请某市环保局、某县环保局加强对该项目全过程监管。

该项目于2015年11月16日经某市环保局(岳环重评〔2015〕9号)对某县人民政府的批复:原则同意工程实施。2017年9月,中咨国业工程规划设计(北京)有限公司出具《某县某水库上游区域(原某金矿矿区)历史遗留重金属污染治理工程可行性研究报告调整报告(场址变更)》,核工业岳阳建设工程有限公司出具《某县某水库上游区域(原某金矿矿区)历史遗留重金属污染治理工程拟建场地岩土工程详细勘察报告》。2017年10月,常德市双赢环境咨询服务有限公司出具《某县某水库上游区域(原某金矿矿区)历史遗留重金属污染治理工程变更环境影响说明(报批稿)》,湖南中核勘探有限责任公司出具《某县某水库上游区域历史遗留重金属污染治理工程拟建某村某尾矿填埋场地水文地质调查报告》,某县某镇人民政府出具《某县某水库上游区域(原某金矿矿区)历史遗留重金属治理工程周边群众意见调查表》,某县某镇人民政府向某县环保局提出书面的关于《某县某水库上游区域(原某金矿矿区)历史遗留重金属污染治理工程变更环境影响说明》申请全文公示和环评审的函,某县环保局于2017年10月6日在某县人民政府门户网站的"政务公开信息"公示某县某水库上游区域(原某金矿矿区)历史遗留重金属污染治理工程变更环境影响说明的受理情况。某县

环保局于2017年10月18日在某县人民政府门户网站的“政务公开信息”公示,某县某水库上游区域(原某金矿矿区)历史遗留重金属污染治理工程变更环境影响说明拟批复的相关情况。

2017年10月25日,某县环保局对某县某镇人民政府作出某环评函〔2017〕10638号《关于某县某水库上游区域(原某金矿矿区)历史遗留重金属污染治理工程变更环境影响说明的批复意见的函》,该复函说明:项目拟调整选址,其变更内容为:(1)填埋场建设地点变更:原环评建设地点由某县油库里改为某村白鸭洞;(2)填埋场建设规模调整:库容由21.7万立方米变更为20万立方米,防渗漏面积由23,650平方米变更为31,716平方米;(3)部分构筑物设计参数优化等;其余基本保持不变。在建设单位严格落实变更环境影响说明提出的环保措施要求,确保各项污染物达标排放、环境风险可控的前提下,从环境保护的角度考虑,原则上同意上述变更。项目的建设内容、污染防治措施和风险防范措施等应严格按照变更报告实施,余按原环评报告及批复执行。吴某、冯某某不服某县环保局作出的该批复意见的函,向某市环保局申请行政复议。

2018年1月24日,某市环保局作出岳环复决字〔2018〕1号《行政复议决定书》,维持某县环保局作出的某环评函〔2017〕10638号《关于某县某水库上游区域(原某金矿矿区)历史遗留重金属污染治理工程变更环境影响说明的批复意见的函》。

吴某、冯某某不服,于2018年3月1日向一审法院提起行政诉讼,请求:(1)撤销某市环保局作出的岳环复决字〔2018〕1号《行政复议决定书》;(2)撤销某县环保局下发的某环评函〔2017〕10638号文件《关于某县某水库上游区域(原某金矿矿区)历史遗留重金属污染治理工程变更环境影响说明的批复意见的函》;(3)立即停止该项目的施工,并对已经破坏的区域进行复原。一审法院以本案行政行为认定事实清楚、适用依据正确、程序合法为由,判决驳回吴某、冯某某的诉讼请求。

吴某、冯某某不服一审法院判决,向某市中级人民法院提起上诉,被上诉人某市环保局继一审后继续委托律师代理本案二审相关事宜。

【代理意见】

因上诉人不服某市某区人民法院(2018)湘0602行初17号行政判决,提起上诉,律师作为本案被上诉人某市环保局的代理人,主要代理意见如下:

一、上诉人诉请的事实与理由均不成立

1. 关于受纳水体是否属于某水库水系的问题

《某县某水库上游区域历史遗留重金属污染治理工程拟建某村尾矿填埋场地水文地质调查报告》(以下简称《水文地质调查报告》)是由具有专业水文地质调查资质的湖南中核勘探有限责任公司出具的,该报告显示,“库区地下水属某1村—某2村—某3村地下水子系统”,受纳水体不属于某水库水系。同时,上诉人提及的同位素检测并非水质检测的法定程序,上诉人也未提供《水文地质调查报告》不科学的证据或理论依据。因此,完全有理由相信中核勘探公司的检测设备、检验时间及检测方法均符合专业检测的要求和标准,得出的结论是可信的。

2. 关于尾砂填埋场选址的地质结构承载力和地下水走向问题

《某县某水库上游区域(原某金矿矿区)历史遗留重金属污染治理工程拟建场地岩土工程详细勘察报告》(以下简称《岩土勘察报告》)是由核工业岳阳建设工程公司出具的,《某县某水库上游区域(原某金矿矿区)历史遗留重金属污染治理工程可行性研究报告调整报告(场地变更)》(以下简称《可行性报告》)是由中咨国业工程规划设计(北京)有限公司出具的,这两份报告都从专业的角度解释了关于尾砂填埋场选址的地质结构承载力和地下水走向问题,上诉人的质疑并无科学依据,仅出于担心,上述具有相关行业专业资质的公司依照规定流程作出的报告,更具有可采性。

3. 关于占用基本农田问题

某县国土部门(某林〔2017〕226号)号文件证实该项目占地“全为有林地”。上诉人庭审中认为占用了基本农田十亩仅仅是凭十几年前的记忆,而土地的性质在十几年的时间里可能会随着社会的发展而变化,不能拿十几年前的印象来判断现在土地的性质。而应当以国土管理部门的认定为准。

4. 关于选址方式问题

《可行性报告》第五章填埋场工程部分,对填埋场场址的选择进行了详细的阐述;场址的选定是在考察两个备选场址的优缺点后综合评定的,该方法科学适用、行之有效。

5. 关于民意调查问题

由某镇人民政府通过随机调查和访谈方式获取的《某县某水库上游区域(原某金矿矿区)历史遗留重金属污染治理工程周边群众意见调查表》(以下简称《群众意见调查表》),结果显示100%的个人支持项目落户某镇某村,上诉人所在小组个别人不同意,并不是真正认为该治理项目选址不行,而可能是其他小团体利益的冲突所致。某县公安局长寿派出所提供的证据材料显示,吴某在笔录中承认他曾找中湘环保公司的唐某要400万元,唐某答应了300万元,吴某等人仍不同意,继续以所谓的“上访”的方式进行维权。这些人背后的真实目的是从该项目中得到更多好处,包括对项目地址的变更,争取项目的征地补偿,其所作所为甚至不惜触犯法律。因此,有理由对上诉人诉讼的正当性提出合理怀疑。

6. 关于行政复议的依据问题

复议机关严格依法进行审查,客观地审查了具体行政行为以及据以作出该具体行政行为的依据。这完全符合行政机关审批、审查标准、流程以及审慎的态度。行政复议过程中,认定事实清楚、适用依据正确、程序合法。

7. 关于废渣性质问题

在《可行性报告》第3.6款浸出液毒性分析中明确表述为“某县某水库上游区域(原某金矿矿区)历史遗留的重金属尾砂均属于第Ⅱ类一般工业固体废物,废石均属于第Ⅰ类一般工业固体废物”。因此,上诉人所谓的采金废渣应属于危险固废的说法是没有根据的。

二、某县环保局的批复认定事实清楚、适用依据正确

1. 某县环保局具有作出该项目批复的审批权

《某市人民政府关于某市环境保护主管部门审批环境影响评价文件的建设项目目录(2015年本)的批复》(岳政办函〔2016〕1号)和《某市环保局关于印发〈某市环境保护行政主管审批环境影响评价文件的建设项目目录(2015年本)〉的通知》明确规定:“省直管的某县于2016年1月1日起行使除由国家环保部、省环保厅审批以外的审批权限。”

2. 某县环保局的批复认定事实清楚、适用依据正确

某县环保局依法受理业主单位某县某镇人民政府申请,根据业主单位报送的材料,结合实地考察、专家评审,对以下几个事实和依据进行了综合认定:(1)认真审查了具有建设项目环境影响评价专业资质的常德市双赢环境咨询服务有限公司出具的《变更环境影响》,说明作出了本次变更后,工程环境影响小,在当地可接受的环境容量范围内,工程建设具有一定的社会经济效益和环境效益。因此评价认为,在严格落实变更环境影响说明设计方案要求的基础上,从环境保护角度,本次变更工程建设可行,结论有理有据,可依法采信。(2)认真审查了具有专业资质的核工业岳阳建设工程有限公司出具的《岩土勘察报告》,认真审查了中咨国业工程规划设计(北京)有限公司出具的《可行性报告》,认定2

份报告材料内容翔实,进行了科学分析,其结论可以依法采信。(3)认真审查了由专业水文地质调查资质的湖南中核勘探有限责任公司出具的《水文地质调查报告》,该报告从专业角度对是否可以进行该项目进行了专业的调查研究分析,并出具了可行的结论。

3.程序合法

某县环保局在认真审核业主单位某镇人民政府出具的《群众意见调查表》的基础上,又多次实地走访座谈,并依法将相关审批事项按照法律规定,在某县政府门户网站上公示,其程序合法。

三、某市环保局复议决定符合法律规定

某市环保局依法受理原告的复议申请后,根据《行政复议法》的规定,认真审查了某县环保局具体的行政行为,并认为该具体行政行为认定事实清楚,证据确凿,适用依据正确,程序合法,内容适当,故依法作出了维持决定,某市环保局作出的岳环复决字〔2018〕1号行政复议决定书合法有效。

综上所述,一审法院认定事实清楚、适用法律正确,某县环保局的批复、某市环保局的复议决定认定事实清楚、适用依据正确。

【判决结果】

二审法院判决驳回上诉,维持原判。

【裁判文书】

二审法院认为,本案系不服复议机关复议决定而提起的请求撤销复议决定行政行为之诉。本案二审的争议焦点是:(1)某县环保局出具环评函〔2017〕10638号《关于某县某水库上游区域(原某金矿矿区)历史遗留重金属污染治理工程变更环境影响说明的批复意见的函》的具体行政行为是否合法;(2)某市环保局作出的岳环复决字〔2018〕1号行政复议决定书,维持某县环保局作出的某环评函〔2017〕10638号批复意见函的复议决定是否合法。

关于争议焦点一,《行政诉讼法》第6条规定,“人民法院审理行政案件,对行政行为是否合法进行审查。”本案中,某县环保局作出某环评函〔2017〕10638号《关于某县某水库上游区域(原某金矿矿区)历史遗留重金属污染治理工程变更环境影响说明的批复意见的函》的行为,属于《湖南省环保厅关于印发〈关于推进省直管县环保体制改革试点工作实施细则〉的通知》所赋予审批权限的范围,即某县环保局具有作出某环评函〔2017〕10638号函的审批权限。某县环保局在审批过程中,有对某县某水库上游区域(原某金矿矿区)历史遗留重金属污染治理工程周边群众意见的调查,在受理时、拟批复时,某县环保局均在某县人民政府门户网站进行了公示,程序合法。在实体问题上,核工业岳阳建设工程有限公司编制的《某县某水库上游区域(原某金矿矿区)历史遗留重金属污染治理工程(白鸭洞)拟建场地岩土工程详细勘察报告》和常德市双赢环境咨询服务有限公司编制的《某县某水库上游区域(原某金矿矿区)历史遗留重金属污染治理工程变更环境影响说明》认为,通过对变更前后场址以及比选场址进行对比,认为变更后的白鸭洞场址作为某县某水库区域历史遗留重金属污染治理工程填埋场建设用地可行。变更后的白鸭洞场址稳定,适宜建设,不存在溶洞,且不易发生泥石流等自然灾害、周边居民点和农田等更少,能解决变更前油库里场址存在的问题。且案涉项目处理的污染物不属于危险废物。本案涉项目选址在某村,项目组织单位将某村村民作为民意调查对象并无不当。故上诉人提出某县环保局作出某环评函〔2017〕10638号批复意见函违法的上诉理由不能成立,本院不予支持。

关于焦点二,《行政复议法》第28条规定"行政复议机关负责法制工作的机构应当对被申请人作出的具体行政行为进行审查,提出意见,经行政复议机关的负责人同意或者集体讨论通过后,按照下列规定作出行政复议决定:具体行政行为认定事实清楚,证据确凿,适用依据正确,程序合法,内容适当的,决定维持。"本案中,某市环保局接受吴某、冯某某提出的行政复议申请,对某县环保局作出某环评函〔2017〕10638号批复意见函的程序和实体材料进行审查后,作出维持某县环保局作出某环评函〔2017〕10638号批复意见函的复议决定并无不当。

综上所述,上诉人吴某、冯某某的上诉请求不能成立,本院不予支持。一审判决认定事实清楚,适用法律正确,处理并无不妥,应予维持。判决驳回上诉,维持原判。

【案例评析】

"某县某水库上游区域(原某金矿矿区)历史遗留重金属污染治理工程"是重点项目,作为环境保护公益项目,旨在治理某县境内某江源头区域历史遗留重金属尾砂及废石堆积问题,解决因环境污染带来的当地生产生活问题。当地居民吴某、冯某某以治理项目二次环境污染为由,不服某县环保局与某市环保局作出的污染治理决定，向人民法院提起诉讼，请求撤销该行政行为。环保局在诉讼过程中依法提出了正确的法律意见，一审法院经审理后判决驳回原告诉讼请求，保证了项目的正常施行；二审法院经审理，认定一审判决认定事实清楚、适用法律正确，维持原判。

【结语和建议】

某县环保局与某市环保局这一行政行为的实施，将彻底解决某水库上游区域历史遗留尾砂污染问题，有利于改善某水库水体环境质量。本案也为环境公益诉讼提供了积极的借鉴作用，以法治方式维护了环保项目的顺利实施。

案例编号：HNXLGLD1563242614

湖南岳州律师事务所　曹景毅

律师受委托为被告人李某某涉嫌抢劫罪进行无罪辩护案

【案情简介】

2008 年 10 月 27 日，在娄底市娄星区某市场，摩托车出租司机周某某遭抢劫并被杀害。2008 年 12 月 7 日，被告人李某某因涉嫌抢劫罪被娄底市公安局娄星分局刑事拘留，羁押在娄底市看守所；2009 年 1 月 13 日，被娄底市娄星区人民检察院批准逮捕。

【代理意见】

被告人李某某代理律师提出辩护意见：控方指控被告人李某某犯抢劫杀人罪，事实不清、证据严重不足，罪名不能成立，依法应当宣告无罪，当庭释放。

一、事实不清

（一）被告人供述部分

无论是被告人李某某的供述，还是被告人之间的供述，都相互矛盾，不能互相印证。

1. 作案时间

据被告人李某某第一次供述，作案时间为 2008 年 10 月 28 日 22 时许，以后几次供述作案时间却是 2008 年 10 月 27 日 23 时多。而被告人张某前四次都供述作案时间为 2008 年 10 月底 24 时或 22 时左右,而第五次供述作案时间为 2008 年 10 月 27 日晚上,第六次供述作案时间为 2008 年 10 月 27 日晚 9 时多。这样,我们可以肯定,如果作案时间为 2008 年 10 月 28 日晚,那么,我的当事人李某某是没有作案时间的。如果作案时间为 2008 年 10 月 27 日晚,被告人张某前五次供述作案时间为 2008 年 10 月底一个晚上,而第六次却明确供述为 2008 年 10 月 27 日晚 9 时,让人疑惑。根据人的记忆规律,越是久远的事情,记忆越模糊。即使被告人张某的供述都是事实,我们也有充分的理由怀疑侦查机关的审讯是否得当。

2. 作案工具

据被告人李某某第一次供述,当时是"黄毛"背着一个黑色皮包装刀,他猜测是把刀,具体什么刀不清楚。其第二次供述是被告人张某背着一个黑色双肩包装刀,他摸了一下,具体什么刀不清楚。其第三次供述是"黄毛"背着一个黑色皮包,从中拿出一把折叠的小刀挂在腰带上,同时把黑包递给被告人张某背着。第五次供述为张某转身走进网吧,出来时手里拿了两把刀,其中一把是弹簧匕首,可以折叠。"黄毛"和张某各拿了一把刀,黄毛递给张某一个单肩黑色公文包,张某把刀放进包里背着。

而被告人张某第一次供述是其 2008 年 10 月初在几个新疆人那里买了两把匕首,一直藏在娄底二大桥旁边的草丛中。他与李某某在"今生有约"网吧外租了台摩的,到娄底二大桥拿刀。这两把刀装在一个黑色双肩皮公文包内。其第二次供述为其在"今生有约"网吧厕所一个废纸箱后面取了出来,"黄毛"要了一把弹簧刀,并递给张某一个黑色男式公文包装另一把刀。其第五次供述为其在"今生有约"网吧的厕所后面拿了一个公文包走到网吧外,然后从公文包里拿出一把刀给"黄毛",另一把刀没拿出来,仍然放在公文包内背着。其第六次供述为前几天其和"黄毛"在娄底火车站附近的几个新疆人手里买了两把匕首,后藏在"今生有约"网吧厕所一个废纸箱后面。"黄毛"说要带"家伙",其就赶紧到网吧厕所将两把匕首拿出来,"黄毛"递给他一个黑色单肩公文包背另一把刀。

从以上被告人的供述我们可以看出,被告人对作案工具的来源前后供述混乱,相互矛盾,且至今侦查机关未找到这一重要物证。奇怪的是,被告人李某某、张某最后一次供述却基本一致了。辩护人注意到,被告人张某最后一次供述是 2009 年 2 月 18 日 9:15 ~ 11:30,而被告人李某某最后一次供述是 2009 年 2 月 18 日 15:00 ~ 17:30,讯问人、记录人完全相同。从这里我们可以看出,侦查人员先是上午讯问被告人张某,做完笔录,然后下午对我的当事人进行所谓的"讯问”，做下笔录。由此，我们没有理由不怀疑侦查机关所做的讯问笔录，作为证明我的当事人有罪的证据来源的合法性。

3.作案过程

被告人李某某第一次供述作案方式为其与被告人张某、“黄毛”在娄底市金谷市场见面，后被告人张某安排其到职业技术学院附近最黑暗的马路上等候，距他们10米左右，为他们望风。张某先下车，“黄毛”仍然坐在车上。张某问摩的司机要钱，司机不给，“黄毛”和张某就用刀砍刺摩的司机，司机与摩托车一起倒地，后“黄毛”骑车逃逸。

第二次供述为其先在“今生有约”网吧上网，后张某、“黄毛”一起到网吧来找到他，后打的去金谷市场，被告人李某某下车。过了十来分钟，被告人张某和“黄毛”打摩的到了金谷市场，张某先下车，“黄毛”继续坐在摩托车上。张某问司机要钱未果，“黄毛”用刀威胁，后先是“黄毛”刺了司机一刀，再张某又连捅了几刀，司机连车倒地后大喊“救命”，“黄毛”按住司机肩膀又捅了几刀后，“黄毛”发动摩托车载着他们逃跑。

第三次被告人供述2008年10月27日23时多，其与张某在“今生有约”网吧上网。后“黄毛”来到网吧，先问被告人李某某有钱没，再看到被告人张某，并与其打招呼。商量后，“黄毛”从其背的皮包里拿出一把弹簧刀，并将包递给张某。他们先3人乘出租车去金谷市场，然后被告人张某、“黄毛”打摩的去金谷市场。到了金谷市场后，被告人张某、“黄毛”均下车，“黄毛”将摩的司机叫到一边讲什么，后“黄毛”与司机扭打，接着“黄毛”就掏出小刀刺摩的司机左胸一刀，捅腹部几下。司机便跑，“黄毛”便追上去，嘴上还说“你还想跑啊！”追上又捅了几下，这时被告人张某才追上去，朝司机腹部捅了一刀。张某和“黄毛”骑车逃跑，但司机又追上来，于是“黄毛”跳下车，又捅了几下，之后返身上车。

第四次供述是到了金谷市场后，“黄毛”将司机叫到一边讲什么，被告人张某就骑上摩托车并发动摩托车想开走，摩的司机发觉了就过来拉摩托车，车被拉倒了，“黄毛”就从身上掏出刀对司机连捅了几刀，司机往一边跑，“黄毛”追上司机，又捅了几刀，这时张某也从皮包里拿出刀捅了司机腹部一刀。

被告人李某某第六次供述曾在检察机关提审他时辩解自己没有参与抢劫。

被告人张某第一次供述为“黄毛”到“今生有约”网吧找到其和被告人李某某，“黄毛”在金谷市场等。他们先打摩的去二大桥拿刀，再打摩的去金谷市场。到了金谷市场后，被告人李某某未下车，“黄毛”就把司机喊下来，被告人张某欲骑摩托车走，司机就来拉张某，“黄毛”与司机对打，“黄毛”打不过，就拿刀捅了司机腹部一刀,张某也捅了司机肋部一刀,并将刀递给被告人李某某,李某某本想捅司机一刀,但被"黄毛"推了一把,就刺在司机腿部。后"黄毛"就骑车载他们一起离开。

被告人张某第二次供述为"黄毛"到"今生有约"网吧找到被告人张某、李某某,3 人先打的到金谷市场,被告人李某某在金谷市场等,"黄毛"支开摩的司机,被告人张某趁机骑摩托车,被司机发现,"黄毛"便与司机扭打,后"黄毛"拿刀刺司机,被告人张某也帮忙刺了一刀,后司机仍拖住摩托车不放,"黄毛"又跳下车刺了司机几刀,被告人李某某未动手。

从以上讯问笔录关于作案的过程,我们可以看出,被告人李某某与被告人张某的供述相差甚远。按理,如果被告人李某某与被告人张某一同参与了抢劫,对于实施抢劫的过程应当没有实质性矛盾。但是,被告人李某某对于作案工具、作案手法、作案过程、作案后逃跑等的供述与被告人张某的供述大相径庭。侦查机关对于案件的基本事实都未予查明,公诉机关却以此指控我的当事人李某某犯抢劫罪。如此多的矛盾,如此大的出入,我的当事人李某某当庭陈述其并未参与抢劫的事实,还是可信的。

(二)证人证言

1. 王某的证言

王某陈述说只记得自己是贵州六盘水的,7 岁离家出走,其余关于自己的身份及家人的情况一概不知。且他只记得被告人李某某曾对他说自己搭一辆摩托车去金谷市场,下车后问摩的司机要钱,要摩托车,但司机不给,还大叫,被告人李某某没办法,就把摩托车司机杀死,把抢得的摩托车卖给了一家废品店,当时还有两个外号叫"长毛""黄伢子"的人都在旁边听到了。王某提供了自己的 QQ 号码为:3837 × × × ×,密码为:137843 × × × ×。

从证人王某的上述证言来看,我们不得不提出以下几点疑问:(1)王某作为证人,连作证最基本的身份都无法确定,很难让人信服其证言的真实性。(2)证人王某的证言与被告人李某某、张某的供述完全不同,只能说明本案既不是被告人李某某问司机要钱、要摩托车?更不是李某某杀死了摩托车司机,且被告人李某某并未到废品店卖摩托车,不仅被告人李某某不知道摩托车在哪,就连被告人张某都不知道。(3)证人王某提供的 QQ 密码经过我们查证是错误的。我们通过"今生有约"网吧的老板查实,QQ 号码 3837 × × × × 的网名为"追逐",归属地为福建,且我的当事人从来不认识一个叫"追逐"的网友。(4)即使证人王某陈述的是事实,王某的证言也是传来证据,据控方向法庭所提供的侦查机关的情况说明，作案现场没有目击证人，而被害人已死亡，主要犯罪嫌疑人“黄毛”至今没有归案，被告人李某某、张某又当庭陈述其没有参与抢劫。这表明本案根本没有被告人李某某参与了本次抢劫的直接证明。

2. 张甲的证言

证人张甲陈述说，被告人张某来他店里卖摩托车。首先，他不能证明来他店里卖的就是本案的赃物。其次，他陈述被告人张某来卖摩托车，并不能证明我的当事人李某某参与了抢劫。

3. 证人廖某某、曾某桂、周某华、肖某朝、彭某红、刘某平等的证言

证人廖某某、曾某桂、周某华、肖某朝、彭某红、刘某平的证言陈述，基本为看到或听到金谷市场有抢劫杀人的事情。我们认为，金谷市场抢劫杀人的事情确实存在，而且这种犯罪行为也应该受到法律的严惩。但是，这些证人证言并不能证实是我的当事人所为。从侦查卷的记录来看，事发地点漆黑一片，证人怎么能看得清楚？纵然凌晨一时证人都没有睡觉，根据人眼的特点，人站在明处看暗处是不可能看得见的，至少是看不到证人所陈述的那么清楚的。所以，一些证人对当时的凶手所穿的衣服特征等细节的描述清晰无比，太不可思议。且娄底市公安局娄星分局刑警大队“10·28”金谷市场抢劫杀人案侦破报告上明确写着“由于事发凌晨，没有目击证人，案件一时陷入僵局”。既然没有目击证人，那么为何又有如此多的证人看到事发当时的情况？

二、证据严重不足

本案控方提供了公安机关的情况说明，明确注明案发时没有其他目击证人，而被害人已死亡，重要的犯罪嫌疑人“黄毛”又未抓获，被告人李某某、张某又当庭翻供，称其没有参与抢劫杀人的过程。控方只提供了一些传来证据，根本不足以证明被告人李某某参与了抢劫杀人这一事实。

作为定案依据的被告人的供述与辩解，在庭审中都被被告人张某、李某某否认，他们称自己均未参与抢劫，此其一。且被告人张某案发时尚未成年，被告人张某的法定代理人张某生当庭否认，侦查机关在讯问张某所作的讯问笔录上的“张某生”的签名为其所签。根据《未成年人保护法》第56条第1款，“公安机关、人民检察院讯问未成年犯罪嫌疑人，询问未成年证人、被害人，应当通知监护人到场”的规定，公安机关在讯问被告人张某时，其监护人未到场，侦查机关对于被告人张某的讯问程序违法，故对被告人张某的讯问笔录不能作为证据使用，此其二。另外，根据侦察卷的记录，被告人李某某2008年12月4日晚上到案，三四个小时后就作了讯问笔录，而侦查机关未将此份笔录提交。且据被告人李

某某陈述,其到案后在派出所关了三四个晚上。因此,侦查机关对于被告人李某某的讯问程序违法,亦不能作为定案的依据。

证人王某没有提供居民身份证及户籍证明,出庭作证最基本的身份都无法确定,此人与控方所提供的王某的讯问笔录中的“王某”,是否为同一人也无法确定。王某的当庭陈述及在公安局的交代与被告人李某某、张某的供述严重不符。辩护人当庭询问了证人王某的网名,只有一个,叫“炫”,但根据其在公安局交代的QQ号码,昵称“追逐”是福建人,而不是贵州人。其交代的密码也是虚假的,根本打不开,所谓的被抢摩托车被被告人李某某卖给新火车站附近的废品店,侦查人员至今也没有找到,而他当庭陈述的与某派出所民警网上联系与他自称根本不识字也自相矛盾。因此,王某的证言因其证人身份无法确定及其所反映的内容与被告人李某某、张某的供述内容严重不符,此传来证据不能作为定案的依据。

作为本案重要物证的作案凶器、赃物,侦查机关一直未找到。而据侦查机关的笔录,作案凶器被扔在了职业技术学院的马路上,赃物被卖到了一家废品店,那么理应可以找到,而侦查机关未能找到,凭什么认定被告人李某某、张某是持刀抢劫。

至于户籍证明、病历记录、抓获经过、情况说明等书证;《法医学尸体检验鉴定书》及尸检照片、《价格鉴定书》;现场勘验检查笔录及现场照片等证据,均不能证明金谷市场抢劫杀人案系我的当事人所为。因此,本案公诉机关指控被告人李某某犯抢劫罪,证据严重不足。

综上所述,本案事实不清,证据严重不足,公诉机关指控李某某犯抢劫罪依法不能成立,建议合议庭充分考虑以上辩护意见,宣告被告人李某某无罪。

【判决结果】

娄底市中级人民法院于2010年2月2日作出(2009)娄中刑二初字第8号刑事附带民事诉讼判决:判决被告人李某某犯抢劫罪,判处有期徒刑8年,并处罚金5万元,并且与另一被告人张某共同赔偿附带民事诉讼原告人邓某秋、周某冬、邓某元各项经济损失4万元。

被告人提出上诉,湖南省高级人民法院于2010年11月23日作出(2012)湘高法刑二终字第31号刑事裁定,以原审判决证据不足、事实不清为由,裁定撤销娄底市中级人民法院(2009)娄中刑二初字第8号刑事部分,发回重审。娄底市中级人民法院指定冷水江市人民法院审理。

冷水江市人民法院于2014年2月21日作出(2012)冷刑初字第114号刑事判决:被告人李某某无罪。

冷水江市人民检察院不服,向娄底市中级人民法院提起抗诉,娄底市中级人民法院于2014年6月10日作出(2014)娄中刑二终字第24号刑事裁定,驳回湖南省冷水江市人民检察院抗诉,维持原判。

【裁判文书】

湖南省冷水江市人民法院(2012)冷刑初字第114号刑事判决书认定:公诉机关当庭提供的证据虽然能够证明被害人周某某于2008年10月28日凌晨在娄底市某市场家属楼附近被他人抢劫致死的事实,但根据前述对证据的分析,被告人张某、李某某的供述存在疑点且与其他证据在细节上存在冲突,证人王某的证言其真实性存疑,证人姜某中、李某辉、李某荣的证言及证人张甲、李某平的证言或系传来证据,或系间接证据,不能直接证明被告人张某、李某某的犯罪行为,且以上言词证据亦没有令人确信的直接证据或涉案摩托车、匕首等客观物证予以印证,故公诉机关提供的现有证据尚不能形成完整的证据链,得不出被害人周某某被抢劫致死系被告人张某、李某某所为的排他性的结论,因此公诉机关提交的证据达不到认定张某、李某某犯罪的证明标准,本案事实不清、证据不足,指控的犯罪不能成立。据此,依照《刑事诉讼法》第195条第3项的规定,作出判决:被告人张某无罪;被告人李某某无罪。

湖南省冷水江市人民检察院不服,向娄底市中级人民法院提出抗诉,娄底市中级人民法院认定,原审判决认定事实准确,审判程序合法。依照《刑事诉讼法》第225条第1项的规定,并经本院审判委员会讨论决定,裁定如下:驳回抗诉,维持原判。

【案例评析】

第一,此案案情重大复杂,案件材料多,律师阅卷花费时间长达半个月。

第二,取证相对困难。因为被告人涉嫌抢劫杀人,民愤极大,证人作证压力很大,律师耐心反复做工作,为找一个人要反复联系、耐心等待。

第三,会见被告人困难。被告人先羁押于湖南省娄底市看守所,律师会见“过多”,侦查机关后将其押于冷水江市看守所,对律师会见的次数和会见时间带来诸多不便。

第四,反复同办理案件的法官沟通。律师在法庭辩护时间有限,无法全面完整地把辩护观点让法官接受和采纳,多利用庭后时间与法官沟通,让法官接受辩护意见,特别是本案,经过了娄底市中级人民法院、冷水江市人民法院、湖南省高级人民法院等多家法院。

第五,要有不忘初心、牢记使命、永不言败的精神。此案被告人涉嫌抢劫杀人,民愤极大,在法庭上既要维护当事人即被告人的合法权益,又要照顾被害人家属的感受,尽量不要激化矛盾,维护稳定大局。

【结语和建议】

被告人经过多年关押,心灰意冷,自己都没有信心了,律师反复做工作,给被告人及其家属信心。

本案经过6年、5次判决最终才使被告人无罪释放,律师在刑事辩护后还代理被告人李某某申请国家赔偿,娄底市中级人民法院依法赔偿了李某某经济损失443,117.21元,取得了良好的法律效果和社会效果,最终摘取了刑事辩护无罪的“皇冠”!

案例编号:HNXLGLD1575599065

湖南梁文律师事务所　梁　文

律师代理北京顺义某小区业主委员会诉北京顺义某街道办事处不履行法定职责行政诉讼案

【案情简介】

2015年1月12日,某园业主委员会经某街道办事处备案。当时,某园业主委员会向某街道办事处提交的备案材料包含:《某园小区管理规约》及《某园小区业主大会议事规则》。其中,《某园小区管理规约》第三部分第6条业主的共同管理责任第1项规定,业主应当按照本规约和物业服务合同的约定缴纳物业服务费用,因故不能按期缴纳的,应委托他人代交或者及时补交。该条第6项规定,业主不承担上述6项共同管理责任,损害业主共同权益的,业主大会或者相关业主共同决定可以限制其行使以下第1项、第3项成员权利:(1)不得担任业主委员会委员或候补委员；(2)业主大会会议表决权；(3)共用部分经营收益分配权。限制时限至业主承担完成相应共同管理责任时终止。《某园小区业主大会议事规则》第17条规定，业主委员会委员由物业管理区域内的业主担任，并应当符合下列条件：遵守管理规约、业主大会议事规则。2017年7月5日，某园业主委员会发布2017年业主大会会议决议，详细记录了2017年业主大会的召开情况及大会表决结果。主要内容为：(1)通过《关于2016~2017年度业主委员会工作计划及业主大会收支预算的议案》；(2)通过《关于重申授权业主委员会启动选聘物业服务企业程序、解聘北京凯某莱物业管理有限公司(以下简称凯某莱公司)、选聘北京瑞某赢酒店物业管理有限公司、敦促凯某莱公司立即撤出某园小区的议案》；(3)通过《关于修改〈某园小区管理规约〉和〈某园小区业主大会议事规则〉的议案》；(4)通过《关于要求会所经营纳入小区统一管理的议案》；(5)业主委员会委员、候补委员的选举结果为：冯某、黎某良当选为业主委员会委员，陈某、陈某某当选为候补委员。

当日，某园业主委员会发布2017年业主大会会议决议公告，将2017年业主大会的召开情况及大会表决结果向业主公告。同日，根据2017年业主大会会议决议公告，某园全体业主委员会委员及候补委员召开会议，推选黎某良为主任，任期2年。2017年7月25日，某园业主委员会向某街道办事处提交备案事项变更单，申请对业主委员会委员等事项进行变更备案，同时提交了管理规约、业主大会决议、变更情况说明等材料。关于业主委员会委员、候补委员的变更，某园业主委员会在备案事项变更单中说明：原业主委员会委员李某林因任期届满不再担任委员，原业主委员会候补委员张某因递补为正式委员不再担任候补委员，原业主委员会候补委员崔某香因任期届满不再担任候补委员，新增委员及候补委员姓名、职务为：冯某，委员；黎某良，主任；陈某，候补委员；陈某某，候补委员。2017年8月3日，某园业主委员会向某街道办事处补交了陈某、黎某良发票复印件，黎某良2016年、2017年的判决书以及杨某庚的判决书，用于证明变更后的业主委员会委员缴纳物业费的情况。黎某良的发票中记载：凯某莱公司于2017年6月28日开具；物业费13,613元。陈某的发票中记载：凯某莱公司于2015年12月18日开具；12月管理费673.99元。

相关判决已生效，主要内容如下：(1)在凯某莱公司与黎某良物业服务合同纠纷案中，一审判决(案号：2016京01××民初823号)确认黎某良应向凯某莱公司缴纳2013年11月至2015年12月物业费合计45,246.44元，2015年10月至12月车位管理费300元，2015年10月至12月电费313.65元，2015年11月冷水费 43.68 元,污水费 16.32 元,燃气费 357.96 元,上述合计 46,278.05 元。因黎某良自入住后合计已付 44,939.98 元,不足部分仍应给付凯某莱公司。因此,判令黎某良于该判决生效之日起 7 日内给付凯某莱公司物业费(截至 2015 年 12 月)、车位管理费(截至 2015 年 12 月)、电费(截至 2015 年 12 月)、冷水费(截至 2015 年 11 月)、污水费(截至 2015 年 11 月)、燃气费(截至 2015 年 11 月)合计 13,613 元。凯某莱公司不服,提起上诉。2017 年 3 月 14 日,北京市第三中级人民法院作出(2017)京 03 民终 3192 号判决书,驳回上诉,维持原判。(2)在杨某庚与凯某莱公司物业服务合同纠纷案的生效判决中(案号:2016 京 03 民终 11610 号,作出时间:2016 年 11 月 2 日),二审法院认为,某园业主委员会业已针对凯某莱公司于 2016 年年初在其他法院以物业服务合同纠纷提起诉讼,要求凯某莱公司向某园业主委员会移交全部物业管理用房和相关公用设施、场所、场地以及相关财产及物业管理全部资料,并要求凯某莱公司立即撤出某园小区。本案中杨某庚针对物业费部分上诉的主要理由与该案的事实和理由部分相同。本院对此认为:凯某莱公司向杨某庚收取物业费的权利基础系凯某莱公司与某某园业主委员会签订的《北京市某园物业管理服务委托合同》,根据杨某庚提交的证据,现某园业主委员会与凯某莱公司就该合同的履行、解除等事项发生重大争议,该争议已为其他法院所受理,且纠纷解决与否及与纠纷相关的事实直接关乎凯某莱公司向杨某庚主张权利的请求权基础。在该争议解决前,本院难以判断凯某莱公司是否有权,或者以何种权利作为请求权的事实与法律基础向杨某庚收取 2016 年的物业费用,故本院对凯某莱公司收取 2016 年物业费的请求暂不支持,凯某莱公司可在相关纠纷解决后,在明确请求权的事实与法律基础的情形下另行主张权利。2017 年 12 月 18 日,某街道办事处对某园业主委员会作出《指导意见》,对某园小区业主大会决议的 5 项内容逐一予以指导。其中对业主委员会委员与候补委员选举结果的意见为:根据《物业管理条例》第 7 条第 5 款,业主在物业管理活动中,履行按时缴纳物业服务费用义务。《某园小区管理规约》第 6 条明确规定,业主应当按照本规约和物业服务合同的约定缴纳物业服务费用。业主委员会委员应当模范履行业主义务。请业主委员会在本次业主大会召开情况说明中明确本次业主大会选举的业主委员会委员冯某、黎某良,业主委员会候补委员陈某、陈某某的物业费缴纳情况,并附相关证明材料。2017 年 12 月 25 日,某街道办事处在某园小区内张贴了上述《指导意见》。2017 年 12 月 28 日,某园业主委员会到某港街道办事处领取了《指导意见》。之后,某园业主委员会针对《指导意见》作出回复,对某港街道办事处的意见进行了反驳。

另查一：庭审过程中，某园业主委员会称：除陈某某2016年前的物业费未缴纳外，其他人均按照法院判决缴纳了2016年以前的物业费；按照法院判决，2016年以后的物业费不需要缴纳。某街道办事处则称：某园业主委员会提交的材料不全，没有涵盖全部拟变更委员的交费材料；杨某庚的判决书与本案无关，其他业主不能类推适用。

另查二：本案中，某街道办事处提交的欠款明细显示：2015年12月至2017年12月，冯某共欠交管理费26,825.75元；2014年1月至2017年12月，陈某某共欠交管理费57,098.95元；2015年12月至2017年12月，陈某共欠交管理费11,488.50元；2013年10月至2017年12月，黎某良共欠交管理费77,179.77元。

【代理意见】

我们代表北京市顺义区某街道办事处参加庭审，经过法庭调查，结合双方的举证质证，针对本案件的焦点问题提出代理意见如下：

第一，答辩人具有依法指导、监督业主委员会选举，对业主委员会进行备案的法定职责，有权利亦有义务对备案材料进行审查。

理由和法律依据如下：

《物权法》第75条第2款规定，地方人民政府有关部门应当对设立业主大会和选举业主委员会给予指导和协助。

《物业管理条例》第10条规定，同一个物业管理区域内的业主，应当在物业所在地的区、县人民政府房地产行政主管部门或者街道办事处、乡镇人民政府的指导下成立业主大会，并选举产生业主委员会。但是，只有一个业主的，或者业主人数较少且经全体业主一致同意，决定不成立业主大会的，由业主共同履行业主大会、业主委员会职责。

《北京市物业管理办法》第4条第2款规定，街道办事处、乡镇人民政府负责对辖区内业主大会、业主委员会的成立及活动进行协助、指导和监督，协调处理纠纷。

《北京市住宅区业主大会和业主委员会指导规则》第5条第1款规定，街道办事处、乡镇人民政府应当依据法律、法规、规章和本规则，本着依法行政、合理行政、程序正当、高效便民、权责统一、政务公开的原则对业主大会、业主委员会的成立及活动提供协助、指导和监督。第44条第2款规定，管理规约、业主大会议事规则、业主委员会委员等事项内容发生变更时，业主委员会应当自变更之日起30日内到原备案机关办理变更备案。

由此可见,业主大会及业主委员会应当接受物业所在地的区、县人民政府房地产行政主管部门、街道办事处和乡镇人民政府的指导和监督。答辩人具有指导、监督业主大会及原告的权利,承担对业主委员会进行备案的法定职责,有权利也有义务对原告提交的备案材料予以审查。

第二,原告申请材料《业主委员会委员与候补委员选举结果》违反了有关规定和《某园小区管理规约》《某园小区业主大会议事规则》,故答辩人应对申请变更的相关拟任业主委员会委员与候补委员不予备案。

《北京市住宅区业主大会和业主委员会指导规则》第41条第1款规定,业主委员会委员由物业管理区域内的业主担任,并应当符合下列条件:

(1)具有完全民事行为能力;

(2)遵守管理规约、业主大会议事规则;

(3)未被业主大会依约限制被选举权;

(4)热心公益事业,责任心强,公正廉洁;

(5)具有一定组织能力;

(6)具备必要的工作时间;

(7)管理规约、业主大会议事规则规定的其他条件。

《某园小区管理规约》第6条明确规定,不按期缴纳物业服务费、水费、电费等费用的业主不得担任业主委员会委员或候补委员。

《某园小区业主大会议事规则》第17条规定,业主委员会委员由物业管理区域内的业主担任,并应当符合下列条件:

(1)具有完全民事行为能力;

(2)遵守管理规约、业主大会议事规则;

(3)未被业主大会依约限制行使被选举权;

(4)热心公益事业,责任心强,公正廉洁;

(5)具有一定组织能力;

(6)具备必要的工作时间。

除上述条件外,主任委员还应当符合以下条件:

(1)具有丰富的工作经验和良好的群众基础;

(2)熟悉物业管理相关法律、法规、规章和政策。

原告向答辩人提交《备案事项变更单》《某园小区2017年业主大会会议决议公告》,新增业主委员会委员冯某、主任委员黎某良以及候补委员陈某、候补委员陈某某，向答辩人申请备案。原告未提交前述委员、候补委员物业服务费等费用的缴纳证明。经答辩人核实，前述 4 人均存在不按期缴纳物业服务费、水费、电费之情形。

申请变更备案的 4 名拟任委员或候补委员，存在不按期缴纳物业服务费等费用的行为，不符合《北京市住宅区业主大会和业主委员会指导规则》第 41 条第 1 款规定和《某园小区管理规约》第 6 条、《某园小区业主大会议事规则》第 17 条的相关规定，不符合业主委员会委员的任职条件。答辩人据此决定对本次业主委员会委员不予备案，并无不当。

第三，答辩人对原告提交的变更备案申请作出的不予备案决定程序合法。

原告于 2017 年 7 月 25 日、8 月 4 日向答辩人提交备案申请材料，答辩人予以接收。

答辩人依据《物权法》《物业管理条例》《北京市物业管理办法》《北京市住宅区业主大会和业主委员会指导规则》等法律、法规、规章和规范性文件规定，并结合事实情况，于 2017 年 12 月 18 日作出《某街道办事处关于某园小区业主大会决议的指导意见》（以下简称《指导意见》），指出备案申请及相关材料中存在的问题，依法作出不予备案的决定并阐明理由。

答辩人于 2017 年 12 月 18 日、21 日分别联系原告副主任石某，委员杨某庚、张某，但后者均未到答辩人处领取《指导意见》。在此情况下，2017 年 12 月 25 日，答辩人将《指导意见》张贴至园区会所公示栏内，通过公告方式送达原告。

2017 年 12 月 28 日，石某到答辩人处领取《指导意见》，答辩人将《指导意见》通过石某送达原告。

可见，答辩人从接收申请材料，到办理再到送达等各个环节，程序合法。

【判决结果】

本案经过北京市顺义区人民法院的审理，一审判决如下：

驳回原告北京市顺义区某园小区业主委员会的诉讼请求。

二审维持原判。

【裁判文书】

一审法院认为：《北京市物业管理办法》第 17 条第 1 款规定，业主大会选举产生业主委员会。业主委员会应当自选举产生之日起 30 日内，持以下材料向物业所在地街道办事处、乡镇人民政府备案:(1)筹备组出具并由组长签字的业主大会成立和业主委员会选举情况的报告;(2)业主大会决议;(3)管理规约、业主大会议事规则;(4)业主委员会委员名单。该条第2款规定,材料齐全的,街道办事处、乡镇人民政府应当当场予以备案,并在备案后7日内将备案材料抄送区县房屋行政主管部门,同时将有关情况书面通报物业所在地公安派出所、社区居民委员会。第2、3、4项内容发生变更时,应当及时办理备案变更手续。根据上述规定,在业主委员会委员发生变更的情形下,某街道办事处具有变更备案的法定职权。

结合双方当事人的诉辩意见,本案焦点问题有三:一是行政机关在履行备案(变更备案)职责时是否有权要求业主委员会补充、完善材料。二是本案中某街道办事处要求某园业主委员会补充、完善的材料是否必要、合理。三是某街道办事处未予备案的行为是否构成不履行法定职责。

第一,行政机关在履行备案(变更备案)职责时是否有权要求业主委员会补充、完善材料。

《北京市物业管理办法》第4条第2款规定,街道办事处、乡镇人民政府负责对辖区内业主大会、业主委员会的成立及活动进行协助、指导和监督,协调处理纠纷。《业主大会和业主委员会指导规则》第6条规定,物业所在地的区、县房地产行政主管部门和街道办事处、乡镇人民政府负责对设立业主大会和选举业主委员会给予指导和协助,负责对业主大会和业主委员会的日常活动进行指导和监督。《北京市指导规则》第5条亦有类似规定。

通过上述规定可以看出,街道办事处对本辖区内业主大会和业主委员会的成立和活动负有协助、指导和监督职责。虽然《北京市物业管理办法》第17条及相关规定中,有材料齐全的当场予以备案的表述,但并不意味着行政机关在履行备案(变更备案)职责时只需要从材料名称或者形式上判断与相关规定要求提交的是否一致,相反,为了确保履行监督职责到位,行政机关应对申请备案材料内容进行实质审查,如果根据现有材料无法作出是否备案(变更备案)的结论,有权要求业主委员会予以补充、完善。

第二,某街道办事处要求某园业主委员会补充、完善的内容是否必要、合理。

本案中,某街道办事处在《指导意见》中要求某园业主委员会补充提供新选举的业主委员会委员及候补委员的物业费缴纳情况说明及证明材料。

《业主大会和业主委员会指导规则》第20条规定,业主拒付物业服务费,不缴存专项维修资金以及实施其他损害业主共同权益行为的,业主大会可以在管理规约和业主大会议事规则中对其共同管理权的行使予以限制。该规则第31条规定,业主委员会委员应当遵守业主大会议事规则、管理规约,模范履行业主义务。《北京市指导规则》第41条规定,业主委员会委员应当遵守管理规约、业主大会议事规则。同时,根据已经某街道办事处备案的《某园小区管理规约》第三部分第6条的规定,业主不按照本规约和物业服务合同的约定缴纳物业服务费用,损害业主共同权益的,业主大会或者相关业主共同决定,可以限制其行使担任业主委员会委员或候补委员的权利。本案中,由于某园业主委员会新当选委员、候补委员的物业费缴纳情况涉及其是否模范履行业主义务、是否存在可能限制担任业主委员会委员及候补委员的情形,因此,虽然某园业主委员会向某街道办事处补交了相关材料,但在其所补交材料不能完全涵盖要求变更备案的4名委员的物业费缴纳情况,且部分材料中记载的已缴物业费期间不详的情况下,某街道办事处在《指导意见》中要求某园业主委员会补充提供新选举的业主委员会委员及候补委员的物业费缴纳情况说明及证明材料,并无不当。

另外,对于某园业主委员会提及的2016年的物业费参照杨某庚的判决无须缴纳的问题,本院认为,杨某庚一案中,法院只是对凯某莱公司收取2016年物业费的请求暂未支持。2016年的物业费是否应当缴纳取决于某园业主委员会与凯某莱公司之间物业服务合同纠纷案的最终裁判结果。因此,在相关民事案件未有定论之前,本院无法认同某园业主委员会的上述意见。

第三,某街道办事处未予备案的行为是否构成不履行法定职责。

本案中,虽然某街道办事处在《指导意见》中没有明确作出不予备案的结论,但确存在未予备案的客观事实。鉴于某街道办事处要求某园业主委员会补充提供的材料具备正当性、合理性,因此,在某园业主委员会未配合提供完备材料的情况下,某街道办事处未予备案不构成不履行法定职责。二审维持理由与一审相同。

【案例评析】

本案争议的焦点,在于某街道办事处对于未能提供履行缴纳物业服务费义务相关证明的拟任业主委员会委员不予备案是否恰当。

《业主大会和业主委员会指导规则》第20条规定,业主拒付物业服务费,不缴存专项维修资金以及实施其他损害业主共同权益行为的,业主大会可以在管理规约和业主大会议事规则中对其共同管理权的行使予以限制。该规则第31

条规定,业主委员会委员应当遵守业主大会议事规则、管理规约,模范履行业主义务。《北京市住宅区业主大会和业主委员会指导规则》第41条规定,业主委员会委员应当遵守管理规约、业主大会议事规则。同时,根据已经某街道办事处备案的《某园小区管理规约》第三部分第6条的规定,业主不按照本规约和物业服务合同的约定缴纳物业服务费用,损害业主共同权益的,业主大会或者相关业主共同决定可以限制其行使担任业主委员会委员或候补委员的权利。本案中,由于某园业主委员会新当选委员、候补委员的物业费缴纳情况涉及其是否模范履行业主义务、是否存在可能限制担任业主委员会委员及候补委员的情形,因此,虽然某园业主委员会向某街道办事处补交了相关材料,但在其所补交材料不能完全涵盖要求变更备案的4名委员的物业费缴纳情况,且部分材料中记载的缴纳物业费期间不详的情况下,某街道办事处在《指导意见》中要求某园业主委员会补充提供新选举的业主委员会委员及候补委员的物业费缴纳情况说明及证明材料,并无不当。对于不能证明已经履行缴纳物业费义务的拟任业主委员会委员及候补委员不予备案并无不当。

【结语和建议】

建议街道办事处、乡镇人民政府,一方面,加强对业主大会、业主委员会在业主大会召开过程中的指导、监督;另一方面,加强相关法律知识的宣传和培训,及时纠正问题和不足,避免纠纷诉讼的发生。

案例编号:BJLGLD1570500301

北京市炜衡律师事务所　王占强

律师代理谢某与某市人力资源和社会保障局不予认定工伤行政纠纷案

【案情简介】

2017年2月22日12时45分左右,谢某在某水泥股份有限公司的食堂就餐后返回公司上班途中,途经公司招待所门口处时不慎摔伤,其伤情经某市某县某骨科医院诊断为:右侧踝关节骨折。2017年3月2日,某水泥股份有限公司向市人力资源和社会保障局(以下简称人社局)申请谢某认定工伤事宜。2017年

3 月 15 日市人社局受理工伤认定申请。2017 年 5 月 6 日，市人社局以谢某受到的事故伤害不符合工伤保险条例第 14 条、第 15 条为由，作出 × 人社不予认字(2017)07 × 号《不予认定工伤决定书》，对谢某的事故伤害不予认定为工伤或视同认定为因工负伤。

【代理意见】

1. 申请工伤认定的主体

根据《工伤保险条例》第 17 条规定，职工发生事故伤害或者按照《职业病防治法》规定被诊断、鉴定为职业病，所在单位应当自事故伤害发生之日或者被诊断、鉴定为职业病之日起 30 日内，向统筹地区社会保险行政部门提出工伤认定申请。用人单位未按前款规定提出工伤认定申请的，工伤职工或者其直系亲属、工会组织在事故伤害发生之日或者被诊断、鉴定为职业病之日起 1 年内，可以直接向用人单位所在地统筹地区劳动保障行政部门提出工伤认定申请。

从中可以得出，职工发生工伤事故的，首先用人单位应在事故发生 30 日内向统筹地区(一般为市一级)劳动社会保障局申请认定工伤，若用人单位未申请的，受伤职工、近亲属、工会组织应在一年内申请。本案中，某水泥股份有限公司作为谢某的用人单位，在规定的时间内即事故发生之日 15 日内向市人社局申请认定谢某为工伤，符合法律规定。

申请时需要填写《工伤认定申请表》，并提交证明劳动关系的证据，如劳动合同书、人事关系的证明、事实劳动关系的证明材料，还应提交医疗机构的诊断证明书、鉴定书等。本案中，提交了谢某与某水泥股份有限公司签订的劳动合同书、某市某县某骨科医院的诊断病历，提交材料符合条件。

2. 认定工伤条件

所谓工伤，是指工作时间内在工作地点因工作原因发生事故伤害或鉴定为职业病的情形，因此，认定工伤，需要把握的是工作时间、工作地点及因工作原因受伤。下面，对本案中谢某在吃完午饭返回公司上班途中不慎摔伤作进一步分析。首先，工作时间。谢某所在单位规定的上班时间为 8 时 30 分至 12 时，下午 1 时 30 分至 5 时 30 分为上班时间，中午 12 时至下午 1 时 30 分为午饭休息时间。本案中，谢某受伤的时间为 12 时 45 分，该时间虽然不在规定的上班时间内，但应视为工作时间。职工在用人单位规定的时间内吃午饭，虽与劳动者的工作内容无直接关系，但工作中的吃饭与劳动者的正常工作密不可分，属于职工为日常工作所必需的活动时间。用人单位应当保障职工的午餐休息,该时间属于合理的时间。其次,工作地点。受伤地点为公司厂区与食堂所在的生活区中间的路段,该区域属于公司的管理区域,属于合理地点。由于谢某就餐的食堂和受伤地点是在公司统一管理的范围,属于在工作时间前后在工作场所内从事与工作有关的预备性工作受到的伤害。最后,受伤原因。该伤害是意外滑倒摔伤,并没有《工伤保险条例》排除情形:(1)故意犯罪的;(2)醉酒或者吸毒的;(3)自残或者自杀的。《工伤保险条例》第14条规定,职工有下列情形之一的,应当认定为工伤:工作时间前后在工作场所内,从事与工作有关的预备性或者收尾性工作受到事故伤害的。因而,从保护劳动者合法权益的角度出发,该事故应当认定为工伤。

3. 工伤认定的作出及救济程序

社会保险部门收到工伤认定申请后,15日内进行审核,作出受理与不予受理的决定,在决定受理工伤认定申请后60日内作出工伤认定的决定,出具《认定工伤决定书》或《不予认定工伤决定书》,并在20日内向用人单位、职工及其近亲属送达。若用人单位、职工及其近亲属对不予受理决定或工伤认定决定不服的,可以申请行政复议或提起行政诉讼。本案中,谢某收到市人社局《不予认定工伤决定书》后,按照上述程序,向有管辖权的某市某区人民法院提起诉讼,维护了自己的合法权益。后市人社局重新作出《认定工伤决定书》,谢某享受了工伤的相关待遇,保护了合法权益。

【判决结果】

2017年10月13日,某区人民法院法院审理作出一审判决:

(1)撤销被告某市人力资源和社会保障局作出的×人社不予认字(2017)07×号《不予认定工伤决定书》;

(2)驳回原告要求人民法院判决被告重新作出给予原告认定工伤的决定的诉讼请求;

(3)被告于本判决书生效之日起60日内重新作出具体行政行为。

案件受理费50元,由被告承担。宣判后,市人社局不服,向某市中级人民法院提起上诉,某市中级人民法院经审理,判决驳回上诉,维持原判。

【裁判文书】

2017 年 10 月 13 日,某区人民法院法院审理作出一审行政判决书。

某市人社局不服(一审判决)向某市中级人民法院提起上诉,某市中级人民法院作出维持原判的行政判决书。

【案例评析】

只要是在工作时间内、在工作地点、因工作原因发生事故伤害或鉴定为职业病的,均应归属工伤范畴,以体现对劳动者的职业保护和人道关爱。本案中,谢某在午休时间受伤,虽不在规定的上班时间,但吃午饭是自然生理现象,应视为工作的必要辅助时间及其合理延伸。谢某在吃完午饭返回公司上班途中不慎摔伤,属于合理时间内,且受伤的地点为公司厂区与食堂所在的生活区必经的路段,该区域属于公司的管理区域,属于合理的地点。从保护劳动者合法权益的角度出发,该事故应当认定为工伤。

【结语和建议】

本案是一起较为有争议的不服不予认定工伤的行政案件,归根结底主要是围绕员工在吃完午餐上班途中发生意外事故是否构成工伤的争议。本案在庭审中是现场直播,裁判文书在法院的网站上公开,通过承办律师的努力,取得了较好的结果,也具有典型的指导意义。职工在午餐后上班途中发生意外事故能否认定为工伤有了一个参考,更多的职工、用人单位了解了工伤的认定依据及其背后的法理;劳动关系中的当事人遇到此类意外事故时,可以借鉴本案,以便维护自身的合法权益。

案例编号:QHLGLD1550714488
青海卫方律师事务所　赵国荣

律师代理某邮储银行诉借款人、某保险公司金融借款合同及保证保险纠纷案

【案情简介】

2015年1月,某邮储银行与某保险公司签订了贷款业务保证保险协议,约定由邮储银行贷款业务中的借款人向保险公司投保个人贷款保证保险,作为借款人向邮储银行借款偿还的保障方式。当借款人未按借款合同约定履行还款义务时,由保险公司承担借款人未偿还的贷款本金和相应利息之和80%的责任。该协议适用双方分支机构。

同年3月18日,两名共同借款人与邮储银行签订借款合同,合同约定了借款期限、还款方式、利息、逾期利息、逾期偿还本息的罚息和复利、违约责任以及邮储银行为实现债权而产生的所有费用承担等内容;担保人孙某、高某某为上述款项和费用提供了连带保证责任;同年5月8日,借款人为上述借款向保险公司购买了贷款保证保险。

2016年3月起,借款人未按约归还借款本息。为此,邮储银行以要求两位借款人清偿借款、两位自然人担保人以及保险公司承担连带保证责任为由,向人民法院提起金融借款、保证保险纠纷诉讼。

【代理意见】

律师代理某邮储银行发表如下代理意见:

(一)本案原告与各被告之间签订的合同都是各方真实意思表示,内容合法有效,受法律保护,合同当事人均应按照合同约定履行

1. 原告主体资格合法、贷款程序合法,不存在过错

通过整个庭审举证、质证可以看出,原告在第一、二被告申请借款时依据《商业银行法》第35条、第36条、第37条以及贷款通则第22条、第23条之规定以及保证保险协议之约定,要求本案第一至第四被告即借款人、担保人提供了相关贷前审查资料,并且对借款人的主体资格、信用资质、土地种植、前期种植收益等信息进行审核并对借款人还款能力、保证人的偿还能力进行综合性评定,履行了尽职调查,不存在任何过错。

2. 保险公司拥有独立审查权，签发保单为其真实意思表示

第五被告即保险公司在保证保险合同中约定了自己对借款人的单独审核义务，且在整个借款资信调查的过程中全程参与资信调查，亦与第一被告借款人签署了保险单，可见保险公司对第一、二被告借款提供相关资料、文件、借款目的真实、合法是认同的。

3. 借款合同不存在欺诈、胁迫等手段，合法、有效

本案中，借款人的借款逾期不存在对借款额主观上非法占有，亦不存在借款和借款用途的虚假，不符合《最高人民检察院、公安部关于公安机关管辖的刑事案件立案追诉标准的规定（二）》第 50 条之规定，因此，借款人不存在骗贷或与原告合伙骗取保险公司担保等事由；虽然保险公司向公安机关以诈骗报案，但公安机关并未作为刑事案件处理，且保险公司的辩称经过数次庭审，至今也未出示过任何证据加以证实。

4. 借款合同无我国法律明文规定的无效情形，依法成立、合法有效

结合本案庭审中第一至第四被告第一次庭审陈述以及原告举证可见，原告发放贷款后，第一被告借款人依据还款协议自行进行了部分偿还，证实双方实际产生借贷关系。银行审查是权利而非义务，即使借款人单方改变部分用途或出借人未履行贷前、贷后审查权利的，我国亦没有任何一部法律规定借款合同无效。从借款合同约定来看，借款人单方改变借款用途也只是贷款人可以提前收回贷款，即提前解除合同，这是原告单方形成权，并非合同无效的情形。

5. 原告各项诉求皆有合同约定和法律依据，合同当事人均应按照合同约定和法律规定履行

依据借款合同第 20 条、《合同法》第 203 条之规定，被告借款人借款构成付款期限加速到期，应向原告清偿全部借款；原告索要的利息、罚息和复利符合双方合同之约定以及《贷款通则》第 13 条、第 14 条、第 22 条、第 32 条、第 71 条，《合同法》第 203 条、第 204 条、第 205 条、第 207 条之规定；违约金符合双方合同之约定以及《合同法》第 107 条、第 114 条、第 203 条，《合同法》司法解释二第 21 条、第 29 条，《贷款通则》第 30 条，《商业银行法》第 37 条之规定；律师费等符合双方合同之约定以及《合同法》第 107 条、《合同法》司法解释二第 21 条、《担保法》第 21 条之规定，皆应当得到法庭支持。

(二)被告保险公司是本案合法、适格被告,应当对原告所诉债权承担连带保证责任

1. 保证保险协议为借款合同的从合同,应一案审理

依据原告和保险公司签署的保证保险协议约定,该合作协议是就将来开展贷款还款保证即货币归还订立的意向性协议,该合作协议的履行必须依附于主合同实现,借款合同的成立、有效是保险公司承担责任的前提条件;只有实际存在借款人,原告与被告保险公司才产生法律关系;保证保险协议是基于主合同生效而生效的从合同,与借款合同一并审理,符合法律规定且便于法院查明案件事实,也有利于保护其诉讼权益和实体权益、节约司法资源。

2. 保证保险协议应当适用《担保法》

首先,从缔约目的、合同的具体内容方面分析。借款人投保保险公司个人贷款保证保险的目的是保障原告贷款偿还,原告和保险公司在保证保险协议总则中特别约定了协议对《担保法》的适用,以及保险公司代偿后取得的追偿权符合《担保法》,尤其是从原告举证的"三农"保证保险看,特别约定连带保证责任,该险种实际意义上就是以保险方式承担连带担保义务。

其次,从原告出示的最高人民法院〔1999〕经监自第266号答复和保监会复函可以证实,保证保险只是一个险种,双方都认可其实质是保证担保。再从2003年最高人民法院在《关于审理保险纠纷案件若干问题的解释(征求意见稿)》中将保证保险规定为具有担保合同性质,一直到最高人民法院(2013)民申字第1565号民事裁定书可见,我国最高人民法院审判倾向性意见是保证保险纠纷并非保险法调整;如果该险种承担担保责任,适用《担保法》规定。

最后,从法理分析。保险公司辩称保证保险归属于财产保险法调整范畴,但从保证保险协议主体看,保证保险协议中有三方当事人,保险公司作为担保人即保险人;借款人作为被担保人即义务人,银行作为权利人即受益人,该保证保险协议是由3个法律关系构成的。而普通保险仅有两方当事人,保险人与投保人。可见,保证保险合同亦非保险法意义上的保险合同。

依据《保险法》第60~65条规定,保险公司代为追偿权的行使对象仅能针对侵权的第三人。而本案投保人即借款人作为合同当事人,既不是侵权人亦不是第三人。因此,保险公司对合同相对方只有给付义务而无追偿义务,这显然不利于对保险公司利益的保护,只会造成借款人逃避法律义务,致使国有企业资产流失。

综上所述,被告保险公司与原告签署的保证保险协议应当属于《担保法》调

整范畴;保险公司是本案适格被告,应当对原告所诉债权承担连带保证责任。

【判决结果】

依照《合同法》第 107 条、第 207 条,《担保法》第 18 条第 2 款、第 21 条第 1 款、第 31 条,《民事诉讼法》第 144 条之规定,判决如下:

(1)被告借款人于本判决生效之日起 3 日内向储蓄银行偿还贷款本金 609,060.96 元、贷款利息 4954.35 元、律师代理费 17,000 元、自贷款逾期之日起至判决之日止的罚息 46,451.52 元、逾期复利 396.82 元,以上合计 677,863.65 元;

(2)被告担保人对上述款项承担连带付款责任,并在承担保证责任后,有权向被告借款人追偿;

(3)被告保险公司对上述债务中的 491,212.25 元承担连带付款责任,并在承担责任后,有权向被告借款人追偿。

【裁判文书】

本院认为,当事人应当按照约定全面履行自己的义务。原告按照其与被告借款人签订的合同的约定进行放款,两被告理应按照合同约定的期限与数额向原告偿还本金并支付合同约定的利息,原告主张被告借款人支付相应罚息,合法有据,本院依法予以支持。

自 2017 年 7 月 30 日至本院判决之日,罚息为 46,451.52 元,逾期利息复利为 396.82 元。关于原告主张被告借款人承担律师代理费 17,000 元,符合双方合同约定,故本院依法予以支持。

被告担保人作为该笔贷款的连带责任保证人,根据《担保法》第 18 条第 2 款之规定,又依据联保协议约定保证人的保证范围,故原告主张要求被告担保人对被告借款人的上述债务承担连带保证责任的诉讼请求,合法有据,本院依法予以支持。

本院认为,最高人民法院〔1999〕经监自第 266 号复函指出,保证保险虽然是保险人开办的一个险种,其实质是保险人对债权人的一种担保行为。且从保险公司与储蓄银行签订的《合作协议》亦可以看出,保险公司向储蓄银行为借款人履约能力提供担保。因此,被告保险公司系本案借款合同中的保证人,其提交的证据不能证实借款合同当事人双方存在串通,骗取其提供保证或债权人采取欺诈、胁迫等手段使其在违背真实意思的情况下提供保证的情形。《三农保证保险贷款业务合作协议》系《合作协议》的补充协议,明确约定保险公司承担的保证责任为连带保证,保险公司享有独立的保险调查等权利,有权依据客户相关资料和信息决定是否办理保险。且保险公司在承保前亦对被告借款人的资信状况等进行过实地调查及核实,仍进行了承保。故原告主张被告保险公司依上述合作协议的约定对贷款本金及利息合计 491,212.25 元承担连带责任,合法有据,本院依法予以支持。

【案例评析】

本案是邮储银行与保险公司保证保险系列案件中的首例案件,本案一审后保险公司未进行上诉。但是,在后续的基于本案中双方签署的《保证保险协议》引发的系列金融借款保证保险纠纷案件中,被告保险公司就以与本案庭审中提出的相同问题为由进行上诉,甚至申诉到新疆高级人民法院。

新疆高级人民法院(2018)新民申 237 号裁定书认定:本着当事人意思自治原则来确定合同的性质,最终对本案涉及的保证保险法律关系定论为适用《担保法》。

本案涉及的几个法律问题:

1. 保险公司是不是本案适格主体

本案保证保险是指在合同约定的条件成就时,保险人向被保险人或受益人承担给付责任,与借款合同关系密不可分。且双方协议约定,债务人不能依约履行还款义务视为保险事故的发生,受益人可依法行使对保证人的债权请求权和对保险人的保险金给付请求权,这两种权利均取决于债务人不履行债务的事实发生,合并审理便于查清案情。因此,保险公司是本案适格主体。

2. 本案《保证保险合作协议》的法律性质

规范的保证保险属于保险法财产险保险范畴,应当作为保险法律关系处理,但是依据最高人民法院〔1999〕经监字第 266 号答复以及最高人民法院〔2013〕民申字第 1565 号民事裁定书,具有担保性质的保证保险适用的是原《担保法》。而本案保证保险约定的目的是借款人以投保甲方个人贷款保证保险作为借款偿还保障方式,说明双方对该保证保险实质是保险人对债权人的一种担保行为的确认。该内容亦符合原《担保法》相关规定。

3. 保险公司作为企业法人的分支机构提供担保是否有效

根据原《担保法》第 10 条第 2 款的规定,双方签订的合作协议内容根据保险公司的上级公司中华联合财产保险股份有限公司《个人贷款保证保险条款(适用于新疆维吾尔自治区)》制定,故其依法取得授权,协议合法有效。

4. 保险公司能否因邮储银行未进行资信审查存在过错免除责任

依据原《担保法》第 30 条规定,本案中,保险公司不能证明邮储银行与借款人之间存在恶意串通等导致保证人不承担民事责任的情形,故法定免责理由不能成立。

【结语和建议】

本案发生时,作为邮储银行常年法律顾问,本律师对该案适用何种法律对顾问单位更为有利作了分析:

首先,从双方协议约定的目的来看,保险公司承担担保责任。从协议中保险公司不承担责任情形分析,本律师就原《担保法》规定担保人不承担担保责任情形和《保险法》规定保险公司不承担保险责任的情形作了对比和分析,认为选择适用原《担保法》对顾问单位更为有利。其次,本律师查阅了我国其他地区相关保证保险类案件,判决不一。基于不同判决书中所陈述的观点以及判决结果,本律师认为,如果优先选择适用《保险法》分案诉讼,在提出借款纠纷一案后再以保险法律关系提起对保险公司的诉讼,一旦保险公司提出本案适用原《担保法》,得到法庭支持,邮储银行将面临放弃要求保险公司承担连带保证的诉求。如果法庭认为在借款纠纷中保证保险承担是保险责任,则银行可以另案再诉,最大限度保证银行利益。最后,银行和保险公司都是国有企业,从原《担保法》和《保险法》对追偿的规定分析,适用担保法更有利于保证保险公司的利益,最大限度保护国有资产。

本律师就适用原《担保法》后面临的几个法律问题,即本案法律适用、是否可以和借款合同同案审理、保险公司分支机构签署合同是否有效、保险公司是否可以因为银行未尽审慎审核义务而免责,逐一寻找法律依据并对应诉求和上述面临的问题准备案件证据材料。

该案为当地第一起保证保险案件,法院相关审判人员在法律适用上也有不同分歧。从立案到审判,在顾问单位坚定有力的支持下,通过数次庭审以及和法庭就本案保证保险约定的目的、性质、我国各地对于该类案件包括最高人民法院历年来保证保险审判案例中的法律适用,进行沟通和分析,最终本律师的观点取得法院认同。

总之,无论代理哪类案件,适用何种法律关系对于保证当事人合法利益更为有利都是律师首先要选择的,这就要认真分析案件存在的各种法律问题、法律关系并先提出问题,再依据证据和法律规定逐一分析、破解问题。先说服自己再说服他人,诉求才可能得到支持。

案例编号:XJLGLD1565174493
新疆安隆律师事务所　曾　蓉

律师受委托为涉嫌走私贵重金属罪被告人格某进行辩护案

【案情简介】

2019 年 4 月 16 日 9 时许,格某委托丹某将 13 块金条、一个黄金手镯带至某村,并把东西装在特制的布袋中,放在丹某的皮卡车(车牌号:藏 D25 × ×)驾驶座脚垫下。

2019 年 4 月 17 日,格某电话告知丹某某村有人会联系他,让丹某将黄金交给此人。

2019 年 4 月 18 日 16 时许,丹某在某村被西藏出入境边防检查总站侦查支队抓获,当场查获金条 13 块、黄金手镯 1 个。

2019 年 4 月 19 日 17 时许,聂拉木缉私分局协助侦查机关在日喀则市步行街将格某抓获。

经西藏自治区地质矿产勘查开发局中心实验室检测,涉案金属黄金含量为 99. 99% 以上;经西藏自治区价格认证中心估价,涉案黄金金块 13 块,重 12, 998. 93克的市场零售价格人民币 3, 831, 827. 65 元;黄金手镯 1 个,重 23, 325 克的市场零售价格为 73, 707 元。

【代理意见】

被告人格某辩护律师发表辩护意见认为：

（一）被告人格某在走私13块黄金金块和1个金手镯过程中，存在犯罪中止情形

第一，被告人格某在走私13块黄金金块和1个金手镯过程中，本案境内外黄金运输人员对交货地点意见不一致，在有可能继续采取其他措施进行交接的情况下，经格某本人的指示，在有关单位发现之前中止了将涉案黄金交付给尼泊尔人桑某。根据《刑法》第24条“在犯罪过程中，自动放弃犯罪或者自动有效地防止犯罪结果发生的，是犯罪中止。对于中止犯，没有造成损害的，应当免除处罚；造成损害的，应当减轻处罚”，结合本案的事实，被告人格某主动取消将涉案黄金运输至境外的行为，即被告人格某自动有效防止了走私贵重金属的损害后果发生。

第二，被告人格某的行为构成犯罪中止且没有造成损害，根据《刑法》第24条之的规定，被告人格某走私13块黄金金块和1个金手镯行为应当免除刑事处罚。

第三，即便法院认为格某不构成犯罪中止，那他最起码也是符合犯罪未遂情节的。根据《关于办理走私刑事案件适用法律若干问题的解释》第23条“在海关现场被查获实施走私犯罪的，应当认定为犯罪既遂”的规定，辩护人基于如下几点理由认为本案不符合上述解释第23条认定既遂的情形：

《海关法》第6条规定了4个海关有权行使执法权的空间场所。一是海关监管区；二是海关附近沿海沿边规定地区；三是在海关监管区和海关附近沿海沿边规定地区以外，海关有权调查的涉嫌藏匿走私货物物品的场所；四是海关监管区和海关附近沿海沿边规定地区以外，个人违抗海关监管逃逸的地区，海关有权将其带回处理。

（1）丹某在某村时不是被海关缉私局依职权行使调查过程中查获行使走私犯罪的，而是边防在查处其他案件时扩线侦查时被抓获。丹某不是在依法缉私过程中被查获的，本案不属于海关监管区、海关附近沿海沿边规定地区、海关监管区和海关附近沿海沿边规定地区以外规定的行使执法权情形。

（2）某镇既没有海关，目前也没有公开的国务院会同海关总署、西藏自治区海关总队制作的海关附近沿边地区规定性文件。

(3)本案相关《搜查笔录》及《扣押物品清单》显示本案相关黄金是在2019年4月21日从格某身上搜查获得,即便公诉人解释说这黄金是边防总队查获后移送给海关缉私局才做的相关笔录,但至少从本案证据和公诉人解释的情况来看,本案相关黄金没有第一时间做相关《搜查笔录》和《扣押物品清单》。从有利于被告人角度来讲,法庭应当认定走私行为是在离开某镇后才查获的。

(4)根据罪刑法定原则,在没有相应司法解释情况下,司法机关对于海关监管区和海关附近沿海沿边规定地区不能作出不利于被告人的扩大解释或者类推解释。

(二)被告人格某具有多次立功的情形,应当属于重大立功的情形

根据某国保大队出具的《证明》可知,格某具有重大立功的情况。

(三)被告人格某年纪较老并身患不宜羁押的疾病

根据相关医院出具的本案被告人格某病例可看出,格某身患"多血症",格某本人陈述"因患有多血症而需要定期换血液,并在看守所里犯皮肤病,对身体有着极大的困扰",对此,恳请贵院予以慎重考虑。

(四)本案符合《刑法》第72条有关宣告缓刑的规定

格某犯罪情节较轻、有悔罪表现、没有再犯罪的危险、宣告缓刑对所居住社区没有重大不良影响,符合缓刑的规定。

(五)被告人认罪认罚

因本案被告人格某在侦查阶段已有认罪认罚态度好的表现,具有坦白情节,该案在法庭审理之前辩护律师向格某充分解释了认罪认罚的法律后果,被告人格某愿意在公诉机关提出的判处3年以下有期徒刑,并对其适用缓刑的量刑意见范围内签订《认罪认罚具结悔过书》。根据有关法律法规规定,犯罪嫌疑人、被告人在认罪认罚的情况下,应当依法从宽处罚。

【判决结果】

一审判决如下:

被告人格某犯走私贵重金属罪,判处有期徒刑两年,缓刑两年,并处罚金人民币20,000元。(缓刑考验期从判决确定之日起计算,缓刑考验期内依法实行社区矫正。罚金应于判决生效之日起30日内缴纳)。

被告人丹某犯走私贵重金属罪,判处有期徒刑一年,缓刑两年,并处罚金人民币10,000元。(缓刑考验期从判决确定之日起计算,缓刑考验期内依法实行

社区矫正。罚金应于判决生效之日起 30 日内缴纳)。

作案工具 3 部手机(vivo 手机、iPhone 手机、OPPO R17 手机)予以没收。

查获的涉案黄金 13,232.18 克,由扣押机关依法予以没收,上缴国库。

【裁判文书】

对公诉机关、被告人及其辩护人的意见,法院综合评判如下:

(一)关于主从犯的认定

被告人格某明知走私黄金出境触犯法律,仍指使被告人丹某帮其运输贵重金属,是本案走私贵重金属的货主,也是主要获益者,在共同犯罪中起主要作用,系主犯。被告人丹某受人指使,为了获取运费而运输贵重金属,在共同犯罪中起辅助作用,系从犯。

(二)关于犯罪既遂、未遂、中止行为的认定

走私罪的主要特征是通过各种方式运送违禁品进出口或者偷逃关税,其核心和本质是逃避海关监管。而逃避海关监管既可能是在监管现场采取各类手段的闯关走私,也可能是绕过海关监管检查场所等方式的绕关走私。本案被告人采取绕关走私的形式,被走私的黄金已经到达边境,被告人的犯罪行为已构成既遂。不应当以黄金出境的结果或者在交易现场被查获作为既遂标准。《最高人民法院、最高人民检察院关于办理走私刑事案件适用法律问题的解释》规定的走私罪既遂标准主要针对闯关走私行为,不适用于本案绕关走私的情形。故应认定为犯罪既遂。

(三)关于二被告人的量刑情节

有某县公安局出具情况说明等相关证据证明被告人格某有立功的情形,且认罪认罚。被告人丹某认罪认罚,无前科、系初犯、从犯。

【案例评析】

本案中,虽然被告人格某主动让丹某停止将黄金交给境外人,但是实施了以逃避海关监管的方式走私,且案涉黄金已经到达边境,即被告人的行为已经触犯走私贵重金属罪。

《最高人民法院、最高人民检察院关于办理走私刑事案件适用法律问题的解释》规定的走私罪既遂标准主要针对闯关走私行为,不适用本案绕关走私的情形,故本案应认定为犯罪既遂。

本案审查起诉阶段,辩护律师向公诉机关提交了辩护律师法律意见书,提出本案被告人的前两次走私贵重金属(非现行犯)行为因认定为走私贵重金属罪缺乏证据的意见,在起诉阶段公诉机关只指控了被告人现行犯罪行为。

【结语和建议】

该案件争议焦点为:被告人格某以电话形式,指示被告人丹某终止交货行为是属于犯罪行为的中止还是属于犯罪既遂的问题。最终法院以涉案黄金已到达边境,且存在绕关走私的行为,认定为犯罪既遂。

通过办理此案,掌握走私类刑事案件中辩护的出发点和在审查起诉阶段与公诉机关沟通的重要性,了解保护被告人合法诉讼权利的必要性。

案例编号:XZLGLD1590753248

西藏珠穆朗玛律师事务所　顿　珠

律师代理死亡患者亲属诉新疆某医院医疗损害责任纠纷一审、二审案

【案情简介】

本案例是一起由于被告新疆塔城市某医院在对患者陈某行腹腔镜下微创术,由于医务人员不具备手术资格,违规操作,造成患者陈某乙状结肠处肠系膜血管损伤出血,致腹腔内气体进入血管引发气体栓塞,导致患者陈某死亡。这是一起在当地引起社会广泛关注的医疗损害责任纠纷案件。

2018 年 9 月 7 日,患者陈某因不全纵膈子宫到被告塔城市某医院就诊,要求做双侧输卵管通液术,门诊医生建议受害人行不全纵膈子宫切除术,受害人遂于当日在被告处住院治疗。2018 年 9 月 10 日,被告塔城市某医院由不具备主任医师资格的医务人员违规给受害人行不全纵膈子宫切除术。手术过程中,患者突然心率下降,血压测不到,面色苍白,四肢冰凉,鼻腔出血,抢救无效死亡。

经医患双方同意,由塔城市卫生行政部门委托新疆恒正司法鉴定中心做了“医疗过错司法鉴定”,鉴定机构确认:被鉴定人陈某因不全纵膈子宫前往塔城市某医院诊治,医院行腹腔镜探查术 + 宫腔镜下不全纵膈子宫电切除术 + 双侧输卵管插管通液术,由于医院在腹腔镜手术操作过程中未尽到谨慎注意义务,造

成乙状结肠处肠系膜血管损伤出血,致腹腔内气体进入血管引发气体栓塞,导致患者抢救无效死亡。患者家属辛某向法院起诉赔偿。

【代理意见】

律师代理辛某发表如下代理意见:

本案是一起严重的医疗损害责任纠纷案件。争议焦点是医疗过错责任与“参与度”的评判标准问题。司法鉴定机构鉴定本病例医疗过错“参与度75%”,责任程度为“主要原因(主要责任)”,与实际医疗损害不相符。

(一)被告新疆塔城市某医院存在严重医疗过错

该案经医患双方和塔城市卫生行政部门同意,由塔城市卫生行政部门委托新疆恒正司法鉴定中心做了“医疗过错司法鉴定”,鉴定机构确认:“被鉴定人陈某因不全纵膈子宫前往塔城市某医院诊治,医院行腹腔镜探查术+宫腔镜下不全纵膈子宫电切除术+双侧输卵管插管通液术,由于医院在腹腔镜手术操作过程中未尽到谨慎注意义务,造成乙状结肠处肠系膜血管损伤出血,致腹腔内气体进入血管引发气体栓塞,从而造成患者抢救无效死亡。医院过错与患者死亡存在主要因果关系(主要责任),其过错参与度75%。”但同时,在“死因”司法鉴定中确认是被告新疆塔城市某医院的责任,排除了受害人“自身疾病及机械性窒息直接所致死亡”,即受害人无责。据此,被告塔城市某医院在本案中存在严重医疗过错,其医疗过错与医疗损害后果之间应为直接因果关系。

(二)被告新疆塔城市某医院应当依法承担全部责任

首先,事实依据。本案的事实,虽然新疆恒正司法鉴定中心“医疗过错”司法鉴定对本病例的鉴定有“参与度”的确认,但是,其“死因”司法鉴定确认“根据尸体检验结果,被鉴定人体表及内脏器官未见机械性窒息征象,可排除自身疾病及机械性窒息直接所致死亡。死因系医方手术不当”,“造成被鉴定人横结肠乙状结肠处肠系膜血管损伤出血而引发气体栓塞,造成肺部栓塞部位供血不足,出现急性肺淤血、水肿,而致心肺功能衰竭、严重休克、心跳骤停而死亡”,即事实上“死因”鉴定,也就是通过尸检确认的已经、必然发生的、反映客观真实的事实;而非学理解释和主观推断的、并非发生和必然发生的事实。被告新疆塔城市某医院全责,受害人无责。所以,本病例虽有医疗损害“参与度”,但“死因鉴定”确认的被告新疆塔城市某医院全责、受害人无责覆盖了“参与度”。被告新疆塔城市某医院应承担的是“全部责任”,而非“主要责任”。

其次,法律根据。《侵权责任法》第 54 条规定:"患者在诊疗活动中受到损害,医疗机构及其医务人员有过错的,由医疗机构承担赔偿责任。"第 55 条规定:医务人员在诊疗活动中应当向患者说明病情和医疗措施。需要实施手术、特殊检查、特殊治疗的,医务人员应当及时向患者说明医疗风险、替代医疗方案等情况,并取得其书面同意。这里涉及患者在手术同意书上签字的问题。卫生部明确指出,签字制度并不意味着责任的转移。医疗机构和医务人员得到患方的签字,只能说明患方同意实施医疗行为,并不能免去医疗机构和医务人员因违反医疗规范所应承担的责任。故医务人员未尽到义务,造成患者损害的,医疗机构应当承担赔偿责任。第 57 条规定:医务人员在诊疗活动中未尽到与当时的医疗水平相应的诊疗义务,造成患者损害的,医疗机构应当承担赔偿责任。这里《侵权责任法》并未规定赔偿比例和责任分担问题。结合到本案,主刀医师不具备手术资格(见卫办医政发〔2012〕94 号《手术分级管理规定》),而且在诊疗活动中未尽到与当时的医疗水平相应的诊疗义务,造成患者损害的,医疗机构应当承担赔偿责任。按照《侵权责任法》的上述各项规定,医疗损害责任归责原则适用的是过错责任,医疗机构只要因过错造成医疗损害或者不能证明自己无过错,就应当承担全部赔偿责任。

最后,有关"参与度"的评判标准问题。我们认为,"参与度"不能作为唯一的评判标准。理由有二:一是目前全国大多数省区市已经取消了"参与度"鉴定,如北京市司法鉴定业协会作出规定,自 2012 年 2 月 1 日起,暂停使用具体"参与度"划分即相对量化的表示方法的通知,即不再以"参与度"作为鉴定评定标准;二是最高人民法院 2014 年第六批第 24 号指导判例明确否定"参与度"评判标准,认为将"参与度"作为人身损害赔偿扣减的比例,属于适用法律错误,应予纠正。而且,对于最高人民法院的判例应当参照适用,"不参照适用最高法的指导性案例会被二审再审改判"。结合到本案,由于被告塔城市某医院手术操作不当,造成患者陈某乙状结肠处肠系膜血管损伤出血,致腹腔内气体进入血管引发气体栓塞,从而造成患者死亡。这里经"死因"司法鉴定确认患者无责,何以分担医疗损害赔偿责任。故患者不应当成为承担医疗损害责任的主体。

因此,新疆塔城市某医院存在严重医疗过错,其医疗过错是造成患者医疗损害的根本原因。塔城市某医院应当依法承担医疗损害全部赔偿责任。

【判决结果】

一审法院突破75%“参与度”评判标准，判决塔城市某医院承担医疗损害全部责任；

二审法院判决驳回上诉请求，维持一审全额判赔。

【裁判文书】

一审法院认为，本案的争议焦点为被告塔城市某医院对死者在诊疗过程中过错比例是多少。关于被告在本案中承担的责任，本院认为，死者陈某虽然因病住院治疗，但其在全麻过程中并不能左右自己，即在手术过程中陈某不存在任何过错，陈某不应因个人体质状况对医疗过程自负相应的过错责任。虽然院方在手术前让患者履行了签字义务，但这只能说明患者同意手术，并不能免除被告违反医疗规则存在过错所要承担的责任。故被告塔城市某医院在本案中应承担全部责任。

二审法院认为，本案的争议焦点为，两份涉案司法鉴定结论能否作为本案的定案依据，上诉人双方的责任比例应当如何划分。关于两份涉案司法鉴定结论能否作为定案依据的问题，上诉人塔城市某医院在一审庭审中对涉案的两份司法鉴定结论的真实性、合法性、关联性均予以认可，且该两份鉴定系在经医患双方和塔城市卫计委同意下，由塔城市卫计委在2018年9月12日同时委托新疆恒正司法鉴定中心对死亡原因及诊疗是否存在过错，过错与死亡之间是否存在因果关系及参与度进行鉴定，新疆恒正司法鉴定中心作为有资质的鉴定机构，对同一个医疗事故中所涉及的不同问题，由同一鉴定人作出鉴定，并不违反《司法鉴定程序通则》的相关规定，上诉人塔城市某医院称两份涉案鉴定结论程序违法的证据不足，上诉理由不能成立，该两份鉴定结论应当作为定案依据。关于涉案赔偿责任比例如何划分问题，鉴定机构作出的医疗过错“参与度”并不等同于民事案件赔偿责任比例的划分，医学层面上的过错“参与度”立足于医学领域，司法鉴定过错“参与度”的结论也是从医学角度出发，而民事赔偿的责任比例的立足点是法律领域，法院对医疗损害赔偿责任比例的划分应当从法律角度出发，考虑双方的地位、注意义务、公平正义、司法平衡等社会效果和法律效果相统一，故根据《侵权责任法》第55条之规定，认定上诉人塔城市某医院在本案中承担全部责任并无不当。综上所述，本案上诉理由不成立，应予驳回；一审法院认定事实清楚,适用法律正确,应予支持。依据《民事诉讼法》规定,驳回上诉,维持原判。

【案例评析】

第一,一审、二审法官具有先进和创制性的执法理念,完全突破了全国大多数法院"以鉴代审",机械地套用"参与度"评判标准的束缚。本律师《三论"参与度"的评判标准问题》的观点得到了司法的确认,即本案司法鉴定"参与度"75%,法院判决"被告塔城市某医院在本案中应承担全部责任"。

第二,本病例澄清了医疗纠纷案件不存在患者分担医疗损害责任的"误区"。正如本案判词所述:"本院认为,死者陈某虽然因病住院治疗,但其在全麻过程中并不能左右自己,即在手术过程中陈某不存在任何过错,陈某不应因个人体质状况对医疗过程自负相应的过错责任"。

第三,《侵权责任法》是法院审理医疗损害责任纠纷案件、正确归责的基础。司法鉴定在本判决中是作为事实认定的依据,"本院认为该鉴定结论可以作为认定案件事实的依据",而责任认定是根据《侵权责任法》,适用了该法第55条,并对被告在本案中承担的责任进行了分析,最终作出正确结论"被告塔城市某医院在本案中应承担全部责任"。

第四,医疗损害责任鉴定是审理医疗损害责任纠纷案件的重要保证。但是,新疆实行的是"双轨制",即医学会的医疗事故技术鉴定与司法鉴定机构的医疗过错司法鉴定。这种"双轨制"弊端很多,特别是医学会的医疗事故技术鉴定,由于鉴定机构本身固有的原因,实践中多不构成医疗事故;由于"双轨制"缺乏统一的鉴定标准和规范,实践中往往引发混乱。例如,本案被告医院在一审双方已经委托司法鉴定机构做过医疗过错司法鉴定的情况下,仍在二审庭审中提出要重新做"医疗事故技术鉴定"的书面申请,可谓程序严重错误,根本没有此程序。本案是由卫生行政部门委托司法鉴定机构,直接做的"医疗过错及死因"司法鉴定。其最大的效应是一审两个半月结案。

第五,办理医疗纠纷案件"专业性"很强,故"专业"的事情应由"专业的人"来做。何为"专业",笔者认为,医疗纠纷案件专业律师,应当理论、实践兼具:理论上要对本专业有较深入研究,并形成其独特的被行业公认的理论观点;实践中要有较长期的实践和经验积累,总结有一系列成功和典型判例,两者应同时具备。应当指出:虽然同为医疗纠纷专业律师,但专门代理医疗机构的律师与专门代理患者的律师，因其服务对象不同，说事论理都是对立的。无论如何，律师应遵守职业道德，尊重事实和法律，实事求是。只有社会各方积极努力，才能改变目前医疗领域的不正常现象，积极改善医患关系，推进医责、医德、医技建设，维护和促进社会稳定发展。

【结语和建议】

本案最大的亮点，在于“参与度”的评判标准问题。“该病例司法鉴定‘参与度’为75%，主要因果关系（主要责任）”。这在目前全国审判实践的通常情况下，如果以鉴代审，无悬念就是按主张赔偿数额的75%判决。而本案之所以能够突破“参与度”，首先是因为据实认定案件事实，即“死因”司法鉴定确认：“根据尸体检验结果，被鉴定人体表及内脏器官未见机械性窒息征象，可排除自身疾病及机械性窒息直接所致死亡。死因系医方手术不当，‘造成被鉴定人横结肠乙状结肠处肠系膜血管损伤出血而引发气体栓塞，造成肺部栓塞部位供血不足，出现急性肺淤血、水肿，而致心肺功能衰竭、严重休克、心跳骤停而死亡’，即医方全责，患者无责”。

本案是全国首例医疗损害责任纠纷案突破“参与度”全责判赔的一起典型和成功判例，《新疆法制报》《法制日报》作了专题报道。这在全国审理医疗损害责任纠纷案件“以鉴代审”的现状下，具有重要的示范和导向作用，必将产生积极和广泛影响。

一审法院突破75%“参与度”评判标准，判决塔城市某医院承担医疗损害全部责任后，医院方一反常态，反悔了庭审结束时向原告表示“服判”的承诺，对案件“全盘否定”：既不同意法院全责判赔，而且彻底否定经双方同意委托鉴定的鉴定机构作出的、在一审庭审质证未提出任何异议的司法鉴定意见，意图从根本上否定鉴定结论，从而推翻一审判决。并在上诉期届满前一天，以“突然袭击”方式提出上诉；对此，原告方已有准备，在同日下午向法院提交上诉状，提出“防御性上诉”。最终二审法院判决驳回上诉请求，维持一审全额判赔。建议代理律师要注意审理中可能出现的任何变化。

案例编号：XJLGLD1585886968

新疆西域律师事务所　闫文义

律师代理申请执行人应某芝参与案外人中国农业银行怀化分行营业部提起的执行异议之诉案

【案情简介】

怀化市鹤城区人民法院执行局在执行应某芝诉世雄公司借款合同纠纷案中,于2017年12月4日向网络查控系统提起查询。中国农业银行作为协执单位,于2017年12月5日反馈信息为:“账号:18×××00;开户行:农行怀化分行营业部;账户状态:正常;币种:人民币;余额1,720,876.46元;无冻结信息;无资金往来信息;无关联账户信息。”

怀化市鹤城区人民法院于2018年2月2日从该账户中执行划拨款项1,100,000元,中国农业银行股份有限公司怀化分行营业部提出了执行异议。该院执行局依法受理后,于2018年3月30日作出执行裁定:“驳回异议人农行怀化分行营业部的异议请求”。怀化农行营业部不服该执行裁定,提出执行异议之诉。应某芝委托律师担任其一审、二审代理人参与本案诉讼。

一审法院以“该保证金仍在世雄公司名下账户中,无证据证明现银行已完全占有或控制该保证金。在债务人的其他债权人请求法院强制执行该款项时,银行无优先受偿权”为由,判决驳回农行怀化分行营业部的诉讼请求。农行怀化分行营业部不服判决,提起上诉。

二审法院判决驳回上诉,维持原判。

【代理意见】

(一)质押合同不成立

第一,开发商与贷款银行签订担保合同的目的,是保证开发商履行出卖人义务,按时完成合作项目的建设、办理房屋产权证,以保障贷款银行与房屋买受人办理房屋正式抵押登记;本案中原告提交的《房屋产权信息查询表》证明,在2015年5月至2016年3月阳光地带的房产证已经办理完毕,开发商已经履行完毕出卖人义务。如果保证金质押合同没有标的、目的和前提,明显系伪造。

实践中,开发商与贷款银行签订保证金质押合同的目的,是保证开发商按时完成合作项目的建设、办理房屋产权证,以保障贷款银行与房屋买受人办理房屋抵押登记。

根据被告提交的154份阳光地带购房户《房屋产权信息查询表》显示，98%以上的房产证已经在2015年5月至2016年3月初办理完毕，开发商的义务已经履行完毕；而且债务人还贷很正常，贷款资金没有出现风险，原告与本案第三人已无质押担保必要。质押合同标的、目的均不存在，质押合同已无签订必要。而且，根据原告的陈述，房产证办理后原告无须经购房人和第三人同意，单方就能办理抵押登记手续。

第三人湖南世雄房地产集团有限公司声称，未办理抵押登记的原因是该公司欠费，房管部门暂停办理。这只是第三人单方陈述，无任何证据证实，也不符合惯例与法律规定。在房产证已经办理的情况下，没有法律规定禁止办理抵押登记。第三人的陈述明显虚假。

原告与第三人在98%以上的房产证均已办理的5年多时间再次炮制《一手房贷款业务保证金质押合同》，其真实目的是帮助第三人湖南世雄房地产集团有限公司逃避债务，对抗人民法院的执行而伪造相关证据，依法应当追究相关人员刑事责任。

第二，原告提交的《中国农业银行怀化分行一手房按揭贷款保证金质押清单》是原告和第三人伪造的。

(1)实践中，银行的按揭贷款保证金质押清单，应当是档案式、滚动式，而原告提交的《中国农业银行怀化分行一手房按揭贷款保证金质押清单》是统计式，形式上与习惯做法不一致。该份清单未体现所谓的"保证金"总额、每户购房人的"保证金"金额及每户购房人的"保证金"成立时间，与原告提交的《一手房贷款业务保证金质押合同》第3条第1款所述保证金收取比例不符，如按原告提交的《一手房贷款业务保证金质押合同》所述，结合实际：a. 每户借款并不是同一时间发放贷款，也不是同一时间形成贷款保证金；b. 每户借款如按原告提交的《一手房贷款业务保证金质押合同》第3条第1款所述，每户保证金的金额应不是等额收取的。综合以上两点，该清单的形式应是每户借款人单独造册制成档案式清单，清单中应体现贷款发放时间、保证金收取时间、各借款人贷款金额、各借款人贷款金额对应的保证金金额等信息，而原告提供的《中国农业银行怀化分行一手房按揭贷款保证金质押清单》并无上述信息。该清单形式上不符合常规，该有的什么都没有，很明显是伪造的。

(2)原告提交的《一手房贷款业务保证金质押合同》第1条第2款表述为：《一手房贷款业务保证金质押合同》被担保对象以编号为HHABC(2015)01－1的《中国农业银行怀化分行一手房按揭贷款保证金质押清单》记载为准。原告提交的却是编号为 HHABCGS(2015)01 -1 的《中国农业银行怀化分行一手房按揭贷款保证金质押清单》,原告提交的清单与合同表述的清单不一致;只有临时伪造质押清单,才会出现这样的问题。

(3)庭审中,原告承认其提交的编号为 HHABCGS(2015)01 -1 的《一手房贷款业务保证金质押合同》制作时间为 2015 年,而该份质押清单首部载明的"保证金账号 188×××00"的账户是 2017 年 9 月 8 日才开立的,两者之间明显矛盾。质押清单显然是临时伪造的。

(4)经查询,阳光地带房产证总证办理完毕,质押清单中共有 8 户的贷款的债权人是怀化市住房公积金管理中心,另有 3 人未在阳光地带购买房屋;该清单中竟然将公积金的债权列入原告债权,出现这种情况,唯一合理的解释是该清单是临时伪造的。

(5)原告提交的《一手房贷款业务保证金质押合同》第 1 条第 2 款表述为:本合同项下被担保对象以《中国农业银行怀化分行一手房按揭贷款保证金质押清单》记载为准,《中国农业银行怀化分行一手房按揭贷款保证金质押清单》HHABC(2015)01 -1 为本合同的组成部分,与本合同具有同等法律效力。

质押清单虚假,证明债权虚假,即担保对象虚假;质押合同组成部分虚假,即质押合同虚假,虚假的质押合同不可能成立。

第三,涉案账户中的存款没有转移占有,质押合同不生效。

《担保法》第 64 条规定了出质人和质权人应当以书面形式订立质押合同。质押合同自质物移交于质权人占有时生效。质押是出质人将财产交给质权人,由质权人控制;质权自出质人交付质押财产时设立。所谓"移交占有",最基本的含义应当是控制权的转移,即原来由债务人或者担保人控制的金钱,其控制权转移到了债权人手中。从本案来看,"移交占有"可以是将资金直接转入债权人账户,也可以是虽然未入债权人账户,但是该部分资金已经由债权人控制,包括作为银行的债权人通过冻结资金或者冻结账户的方式取得控制权。

本案中,账户中的活期存款 1,722,181.46 元(含被人民法院扣划的 110 万元)仍在第三人湖南世雄房地产集团有限公司的活期账户中,且原告未通过冻结等形式实施有效控制,原告没有对该笔存款形成占有,质押合同未生效,质押亦未设立。

(二)质权不成立

第一,原告提交的《开立/变更保证金账户申请书》《特种转账凭证》是原告单方制作的,不是双方的合意,该两项行为必须由第三人完成,不符合质押法律构成要件。

（1）银行账户的开立采用申请核准制，开立账户申请人应当根据《人民币银行结算账户管理办法》的规定，提交申请人盖章的开户申请书并按开立账户类型提交相关证明文件，原告提交的《开立/变更保证金账户申请书》无申请人（第三人）签章或委托人签名，说明申请人（第三人）没有开立保证金账户的意思表示。该申请书是原告单方制作，不符合法律规定，无效，不具有质押的效力。

（2）涉案账户为活期储蓄账户，在第三人名下，随时可以支取，不符合保证金账户的要求。活期储蓄是"定期储蓄"的对称，不规定存款期限，随时可以存取的储蓄。鹤城区人民法院（2018）湘1202执异7号执行裁定，认定农行怀化分行营业部开立的账号为188×××00的账户是活期账户。活期账户里的存款可以随时支取，原告对该笔存款没有支配占有的权利，不形成占有。

（3）原告提交的《业务办理委托书》只能证明第三人委托他人办理业务，并不能改变《人民币银行结算账户管理办法》规定的申请人需提交申请人盖章的开户申请书并按开立账户类型提交相关证明文件及申请人（代理人）签字的规定。

第三人未在申请书上盖章，说明原告是强行开户。这就好比，甲无交付质物的意思，乙就抢夺质物，这样的非法占有质物，其质押显然不成立，质权更无从谈起。

（4）原告声称《特种转账凭证》是其单方制作，无须第三人参与，与质押转移占有的法律规定不符。湖南世雄房产公司转账给湖南世雄房地产集团有限公司，应当由湖南世雄房产公司填写转账凭证并出具转账支票。

保证金账户的开立程序违法，亦不是湖南世雄房地产集团有限公司的真实意思表示，双方没有质押的合意，该账户不具有保证金账户的属性。

第二，涉案账户，外在表现形式上无公示性，质权不成立。

《物权法》规定了关于物权公示的法律规定，因此动产质押，也要求其必须具有公示性。金钱（保证金）质押之特定性要求，正是通过公示原则来实现，无公示性之物的担保，因无公信力而不为法律所承认和保护，不得对抗第三人。《担保法》司法解释第85条金钱特定化要求也即公示化要求，其规定的"以特户、封金、保证金等形式特定化后，移交债权人占有作为债权的担保"包含了两层意思：一是要求在形式上以特户、封金、保证金等名称以区别其他金钱，以满足担保物权公示性的要求。二是要求金钱转移由质权人占有。两个条件同时具备，其质权方可成立。金钱（保证金）质押在外在表现形式上无法体现出质物的公示性。所谓的以保证金账户形式出现的金钱质押，同样要求与其他普通账户有所区别,而且这种区别易被第三人察觉,如果仅仅在银行与债务人之间约定账户属于保证金账户,而无法让他人知晓,没有公示的意义。

从人民法院网络查控反馈来看,该账户与其他账户并无明显区别,除湖南世雄房地产集团有限公司、农行怀化分行营业部外,他人难以知晓该账户具有担保性,不具有公示性;且人民法院查询反馈表的数据是原告(协执单位)提供的,该反馈表未体现涉案账户的性质,原告未对涉案账户进行封存、冻结。

法律规定动产物权公示性的程度是易被第三人察觉。我国法律规定只有公、检、法、监察委等部门才有权查询他人的银行账户,而人民法院查询都无法体现该账户的性质,那么普通公众更加无从区分该账户的性质。原告所主张的质权何以对抗普通公众呢?该账户不具有公示性,质押未完成,质权不成立。

(三)合同违反法律、法规,无效

《担保法》第64条规定,出质人和质权人应当以书面形式订立质押合同。合同是当事人在符合法律规范要求条件下达成的协议,故应为合法行为,恶意串通,损害国家、集体或第三者利益的合同无效。质押合同的成立是出质人和质权人在符合法律规范要求的条件下达成的协议,是质权设立的前提,本案中原告提交的《中国农业银行怀化分行一手房按揭贷款保证金质押清单》《一手房贷款业务保证金质押合同》《开立/变更保证金账户申请书》《业务办理委托书》《特种转账凭证》《业务凭证》等,均是由原告和第三人串通为逃避债务损害第三人利益,对抗法院执行而制作的虚假证据;原告和第三人在时隔5年多后合同标的、目的均不存在,质押合同已无签订必要的前提下制作《一手房贷款业务保证金质押合同》及和该合同有关又互相矛盾、漏洞百出的证据。

双方真实意思是为了逃避债务,恶意串通损害第三人利益,对抗法院的执行;原告所主张的质权并无设立的前提,其质押合同无效。

【判决结果】

一审判决驳回中国农业银行股份有限公司怀化分行营业部的诉讼请求;

二审判决驳回上诉,维持原判。

【裁判文书】

一审法院认为,本案的争议焦点为:划拨的第三人世雄公司在怀化农行营业部账号18×××00的存款1,100,000元,怀化农行营业部是否有优先受偿权。

首先，本案涉及的《一手房贷款业务银企合作协议》《一手房贷款业务保证金质押合同》等系合同各方当事人真实意思表示，且未违反法律、行政法规的强制性规定，合法有效。根据合同的约定，世雄公司应在房地产权利证书办理完毕5日内将该证书直接交怀化农行营业部保管，怀化农行营业部有权从世雄公司处代领房地产权利证书、有权办理抵押预登记手续及正式抵押登记手续。世雄公司已于2015年办理了产权登记，怀化农行营业部应积极办理相关正式抵押登记手续，但怀化农行营业部至今未办理，其怠于行使权利的不利后果应由怀化农行营业部自行承担；同时，合同中约定了该账号中的资金允许被国家司法机关扣划，而质权人有权要求出质人提供质权人认可的其他担保，该条款约定视为质权人放弃质权中的排他性优先受偿权。其次，从网络查控反馈信息来看，世雄公司在怀化农行营业部开立的18×××00账户与其他账户并无明显区别，除世雄公司、农行怀化分行营业部外，其他人难以知晓该账户具有担保性质，不具有公示性。最后，作为质物的金钱必须由质权人占有，要体现出银行完全占有该保证金。如果银行仅是利用自身优势和条件控制了债务人资金，以实际控制手段达到担保目的尤其是保证金仍在债务人名下的银行账户中，而不是存在银行自身名下的账户中，不符合法律“移交债权人占有”的规定。其实质并未产生法律上的担保效力，即不能产生对抗第三人的担保效力。在债务人的其他债权人请求法院强制执行该款项时，银行无优先受偿权。本案中，该保证金仍在世雄公司名下账户中，无证据证明现银行已完全占有或控制该保证金。因此，怀化农行营业部提出的诉讼请求，该院不予支持。

二审法院认为，本案系案外人执行异议之诉。怀化农行营业部请求对案涉“保证金账户”中的存款享有优先受偿权并排除执行，本质上是主张与世雄公司对“保证金账户”的约定构成质押担保。为此，本院评述如下：《物权法》第210条规定：“质权合同一般包括下列条款：（一）被担保债权的种类和数额；（二）债务人履行债务的期限；（三）质押财产的名称、数量、质量、状况；（四）担保的范围；（五）质押财产交付的时间。”《最高人民法院关于适用〈中华人民共和国担保法〉若干问题的解释》第85条规定：“债务人或者第三人将其金钱以特户、封金、保证金等形式特定化后，移交债权人占有作为债权的担保，债务人不履行债务时，债权人可以以该金钱优先受偿。”根据上述规定及金钱质押特点分析，“保证金账户”资金可以作为质押，但除合同当事人达成质押合意，“保证金账户”由质权人进行掌控、支配外，“保证金账户”资金还应具备质押物特定化的要求。本案中，怀化农行营业部与世雄公司签订的3份《一手房贷款业务保证金质押合同》约定,怀化农行营业部向合作项目的购房人发放的个人购房贷款合作不超过9000万元(其中住房贷款不超过7000万元,商业用户贷款不超过2000万元),按照按揭贷款总额的住房贷款5%、商铺贷款10%缴纳保证金,“保证金账户”受怀化农行营业部监督和管理。因此,如果世雄公司以“保证金账户”资金提供质押担保,担保债的范围为9000万元贷款债权,在购房人9000万元按揭贷款未还清之前,保证金不得退还质押人世雄公司。购房人的按揭贷款尚未还清,怀化农行营业部于2016年12月23日同意将“保证金账户”内330,450元资金转付给世雄公司,双方以事实行为否认“保证金账户”资金的质押属性,故本案所涉“保证金账户”资金不具备质押物特定化的要求,怀化农行营业部取得的仅是债权性质的担保,未取得物权性质的担保,对“保证金账户”资金不享有优先受偿权,也不能排除人民法院强制扣划“保证金账户”资金。

综上所述,怀化农行营业部的上诉请求不成立。依照《民事诉讼法》第170条第1款第1项的规定,判决驳回上诉,维持原判。

【案例评析】

在民事案件执行过程中,被执行人往往会联合案外人祭出“质权优先”的“法宝”对抗执行,多数申请执行人面对此种联合对抗多是束手无策,诉讼中亦是败多胜少。本案是一起典型的申请执行人破解房地产公司与银行联合对抗执行的成功案例。

本案争议焦点为,怀化农行营业部请求对案涉“保证金账户”中的存款享有优先受偿权并排除执行,本质上是主张与世雄公司对“保证金账户”的约定构成质押担保。

《最高人民法院关于适用〈中华人民共和国担保法〉若干问题的解释》第85条规定:“债务人或者第三人将其金钱以特户、封金、保证金等形式特定化后,移交债权人占有作为债权的担保,债务人不履行债务时,债权人可以以该金钱优先受偿。”根据上述规定及金钱质押特点分析,“保证金账户”资金可以质押,但除合同当事人达成质押合意,“保证金账户”由质权人进行掌控、支配外,“保证金账户”资金还应具备质押物特定化的要求。

代理律师围绕“保证金账户”资金还应具备质押物特定化的要求这一特征,进行取证和论证,最终赢得法院的支持。

【结语和建议】

在本案办理过程中，严格详细查询被执行人银行账户交易流水，从而判断"保证金账户"资金是否具备质押物特定化的要求这一特征，对指导办理此类案件具有现实意义。建议最高人民法院在制定此类司法解释过程中能有更加具体的规定，避免讼累。

案例编号：HNXLGLD1585017274

湖南纲维(怀化)律师事务所 范国胜

律师受被害人委托对刘某等涉黑涉恶违法犯罪行为提起控告案

【案情简介】

自2013年以来，被控告人刘某等人成立某县商务信息服务部(以下简称服务部)，组成黑恶势力团伙，通过非法吸收公众存款获取的资金，采取"套路贷""高利放贷"的方式，先后以个人或服务部的名义向该县有关民营企业或企业家高利放贷，总金额数亿元，非法获利数千万元。

为了追债，被控告人刘某、李某组织人员采取非法拘禁、寻衅滋事、虚假诉讼、伪造印章、故意伤害等犯罪手段，逼迫债务人，导致一批民营企业倒闭或破产，多个民营企业家受到迫害。

【代理意见】

被控告人刘某等人涉嫌的主要犯罪罪名、理由：

(一)组织、领导黑社会性质组织罪

根据《刑法》第294条以及全国人大常委会、最高人民法院关于打击黑社会性质组织罪的立法解释、司法解释，黑社会性质组织有4个特征，即组织特征、经济特征、行为特征、危害特征。被控告人刘某等人的行为符合该4个特征：

1. 组织特征。被控告人刘某黑社会性质组织以被控告人刘某等人为组织者、领导者，以王某等人为骨干，人数较多，组织稳定。

2. 经济特征。被控告人刘某等人有组织地利用服务部为平台，通过非法吸收公众存款融资,再以"套路贷"进行诈骗或以高额利息发放高利贷,并采取虚假诉讼、寻衅滋事、故意伤害、非法拘禁等违法犯罪方式逼债,以获取经济利益,具有一定的经济实力。

3. 行为特征。被控告人刘某等人为了逼债,多次有组织地进行"套路贷"诈骗、非法吸收公众存款、虚假诉讼、伪造印章、寻衅滋事、故意伤害、非法拘禁等违法犯罪活动,不断为非作恶,迫使本县多家民营企业倒闭,个别企业甚至破产。

4. 危害特征。被控告人刘某等人为首的黑社会性质组织,通过"套路贷"诈骗、非法吸收公众存款、虚假诉讼、伪造印章、寻衅滋事、故意伤害、非法拘禁等违法犯罪活动,在某县称霸一方,严重损害了某县的经济和社会秩序。

综上所述,被控告人刘某等人的行为已经涉嫌组织、领导黑社会性质组织罪。

(二)利用"套路贷"实施诈骗犯罪

1. 被控告人刘某等人实施"套路贷"诈骗的事实

2013 年 9 月至 12 月,因经营需要,控告人张某先后多次向被控告人刘某借款,总计 2800 万元,约定月利息 2 分。该 2800 万元名义出借人为被控告人李某,实际出借人为被控告人刘某,通过被控告人刘某、被控告人李某等人账户向控告人张某夫妇转账。

控告人张某夫妇自 2013 年 9 月至 12 月,按照被控告人刘某、李某的指定,先后通过被控告人刘某、被控告人刘某姨妹、被控告人刘某妻弟、王氏父子等人账户转账,以及给付现金、刷 POS 机等方式,向被控告人刘某还款 4651.2 万元。但被控告人李某在被控告人刘某的授意下,拒不承认控告人张某夫妇向被控告人刘某、王氏父子等人账户转入的 1267.5 万元系还款,也不承认收到现金和 POS 机收款;仍然于 2017 年向长沙市中级人民法院起诉,要求控告人张某向其偿还本金 2845 万元、利息 1763.9 万元。

2019 年 6 月 15 ~ 16 日,经某县公安局民警找王氏父子询问,查实了王氏父子的账户系刘某手下借王氏父子的身份证所开,实际控制、使用人为服务部,而该服务部的实际控制人为被控告人刘某。也即控告人张某夫妇分别于 2014 年 10 月 30 日、11 月 30 日、12 月 1 日分 3 笔转账至王氏父子账户的共 420 万元的实际收款人为被控告人刘某。

2019 年 12 月,控告人张某找到其 2014 年与被控告人刘某联系的苹果手机,恢复了当年与被控告人刘某联系的 19 条信息,证实控告人张某夫妇转账给被控告人刘某等人的 847.5 万元系归还的借款。

上述事实有控告人张某提供的银行流水、法院判决书、王氏父子的询问笔录、控告人张某提供的短信聊天记录、《公证书》等证据证实。

2. 被控告人刘某等人构成“套路贷”诈骗犯罪的理由、依据

2019 年 4 月 9 日“两高”“两部”发布的《关于办理“套路贷”刑事案件若干问题的意见》第 1 条第 1 项规定，“套路贷”是对以非法占有为目的，假借民间借贷之名，诱使或迫使被害人签订“借贷”或变相“借贷”“抵押”“担保”等相关协议，通过虚增借贷金额、恶意制造违约、肆意认定违约、毁匿还款证据等方式形成虚假债权债务，并借助诉讼、仲裁、公证或者采用暴力、威胁以及其他手段非法占有被害人财物的相关违法犯罪活动的概括性称谓。被控告人刘某、被控告人李某等人的行为符合“套路贷”诈骗罪的理由如下：

（1）隐瞒真相，毁匿还款证据，虚假转账，形成虚假债权债务。现有证据已经证明，被控告人刘某、被控告人李某等人隐匿了控告人张某夫妇向王氏父子、被控告人刘某等人转账的 1267.5 万元系归还的借款本息的事实，形成了虚假债权债务。

另外，2014 年 6 月 11 日，被控告人李某分 3 次向控告人张某、转账 350 万元、300 万元、200 万元（共计 850 万元），当日被控告人李某要求控告人张某又将这 850 万元转给被控告人李某指定的 3 人。被控告人李某通过制造资金走账流水等虚假给付事实，将这 850 万元也算作控告人张某夫妇的借款，向长沙市中级人民法院起诉。

（2）借助诉讼方式非法占有被害人财物。2017 年，被控告人刘某指使被控告人李某向长沙市中级人民法院起诉，要求控告人张某夫妇偿还借款本金 2845 万元、利息 1763.9 万元。因为被控告人刘某、被控告人李某等人故意隐瞒真相，隐匿证据，致使人民法院没有认定控告人张某夫妇已经归还了 4651.2 万元，只认定控告人张某夫妇归还了 2271 万元，并判决控告人张某夫妇还需要归还本金 672 万元及相关利息。

（3）采用打砸、故意伤害、非法拘禁、威胁等非法手段逼债。为逼债，2018 年 5 月 17 日，被控告人刘某纠集手下“马仔”，踢坏张某公司电动伸缩门，张某家大门、保险门，办公楼窗户玻璃、垃圾桶等物品，损失总计 20,940 元。2018 年 6 月 23 日，被控告人刘某纠集人员在张某公司办公楼四处张贴“欠债还钱”的标语，在控告人张某家大门、侧门喷涂红色“欠债还钱”油漆。2018 年 11 月 3 日，被控告人刘某纠集人员在控告人张某家吵闹，并送花圈。经派出所民警 3 次出警才离开。

因此,被控告人刘某、被控告人李某等人以非法占有为目的,通过毁匿还款证据的手段,形成虚假债权债务,并通过虚假诉讼、暴力、威胁、非法拘禁逼债的方式达到非法占有目的,其行为特征、手段,均符合"两高""两部"发布的《关于办理"套路贷"刑事案件若干问题的意见》中"套路贷"的特征,已经构成《刑法》第266条规定的诈骗罪。

(三)非法吸收公众存款罪

1.非法吸收公众存款的事实

2013年年底,被控告人刘某等人成立湘鸿商务信息服务部,超越经营范围,从事"消违章、放高利贷"等非法业务。为了筹集资金,服务部以被控告人刘某等个人名义向多人非法吸收资金,并许以月利息2分的高息。经查询"中国裁判文书网",输入"某县人民法院、被控告人刘某"等关键词,初步查明2014年,被控告人刘某等人以服务部需要资金周转为名,向17人非法吸收存款,非法吸收资金总额达1495万元,然后再以高息借出(最高达到月息1角5分)。(判决书本文略)

上述事实有对应文号的4份判决书等证据证实。另有部分判决书仅有文号,具体需要公安机关到某县人民法院调取。

2.构成非法吸收公众存款罪的理由、依据

《刑法》第176条规定的非法吸收公众存款罪是指违反国家金融管理法规,非法吸收公众存款或变相吸收公众存款,扰乱金融秩序的行为。被控告人刘某等人未经批准,采取"口口相传"的方式,向不特定对象吸收存款,并给予固定回报,涉及人数众多,金额达到1495万元,数额特别巨大,而且绝大部分债权人虽然通过民事诉讼途径起诉,但因被控告人刘某等人没有执行能力,绝大部分债权人血本无归。

故被控告人刘某等人的行为符合《最高人民法院关于审理非法集资刑事案件具体应用法律若干问题的解释》第1条、第3条以及《刑法》第176条之规定,已经构成非法吸收公众存款罪,且数额巨大、情节严重。

(四)依据前文描述,被控告人刘某、李某等人伪造证据、捏造事实提起诉讼,同时构成虚假诉讼罪、伪造公司印章罪;非法逼债,同时构成寻衅滋事罪、故意伤害罪、非法拘禁罪

被控告人刘某、被控告人李某等人为首的黑社会性质团伙,在某县一带为非作恶,称霸一方,以民营企业和民营企业家为"猎物",通过"非吸"融资,"套路贷"、高利放贷牟利,非法手段逼债,导致一大批民营企业倒闭甚至破产、一些民

营企业家家破人亡，严重破坏了该县的经济、社会生活秩序。恳请公安机关依法彻查，严厉打击，维护我们的合法权益，维护该县的营商环境，维护该县的经济和社会秩序。

【判决结果】

公安机关予以立案侦查，并以长沙扫黑办的名义在媒体上发布《关于检举揭发以刘某为首的黑恶势力犯罪团伙违法犯罪行为及敦促涉案人员投案自首的通告》。

【裁判文书】

根据《刑事诉讼法》第 112 条之规定，决定对张某控告刘某、李某等人涉黑涉恶案立案侦查。

【案例评析】

（一）涉黑涉恶案件特征

本案是一起典型的涉黑涉恶案件，犯罪行为多样化、侵犯法益多元化、犯罪组织体系化、所涉罪名复杂化。本案中，该黑恶势力内部分工较为明确，形成以刘某、李某为核心骨干，其他积极参与人员为外围的松散型组织结构，通过成立信息服务部，欲以合法的形式掩盖非法的目的。追求经济利益是恶势力犯罪团伙的主要原因。一方面，恶势力以易获取暴利的行业、领域为阵地，通过巧取豪夺、敛积钱财奠定经济基础壮大势力。本案中刘某、李某就先以经营服务部的名义，纠集企业的股东、合伙人以及单位员工进行非法集资，快速敛财，然后高利放贷，再以非法拘禁、寻衅滋事、故意伤害等暴力行为，伪造证据、虚假诉讼等软暴力行为非法逼债。另一方面，在政策、传统观念等客观因素的制约下，恶势力在一定范围内成为“社会市场需求”。一是民营企业融资难、融资贵，二是在县乡偏远地区举报控告怕被打击报复，宁可隐忍妥协。本案中受迫害的主体多为小微民营企业，多因融资困难、高利借贷与刘某团伙产生关系，有部分企业因此被刘某、李某等黑恶势力团伙迫害至倒闭，有些人人身甚至遭到严重损害。

（二）办理涉黑涉恶类案件存在的困难

涉黑涉恶类案件犯罪嫌疑人一般会实施一系列侵犯多个法益的犯罪行为，涉案人员、被害人员较多。取证难是该类案件最大难点。因经济利益是恶势力犯罪团伙首要追求,因此多涉及经济纠纷,账目混杂,因为放高利贷者大多不签合同,即使签订,大多数也为阴阳合同,或者仅一式一份,不会给借款人。加之通过"转空账"制造银行流水,被害人难以形成完整的证据链证明清偿债务的事实,甚至无法举证实际发生债务的真实数额。且因为取证对象是本地受到伤害的人,他们害怕受到打击报复,大多不愿配合作证,导致部分案件取证困难,影响对涉案人员犯罪事实的认定。

本案中,辩护律师通过充分收集、分析刘某团伙的犯罪证据,证明刘某等人构成以刘某、李某为首依法应予打击的黑恶势力团伙,尽可能找到受该团伙迫害的受害者,给予他们信心,让受害人有勇气站出来指证其违法行为,提供更充分的证据,使公安机关有充分的理由认定刘某等人行为构成犯罪。

【结语和建议】

黑恶势力在一地"称王称霸",严重破坏了当地的经济、社会生活秩序。2020年是扫黑除恶专项斗争进入3年为期目标实现之年,有建立常态化长效机制的趋势。在法治建设日渐完善的中国,面对黑恶势力的迫害,应摒弃怕被报复的心态,依法维护我们的合法权益;必要时,可以寻求专业律师的帮助。

案例编号:HNXLGLD1602301276
湖南天地人律师事务所　周付生

第二节　律师非诉讼的成功案例

律师受委托为上市公司深圳某技术股份公司非公开发行收购公信诚丰股权提供非诉讼法律服务案

【案情简介】

（一）并购双方基本情况

1. 并购方

深圳某技术股份有限公司，成立于2001年，是一家专业从事金融POS机的设计、研发、生产、销售，并以此为基础提供全方位电子支付技术服务的国家级高新技术企业。该公司以支付技术为基础，以金融POS终端软硬件的设计和研发为核心，继续巩固和提升在电子支付技术受理终端设备的市场领先地位，同时凭借技术、市场和行业经验等优势，结合我国信息化新浪潮，围绕电子支付领域，积极推进生物识别、云平台、云存储、大型系统平台技术等创新业务的发展。

2. 被并购方

长沙某信息技术服务有限公司，成立于2013年，员工330人，系国内领先的基于互联网业务形态的身份认证、运营内容和业务审核服务的提供商，是移动互联网社会征信数据服务领域领先企业。为移动互联网O2O生态提供强大的护航能力，为B2C平台提供认证服务，为POS第三方收单平台提供入网审核，已成为腾讯第三方认证审核服务S级（最高级）供应商。

（二）本次并购背景简介

随着我国征信行业具体政策、市场化进程和征信牌照的逐步落地，互联网和技术的发展让底层数据进一步打通，征信产业链的流程将进一步标准化，征信市场应用场景大幅度拓宽，征信行业的渗透率将会加速提升。目前我国征信机构近200家，行业收入20多亿元，并且主要是企业征信领域，个人征信领域目前的收入仅在2亿元。

由于我国征信行业发展时间较短，征信数据服务机构数量不多，从业人员较少,尚处于发展的初级阶段。深圳某技术股份公司为了完善征信业务的战略布局,基于多年在电子支付领域的积累,提出了"实体经济结合虚拟经济,以实体经济为本,虚拟经济为变现方式"的战略发展思路。在围绕电子支付建立生态闭环的过程中,风险控制的征信业务成为必不可少的核心环节,深圳某技术股份公司积极开展征信服务市场的发展布局,推动发展征信业,促进经济发展和社会信用体系建设。深圳某技术股份公司于 2015 年 1 月成立了以征信业务为主的全资子公司,并于 2015 年 9 月完成企业征信机构备案,着力发展企业征信服务业务。

【争议焦点】

双方关于本次收购的争议点,主要在于双方对长沙某信息技术服务有限公司的市场和资源的优势分析、整体估值,以及因此引起的双方在收购定价、款项的支付方式和支付时点以及对赌机制等方面的分歧。

【律师代理思路】

(一)长沙某信息技术服务有限公司市场地位的调研分析

通过前期的尽职调查和市场调研的分析和总结,长沙某信息技术服务有限公司系国内领先的基于互联网业务形态的身份认证、运营内容和业务审核服务的提供商,且其已经成为腾讯第三方认证审核服务核心供应商,市场占有率较高。2013 年年底,长沙某信息技术服务有限公司正式开展与腾讯微信公众号平台进行业务合作,成为微信公众号认证审核服务第三方专业机构之一,目前主要为腾讯微信业务提供公众号、广告主、企业号等服务业务。公司从业人员规模由最初的 10 人到现在的 300 余人,业务团队由最初较为单一的认证、技术开发、客户服务部门,发展至认证部、审核部、培训部、客户服务部、软件研发部、IT 运维部、数据分析部、业务风控安全管理部等。该公司的技术能力和业务能力持续提升,并体现了规模效应。它借助自身的数据处理能力,积极开展数据审核服务,除为互联网社交平台提供服务外,还积极拓展其他互联网应用领域,持续提升公司盈利水平。

(二)收购长沙某信息技术服务有限公司的可行性分析

发展征信业对于促进经济发展和社会信用体系建设具有重要意义,目前我国征信行业发展时间较短,征信数据服务机构数量不多,从业人员较少,尚处于发展的初级阶段，优质企业、优质团队尤为稀缺。

征信作为金融业的重要基石，征信体系的建立和完善，有利于为小微企业、个人用户提供更多样化的金融产品。而“白板群体”的存在，制约着金融业、互联网行业的发展，同时也意味着征信体系有着巨大的缺口和市场。目前根据我国央行的统计数据，按照我国13.5亿以上的人口数量统计、注册企业数量统计，国内仍有10亿人、4000万家企业游离于央行征信体系之外。央行征信中心的企业信用信息大约每天被查询24.6万次，个人信用信息每天被查询164万次。2015年前3个季度，企业信用信息累计已被查询6000多万次，个人信用信息累计已被查询4亿次，可见社会对征信信息需求之大。

深圳某技术股份公司基于多年在电子支付领域的积累，结合我国宏观和微观市场的新形势、新动向，提出的“实体经济结合虚拟经济，以实体经济为本，虚拟经济为变现方式”的战略发展思路。从核心业务层面来看，在公司围绕电子支付建立生态闭环的过程中，风险控制成为必不可少的核心环节，即大批量低成本核查商户主体业务资质，有效提升电子支付领域的商户运营质量，打通线上线下支付运营的关键性节点。从公司战略层面来看，公司看好未来我国征信服务市场的发展，在2015年1月正式成立征信业务全资子公司，并于2015年9月完成企业征信机构备案，可以从事企业征信服务业务。本次收购是为推动公司征信业务板块发展实施的战略性并购。

长沙某信息技术服务有限公司与深圳某技术股份公司，尤其是与其全资子公司的征信业务有着直接的战略互补性。收购长沙某信息技术服务有限公司有助于深圳某技术股份公司将其核心支付业务的数据资源、征信牌照资源与长沙某信息技术服务有限公司的数据处理能力相对接，从而实现深圳某技术股份公司将其核心业务资源有效变现，完善深圳某技术股份公司电子支付、征信及大数据业务板块战略发展的关键环节。这有利于实现做强公司征信业务，将深圳某技术股份公司在电子支付产业链所积累的资源进行整合；也有助于长沙某信息技术服务有限公司向金融服务等其他领域延伸，有助于公司挖掘新的盈利点；同时能够加强公司在支付领域的风控能力，同时为公司外延布局打造金融服务闭环提供健康生态保障，综合提高公司综合盈利能力。

经过双方多轮沟通、谈判，最终确认的收购方案如下：

第一，深圳某技术股份公司以人民币5亿元向长沙某信息技术服务有限公司3个自然人股东受让其持有的公信诚丰100%股权，股权转让款项分四期进行支付。

第二,原股东承诺,目标公司在业绩承诺期间内各年度净利润数:2016 年度不低于 4000 万元,2017 年度不低于 5000 万元,2018 年度不低于 6000 万元。

【案件结果概述】

长沙某信息技术服务有限公司已经完成业绩对赌的承诺,深圳某技术股份公司已向长沙某信息技术服务有限公司股东全额支付了股权转让款,收购已完成。

【相关法律规定】

本次收购,在整体收购事项中,需注重分析项目可行性、提高公司谈判资本、履行相应保密义务:

(一)注意信息保密

《上市公司信息披露管理办法》第四章临时公告第 30 条规定,"发生可能对上市公司证券及其衍生品种交易价格产生较大影响的重大事件,投资者尚未得知时,上市公司应当立即披露,说明事件的起因、目前的状态和可能产生的影响。""重大事件"包括公司的重大投资行为和重大的购置财产的决定。故本次收购在签订框架协议时,深圳某技术股份公司已经在指定网站上进行了披露。

(二)办理权属变更

《上市公司重大资产重组管理办法》第 43 条第 1 款第 4 项规定,"充分说明并披露上市公司发行股份所购买的资产为权属清晰的经营性资产,并能在约定期限内办理完毕权属转移手续"。故本次收购在深圳、长沙项目组人员的整体配合下,及时完成了股权变更工作,推动项目进展。

【案例评析】

首先,本次收购自正式接触到股权转让未超过 6 个月的时间,这主要得益于:(1)交易双方对自身诉求清晰明确;(2)谈判人员坦诚友好,直奔主题,注重效率;(3)中介机构经验丰富,工作推进紧张有序;(4)标的公司业务清晰简单,轻资产,管理规范,审计评估周期较短;(5)科学设置生效条件和支付方式,极大减小了交易过程不确定性。

其次,本次收购资金来源于向特定对象非公开发行公司股票募集的资金,但不以非公开发行为前提。根据约定,本次收购经深圳某技术股份公司股东大会审议通过即生效,这极大地化解了收购的不确定性风险。当时 A 股正值"熔断股灾"之后,定增政策不明朗,不以非公开发行股票作为前提,对标的公司安心经营、控制对赌风险作用很大。

最后,本次收购采取全现金收购模式,未涉及向被收购对象股东发行股票。这既进一步区分了本次交易与定增无关,又规避了股票定价分歧和发行方式的不确定性风险。当时股灾刚过,对股票定价的合理性各方存在较大分歧,同时证监会力推并已试点创业板公司市价定向发行股票方式,存在发行方式的不确定性。

【结语和建议】

本次收购完成后,深圳某技术股份公司能加强征信业务的发展;从长远看,将有利于提高其持续经营能力和盈利能力,为其可持续发展奠定坚实的基础;将进一步推进长沙某信息技术服务有限公司与深圳某技术股份公司在电子支付产业链所积累资源的整合,将长沙某信息技术服务有限公司的服务向金融服务等其他领域延伸;将长沙某信息技术服务有限公司的数据处理能力与深圳某技术股份公司的核心支付业务的数据资源、征信牌照资源相对接,激发并购协同效能。

案例编号:HNXLGFS1574411612

湖南华略律师事务所　郑日果

蓝润投资控股集团有限公司以协议转让和表决权委托方式受让山东龙大肉食品股份有限公司控制权案

【案情简介】

蓝润投资控股集团有限公司(以下简称蓝润投资)以协议转让方式受让龙大食品集团有限公司(以下简称龙大集团)持有的山东龙大肉食品股份有限公司(以下简称龙大肉食或上市公司)75,609,200 股无质押、无限售流通股股份(占上市公司总股本的 10%)以及龙大集团将其持有龙大肉食74,856,800股股份(占上市公司总股本的 9.9%)对应的表决权委托给蓝润投资。

本次股份转让及表决权委托完成前,龙大集团持有上市公司股份 27,188 万股,占上市公司总股本的 35.96%;蓝润投资持有上市公司股份 7560 万股,占上市公司总股本的 9.99%。本次股份转让及表决权委托完成后,龙大集团持有表决权股份数量为 12,141.4 万股,占上市公司总股本的 16.06%;蓝润投资将合计持有上市公司 22,606.6 万股股份对应的表决权,占上市公司总股本的 29.89%。蓝润投资持有表决权股份数量超过龙大集团持有表决权股份数量,成为上市公司控股股东;蓝润投资的实际控制人戴某某、董某夫妇将成为公司的实际控制人。

【争议焦点】

(一)表决权委托是否具有合理性

上市公司控股股东龙大集团将其持有的 75,609,200 股股份(占上市公司总股本的 10%)转让给蓝润投资,同时将其持有上市公司的 74,856,800 股股份(占上市公司总股本的 9.9%)对应的表决权委托给蓝润投资。龙大集团所作的表决权委托是否具有合理性?是否会违反龙大肉食首次公开发行股票并上市时控股股东所作的承诺?

(二)委托表决权行为是否实质构成股份转让

龙大集团将其持有的上市公司 9.9% 股份对应的表决权委托给蓝润投资,从而使蓝润投资控制上市公司。表决权委托的实质是将作为股权的各项权能分离,将其中的表决权权能单独通过民法上委托的形式转移给第三方行使。那么,在公司法层面是否可以进行这种对股权的分离转让?在合同法上,这种表决权的委托是否属于传统民法上的委托代理?在证券监管上,表决权委托所带来的控制权归属不稳定、一致行动人认定、强制要约收购触发时点确认等问题又应当作何认识?

【律师代理思路】

(一)本次表决权委托的合理性

根据龙大集团与蓝润投资签署的《表决权委托协议》,本次表决权委托的主要安排如下:

龙大集团将其持有的上市公司 7485.68 万股股份(占上市公司总股本的 9.9%)所对应的股东表决权及提名、提案权不可撤销地全权委托给蓝润投资行使,该等委托具有唯一性及排他性。在委托期限内,蓝润投资有权行使包括但不限于以下权利:(1)召集、召开和出席股东大会或临时股东大会;(2)代为行使股东提案权,提议选举或罢免董事、监事及其他议案;(3)代为行使表决权,对股东大会每一审议和表决事项代为投票,但涉及分红、股份转让、股份质押等直接涉及委托人所持股份的处分事宜的事项除外;(4)现行法律法规或者上市公司章程规定的除收益权以外的其他股东权利,但涉及股份转让、股份质押等直接涉及委托人所持股份的处分事宜的事项除外。

在协议有效期间，如因上市公司实施送股、资本公积转增股本等事项而导致龙大集团增持上市公司股份的，上述增持部分股份的权利，也将自动并不可撤销地依照《表决权委托协议》的约定委托至蓝润投资行使。

委托期限自《表决权委托协议》生效之日起至下列条件之一达成时终止：(1)双方达成书面协议解除或终止《表决权委托协议》；(2)蓝润投资受让该等表决权对应的股份，且该等股份转让至蓝润投资名下。

在委托期限内，未经蓝润投资同意，龙大集团不得减持所委托股份，蓝润投资对龙大集团减持委托股份享有优先受让权。

根据《公司法》《上市公司章程指引》和《上市公司股东大会规则》的相关规定，公司股东可以出席股东大会并行使表决权，也可以委托他人代为出席和在授权范围内行使表决权。

根据《上市公司章程指引》和《山东龙大肉食品股份有限公司章程》（以下简称《公司章程》）的规定，法人股东应由法定代表人或者法定代表人委托的代理人出席会议，委托代理人出席会议的，代理人应出示本人身份证、法人股东单位的法定代表人依法出具的书面授权委托书。委托书应当注明：如果股东不作具体指示，股东代理人是否可以按自己的意思表决。

因此，本次表决权委托符合《公司法》《上市公司章程指引》《上市公司股东大会规则》等现行法律法规及《公司章程》的规定。蓝润投资通过本次股份转让及表决权委托获得龙大肉食的控制权，拟通过优化上市公司管理及资源配置等方式，利用上市公司平台有效整合其在西南深耕多年的资源，协助上市公司拓展在中国养猪第一大省四川省及西南地区的业务市场，完善区域布局，加快全国市场的战略扩张，进一步增强上市公司的核心竞争力和持续盈利能力。

龙大集团将其持有的龙大肉食7485.68万股股份（占总股本的9.9%）对应的表决权委托给蓝润投资，主要基于其看好蓝润投资的运营管理能力和资源优势，通过本次委托表决权的方式实现蓝润投资对上市公司的控制，进一步明确、稳定龙大肉食的控制权。

（二）本次表决权委托不构成股份转让

根据《公司法》《深圳证券交易所中小企业板上市公司规范运作指引》《上市公司章程指引》等法律法规及《公司章程》的相关规定，除表决权外，公司股东还享有分红权、剩余财产分配权、质询权、建议权、知情权、查询权、处分权等股东权利，并应当承担不得滥用股东权利损害公司或者其他股东的利益等股东义务。

根据龙大集团与蓝润投资签署的《表决权委托协议》,龙大集团仅将其持有的上市公司7485.68万股股份(占上市公司总股本的9.9%)所对应的股东表决权及提名、提案权委托给蓝润投资行使。《表决权委托协议》并未对该等委托股份的转让、处置事宜进行约定,龙大集团仍为该等7485.68万股股份的所有权人,享有并承担除表决权及提名、提案权以外的其他股东权利和义务。

因此,本次表决权委托不会实质构成《公司法》、《深圳证券交易所中小企业板上市公司规范运作指引》及《公司章程》规定的股份转让。

【案件结果概述】

2018年8月18日,上市公司披露了《关于控股股东协议转让部分公司股份和委托股票表决权暨实际控制人拟发生变更的权益变动提示性公告》(2018-079)、《简式权益变动报告书》、《详式权益变动报告书》。公司于2018年8月21日收到深圳证券交易所《关于对山东龙大肉食品股份有限公司的关注函》(中小板关注函〔2018〕第298号),并于2018年8月27日披露《关于深圳证券交易所中小板关注函的回复公告》(2018-083)。

2018年9月3日,公司收到龙大集团及蓝润投资通知,根据中国证券登记结算有限责任公司出具的《证券过户登记确认书》,上述协议转让股份的过户登记手续已完成,过户日期为2018年8月31日。

【相关法律规定】

《公司法》第4条规定:“公司股东依法享有资产收益、参与重大决策和选择管理者等权利。”行使表决权是股东行使参与重大决策和选择管理者等权利的主要途径。股权作为一种区别于物权和债权的独立权利类型,具有较强的社员权属性,尤其是表决权更是带有强烈的人身属性。在合同法上关于债权债务转让限制的类型中,基于人身性的债权债务不得转让已成共识。同理,表决权委托,虽不是现实的转让,也应当慎重考虑。

但是,表决权委托是为了增加股东行使股东的权利的便利性,体现的是股东的真实意思表示,而非受托人的意愿。实践中的表决权委托通常不是基于单次股东大会表决的委托,而是长期的、不可撤销的且体现受托人意志自由的委托,显然与《公司法》基于股东投票的便利而规定的投票委托出发点不同。

那么合同法上的委托代理是否可以解释这种行为的正当性?股东基于管理

自己权利的意志自由，将自己的权利委托他人行使，这对于意思自由的民法来说应当是有法律依据的。但上市公司的股东表决权委托带有强烈的商事色彩。在商法对于这种常态化的表决权委托未进行明确规定的情况下，如何进行法律适用。华东政法大学钱玉林老师认为："传统上，在处理民法与商法的适用关系时，依特别法优先的法律适用原则，商法未作特别规定的，适用民法的一般规定。这种做法忽略了商法未作特别规定的，尚应区分为'无需作出特别规定'和'应当作出特别规定而未作特别规定'两种情形"，"商法应当作出特别规定而未作特别规定的，则构成商法的漏洞，应以法律漏洞填补的方法予以补充。"（钱玉林：《商法漏洞的特别法属性及其填补规则》，载《中国社会科学》2018 年第 12 期）

笔者认为，上市公司股东的表决权委托具有较强的商事属性，当属"商法的漏洞"，应当通过填补漏洞进行补充规定，而不应当直接使用民法上关于委托代理的规定。并且，原《合同法》规定了委托合同的双方具有任意撤销权，这也与不可撤销的表决权委托相互矛盾。

笔者认为，可以从经济学上的委托代理理论角度去思考。每一份股权享有一份表决权和一份收益权，这种利益结构使股东在行使表决权时存在某种天然的利益约束，因而促进理性的投票。假如表决权与收益权不对等，持有较少收益权的股东却掌握了明显高于正常比例的表决权，将会产生严重委托代理问题，引发道德风险，不利于上市公司的持续、稳健运营，也不利于保护上市公司中小股东的利益。这也是为何《公司法》坚持同股同权的原因所在。尽管《上海证券交易所科创板股票上市规则》允许科创企业设置表决权差异安排，但是也对特别表决权的设置程序、权重比例、交易流通和决议事项等进行了严格的限制。

此外，虽然表决权委托合同上约定了不可撤销，但假设委托方违约撤销委托，表决权又当如何归属？这将会对上市公司的控制权稳定性造成极大的不确定性，存在极大的公司治理风险。因此，基于上述原因，笔者认为，对于这种实践中产生的表决权委托应当进行严格限制。

【案例评析】

根据深圳证券交易所法律部的观点，实践中上市公司股东表决权委托的动机进行类型化的整理，具体可以分为 5 类：第一类，通过表决权委托规避股权转让限制。监管实践中，出于内幕交易、控制权稳定的考虑，会对上市公司董监高、收购人、认购非公开发行股份的股东等特定股东进行股权转让限制。第二类，通过表决权委托确保原控制权不变。上市公司发行股份购买资产,因为标的资产体量较大,往往会导致买方因为所持公司股份超过原控股股东获得公司控制权的问题,为避免重组上市的趋严监管,通过新股东表决权委托的方式确保公司控制权不变。第三类,借助表决权委托实现巩固控制权的目的。为巩固公司控制权,控股股东获得其他股东所委托的表决权加强对公司的控制,这实质上是一致行动协议的一种。第四类,通过表决权委托确保受让方在过渡期内的权益。在股权协议转让过程中,从签订合同到股权转让登记存在一定的过渡期,通过表决权委托实现收购人对公司在过渡期内的控制。第五类,通过表决权委托实现集团层面对上市公司的报表合并。实践中一些上市公司实际控制人既直接持有上市公司股份,也间接通过集团公司持有上市公司股份,但由于集团公司持有的股份无法达到50%以上的控制标准,实际控制人所持股份表决权委托给集团公司,使集团公司满足合并报表要求。

根据上述观点,龙大集团将其剩余股份所对应的表决权委托给蓝润投资行使,属于第三类,即借助表决权委托实现巩固控制权的目的,协助新的控股股东蓝润投资巩固其对上市公司的控制。

【结语和建议】

沪深两市2018年4月出台的《上市公司收购及权益变动信息披露指引(征求意见稿)》将表决权委托纳入了监管范围,其主要监管思路在于将表决权委托双方视为一致行动人纳入监管。而将表决权委托双方纳入一致行动人,一是不符合实际情况,因为表决权委托双方中受托方完全掌握决定权,双方并非一致行动人;二是会衍生出委托人未委托的股份是否计入一致行动持股总额,委托人或受托人的其他一致行动人是否加入由表决权委托产生的一致行动关系,一致行动人所持股份总额是否同时受制于特定股东股份减持规则和董、监、高、减持规范等诸多实践问题。

笔者认为,应当从根本上去禁止这种实践中出现的表决权委托,即禁止长期不可撤销、受托人意志自由的股东表决权委托,只允许公司法规则中基于投票便利的单次股东大会临时表决权委托。唯有如此,方能避免因为表决权委托所产生的公司控制权不稳定风险。

案例编号:SCLGFS1578621948

四川省律师协会金融证券专业委员会　陈　刚

律师受某经济开发区管委会委托为某污水处理厂扩容工程 PPP 项目提供非诉讼法律服务案

【案情简介】

2018 年 8 月 6 日，河北达公律师事务所作牵头联合体中标河北高碑店经济开发区管理委员会(以下简称高碑店管委会)的某污水处理厂扩容工程 PPP 项目咨询服务，历经 8 个多月，帮助高碑店管委会完成项目准备阶段和采购阶段。其中在项目准备阶段，帮助高碑店管委会编写《实施方案》、《财政承受能力报告》和《物有所值评价报告》并通过专家评审及项目主管部门审核，使某污水处理厂扩容工程 PPP 项目成功进入财政部政府和社会资本合作中心全国 PPP 综合信息平台项目管理库；在项目采购阶段，帮助高碑店管委会起草 PPP 项目合同、审核招标文件及招标程序，完成社会资本招标和 PPP 项目合同签署。

【争议焦点】

PPP 项目的关键在于实施方案，本案例作为污水处理厂项目，采用了可行性缺口补助的回报机制。其中，值得注意的焦点有如下 3 点：(1)政府补贴单价的确定；(2)政府补贴调整机制；(3)如何满足财政部"按效付费的挂钩"的要求。

【律师代理思路】

(一)政府补贴单价的确定

政府补贴单价既要满足 PPP 项目运转的最低需求，又要尽可能减少政府财政支出，减轻财政压力。因此，以财务数据测算为基础，参照财政部政府和社会资本合作中心 PPP 项目库中的项目信息，最终确定政府补贴单价 3 元/m^3。

其中，财务数据基本思路为，在 PPP 项目合同期限内预测运营水平的前提下，通过可行性缺口补助的方式来实现项目在融资贷款年限中的还本付息以及项目整体合理的投资回报要求。在实现项目的稳定运营目标导向下，通过计算每年的运营收入、运营支出、还本付息安排，进而计算出项目的内部收益率，检验项目的经济可行性。结合本案例实际情况，融资方案为：项目资本金总额为 10, 000 万元，建设期第 1 年投入建设投资资本金 9865 万元。贷款融资为建设期第 1 年贷款 6822 万元、第 2 年贷款 16, 686 万元，运营期投入铺底流动资金 135

万元。由于融资方案的调整,项目总投资调整为34,426万元,其中:工程费用23,610万元,工程建设其他费用6729万元,预备费3034万元,建设期贷款利息918万元,铺底流动资金135万元。考虑项目成本(详见表10-1)以及项目收入,即在项目建设期2年,运营期28年内,根据《关于高碑店市再生水价格正式标准的批复》(保价经费〔2012〕2号)再生水价格按照0.8元/m^3,以及《河北省城市园林绿化养护管理定额》(定额编号5-2)标准,园林、道路内冷(暖)季型草每平方米每年养护绿化消耗水0.6635t,和《河北省城市环境卫生预算定额》(定额编号1-11),道路洒水每km^2消耗水2.7775t,并根据高碑店市园林局规划,结合某污水处理厂扩容工程再生水辐射半径,东至京广高铁区域,西至京港澳高速,南至邑景路,北至北城路,主次干道两侧可使用再生水浇灌的冷(暖)季型草面积约6km^2。道路洒水按照每天洒水50km^2,全年洒水270天(9个月)考虑,每年购买再生水0.8元/m^3 ×(0.6635t/m^2 ×6km^2 +2.7775t/km^2 ×50km^2/天×270天=401.85万t)=321.48万元,即每年使用者付费为321.48万元。确定政府补贴单价为3元/m^3,使项目所得税前内部收益率为5.75%,所得税后内部收益率为4.51%,所得税前财务净现值(Ic=4.5%)为4964.55万元,所得税后财务净现值(Ic=4.5%)为46.72万元,所得税前投资回收期为16.11年,所得税后投资回收期为17.66年,项目资本金内部收益率为1.59%。根据《市政公用设施建设项目经济评价方法与参数》污水处理项目财务基准收益率(融资前税前)为5%,本案例内部收益率高于行业基准收益率,在保障项目公司基本收益的前提下,也避免了暴利。

表10-1　项目成本

序号	项目名称	单位	数量
1	平均年总成本费用	万元	4643.75
2	平均年经营成本	万元	2654.46
3	年制水量	万m^3	2190
4	平均单位制水成本	元/m^3	2.12
5	平均单位经营成本	元/m^3	1.21

同时,参考财政部政府和社会资本合作中心PPP项目库中北京市大兴区瀛海再生水厂工程和河北省邢台市宁晋县经济开发区污水集中处理厂PPP项目。北京市大兴区瀛海再生水厂工程采用BOT模式,合作期限30年,其中建设期1年,运营期29年,设计污水处理规模3万吨/天(原有一期工程0.5万吨/天为提

标改造，二期2.5万吨/天为新建)，总投资1.26亿元，处理标准为北京B标，处理单价为2.16元/吨。河北省邢台市宁晋县经济开发区污水集中处理厂PPP项目采用BOT模式，合作期限20年，其中建设期1年，运营期19年，设计污水处理规模4万吨/天，总投资2.8亿元，处理标准略低于北京B标，处理单价为3.65元/吨。综合财务测算结果以及北京市、河北省相关类似项目，在《城镇污水处理厂水污染物排放标准》(DB11 890－2012)处理标准下，某污水处理厂扩容工程，设计污水处理规模6万吨/天，处理标准为北京A标，处理单价最高限价为3元/吨，处于合理区间。

(二)政府补贴调整机制

第一，总投资变化引起的调价。本案例总投资以竣工验收时政府指定的审计部门的评审值(含铺底流动资金)为准，如该评审值与估算总投资相差在5%以上，对单价进行调整，调整公式如下：P＝P0－A/Q且A＝I(A/P,i,n)其中：P0：调整前污水处理单价；P：调整后污水处理单价；I：总投资评审值与估算值的差值；针对总投资评审值与估算值的差值，超支的部分，政府方不予承担(非项目公司原因造成的除外)。A：双方认可的总投资差值及收益分摊到运营期内每年的费用；(A/P,i,n)：资金回收系数；n：运营期总年数；i：经测算确定为6%；Q：年基本保证污水处理量＝设计满负荷产能6万吨/天×365天＝2190万吨。

第二，市场价格变动引起的调价污水处理受原材料价格涨跌因素和职工薪酬上涨因素的影响，应及时对补贴价格进行调整。动态调整机制需要确定初始价格和调价周期、主要成本影响因素及调整系数：(1)初始价格。本案例污水处理补贴初始价格为社会资本方的中标价(如有总投资引起的调价，以调整后的价格为初始价格)。(2)调价周期的确定。运营期每3年为一个调价周期。首次调整时间为运营期第三年年底，第四年年初执行新的调价，之后依次类推。(3)调价因素和价格调整系数的确定。调整因素主要选择在成本增长因素中占较大比重的成本项，如材料费、动力燃料费、职工薪酬、CPI指数(其他成本项因素可采用CPI指数的调整来覆盖)，调整因素的数据以政府部门公布的经济统计年鉴为准。污水处理补贴调整系数R＝材料费变化幅度×材料费占成本的权重＋燃料动力费变化幅度×燃料动力费占成本的权重＋职工薪酬变化幅度×职工薪酬占成本的权重＋CPI变化幅度×(1－材料费占成本的权重－燃料动力费占成本的权重－职工薪酬占成本的权重)。(各成本项权重通常可以选取前三年的平均值。)(4)调价公式：Pn＋1＝Pn×(1＋Rn)，其中：Pn＋1即第n＋1个调价周期调整后的年污水处理服务费；Pn即第n个调价周期的年污水处理服务费;Rn即第 n 个调价周期内的污水处理服务费调整系数。

第三,实际借款利率引起的调价,以利率4.9%计算为基础的 ±30%变化幅度,以项目合同为准,据实调整。

(三)满足"按效付费的挂钩"要求

《关于规范政府和社会资本合作(PPP)综合信息平台项目库管理的通知》(财办金〔2017〕92 号)规定:"……(三)未建立按效付费机制。包括通过政府付费或可行性缺口补助方式获得回报,但未建立与项目产出绩效相挂钩的付费机制的;政府付费或可行性缺口补助在项目合作期内未连续、平滑支付,导致某一时期内财政支出压力激增的;项目建设成本不参与绩效考核,或实际与绩效考核结果挂钩部分占比不足 30%,固化政府支出责任的。"本案例设计如下公式满足建设成本绩效考核结果挂钩部分占比超过 30%的要求。年度污水处理服务费计算公式为:$Qa = P \times Ta - D \times (1 - K) - M$,其中:Qa 为年度污水处理服务费;P 为污水处理补贴单价;Ta 为年度污水处理量;D 为年度扣费基数 = 年均建设成本 ×30% + 年度运营成本。年均建设成本为经竣工决算后的项目总投资额除以项目运营期的分摊年度建设成本;年度运营成本为经政府确认的年度运营成本(指项目年度总成本费用扣除折旧费、摊销费、利息支出);K 为年度绩效考核系数,一个运营年度内常规考核与临时考核系数的平均值;M 为每年实际使用者付费。

【案件结果概述】

某污水处理厂扩容工程 PPP 项目在回报机制上既可能为政府付费方式,又可能为可行性缺口补助方式。本案例根据实际状况,实事求是地选择了可行性缺口补助的回报机制,也由此增加了本案例的论证难度。河北达公律师事务所安自然律师团队以专业、高效的法律服务,在项目交易结构上深耕细研,解决高碑店管委会及专家高度关注的政府补贴单价的确定、政府补贴调整机制和按效付费挂钩要求重点问题,成功入库和项目落地。

【相关法律规定】

对于《关于规范政府和社会资本合作(PPP)综合信息平台项目库管理的通知》(财办金〔2017〕92 号),财政部金融司曾作出相关解读,结合本案例,以下仅摘述绩效管理方面。在理念上,以运营为核心、以绩效为导向,推动 PPP 项目由重建设向重运营转变。具体而言，一是要求政府付费与项目绩效考核结果挂钩，强化项目产出绩效对社会资本回报的激励约束效果，防止政府对项目各项支出承担无条件的支付义务，使PPP异化为拉长版BT；二是要求政府承担的项目建设成本与运营成本均应根据绩效考核结果进行支付，且建设成本中参与绩效考核的部分占比不得低于30%，防止当前部分项目通过所谓"工程可用性付费"方式，以"项目竣工即应支付"的名义，提前锁定政府对建设成本的无条件支付义务，弱化项目运营绩效考核的约束力；三是要求政府付费应在项目合作期内连续、平滑安排，防止为多上项目将财政支出责任过度后移，加剧以后年度财政支出压力、导致代际失衡，同时也防止将财政支出责任集中前移，使社会资本快速回收大部分投资，从而可以实现早期退出。

【案例评析】

首先，本案例就实施方案中交易结构章节中回报机制的一小方面展开论述，以小见大。PPP项目时间长、程序多、涉及部门多、情况复杂、变化快，而本案例以3个焦点问题，说清了PPP项目实施方案中的核心问题：政府和社会资本怎样合作，如何达到利益均衡的问题。

其次，对简单的事情（政府补贴单价）进行论证体现了专业的法律素养。PPP项目咨询服务中特别容易产生基础数据来源不确定问题。就本案例中政府补贴单价，在绝大多数项目中没有论证或商议确定，而安自然律师团队抓住了政府与社会资本合作的核心，即政府财政少投入公共服务多产出，而社会资本愿意投入但需要求长期稳定的收益。通过财务测算和项目管理库项目对比确定政府补贴单价，满足政府和社会资本两方要求。

最后，年度污水处理服务费计算公式 $Qa = P \times Ta - D \times (1 - K) - M$ 可以作为污水处理厂项目的经典公式。统筹考虑年度污水处理服务费、污水处理补贴单价、年度污水处理量、年度扣费基数（含建设成本30%绩效考核挂钩）、年度绩效考核系数和每年实际使用者付费因素。

【结语和建议】

PPP项目主要工作为编写实施方案、财政承受能力论证报告和物有所值评价报告，以及拟订项目合同。

其中财政承受能力论证报告和物有所值评价报告以数据为基础，是PPP项目硬性要求。因此,实施方案和项目合同在项目落地实施中尤为重要,优质的实施方案一定程度上决定PPP项目的落地性。

实施方案中交易结构一般不会深入探析,而本案例恰在交易结构章节中引起各方关注,就显而易见又容易忽略深层次逻辑的问题如政府补贴单价等进行细致论述,有理有据,为政府决策提供了优质、专业法律服务。

案例编号:HBLGFS1589165006

河北达公律师事务所　安自然　李　旭　刘　宾

律师受法院指定担任某公司破产管理人进行破产重整案

【案情简介】

某公司成立于2011年11月22日,系鄯善县重点企业之一,与某铸管公司等企业同为“金汇系”企业,组成鄯善县金汇循环产业园区,该企业系属鄯善县龙头企业。根据工信部下发的《钢铁工业“十二五”发展规划》,测算焦化产能已过剩,单纯的产能过剩并不足以导致焦化企业大面积、大幅度停产,低迷的钢材需求使钢厂对上游煤焦的需求疲弱,补库意愿不强,加剧造成了焦化企业生存困难。2013年至2016年,受全国煤焦化行业持续低迷的影响,某公司连续经营亏损,流动资金不足,企业经营彻底陷入困境。

2017年8月,某公司法定代表人因涉嫌刑事犯罪,被鄯善县公安局采取强制措施。企业更是遭到重创,同时某公司债权人也纷纷向某公司施加压力,要求某公司清偿债务,这不仅给某公司的经营带来巨大压力,也给鄯善县人民政府的维稳工作带来巨大压力。因焦化企业停止生产将面临焦炉停炉,造成炉体损坏甚至报废的重大风险,鄯善县政府、园区管委会为挽救某公司,将某公司托由当地另一工业企业经营,并为其下游炼钢企业搭建供销平台以促进销量,但某公司依旧没有起色,债务负担加剧。

考虑到某公司的生产能力及各项经营手续价值,为全面保护债权人的利益,维护社会的稳定,鄯善县政府、县园区管委会鉴于某公司难以清偿到期债务,严重缺乏清偿能力,决定同意由具有国资背景的某煤业公司向鄯善县人民法院提出重整申请,拟通过重整方式挽救企业。

2017年9月30日,某煤业公司以某公司无力清偿其到期债务为由,申请对某公司进行破产重整。2017 年 10 月 12 日，鄯善县人民法院作出(2017)新 2122 民破 2 号裁定书，裁定受理某煤业公司的重整申请，同时从新疆维吾尔自治区高级人民法院管理人名册中以抽签方式确定管理人，根据抽签结果，指定新疆天阳律师事务所担任鄯善某公司管理人。

管理人接到决定书后，迅速组建团队，建章立制、刻制公章、开立账户并接管企业。根据债务人企业账面记载，整理债权债务清册，逐个向已知债权人送达申报债权通知书。在债权申报同时，聘请专业的第三方机构对某公司进行审计评估工作，以充分掌握企业的财务及财产状况。管理人在第一次债权人会议前，出具债权审查意见并将债权申报及审查意见提交债权人会议供债权人核查。

第一次债权人会议后，管理人通过公开招募拟引入实力雄厚并具有行业管理经验的投资人，重新规划和布局某公司的现有产业，增强某公司的核心竞争力和持续的经营能力、盈利能力。招募期间，管理人共收到 2 名意向投资人提交的意向重整某公司的申请文件。为维护债权人的利益，经管理人与潜在投资人多轮协商，最终确定阜康市某公司为某公司重整的投资人。经过管理人与债权人、债务人、投资人沟通，管理人草拟《重整计划草案》并经债权人会议表决通过。

【争议焦点】

为了全面保护债权人的利益，管理人履行通知债权人申报债权职责，但仍有个别债权人未在债权申报期间向管理人申报债权。对于在管理人通知申报债权后未按期申报债权的债权人，在重整计划执行期间能否申报债权以及如何参与分配进行如下法律分析。

【律师代理思路】

《破产法》第 92 条规定："经人民法院裁定批准的重整计划，对债务人和全体债权人均有约束力，债权人未依照本法规定申报债权的，在重整计划执行期间不得行使权利，在重整计划执行完毕后，可以按照重整计划规定的同类债权的清偿条件行使权利"。从本条内容来看，对在债务人重整计划执行期间能否向管理人申报债权、如何参与分配的问题没有规定。"重整计划执行期间不得行使权利"，是指不能向管理人申报债权，还是不得向债务人主张权利？法律规定不明确，显得过于宽泛。对重整计划执行完毕后，也就是偿债资金分配完毕后，未按期申报债权的债权人，是否可以按照重整计划规定的同类债权的清偿条件行使权利,存在的争议更大、分歧更多。

管理人认为,在重整计划执行期间,未申报债权的债权人可以申报债权,但对重整计划已确定分配的,不再分配;对剩余尚未分配的,按同类债权的比例参与分配。理由如下:

其一,《破产法》第56条:"在人民法院确定的债权申报期限内,债权人未申报债权的,可以在破产财产最后分配前补充申报;但是,此前已进行的分配,不再对其补充分配。"重整计划的执行程序就是一个分配程序,是众多债权人对投资人偿债资金的分配,重整计划的债务调整方案、债务清偿方案均明确规定了不同债权清偿顺序、清偿比例,而受理法院对重整计划裁定确认,实质是对分配的最终确定。在重整计划执行阶段,管理人及债务人的任务是落实重整计划、追索对外债权,如果有剩余财产,就进行二次分配。这时如果有未按期申报的债权人,就可以申报债权,并就剩余的财产按同类债权比例受偿。

重整程序与破产清算程序相比,只是经营主体的延续,而非偿债主体的延续,也只有在清偿债权问题上"置之死地",才能在经营问题上"后生"。《破产法》第56条的规定也应该适用于重整程序。

其二,从公平角度来讲,在重整计划执行期间或执行完毕后,债权人如果按照《破产法》第92条的规定:"……可以按照重整计划规定的同类债权的清偿条件行使权利",是对按期申报债权人的极大不公平。《破产法》第45条规定的申报期限即"人民法院受理破产申请后,应当确定债权人申报债权的期限。债权申报期限自人民法院发布受理破产申请公告之日起计算,最短不得少于三十日,最长不得超过三个月",就可能会诱发债权人恶意补充申报的道德风险,即降低正常债权申报期间的申报数额以提高清偿率,如只申报部分债权或隐瞒不申报,待清偿率确定,重整计划裁定确认后,再向债务人主张权利,以获取更多的清偿,这无疑使债务人、投资人陷入为难的处境,对企业的重整及按期申报的债权人极为不利。

【案件结果概述】

2018年8月15日新疆鄯善县人民法院(2017)新民破2号-2民事裁定书裁定如下:

(1)批准鄯善某公司有限公司重整计划;

(2)终止鄯善某公司有限公司重整程序。

【相关法律规定】

（一）重整程序中，出资人组对出资人权益调整事项表决通过的标准

《破产法》第85条规定，“重整计划草案涉及出资人权益调整事项的，应当设出资人组对该事项进行表决”，《最高人民法院关于适用〈中华人民共和国企业破产法〉若干问题的规定（三）》第11条第2款规定，“对重整计划草案进行分组表决时，权益因重整计划草案受到调整或影响的股东有权参加表决”，而出资人组对出资人权益调整事项表决通过的标准，《破产法》及相关司法解释均没有规定。目前理论界及实务界有两种观点：一种观点认为，出资人组的表决方法原则上适用有关股东会和股东大会对公司重大事项的表决方法，即单一标准说。另一种观点认为，出资人组的表决标准不适用《公司法》上的股东大会表决标准，而是采用“人数”和“出资额”双重多数的标准，即出席表决会议的出资人过半数同意重整计划草案，并且其所代表的出资额占企业出资总额2/3以上的，出资人组通过重整计划草案。管理人倾向于前一种观点，认为有限责任公司的出资人权益调整事项，经股东所持表决权的2/3以上同意，即为通过；股份有限公司的出资人权益调整事项，经出席出资人组会议的股东所持表决权的2/3以上同意，即为通过。理由如下：

其一，重整程序的出资人表决实质就是股东表决，出资人会议类似于股东会。我国《公司法》第43条规定：“股东会会议作出修改公司章程，必须经代表三分之二以上表决权的股东通过”，第103条规定：“股份有限公司股东大会作出修改公司章程，必须经出席会议的股东所持表决权的三分之二以上通过”。《破产法》第85条规定的设立出资人组对出资人权益调整，实质是增加或削减股东权益，类似于股东会的增加或减少注册资本。因此管理人认为，在没有其他法律规定的情况下，只能比照《公司法》相关规定对出资人权益事项进行调整。

其二，最高人民法院及各省市区人民法院出台的司法解释及破产案件审理规程对此也有规定。例如，《最高人民法院印发〈关于审理上市公司破产重整案件工作座谈会纪要〉的通知》第7条规定，关于上市公司破产重整中出资人组的表决，会议认为，出资人组对重整计划中涉及出资人权益调整事项的表决，经与表决的出资人所持表决权2/3以上通过的，即为该组通过重整计划草案。又如，深圳市中级人民法院《审理企业重整案件工作指引（试）》第94条。再如，山东

省高级人民法院《企业破产案件审理规范指引(试行)》第151条。

(二)重整计划执行中,出资人股权被质押查封,在其股权价值调整为零的情形下,如何办理工商变更登记

《破产法》第89条规定,“重整计划在人民法院裁定批准后,由债务人负责执行”。重整计划通常涉及企业重组或出资人权益调整方案,其核心是债务人股权结构的变动。但在实践中,由于股权登记机构因股权被设定了质押或被其他法院查封冻结,而导致股权登记无法实施,影响了重整计划的执行,对此问题,《破产法》并无规定。管理人认为,在重整计划执行中,出资人权益调整为零情形下,受理法院可裁定直接注销股权质押,解除股权查封,办理工商变更登记。理由如下:

其一,在债务人的资产不足以清偿全部债务的情形下,股东权益为负数,股权价值调整为零是公平、公正的。原《担保法》第81条规定,“权利质押除适用本节规定外,适用本章第一节的规定”,即还适用于《担保法》关于质押的规定,根据原《担保法》第73条的规定“质权因质物灭失而消灭”,在资不抵债情形下,出资人的股权已为负数,相当于质物之灭失。在质物已灭失,质权人消极办理注销质押、查封冻结法院不配合办理解封的情形下,受理法院可裁定注销原出质人股权,注销股权质押办理解封手续,并根据重整计划将股权划转到重整投资人名下。

其二,重整计划虽然具有多方合同性质,但不是依据当事人的协商生效,而必须由法院裁定批准生效,重整计划获得批准后,即成为法院裁定书的组成部分,法院的判决、裁定和调解书以国家强制力保障实施,具有强制执行力。《民事诉讼法》第236条明确规定,“发生法律效力的民事判决、裁定和调解书,当事人必须履行”,否则,人民法院可强制执行。因此,在重整计划执行中,出资人相关权利人及司法机关,必须配合受理法院做好重整执行工作,在其不配合情形下,受理法院可以强制执行,裁定注销出资人股权,解除查封,办理股权变更登记手续。

管理人认为,重整程序中被质押、查封股权的出资人,在出资人权益调整为零的情形下,受理法院可以采取强制措施裁定注销股权质押,解除查封并办理股权变更登记手续。目前我国还没有明确的法律规定,针对股权担保权利人是否可参加出资人组的会议并进行表决,但我国部分专家学者的观点认为,股权担保权利人不能参加表决,但是可参会,发表意见。管理人结合实际工作,最终参考并同意了该意见。

【案例评析】

2016 年最高人民法院印发《关于在中级人民法院设立清算与破产审判庭的工作方案的通知》，全国范围内破产案件的数量开始上升，尤其是破产重整案件。新疆天阳律师事务所办理的某公司重整案，是鄯善县第一个重整案件。

本案重整执行期即将结束，重整执行期间，重整投资人通过重建厂区基础设施，改善厂区生产经营环境，对脱硫脱硝工艺、水处理，炼焦煤进、储、配、运等一系列工序装备的重新配置，使某公司达到学以致用、符合标准的良好局面，在重整计划执行期间共向当地税务局缴纳 5000 余万税款。

破产重整案件较清算案件而言复杂程度较高，受时间约束，需要有一个稳定高效的律师团队才能顺利推动破产重整案件的办理，同时也需要懂法律、善协商、会沟通的管理人。

【结语和建议】

在办理本案的过程中，虽然管理人能妥善解决一些法律尚未明确的问题，但仍存在瑕疵及难点，需要不断学习来完善和加强自身的业务综合能力。某公司重整案行业专业性极强，是对重整案件的业务能力极大的锻炼，暴露的问题与难点值得反思。

案例编号：XJLGFS1588219513

新疆天阳律师事务所 段 娜

第十一章　公证业务类

甲遗嘱信托公证案

【案情简介】

2017年1月,一位女性当事人甲来到江苏省南京市南京公证处告诉公证员:她现为离异状态,自多年前和前夫离婚后,一直独自抚养幼子,由于职业原因,需要经常出差。为防止因其意外身故导致幼子的生活质量发生重大改变,以及保障其名下财产的安全并能悉数用于幼子的生活教育等开支,不被幼子的生父以监护人的身份或是其他别有用心之人侵占或挥霍,她希望公证机构可以帮助其设立公证遗嘱信托,通过公证的方式为其去世之后的财产保护和幼子抚养提供法律保护。

公证员在为当事人定制遗嘱信托文件时,除了严格遵循我国《继承法》《公证法》规定的公证遗嘱订立的基本要素外,同时针对当事人的个性化民事信托想法,按照我国《信托法》关于信托设立的相关规定,为当事人设计了符合其需求的信托结构、信托财产管理模式以及子女抚养实施等条款,将当事人对子女未来生活、教育等的规划安排精准定位并有效体现在信托条款中,创造性地将公证的"公"属性和民事信托的"私"特点巧妙安排,发挥了公证的非讼职能价值。应当事人的要求,遗嘱的执行人由南京公证处担任。当遗嘱信托生效后,南京公证处将全面负责遗嘱执行工作,按照法定程序和遗嘱信托的规定,完成包括死亡事实查验,审核受托人身份,固定相关人员意思表示,清查遗产状况,起草权属转移文件,出具法律文书,协助受托人办理财产权属变更等在内的一系列遗嘱执行事务。根据当事人的申请,由南京公证处负责保管公证遗嘱信托文件。南京公证处按照《公证法》《公证程序规则》以及中国公证协会《办理遗嘱保管事务的指导意见》的规定,严格履行公证机构保管遗嘱信托文件的规范程序要求,细致完成对遗嘱信托文件的密封和存管手续,并依据公证档案管理的相关规定,将密封文件妥善保管。当事人在办理公证遗嘱信托以及公证遗嘱文件保管后给公证员发来微信:"感谢公证员提供了热情、专业的服务,对公证员出色的法律功底和工作能力表示由衷的钦佩。"

为了帮助当事人实现对财富保全和幼子抚养的良苦用心,公证员凭借多年对国内外涉及财富传承、民事信托、公证遗嘱等法律法规的深入研究以及扎实的综合法律运用素养,以我国《信托法》《继承法》等实体法为法律基础,以《公证法》《公证程序规则》为公证活动程序规范,结合当事人的客观需求,创造性地将公证遗嘱办理和民事信托设立这两类看似无关的内容有机结合,为当事人量身定制个性化的公证遗嘱信托解决方案,以公证活动的专业性、严谨性和人文性,为当事人自主、私密、准确地表达信托意愿提供实现载体,将当事人以公证遗嘱的方式设立未成年人抚养信托的私人意愿高质量地转化为具有公文书属性的公证法律文件。

【公证书格式】

遗嘱信托文件

一、遗嘱信托当事人的基本信息

【委托人(遗嘱人)】:

姓名:甲,性别:×,出生日期:××××年××月××日,公民身份证号码:××××,电话:××××,国籍:中国。

住址:江苏省南京市××区×××室

【受托人】:

姓名:乙,性别:×,出生日期:××××年××月××日,公民身份证号码:××××,电话:××××,国籍:中国。

住址:江苏省南京市××区×××室

【受益人】:

姓名:丙,性别:×,出生日期:××××年××月××日,公民身份证号码:××××,电话:××××,国籍:中国。

住址:江苏省南京市××区×××室

二、委托人(遗嘱人)对设立遗嘱信托的特别说明

1. 在订立本遗嘱信托时,委托人(遗嘱人)身体状况良好,精神状况正常,具有完全的民事行为能力。本遗嘱信托所有内容均为委托人(遗嘱人)的真实意思表示,无受胁迫、受欺骗的情形。

2. 委托人(遗嘱人)以遗嘱的方式设立信托的目的真实、合法,信托财产是委托人合法所有的财产。

3. 委托人(遗嘱人)对订立本遗嘱信托可能产生的法律效果和可能存在的风险均已知悉并自愿承担。

4. 在订立本遗嘱信托前，委托人（遗嘱人）确认没有针对相关财产订立任何形式的遗嘱或与他人签订遗赠扶养协议。

5. 委托人（遗嘱人）对受托人高度信任，委托人（遗嘱人）确认受托人具备未来处理信托事务的能力，委托人（遗嘱人）对受托人处理信托事务可能产生的结果已有充分的理性的认识。

三、设立本遗嘱信托之目的

为保障受益人的生活、教育、医疗等质量不因委托人（遗嘱人）的离世而发生重大改变，委托人（遗嘱人）之财产能够实际为受益人所享受且无被滥用、侵占或挥霍之虞，委托人（遗嘱人）自愿订立本遗嘱信托，由受托人按委托人（遗嘱人）的意愿以自己的名义，为受益人的利益管理和处分信托财产。

四、信托财产的内容

1. 信托财产为委托人（遗嘱人）死亡时遗留的所有合法财产。

2. 信托财产为本遗嘱信托文件附件（信托财产清单）中列明的财产。委托人（遗嘱人）需修改附件（信托财产清单）中列明的信托财产内容时，将以书面形式进行，经委托人（遗嘱人）签字确认的信托财产内容修改文件作为本遗嘱信托的附件交存公证处保管。

五、对信托财产权属转移的安排

1. 在委托人（遗嘱人）死亡之后，本遗嘱信托中所列明的信托财产应当依法转移至受托人名下。

2. 信托财产转移至受托人名下的相关事宜由遗嘱执行人具体负责，受托人或是受益人应当积极配合遗嘱执行人履行职责。

六、受托人的权利、义务和责任

1. 受托人的权利

（1）受托人为了受益人的利益，可自行管理或处分上述信托财产。管理或处分行为包括但不限于出租、抵押（质押）、出售、典当等一切受托人认为合适的方式。

（2）信托生效后，受托人独立处理信托事务，不受受益人及其他人员的不当干涉。

（3）依据本遗嘱信托的规定，获取相应报酬的权利。

（4）我国《信托法》等相关法律法规规定的其他权利。

2. 受托人的义务

（1）遵从信托文件的规定，以受益人的最大利益为宗旨，忠实、审慎地处理

信托事务;

(2)受托人在处理信托事务时,应该采取合理的技能并履行适当的注意义务;

(3)受托人应当保持好账目资料和处理信托事务的有关文件;

(4)受托人应自己处理信托事务,不得由他人代理;

(5)我国《信托法》等法律法规规定的其他义务。

3.受托人的责任

(1)受托人将信托财产转为其固有财产的,必须恢复该信托财产的原状;造成信托财产损失的,应当承担赔偿责任;

(2)受托人违背管理职责或者处理信托事务不当对第三人所负债务或者自己所受到的损失,以其固有财产承担;

(3)受托人违背信托保密义务造成受益人损失的,依法承担赔偿责任;

(4)我国《信托法》等法律法规规定的其他责任。

七、受益人的权利和义务

1.受益人的权利

(1)根据本遗嘱信托文件的设定,有权获取信托利益。如受益人为两人以上时,各受益人按照均等的比例享受信托利益。

(2)本信托终止后,如本遗嘱信托文件有设定的,则依据信托文件的安排取得对应的剩余信托财产及由其所生之利益。

(3)受托人不履行或不适当履行信托义务的,受益人有权要求受托人改正,受托人拒不改正的,受益人可以提请人民法院更换受托人并要求受托人承担造成的损失。

(4)我国《信托法》等相关法律法规规定的其他权利。

2.受益人的义务

(1)受益人不得不当干涉受托人处理信托事务;

(2)受益人在信托存续期间,不得转让、抵押信托受益权。

八、遗嘱信托的成立和生效

本遗嘱信托在符合我国《继承法》《信托法》等法律法规规定的法律要件后成立及生效。

九、对受托人报酬的安排

本信托为无偿,受托人不得请求给付报酬。

十、本信托的终止条件

1. 受益人年满 18 周岁、取得本科学位（硕士、博士学位）、缔结合法婚姻、首次生育子女时，本信托自动终止。

2. 我国《信托法》等法律法规规定的其他情形。

十一、信托终止后信托财产的归属

本信托终止后，剩余的信托财产本身及其所生之利益，均归属于受益人个人所有，且不作为其夫妻共同财产。

十二、对本遗嘱执行的安排

1. 指定江苏省南京市南京公证处作为本遗嘱的执行人。遗嘱执行相关费用从信托财产中列支。

2. 受托人、受益人应当积极配合执行人办理遗嘱执行相关事宜。

十三、关于信托监察人的安排

1. 信托监察人的职责为监督受托人适当管理、处分信托财产，分配信托利益，促使受托人为受益人的最大利益管理信托事务。

信托监察人的权利为：

（1）受托人违反信托目的处分信托财产的，信托监察人可以申请人民法院撤销；

（2）受托人因管理不当致使信托财产发生损失或者违反信托目的处分信托财产的，信托监察人可以请求受托人予以赔偿；

（3）受托人将信托财产转为自身固有财产的，信托监察人有权请求受托人改正，并将由此获得的利益归入信托财产；给信托财产造成损失的，信托监察人有权请求受托人赔偿损失。

（4）债权人违法对信托财产申请进行强制执行的，信托监察人有权向人民法院提出异议。

2. 指定江苏省南京市南京公证处作为信托监察人。

3. 信托监察人的报酬为每月 1000 元。监察人报酬从信托财产中列支。

十四、关于本信托的特别规定

1. 当受益人是唯一受益人时，如出现受益人自愿放弃信托受益权或受益人死亡的，剩余的信托财产本身及其所生之利益，全部由受益人的所有子女平均享有。

2. 当受益人为两人以上时，部分受益人自愿放弃信托受益权或死亡的，其所享有的信托受益权由该受益人的所有子女平均享有。

3. 信托存续期间,受托人职责终止时,由江苏省南京市南京公证处全权负责选任新的受托人。选任受托人的相关费用支出从信托财产中列支。

十五、关于其他事项的说明

1. 本遗嘱信托文件共一式两份,一份做成公证书,另一份由公证处存档。

2. 任何对本遗嘱信托文件的修改必须以公证书形式作出,否则,不生修改效力。

3. 委托人(遗嘱人)已确认本遗嘱信托文件符合自身需求,委托人(遗嘱人)对本遗嘱信托文件签字确认。

委托人(遗嘱人)签名:

日期:××××年××月××日

公　证　书

(2016)×××内字第×××××号

申请人:甲(姓名),×(性别),公民身份证号码:××××。

公证事项:遗嘱信托

兹证明立遗嘱人甲(姓名)于××××年××月××日来到我处,在本公证员和公证人员丁的面前,在前面的《遗嘱信托文件》上签名,并表示知悉遗嘱信托的法律意义和法律后果。

甲(姓名)订立遗嘱的行为符合《中华人民共和国民法通则》第五十五条、《中华人民共和国继承法》第十六条的规定;信托内容符合《中华人民共和国信托法》的有关规定。

中华人民共和国江苏省南京市南京公证处

公证员:×××

二〇一七年××月××日

案例编号:JSGGGY1515084593

江苏省南京市南京公证处　张　鸣

某县财政局现场监督公证案

【案情简介】

西北某县一牧业村于2015年利用三江源二期工程项目，共新建7座各1200平方米的养殖畜棚。自项目建成后，由于牧户发展资金有限，加之传统的思维方式和经营模式的影响，群众自我加压、自我发展的积极性不高，一味等待政府的扶持和投入，畜棚处于闲置状态，极大地浪费了资源，延误了发展机遇。为此，县财政局决定改变现状，最大限度地盘活现有资源，再次整合涉农资金100万元进行精准扶持，调动困难群众的积极性。为避免"撒胡椒面"的做法，对7个养殖合作社就牧户入股、入股羊只、贫困户占比、财务管理、年终盈利或分红、自行投入资金、目前存栏数7项指标进行评分，优选经营管理比较正规、发展思路清晰的3家合作社进行重点扶持，从而达到刺激其他合作社主动跟进、激发活力的效果。为保证评分会公平、公正，县财政局向公证处申请了现场监督公证。

公证处在受理其评分会现场监督公证的申请后提前向申请人详细询问评分会的筹备情况，对主办评分会的单位的主体资格和评委名单进行了认真的审查，通过查阅资料，收集相关证据，询问拟扶贫项目的立项、报批、扶贫资金来源等情况，最终确定举办评分会的单位具有合法的主体资格，公证处亦派员参加了现场监督。为保证评分会的顺利进行，避免会议现场发生混乱，公证员对会议的程序提出了具有可行性的建议。在评分会现场，公证员认真听取并作了现场工作记录，参会人员均在记录上签字确认，评分结束后各合作社负责人均未对评分结果提出异议。最后，公证员现场发表了公证词，随后出具了公证书。

【公证书格式】

公　证　书

(2017)×××证经字第××××号

申请人：××县财政局，统一社会信用代码：××××，住所：××省××藏族自治州××县××路。

法定代表人：甲，男，××××年××月××日出生，公民身份证号码：××××，住址：××省××县××镇××号。职务：局长。

委托代理人:乙,女,××××年××月××日出生,公民身份证号码:××××,住址:××省××县××镇××村××号。

公证事项:××县××镇××村养殖专业合作社评分现场监督。

申请人××县财政局法定代表人甲的委托代理人乙于××××年××月××日向本处提出申请,对××县××镇××村养殖专业合作社评分现场进行现场监督公证。

经查,申请人××县××局具有法律规定的民事权利能力和民事行为能力,申请人向本处提交了《关于××资金整合使用方案》《××县××镇××村养殖专业合作社评分标准》《××县××镇××村养殖专业合作社运营管理情况评分表》《××县××镇××村养殖专业合作社评分汇总表》《统一社会信用代码证》《授权委托书》,以上材料均真实、有效,程序符合《关于××资金整合使用方案》规定,评分标准及评分过程合法。

根据《中华人民共和国公证法》《公证程序规则(试行)》的规定,本公证处指派公证员丙、公证员助理丁于××××年××月××日出席了在××县××镇××村举办的评分活动。评委朱某某、谢某某、多某现场对××××养殖专业合作社、××养殖专业合作社、×××养殖专业合作社、×××××生态畜牧业专业合作社、×××××生态畜牧业专业合作社、×××养殖专业合作社、××奶产品开发有限公司七家合作社进行了现场评分,评分结果名单附后(附件2、附件3)。

兹证明,本次现场评分活动各方当事人具有合法的民事主体资格。评分过程符合《××县××镇××村养殖专业合作社评分标准》的规定,评分结果真实、有效。

附件:1. 现场工作记录。

2. ××县××镇××村养殖专业合作社运营管理情况评分表。

3. ××县××镇××村养殖专业合作社评分汇总表。

4. 现场照片四张。

中华人民共和国××省××县公证处

公证员:×××

××××年××月××日

案例编号:GGGY1512120936

青海省贵德县公证处　王晓云

组合保全证据公证案

【案情简介】

山东省A有限公司（以下简称A公司）系青岛B有限公司（以下简称B公司）的股东，持有B公司90%的股权。A公司为国有企业，另外还有两个自然人股东，现根据国家经济布局和结构的战略性调整的要求，A公司拟将上述股权全部转让。根据《公司法》及B公司章程等有关规定，该股权转让事宜需要经过B公司股东会讨论表决，A公司也需要就其股权转让事宜征求其他股东意见，并且需书面告知其他股东在同等条件下享有优先购买权。但由于两位自然人股东担心在A公司的股权转让后，B公司的发展会受到影响，进而使自己的权益受损，所以一直不愿配合召开股东会，也不愿意配合A公司履行相关程序。A公司陷入两难境地，于是向青岛市某公证处进行咨询，寻求帮助。

公证员在同其充分沟通后，经过仔细研究，为其设计了公证法律服务方案：首先，A公司以股东身份向B公司提议召开临时股东会，由B公司以邮寄书面通知的方式通知全体股东召开临时股东会，公证处为其办理邮寄送达文书保全公证；其次，在B公司召开临时股东会时，公证处为其办理召开股东会过程的保全证据公证；最后，如果有股东未参加临时股东会，A公司以邮寄告知函的方式告知其他股东，公证处为其办理邮寄送达文书保全公证。A公司经过研究，欣然接受了公证员提出的公证方案并于当日向B公司提议召开临时股东会。

次日，B公司的委托代理人甲携带营业执照、公司章程、授权委托书、身份证、公证申请书、召开临时股东会通知书等材料，来到公证处申请办理邮寄送达文书公证申请，公证员认真审核了相关资料，认为符合《公证程序规则》的要求，遂决定予以受理。两名公证人员随同甲一起来到邮局，在两名公证人员的现场监督下，甲将召开临时股东会通知书交付邮局进行邮寄，现场取得的邮件寄送回执交公证人员保管，公证员制作了《工作记录》后又依程序为其出具了《公证书》。

20日后，B公司的委托代理人甲再次携带相关材料来到公证处申请办理临时股东会保全证据公证，公证员审核相关资料均符合《公证程序规则》的要求，决定予以受理。两名公证人员按照上述召开临时股东会通知书的时间地点，来到会议现场。公证员首先对股东的身份进行了审查，确认三方股东均已到场，然后依事先确定的会议议程进行讨论表决，代表A公司出席股东会的代表在股东会现场,向另外两名股东宣读并送达了告知函,明确告知其在同等条件下享有优先购买权等内容,两名股东进行了签收,最后各方均在股东会决议和会议记录上签字,会议全程进行了录像。公证员制作了《工作记录》,后又依程序为其出具了《公证书》。

在取得关于临时股东会会议保全证据的《公证书》后,A 公司向山东省产权交易中心提出进场挂牌交易申请,经审查符合要求,现已顺利挂牌。

公司股权转让是股东行使股权的一种平常且普遍的方式,随着国家经济布局和结构的战略性调整的持续进行,国有股权转让也越来越多,但同时在转让过程中,因部分程序失当,或证据未固定等原因,引发的纠纷在公司诉讼中也最为常见。公证制度作为一种可以有效预防纠纷的准司法制度,应当积极发挥公证职能,为实现国有企业的战略转型提供公证法律服务支持。

在既有国有股权又有非国有股权的公司中,国有股权一般处于主导或控股地位,应该说这种股权比例对于国有股权利益的保护还是很有利的,同时国家为了加强监督管理,防止国有资产流失,也制定了一系列的规章制度。但需要我们注意的是,在依法治国的现代化国家,对于公司的治理,不能只保护国有股权利益而忽视非国有股权的利益,必须为非国有股权(特别是中小股东的权益)提供同样的法律保护。公证机构通过提供公证法律服务,可以规范国有股份股东与非国有股份股东、大股东与小股东的行为,可以很好地保护股东的合法权益,平衡各方利益,真正实现公司的现代化治理。

【公证书格式】

公　证　书

(2017)青××证经字第××××号

申请人:B 有限公司,住所:青岛市××××,《营业执照(副本)》统一社会信用代码:×××,法定代表人:王某某。

代理人:焉某某,男,××××年××月××日出生,公民身份证号码:××××。

公证事项:保全行为

申请人的授权代理人焉某某于二〇一七年九月二十九日来到我处,声称 B 有限公司欲于二〇一七年十月十九日召开股东会议,审议关于 B 有限公司的股东A开发有限公司转让公司股权的事宜。根据《中华人民共和国公司法》的要求，公司决定将书面通知《B有限公司股东会会议通知》以EMS全球邮政特快专递的方式向两位自然人股东李某、翟某某分别寄送。为留存证据，现向我处申请对其寄送《B股东会会议通知》的过程进行保全证据。

根据《中华人民共和国公证法》的规定，本公证员与本处工作人员刘某某及B的委托代理人焉某某于二〇一七年九月二十九日下午来到位于青岛市市北区×××路××号丁的中国邮政××支局，焉某某以EMS全球邮政特快专递的方式向翟某某（地址：青岛市××）寄送《B有限公司股东会会议通知》一份，取得了邮件编号为×××××的《EMS全球邮政特快专递　国内标准快递　寄件人存联》一张（内容见附件三）。

兹证明与本公证书相粘连的《工作记录》的复印件与原件内容相符，原件上刘某某、焉某某的签名属实（详见附件一）；与本公证书相粘连的《B有限公司股东会会议通知》的复印件与原件内容相符（详见附件二）；与本公证书相粘连的《EMS全球邮政特快专递　国内标准快递　寄件人存联》的复印件与原件相符，原件存于我处，确为焉某某在本公证员和公证处工作人员刘某某的监督下邮寄上述材料时取得。

附：1.《工作记录》复印件一份（共1页）；

2.《B有限公司股东会会议通知》复印件一份（共1页）；

3.《全球邮政特快专递　国内标准快递　寄件人存联》复印件一份（共1页）。

中华人民共和国山东省青岛市××公证处

公证员：×××

二〇一七年××月××日

公　证　书

(2017)青××证经字第××××号

申请人：B有限公司，住所：青岛市××××，《营业执照（副本）》统一社会信用代码：×××，法定代表人：王某某。

代理人：焉某某，男，××××年××月××日出生，公民身份证号码：××××。

公证事项：保全行为

申请人的授权代理人焉某某于二〇一七年十月十八日来到我处，声称“我公司定于二〇一七年十月十九日十时在青岛市市北区××路××号××广场B座九楼会议室召开公司临时股东会会议,研究公司股东A开发有限公司采取到山东省产权交易中心挂牌转让其持有的公司股权事宜。为固定证据,特向贵处申请对股东会的召开过程进行公证。”经审查符合《公证程序规则》,我处决定予以受理。

根据《中华人民共和国公证法》的规定,本公证员与公证处工作人员贾某某于二〇一七年十月十八日十时许,来到青岛市市北区××路××号××广场B座九楼会议室(910房间),在本公证员和公证处工作人员贾某某的监督下,参会人员陈某某、孙某某、李某、张某、焉某某进行了如下活动:首先参加人员在签到表上签到(详见附件2-1);然后相互确认身份的真实性,其中孙某某出示了委托人为B开发有限公司的《授权委托书》(详见附件2-2)和本人的《居民身份证》,张某出示了公证书编号为(2017)青××证民字第××××号《公证书》(详见附件2-3、2-4、2-5)和本人的《居民身份证》,李某声称忘记带身份证件,但其他参会人员均确认其身份的真实性。随后在A有限公司的法定代表人陈某某的主持下,就预定的会议议题进行了研讨和表决,由焉某某进行会议记录。在确认记载准确后,参会人员在《A有限公司临时股东会会议记录》上签字(详见附件2-6、2-7、2-8),孙某某、李某、张某在《A有限公司股东会决议》上签字(详见附件2-9)。会议于十时五十分许结束。上述会议过程进行了录像,会议结束后,录像所使用的存储卡交由公证人员带走。

兹证明与本公证书相粘连的《工作记录》的复印件与原件内容相符,原件上贾某某的签名属实(详见附件1);与本公证书相粘连的《A有限公司股东会签到表》《授权委托书》《公证书》《A临时股东会会议记录》《A置业有限公司股东会决议》复印件与原件内容相符(详见附件2),原件均为会议现场取得;与本公证书相粘连的光盘为现场录像刻录而成(详见附件3)。

附:1.《工作记录》复印件一份(共1页);

2.会议现场取得的材料的复印件(共9页);

3.会议现场录像光盘一份(共1页)。

中华人民共和国山东省青岛市××公证处

公证员:×××

二〇一七年××月××日

案例编号:SDGGGY1557476707

山东省青岛市市中公证处　郑蓉辉　肖常季

遗赠扶养协议公证案

【案情简介】

一位大爷来到我处咨询,因其无配偶、无子女,想通过办理公证的方式确定生前的扶养人和死后丧葬义务的履行人。

一开始,这位大爷说要立遗嘱,把房产留给他的侄子(他弟弟的儿子),说当时是侄子用了他的宅基地建的房子,自己年纪大了,办理公证好放心。

通过进一步的询问,这位大爷是五保户,无配偶,无子女,村里每月有生活补助。因现在年龄大了,平时都是侄子来给打理,生活上也是侄子在照料。大爷宅基地上有处房产因年久失修,无法居住,后来由侄子全额出资修建,房屋建好后,老人在里面生活居住。因此,大爷就想着到时候由侄子给他养老送终,自己地上的房子本来也是侄子出钱盖的,死后也由侄子来继承,名正言顺。

通过当事人的陈述,可知这是遗赠扶养协议公证事项。公民可以与扶养人签订遗赠扶养协议,按照协议,扶养人承担该公民生养死葬的义务,享受受遗赠的权利。

根据我国《继承法》和《最高人民法院关于贯彻执行〈中华人民共和国继承法〉若干问题的意见》的有关规定,五保户处分财产遵循以下的原则进行即可:(1)集体组织对"五保户"实行"五保"时,双方有扶养协议的,按协议处理;(2)没有扶养协议,死者有遗嘱继承人或法定继承人要求继承的,按遗嘱继承或法定继承处理,但集体组织有权要求扣回"五保"费用。

也就是说,如果协议里有对财产的约定处理,应当先按协议约定履行;没有签订协议或者协议里没有约定对财产的处理的,可以立遗嘱。因此,在办理时,需要审查五保户与村集体是否签署书面的扶养协议以及扶养协议中是否有对财产处分的约定,没有的话就可以受理,有的话公证机构不宜受理。

经过审查,本案例中,当事人与村集体并未签订扶养协议,因此,我处予以受理,并对其与侄子签署的遗赠扶养协议予以公证,同时,在办理时着重告知村集体有权扣回"五保"费用的相关规定。

【公证书格式】

公　证　书

(2019)鲁临沂兰山证民字第××号

甲方(遗赠人、被扶养人):张某某,男,××××年××月××日出生,公民身份证号码:××××,住址:山东省临沂市罗庄区××街道××村。

乙方(受赠人、扶养人):张某,男,××××年××月××日出生,公民身份证号码:××××,住址:山东省临沂市罗庄区××街道××村。

公证事项:遗赠扶养协议

甲方张某某与乙方张某于二〇一九年五月二十日向本处申请办理前面的《遗赠扶养协议》公证并提交了身份证、居民户口簿、证明、遗赠扶养协议等证明材料。

经查,甲方张某某与乙方张某是伯侄关系,甲方张某某是特困供养人员,无儿无女。甲方愿意将协议中所有的个人财产遗赠给乙方,并由乙方承担扶养甲方义务;乙方愿意承担扶养甲方义务,并愿意接受甲方遗赠的财产。现双方当事人经协商一致订立了前面的《遗赠扶养协议》。协议的主要内容如下:

第一条　甲方所有的如下个人财产在甲方去世后赠与给乙方:

房产一处,位于临沂市罗庄区××街道××社区,门牌号:××××,房屋四至为:东至A,西至B,南至C,北至D。

第二条　乙方扶养义务的约定

乙方负责甲方的吃、穿、住、行、医疗、养老等扶养义务,扶养义务是指在生活上照顾、经济上给予帮助,精神上给予慰藉。具体为:

饮食安排:乙方负责甲方一日三餐,饮食上应照顾甲方年纪和习惯。

生活安排:保证甲方四季穿衣保障,衣物、被褥整洁、常洗常换。同时乙方应于每月十日前给付甲方生活费600元。

医疗安排:甲方生病应及时安排治疗,住院等医疗费用由乙方承担。同时乙方应于每月十日前给付甲方医疗补助费400元。

第三条　遗赠财产所有权的转移

乙方在甲方生前不得转移、处置甲方个人财产,乙方应在甲方去世之后30日内办理遗赠财产的所有权转移手续。不需办理财产所有权转移手续的,乙方占有即视为已取得遗赠财产。

第四条　遗赠财产的保管、管理和维护责任

甲方应负责对遗赠遗产的保管和维护责任，不得单方处置上述第一条列明遗赠的财产（包括但不限于赠与、买卖、设置抵押等）。遗赠的财产损坏或者甲方单方处置给第三方，乙方有权要求甲方修理、更换或收回；甲方拒不修理、更换或收回的，乙方有权终止协议。

因管理遗赠财产发生的费用以及遗赠的财产确需维修的，首先从甲方财产中支付，甲方财产不足以支付上述费用的，由乙方承担。

第五条　丧葬事务办理及费用承担

甲方过世后的丧葬事务由乙方负责，乙方应当按照当地政策和风俗办妥甲方丧葬事务。办理甲方丧葬事务的费用首先由甲方去世后留下的财物支付，不足部分由乙方承担。

第六条　遗赠扶养协议的执行

甲乙双方一致同意指定临沂市罗庄区××街道××社区居民张某某（公民身份证号码：××××）和张某（公民身份证号码：××××），负责监督本协议书的履行。

第七条　本协议的解除

1. 双方协商一致可以解除本协议；

2. 一方当事人无正当理由拒绝履行协议内容，另一方可以解除本协议。

3. 如果乙方在甲方生前未经其同意处置（包括但不限于赠与、买卖、设置抵押等）甲方的个人财产，甲方有权解除该协议。

第八条　违约责任

1. 甲方单方处置遗赠的财产导致本协议解除，乙方有权要求甲方退还已支付的扶养费；

2. 乙方无故不履行扶养义务导致本协议解除，不得享有受遗赠的财产，已支付的扶养费也不予退回。

第九条　本协议自签订之日成立并生效。本协议一式三份，具有同等法律效力；甲乙双方各执一份，公证机构留存一份。

第十条　本协议其他未尽事宜，由双方协商解决。

双方当事人明确了解协议的上述全部内容。双方当事人在订立协议时具有法律规定的民事权利能力和民事行为能力，双方订立《遗赠扶养协议》的意思表示真实，协议内容具体、明确。

依据上述事实，兹证明甲方张某某和乙方张某于二〇一九年五月二十日在本公证处,在本公证员面前签订了前面的《遗赠扶养协议》。双方当事人的签约行为符合《中华人民共和国民法总则》第一百四十三条的规定,协议内容符合《中华人民共和国继承法》的规定,协议上双方当事人的签名、指印均属实。

中华人民共和国山东省临沂市兰山公证处

公证员:×××

××××年××月××日

案例编号 SDGGGY1559810875

山东省临沂市兰山公证处　冯俊辉

保全证据公证维护行政执法公正案

【案情简介】

近年来,随着社会主义法治的不断完善,社会和审判机关对综合行政执法部门的执法依据和证据来源提出了更高的要求。尤其体现在对执法部门在行政执法过程中索取相关证据,如何确保证据的真实、客观、合法成为行政执法的一个难题。在适当的时候选择公证,采用证据保全的形式固定证据,成为一条可探索的新道路。江苏扬州某重工公司(以下简称重工公司)向河南某冶金公司(以下简称冶金公司)采购了一批原材料,生产过程中发现这批材料中混有不合格的产品,遂向扬州市广陵区市场监督管理局举报且已立案受理,并且市场监督管理局联系了上海某检测公司要对这批产品进行取样检测。由于重工公司是扬州当地的知名企业,冶金公司心存疑虑,担心市场监督管理局存有地方保护主义思想,在执法的过程中会偏袒当地企业。经过多番考虑,扬州市广陵区市场监督管理局向江苏省扬州市广陵公证处申请办理证据保全公证,对检测取样的过程进行证据固定。

在公证处受理了当事人的公证申请后,公证员现场查勘发现:这批原材料外由蛇皮袋包装,在重工公司厂房内堆放共计 69 袋,1 袋约 1 吨重,每袋中又约有 100 个小袋分包。重工公司相关人员陈述:这批原材料部分已经投入生产,已使用的原材料中发现每大袋中约有 100 个小袋分包,分为单层包装和双层包装,双层包装的原材料使用后导致生产的产品出现不合格情况,重工公司发现后立即对剩余的 69 袋进行封存,保持未拆封的状态堆放在厂房内。由于行政执法的期限要求,时间紧任务重,公证员立即和市场监督管理局取得联系,制定了取样方案并确定了取样时间。

2019 年 6 月 27 日，公证处的 3 名公证员以及 1 名公证人员来到重工公司堆放原材料的厂房，现场参与和陪同取样的人员有市场监督局的执法人员、计量称重的技术人员、上海检测公司的技术人员、买卖公司双方代表以及重工公司的工人。公证员现场核对多方当事人身份信息后，由计量称重人员现场安装、校准计量设备，分别对 69 袋原材料称重。在公证员的监督下，对 69 袋原材料依次分别拆包，以小包装袋的单、双层为标识进行分拣、计数并分别堆放。分拣后，按照申请人、当事人共同确认的抽样方法，由冶金公司代理人现场抽样，样品分别加外包装袋放入塑料箱封存，加贴封条并在封条上签名，交给上海检测公司的技术人员。上述过程，公证员全程参与，现场拍照、录像并当场制作了现场工作记录，由公证员及在场人签名。本次公证彻底打消了冶金公司的疑虑，其全程认可了此次抽样，非常配合，在公证员的工作记录上签字确认。

随着老百姓依法维权的意识不断增强，行政执法往往是引起群众纠纷、行政争议的敏感区、重灾区，也是公证可以有所作为的地方。公证的介入，无论是公证书还是公证影像资料，都可以令老百姓信服，日后打官司更容易获得法官采信。执法过程透明公开，对行政双方是约束也是保护。对公证行业而言，通过强化公证制度的执法协助属性，将公证纳入行政执法这一更为开阔、开放的场景中，从而更为直接地融入追求执法公正的价值体系中。

【公证书格式】

公　证　书

(2019)扬广证民内字第××号

申请人：扬州市广陵区市场监督管理局，统一社会信用代码：×××。

住所：江苏省扬州市广陵区×××。

负责人：李某

委托代理人：邵某，男，××××年××月××日出生，公民身份证号码：××××。

公证事项：保全证据

证词内容：

申请人扬州市广陵区市场监督管理局委托代理人邵某于××××年××月

××日向我处申请对其现场执法检查过程进行保全证据。

申请人提供了统一社会信用代码证书、委托书、立案审批表、现场执法检查实施方案等材料。

根据《中华人民共和国公证法》的规定，本公证员与公证员朱小某、朱雅某、公证人员李某甲以及申请人的委托代理人邵某、执法检查人员、淅川县某冶金材料有限公司的代理人柯某、曹某等于××××年××月××日上午共同来到扬州某重工有限公司［公证员拍摄厂区大门及硅铝铁堆放仓库外观照片计6张（见附件1）］。在该公司生产原料硅铝铁的堆放仓库，申请人进行了如下执法检查：

……（编者注：中间步骤省略）

上述执法检查过程，均由申请人现场使用执法仪录像。共取得现场视频计82个。

公证员现场监督了上述执法检查的全过程。

兹证明，与本公证书相粘连的现场工作记录5份计25页的复印件与原件相符、原件上现场人员的签名均属实、工作记录内容与现场实际情况相符；现场照片打印件43张均系公证员现场拍摄后打印所得，与现场实际情况相符；所附U盘（见附件33）系申请人使用执法仪现场拍摄视频后交由本处转存所得，U盘内的视频（计82个）记载的内容与现场实际情况相符，U盘以信封封存并加盖公证处密封章。

附：1. 现场照片计6张；

2. 现场照片计5张；

3～12. 现场工作记录计10页；

13～22. 现场工作记录计10页；

23～24. 现场工作记录计2页；

25. 现场工作记录计1页；

26～27. 现场工作记录计2页；

28～30. 现场照片计21张；

31～32. 现场照片计11张；

33. U盘密封件一份。

中华人民共和国江苏省扬州市广陵公证处

公证员：×××

二〇一九年××月××日

案例编号:JSGGGY1564715340
江苏省扬州市广陵公证处　李　波

广东省深圳市疫情防控物资保全证据公证案

【案情简介】

深圳市某全球供应链公司(以下简称供应链公司),在新冠肺炎疫情暴发期间,利用其强大的全球供应链网络,向全球采购包括口罩、防护服、酒精等防疫物资。该供应链公司因一起购销合同纠纷,向公证处申请保全证据公证。

2020 年 1 月 30 日,为应对新冠肺炎疫情,落实政府相关指定采购工作,某国企药物集团公司(以下简称药企)与供应链公司签订了关于采购两万件国产防静电抗菌无尘连体服的购销合同。同日,为尽快完成货物交割,供应链公司以高于市场许多的价格与国内某静电公司签订了相应的购销合同,总价 360 万元人民币,质量要求:国标,默认发顺丰空运深圳市到付。

2020 年 2 月 4 日和 2 月 8 日,某国企药物集团公司分别收到厂方通过顺丰快递邮寄的连体服。经药企物流工作人员核查,货物装箱杂乱差,随货无产品说明书、质量合格证等必要附随文件,所有货品实物上均无尺寸标识、产品名称、规格型号、生产日期、质量合格证、生产厂家等相关信息,部分货品有污迹、标有人员姓名、其他无关企业商标等,疑似二手回收使用的防护服,质量差劣,实物与样品照片不一致。药企遂于 2 月 9 日请供应链公司予以相关情况说明,并协助办理退货。

2 月 10 日,供应链公司赶忙从其他渠道为药企补了货,然后一边继续投入全球防疫物资采购,一边与发货方交涉退货事宜。然而,发货方却坚称自己所发货物全部符合要求,且不怕对方起诉。2 月 28 日,全国疫情好转,企业开始有序复工复产。供应链公司向公证处申请保全证据公证。公证员陈某核实完相关情况后,决定对现场货物保存现状进行清点、拍照证据保全,并提议当事人请来国家检验认证机构将货物抽样送检,将抽样送检过程作拍照、签封保全证据,同时,将买方与卖方购销过程的手机微信群聊天记录做截图、录像保全证据。清点、拍照、签封、截图录像完毕后,公证员及其助理和在场人员在物品登记清单和现场工作记录上签名,清点、拍照的物品交由供应链公司妥存保管,抽样样品经签封后由检验机构人员带走检验并出具检验报告。回到公证处后,公证员起草保全证据公证证词,经审批后出具了公证书。

【公证书格式】

1.

公　证　书

(2020)深先证字第××号

申请人:深圳××全球供应链有限公司

统一社会信用代码:××××

法定代表人:张某

委托代理人:郑某某

公证事项:保全行为

申请人深圳××全球供应链有限公司因保全证据需要,于二〇二〇年二月二十八日向我处申请保全证据公证。

根据《中华人民共和国公证法》的规定和申请人深圳××全球供应链有限公司的申请,于二〇二〇年二月二十八日十时四十七分,本公证员和本处公证人员陈某某随申请人深圳××全球供应链有限公司的委托代理人郑某某来到深圳市龙华区建辉路123号国药物流××仓库。在本公证员与本处公证人员陈某某的现场监督下,由郑某某使用公证员提供的手机将存放于上述D02仓库进门左侧的物品现状进行拍照,随后,郑某某请搬运人员将上述物品搬运到仓库旁边的空旷地,并对物品进行拆包、取出内容物再进行清点、拍照,并当场形成《物品清单》。清点、拍照过程于当日十五时五十六分结束。

本处将上述拍照所得照片进行打印并附入本公证书中。

兹证明与本公证书相粘连的《物品清单》的复印件与原件相符,与本公证书相粘连的照片内容与当时实际情况相符。

附件:1.《物品清单》复印件一份共二页;

2. 现场照片×张。

中华人民共和国广东省深圳市先行公证处

公证员:×××

二〇二〇年××月××日

2.

公　证　书

（2020）深先证字第××号

申请人：深圳××全球供应链有限公司

统一社会信用代码：××××

法定代表人：张某

委托代理人：郑某某

公证事项：保全行为

申请人深圳××全球供应链有限公司因保全证据需要，于二〇二〇年二月二十八日向我处申请保全证据公证。

根据《中华人民共和国公证法》的规定和申请人深圳××全球供应链有限公司的申请，于二〇二〇年二月二十八日十时四十七分，本公证员和本处公证人员陈某某随申请人深圳××全球供应链有限公司的委托代理人郑某某来到深圳市龙华区建辉路123号国药物流××仓库。在本公证员与本处公证人员陈某某的现场监督下，郑某某请搬运人员将上述物品搬运到仓库旁边的空旷地，并对物品进行拆包。二〇二〇年二月二十八日十四时三十八分，郑某某按中国检验认证集团深圳有限公司的代理人的要求，在本公证员与本处公证人员陈某某的现场监督下，将中国检验认证集团深圳有限公司的代理人现场对上述物品抽取的样品进行打包、装箱，并由本公证员贴上我处封条后，交付给中国检验认证集团深圳有限公司的代理人，并当场取得《检验委托单》，取样过程由本公证员进行现场拍照。

取样送检验、拍照过程于当日十五时五十三分结束。

本处将上述拍照所得照片进行打印并附入本公证书中。

兹证明与本公证书相粘连的《检验委托单》的复印件与原件相符，与本公证书相粘连的照片内容与当时实际情况相符。

附件：1.《检验委托单》复印件二份共二页；

2. 现场照片×张。

中华人民共和国广东省深圳市先行公证处

公证员：×××

二〇二〇年××月××日

3.

公　证　书

(2020)深先证字第××号

申请人:深圳××全球供应链有限公司

统一社会信用代码:××××

法定代表人:张某某

委托代理人:霓某某

公证事项:保全行为

申请人深圳××全球供应链有限公司因保全证据需要,于二〇二〇年三月二日向我处申请保全证据公证。

根据《中华人民共和国公证法》的规定和申请人深圳××全球供应链有限公司的申请,于二〇二〇年三月三日九时二十一分在深圳市前海深港合作区临海大道××号海运中心主塔楼××号,在本公证员和本处公证人员陈某某的监督下,由申请人的委托代理人霓某某使用其自带的手机,主要进行如下保全证据行为:

一、重新启动手机并连接WiFi。

二、打开"微信"应用,输入密码,登录账号"×××××",查看个人资料。

三、搜索名称为"×××"的微信群组,查看群组二维码,及群组各成员的微信号,并对相关显示界面进行手机截屏、保存图片。

四、查看群组的全部聊天记录内容并对相关显示界面进行手机截屏、保存图片。

上述手机操作过程于二〇二〇年三月二日上午十一时三十二分结束,均由本公证员进行全程录像(录像内容由本处刻录成光盘附后)。操作过程结束后,本公证员将上述全部截屏和图片从上述手机的相册中导出并打印,结果附后。

兹证明与本公证书相粘连的实时截屏页面(图片),均为深圳××全球供应链有限公司的委托代理人霓某某在现场操作过程中实时截屏及保存图片后打印所得,与当时实际情况相符。

附:1.实时截屏页面(图片)共×××张;

2. 光盘一张。

中华人民共和国广东省深圳市先行公证处

公证员：×××

二〇二〇年××月××日

案例编号：GDGGGY1587366196

广东省深圳市先行公证处　陈少远

某整形医院对错误导航路线保全证据公证案

【案情简介】

王女士通过某打车软件平台叫车前往某整形医院，却意外被司机送到另一家民营医疗美容医院，而两家医院的方向、路程相差很大，完全不同。司机解释，他是按照该打车软件平台导航的路线行驶。一段时间内，这样的"事故"一直困扰着打车患者和某整形医院。由于该整形医院业务除日常门诊外，还承担着全市 24 小时急诊任务，接诊本市及周边的手足外科患者及面部外伤患者，每天有大量患者被救护车送到该院急救，如果因为送医线路有误、耽误救治时间，会对伤者治疗造成不利影响。为此，某整形医院多次向该打车平台投诉，然而导航错误的情况依然继续出现。为了纠正上述错误，同时维护自身的权益，该医院选择法律手段来维权，向杭州市钱塘公证处申请保全证据公证。

公证处在受理某整形医院的申请后，通过由整形医院的两位委托代理人在公证处分别使用其自带的手机操作、公证员及工作人员在场监督并现场拍摄录像的方式进行保全，即先由一位委托代理人在某打车软件平台上的"顾客"项下选择"发布市内行程"，在目的地址中输入"整形医院"点击发布行程；再由另一位委托代理人在某打车软件平台上的"车主"项下浏览行程信息，选择已发布的去整形医院的行程详情内容进入行程界面，选择"确认通行"。上述操作过程公证员及工作人员全程现场监督，对软件平台所显示的地址导航内容进行了录像拍摄并刻录光盘，出具了保全证据公证书。该整形医院依据公证书向人民法院提起诉讼，要求打车软件平台更正错误并赔偿相关损失，最终胜诉。

保全证据公证，是公证机构根据公民、法人或其他组织的申请，在诉讼发生之前，依法对日后可能灭失或难以提取的证据加以验证提取、收存和固定的活动。本案中,因某整形医院果断向公证处提出公证申请,及时收存和固定了证据,通过公证书证明了导航的实际情况并予以举证,继而通过法院诉讼得以胜诉,维护了该医院的合法权益。

【公证书格式】

公　证　书

(2016)浙杭钱证内字第×××号

申请人:某整形医院,医疗机构执业许可证登记号:7735×××××A1002,地址:某市某路××号

法定代表人:甲,男,一九××年十月四日出生,公民身份证号码:××××

委托代理人:乙,男,一九××年三月三日出生,公民身份证号码:××××;

丙,女,一九××年二月十日出生,公民身份证号码:××××

公证事项:保全证据

申请人某整形医院为固定证据的需要,委托代理人乙和丙于二〇一六年××月××日到本处申请办理保全证据公证。

本公证处经审查后,受理了此项公证,并指派本公证员和工作人员丁具体承办此项公证。

根据《中华人民共和国公证法》和《公证程序规则》的规定,本公证员与本处工作人员丁会同申请人的委托代理人乙和丙于二〇一六年四月十二日在本处,由申请人的代理人(操作人员)乙使用其自带的魅族MX4Pro手机、丙使用其自带的华为CHE-TLOOH手机,进行下列操作,本公证员与工作人员丁在旁全程现场监督,操作过程由工作人员全程摄像:

一、由工作人员对申请人自带的手机及SIM卡进行拍摄;

二、丙将SIM卡重新装入其自带的华为CHE-TLOOH手机内,将手机开机解锁,点击电话图标,拨打本处办公室电话"××××",由工作人员对本处电话机的来电显示界面进行拍摄;

三、乙将SIM卡重新装入其自带的魅族MX4Pro手机内,将手机开机解锁,点击电话图标,拨打本处办公室电话"××××",由工作人员对本处电话机的来电显示界面进行拍摄;

四、丙在其自带的华为CHE-TLOOH手机上点击"设置"图标,在"全部设

置"项下点击"关于手机",查看详情内容。然后回到手机主页,在界面顶部下滑,点击"开关",然后关闭"移动数据",再点击"设置",连接本处无线网络"××"。回到手机主界面,点击"××出行"应用图标,进入首界面,点击左上角头像图标显示"××158××××0407"账号详情内容,然后回到首界面,在"××车"的"乘客"项下选择"发布市内行程",在"你要去哪儿"框中输入"某整形医院",自动显示地址选项,然后选择第一个选项"某整形医院××路××号",在"什么时候出发"框中选择"今天23时30分",在"几人乘车"框中选择"1",然后点击"确认发布"进入"行程已发布"界面;

五、乙在其自带的魅族MX4 Pro手机上点击"设置"图标,再点击"关于手机"查看详情内容。然后回到手机主页,在界面顶部下滑,然后关闭"优先4G"并点击"关闭应用",再回到手机主界面点击"设置",连接本处无线网络"××"。回到手机主界面,点击"××出行"应用图标,进入首界面,点击左上角头像图标显示"××"账号详情内容,然后再点击"设置"进入"设置"详情界面,然后点击"关于××"进入详情界面,再分别点击"版本介绍"和"联系我们"查看相应内容。回到首界面,在"××车"的"车主"项下浏览行程信息,选择"23:30××花苑—××整形医院"查看该行程详情内容,然后点击进入乘客行程界面,在该界面点击"确认同行",行程确认成功后点击电话图标显示拨打"××"号码,再点击拨号图标拨打上述号码,丙的华为CHE-TLOOH手机上显示来电"整形医院××135××14浙江××移动"。

上述现场拍摄所得的数码摄像内容由本处工作人员进行刻录,制作成光盘并加封(见附件)。

兹证明作为本公证书附件的光盘封存件系申请人的委托代理人乙、丙在本公证员及工作人员丁的现场监督下,并由本处工作人员将上述操作过程的现场拍摄所得录像刻录至光盘并加封所得,光盘内录像内容与现场情况一致。

附件:光盘一份。

中华人民共和国浙江省杭州市钱塘公证处

公证员:×××

二〇一六年××月××日

案例编号:ZJGGGY1539325347

浙江省杭州市钱塘公证处 程 平

生效判决中确定的权利的继承案

【案情简介】

2018年5月初,李某持法院判决书找到石家庄市某公证处咨询:李某的丈夫霍某生前将242,702元本金借给了何某,但何某不履行还款义务,无奈之下霍某将何某告上了法庭。经审理,法院于2016年9月19日作出民事判决,判决书载明:"被告何某于本判决生效之日起十日内偿还原告霍某借款本金242,702元及利息17,472元,合计260,174元。如未按本判决指定的期间履行给付义务,应当依照《中华人民共和国民事诉讼法》第二百五十三条之规定,加倍支付迟延履行期间的债务利息"。李某称霍某的主张虽然得到了法院的支持,但在该判决执行前,霍某不幸于2017年8月14日死亡,2018年李某持该生效判决向法院申请执行,法院要求其办理公证,确定谁是该判决的继任权利主体,故霍某的妻子李某找到我处咨询如何办理。

本案中第一个要确认的问题是该判决是否为生效判决,因为《民事诉讼法》第155条规定"最高人民法院的判决、裁定,以及依法不准上诉或者超过上诉期没有上诉的判决、裁定,是发生法律效力的判决、裁定",第164条规定"当事人不服地方人民法院第一审判决的,有权在判决书送达之日起十五日内向上一级人民法院提起上诉",所以要查明该判决书中的原告及被告是否提起上诉。为此,经和人民法院核实,人民法院出具了该判决书的生效证明文件。

本案第二个问题就是生效判决中的权利人去世后,申请执行人是否可以变更。

《最高人民法院关于人民法院执行工作若干问题的规定(试行)(2008调整)》(以下简称《执行规定》)第18条第1款第1项和第2项规定,人民法院受理执行案件应当符合:(1)申请或移送执行的法律文书已经生效;(2)申请执行人是生效法律文书确定的权利人或其继承人、权利承受人。《执行规定》第20条规定,"申请执行,应向人民法院提交下列文件和证件",其中第四项规定"继承人或权利承受人申请执行的,应当提交继承或承受权利的证明文件"。《最高人民法院关于民事执行中变更、追加当事人若干问题的规定》第2条规定,"作为申请执行人的公民死亡或被宣告死亡,该公民的遗嘱执行人、受遗赠人、继承人或其他因该公民死亡或被宣告死亡依法承受生效法律文书确定权利的主体,申请变更、追加其为申请执行人的,人民法院应予支持”。

由此可见,自然人去世后,不能再作为申请执行人;此时,为充分保护其继承人的合法权益,允许其继承人为申请执行人。

判决书中确定的权利人生前是否已启动执行程序?如法院根据原申请执行人的申请已经开始了执行程序,那么就应该变更申请执行主体,变更新的权利人为申请执行人;如果尚未进入执行程序,根据《执行规定》第 18 条、第 20 条的规定,生效法律文书确定的权利人的继承人有权以自己的名义申请执行,只要向人民法院提交继承权利的证明文件证明自己是生效法律文书确定的权利的继承人,即符合受理执行案件的条件。李某称霍某生前未申请执行。

公证员孙某向李某告知上述法律规定,并告知其我国原《继承法》相关规定,就继承事宜进一步与李某进行了沟通,得知霍某生前无遗嘱亦无遗赠抚养协议,公证员孙某告知李某需要准备的材料,并告知她办理继承公证需要霍某的全部继承人共同申请,李某表示理解,并表示准备好材料后与其他继承人一起来申请公证。

几天后,李某及霍某的其他法定继承人携带相关材料来到公证处申请办理继承公证,公证员孙某进行核实后,为他们办理了公证,并出具了继承公证书。

【公证书格式】

公　证　书

(2018)冀石太证民字第××号

申请人:李某,女,××××年××月××日出生,公民身份证号码:××××。

霍甲,男,××××年××月××日出生,公民身份证号码:××××。

霍乙,女,××××年××月××日出生,公民身份证号码:××××。

被继承人:霍某,男,××××年××月××日出生,生前住石家庄市××区××巷××号。

公证事项:继承权

申请人李某、霍甲、霍乙于二〇一八年五月十六日向本处申请办理继承权公证,并提供了以下证明材料:申请人的身份证明、申请人与被继承人的关系证明、被继承人的死亡证明、石家庄市长安区人民法院作出的《民事判决书》及该判决已生效的证明等材料。

根据《中华人民共和国公证法》的规定,公证员孙某对上述证明材料进行审查后,于当日受理了该公证申请,并对申请办理该公证的相关事实进行了谈话询问,李某、霍甲、霍乙在《谈话笔录》上签字、按手印,现查明如下事实:

一、被继承人霍某于二〇一七年八月十四日死亡。

二、被继承人霍某生前诉何某民间借贷纠纷案,经石家庄市长安区人民法院审理,于二〇一六年九月十九日作出了(2016)冀0102民初×××号《民事判决书》,判决书载明:"被告何某于本判决生效之日起十日内偿还原告霍某借款本金242,702元及利息17,472元,合计260,174元。如未按本判决指定的期间履行给付义务,应当依照《中华人民共和国民事诉讼法》第二百五十三条之规定,加倍支付迟延履行期间的债务利息。"

申请人提供的《石家庄市长安区人民法院证明书》载明:"关于原告霍某诉被告何某民间借贷纠纷一案,本院作出的(2016)冀0102民初×××号民事判决书已发生法律效力。"

三、被继承人霍某与其配偶李某系原配夫妻,二人共有子女两人,儿子霍甲,女儿霍乙,别无其他子女。被继承人霍某的父母均先于霍某死亡。

四、据申请人称,被继承人霍某生前无遗嘱,亦未与他人签订遗赠抚养协议。截至本公证书出具之日亦未有他人向本处提出异议。

五、被继承人霍某系(2016)冀0102民初×××号《民事判决书》的原告,其于二〇一七年八月十四日死亡,《最高人民法院关于民事执行中变更、追加当事人若干问题的规定》第二条规定"作为申请执行人的公民死亡或被宣告死亡,该公民的遗嘱执行人、受遗赠人、继承人或其他因该公民死亡或被宣告死亡依法承受生效法律文书确定权利的主体,申请变更、追加其为申请执行人的,人民法院应予支持"。根据上述规定,霍某的继承人有权向人民法院申请变更其为申请执行人。

根据上述事实并依据《中华人民共和国继承法》第五条、第十条的规定,兹证明霍某的法定第一顺序继承人为其妻子李某、儿子霍甲、女儿霍乙。

中华人民共和国河北省石家庄市太行公证处

公证员:×××

二〇一八年××月××日

案例编号:HBGGGY1551232453

河北省石家庄市太行公证处　孙玉玲

资产管理公司债务重组协议(暨还款协议)赋予强制执行效力公证案

【案情简介】

A租赁公司为补充流动资金向某商业银行贷款,并由其母公司B资本集团有限公司、C集团公司对其债务提供保证担保。某办事处是经国务院批准设立并取得银行业监督委员会颁发的金融机构许可证的国有独资金融企业分支机构,秉承最大限度保全资产、减少损失的主要经营目标,专门处理金融机构不良资产,收购并经营金融机构剥离的本外币不良资产是其主要业务之一。

鉴于某办事处与A租赁公司、某商业银行、B资本集团有限公司、C集团公司签订的《业务合作协议》,约定A租赁公司未能满足协议约定还款条件时,不另行签订《债权转让协议》,某办事处将对某商业银行享有的不良贷款予以收购重组。A租赁公司与某商业银行贷款合同贷款期限临近届满之日,由于A租赁公司未能满足协议约定的还款条件,故某办事处依据《业务合作协议》对某商业银行享有的贷款资产予以收购。经各方磋商,某办事处对A租赁公司对某商业银行的债务收购后进行重组,并由B资本集团有限公司、C集团公司对重组后的债务提供保证担保。为保障债务履行,某办事处与A租赁公司、B资本集团有限公司、C集团公司签订《债务重组协议(暨还款协议)》《连带保证合同》并申请通过公证赋予上述债权文书强制执行效力。公证机构在接受当事人的公证申请后,对申请人的主体资格、债权文书约定的具体内容、关于债务核实的约定等进行了审核,并向当事人告知了关于债权文书赋予强制执行效力的相关规定,尤其强调了其法律意思及法律后果,在确认当事人的意思表示后,为当事人办理了上述债权文书赋予强制执行效力的公证。

目前,金融机构仍普遍采取诉讼方式进行资产清收,诉讼过程相对漫长、复杂,同时其作为原告还需先行垫付高额的案件受理费用。金融机构面对不断攀升的不良贷款率,亟待寻求提升清收效率、降低清收成本的非诉解决方案,而公证赋予债权文书强制执行效力有力地满足了市场的这一需求,能够在保障金融市场的健康发展中发挥不可替代的优化作用。

【公证书格式】

公　证　书

(××)××字第××号

申请人:
债权人:××资产管理公司××办事处
营业场所:×××
负责人:韩某,公民身份证号码:××××
代理人:梁某,公民身份证号码:××××
债务人:A 租赁公司
住所:×××
法定代表人:任某,公民身份证号码:××××
代理人:李某,公民身份证号码:××××
保证人:B 资本集团有限公司
住所:×××
法定代表人:刘某,公民身份证号码:××××
代理人:李某,公民身份证号码:××××
保证人:C 集团有限公司
住所:×××
法定代表人:陈某,公民身份证号码:××××
授权代表:黄某,公民身份证号码:××××
代理人:李某,公民身份证号码:××××

公证事项:《债务重组协议(暨还款协议)》《连带保证合同》并赋予其强制执行效力

上述各方当事人于××××年××月××日向本处申请办理对前面的《债务重组协议(暨还款协议)》、《连带保证合同》(以下简称协议及合同)进行公证并赋予其强制执行效力。

经查,各方当事人经协商一致订立了上述协议及合同。当事人在订立上述协议及合同时具有法律规定的民事权利能力和民事行为能力,代理人具有相应的代理权。保证人为债务人 A 租赁公司按期履行《债务重组协议(暨还款协议)》中约定的还款义务提供连带责任保证。本公证员对上述协议及合同的内容依法进行了审查,并告知了强制执行公证的有关法律法规及法律责任。

各方当事人在上述协议及合同中约定,债权人对债务人所享有的债权由重组债务本金(人民币××万元整)及债务重组收益(按照未偿还重组债务本金的×%/年计算,日利率=×%÷360)组成。债务重组期限为××个月,自××××年××月××日起至××××年××月××日止(甲方同意乙方在还款期内按协议第三条的约定清偿全部重组债务本金及甲方所享有的债权重组收益)。保证人为债务人按期履行上述债务提供担保。上述当事人约定的债务数额、债务重组后的还款期限与收益、债务的清偿、债务重组的担保、各方权利义务、违约责任等内容具体、明确,上述协议及合同内容合法。

各方当事人在上述协议及合同中特别约定,债务人未能按上述协议及合同约定清偿债务的,则债权人有权根据《中华人民共和国民事诉讼法》第二百三十八条、《中华人民共和国公证法》第三十七条的规定,向有管辖权的人民法院申请执行,债务人、保证人愿意无条件直接接受人民法院强制执行,保证人承担连带保证责任。债务人、保证人作出了自愿接受强制执行的意思表示,并放弃抗辩权。债权人、债务人双方就债务人违约时本处应债权人的申请出具《执行证书》前的核实内容、程序达成了明确、具体的约定。

依据上述事实,兹证明债权人××资产管理公司××办事处的负责人韩某与债务人A租赁公司的法定代表人任某、保证人B资本集团有限公司的法定代表人刘某、保证人C集团有限公司的授权代表黄某于××××年××月××日在××市,签订了前面的编号为××字[20××]1-1号的《债务重组协议(暨还款协议)》;债权人××资产管理公司××办事处的负责人韩某与保证人B资本集团有限公司的法定代表人刘某于××××年××月××日在××市,签订了前面的编号为××字[20××]2-1的《连带保证合同》;债权人××资产管理公司××办事处的负责人韩××与保证人C集团有限公司的授权代表黄某于××××年××月××日在××市,签订了前面的编号为××字[20××]3-1号的《连带保证合同》。当事人的签约行为符合《中华人民共和国民法通则》第五十五条的规定,上述协议及合同的内容符合《中华人民共和国合同法》、《中华人民共和国担保法》的有关规定,上述协议及合同上各方当事人的印鉴、印章均属实。

根据《中华人民共和国民事诉讼法》、《中华人民共和国公证法》、《公证程序规则》和《最高人民法院、司法部关于公证机关赋予强制执行效力的债权文书执行有关问题的联合通知》的有关规定,自前面的《债务重组协议(暨还款协议)》《连带保证合同》生效之日起,本公证书具有强制执行效力。

××省××市××公证处

公证员:×××

二〇一九年××月××日

案例编号:TJGGGY1523353676

天津市北方公证处　王美娜

赋予房屋租赁合同强制执行效力公证案

【案情简介】

甲公司是一家注册地在成都的有限责任公司,该公司要将其名下的一处物业出租。该物业位于成都市新华街5号,房屋建筑面积为1000平方米,国有土地使用权面积为2000平方米。甲公司将该处物业出租给乙公司,乙公司用于办公场所,月租金为×万元,租金按季度支付,租期5年,第三年月租金上浮3%,第四年月租金上浮5%,第五年月租金上浮7%。双方在合同中明确约定了租赁房屋、租金、租赁期限、租金支付方式、房屋转租、税费缴纳、违约责任等条款。

为预防纠纷、减少诉讼,甲乙双方向公证处咨询,要对房屋租赁合同办理公证,双方向公证员陈述了在合同履行期间可能出现承租人不按时缴纳或不缴纳租金,也不腾房,出租人无法收回房屋和租金等情形。甲乙双方经协商,一致同意在合同中增加办理保全证据公证及赋予房屋租赁合同强制执行效力公证条款。

房屋租赁合同中特别约定:(1)承租人若不按期缴纳租金,逾期1个月以上,房屋租赁合同自动解除,承租人应承担违约金10万元,承租人应当立即腾空房屋并将房屋交付于出租人。租赁期限到后没有签订续租合同,承租人应当立即腾空房屋并将房屋交付于出租人,若不交房,承担违约金10万元。出现上述情形时,若承租人拒不腾空房屋达10日以上,出租人有权自行进入房屋,并有权向公证处申请对房屋现状及屋内物品现状办理拍照摄像保全证据公证,将屋内物品堆放在出租人指定地点。(2)承租人若不履行或不完全履行合同约定的租金给付义务,愿意接受依法强制执行,并自愿放弃提出抗辩的权利,出租人有权向公证处申请出具执行证书,持执行证书及本合同公证书向有管辖权的人民法院申请强制执行,强制执行的标的为拖欠的租金、应付违约金及实现债权的全部费用(包括但不限于公证费、律师费,以实际发生为准)。(3)出租人、承租人双方对于未来可能出具《执行证书》前公证处核查内容、核查方式事先约定事项:承租人不履行或不完全履行租金给付义务的事实由出租人向公证处提供承租人的未履约证据,并如实陈述承租人履行义务的情况。公证处依据出租人的申请,在出具《执行证书》之前以本合同约定的送达地址或电话向承租人现场核实或信函核实或电话核实承租人不履行或不完全履行义务的事实,承租人应按照公证处要求对公证处的核实内容给予实质回应,否则,视为承租人对出租人的主张无异议,公证处有权依据出租人的主张出具执行证书。承租人特此承诺:承租人对已履行的义务负有证明责任。公证处根据出租人的申请,按公证处内部程序履行完毕核实工作,若承租人提供地址电话不准确、电话关机或联系信息变更后未及时通知公证处,或拒绝签收,致使公证处送达的相关债务履行情况核实函被退回,公证处穷尽了所有核实手段仍未联系到承租人,都等同于公证处完成了债权债务核实程序,承租人对此产生的法律后果完全认可。在此情况下,公证处有权依据出租人主张出具执行证书。(4)出现承租人违约情形,出租人有权向公证处申请对承租人在《房屋租赁合同》中约定的送达地址现场送达或邮寄送达"关于催收租金或解除合同的函"进行保全证据公证,函件上载明承租人要限期给付租金、腾空房屋;逾期不腾空房屋,出租人有权自行进入出租房屋,并有权向公证处申请对出租房屋的现状及屋内物品办理保全证据公证。(5)合同约定的强制执行条款优先于诉讼条款适用。

随后,甲公司、乙公司共同到四川省成都市蜀都公证处,申请办理了对房屋租赁合同赋予强制执行效力公证。

合同期限到期后,甲公司不再续租房屋,乙公司拖欠甲公司租金×万元,乙公司拒不给付租金,也不支付应承担的违约金,并拒不腾空房屋交还于甲公司。甲公司多次派人上门催缴,乙公司毫无诚意,乙公司法定代表人要么闭门不见,要么电话关机,要么自称在外地。甲公司于是向四川省成都市蜀都公证处申请办理了现场送达保全证据公证及对出租房屋的现状及屋内物品办理了保全证据公证。随后,甲公司向四川省成都市蜀都公证处申请出具执行证书。四川省成都市蜀都公证处受理甲公司的申请后,依法进行了审查和核实,乙公司拖欠甲方租金属实,构成违约,应承担违约责任。人民法院依据四川省成都市蜀都公证处出具的执行证书对乙公司依法进行了强制执行,查封了乙公司银行账户的资金,乙公司同意给付租金并承担违约金,甲公司顺利收回了拖欠的租金和违约金。

公证赋予《房屋租赁合同》强制执行效力后,承租人不履行或不完全履行租金给付义务时,出租人可以持《房屋租赁合同》公证书、公证处出具的执行证书直接向有管辖权的人民法院申请强制执行,无须经过诉讼程序,直接进入执行程序。这避免了因诉讼、仲裁带来的时间浪费和人力、物力损耗,为出租人节约了时间成本、人力和物力成本,保证了债权的高效实现。

根据《房屋租赁合同》中约定的办理保全证据的条款,公证处可以为出租人办理房屋现状及屋内物品现状保全证据公证,将屋内物品堆放在出租人指定地点。该类保全证据公证保证了出租人顺利收回房屋。

【公证书格式】

公　证　书

(××)××字第××号

出租人:甲公司

住所:×××××

统一社会信用代码:×××××

法定代表人:王某,男,××××年××月××日出生,公民身份证号码:×××××

承租人:乙公司

住所:×××××

统一社会信用代码:×××××

负责人:李某

公证事项:赋予《房屋租赁合同》强制执行效力

出租人甲公司(以下简称甲方)、承租人乙公司(以下简称乙方)于××××年××月××日向本处申请对前面的《房屋租赁合同》(以下简称该合同)进行公证并依法赋予该合同强制执行效力。

甲方向本处提供了营业执照、法人证件、公司章程、房屋所有权证、国有土地使用权证、居民身份证等证明材料。乙方向本处提供了营业执照、法人证件、居民身份证等证明材料。

经审查:甲乙双方经协商一致订立了该合同,双方当事人在订立该合同时均具有法律规定的民事权利能力和民事行为能力；本公证员就该合同的内容及甲乙双方提交的证明材料依法进行了审查，并告知了强制执行公证的有关法律规定、法律意义和可能产生的法律后果。在此基础上，甲乙双方经协商并对该合同的内容进行了确认。双方在该合同中明确约定了租金金额、租赁期限、租金支付方式及违约责任等条款。该合同中特别约定：承租人若不履行或不完全履行合同约定的租金给付义务，愿意接受依法强制执行，并自愿放弃提出抗辩的权利，出租人有权向公证处申请出具执行证书，持执行证书及本合同公证书向有管辖权的人民法院申请强制执行，强制执行的标的为应付租金、应付违约金、实现债权的全部费用（包括但不限于公证费、律师费，以实际发生为准）。为保证租金给付义务的履行，乙方作出了自愿接受强制执行的意思表示。甲乙双方还对本处出具执行证书前的债务核实内容、核实方式等作出了在先约定。

依据上述事实，兹证明出租人××的法定代表人王某和承租人××的法定代表人李某于××××年××月××日来到本处，在本公证员的面前，王某在前面的《房屋租赁合同》签名、盖甲公司公章，李某在前面的《房屋租赁合同》签名、盖乙公司公章；双方当事人的签约行为及该合同内容符合《中华人民共和国民法总则》《中华人民共和国合同法》有关规定。

根据《中华人民共和国民事诉讼法》第二百三十八条、《中华人民共和国公证法》第三十七条和《最高人民法院司法部关于公证机关赋予强制执行效力的债权文书执行有关问题的联合通知》的有关规定，自前面的《房屋租赁合同》生效及债权债务形成之日起，本公证书具有强制执行效力。当乙方不履行或不完全履行合同约定的租金给付义务时，甲方有权持本公证书向本公证处申请出具执行证书，凭本公证书及执行证书向有管辖权的人民法院申请强制执行。

中华人民共和国四川省成都市蜀都公证处

公证员：×××

××××年××月××日

案例编号：SCGGGY1527849337

四川省成都市蜀都公证处　王茜梦

重庆服务小微企业借款赋予强制执行效力公证案

【案情简介】

工商银行重庆分行近期推出"e 抵快贷"普惠个人网贷通产品,主要以房地产作抵押,以"前台标准化 + 审批智能化 + 后台大数据"为模式办理,具有在线评估、极速审批、一次申请、循环使用、随借随还、方便快捷的特点,能够有效满足小微客户"短、频、急"的融资需求,并且实行最低基准利率,有效降低小微企业融资成本。但因审批门槛低,对客户的资信要求不高,客户违约的风险相对较大。为此,工商银行特向公证处申请办理赋予借款合同强制执行效力公证,以提高履约率,并在发生违约时,节约诉讼成本,提高维权效率,保障合法权益。

张某及其丈夫李某经营一家规模较大的果园,并成立了一家农副产品公司,因正值水果成熟期,需要大量的辅助生产材料。由于生态农药价格飞涨,张某、李某出现了资金周转不灵的状况,特向工商银行申请贷款。工商银行重庆分行的委托代理人吕某与借款人(抵押人)张某及丈夫李某向市公证处申请办理对贷款合同赋予强制执行效力公证。

根据申请和"e 抵快贷"产品的普惠、便捷等属性特点,公证员全面优化服务模式,开辟"e 抵快贷"业务绿色通道,通过与银行信贷人员的微信预先审查了张某及李某的申请材料,而对银行方的申办手续和材料则通过事前一次性提交予以简化。网上审核通过后,公证员现场审核了资料原件和监督签署相关债权文书后,当场出具了公证书,最大限度地缩短了办理时限,实现当事人"只跑一次路"。工商银行信贷人员拿到《公证书》后,亦于当天发放了贷款,解决了张某、李某的燃眉之急。

【公证书格式】

公　证　书

(2019)渝 × 字第 × × 号

申请人:

甲方(贷款人):工商银行股份有限公司重庆某支行

营业场所:重庆市某区某大道

负责人：钱某，男，××××年××月××日出生，公民身份证号码：×××

委托代理人：吕某，女，××××年××月××日出生，公民身份证号码：×××

乙方（借款人）：李某，男，××××年××月××日出生，公民身份证号码：×××

公证事项：赋予《网贷通循环借款合同》强制执行效力

甲、乙双方于××××年××月××日自愿向我处申请办理前面的《网贷通循环借款合同》公证并赋予强制执行效力。

甲方向本处提交了下述证明材料：营业执照、金融许可证、身份证、授权委托书等；

乙方向本处提交了下述证明材料：身份证、户口簿等。

经查，甲、乙双方依法均具有签订上述合同，建立借贷法律关系的民事权利能力和民事行为能力。本公证员就上述合同的内容以及甲、乙双方提交的证明材料依法进行了审查，并告知了强制执行公证的有关法律规定、法律意义和可能产生的法律后果。双方在上述合同中明确约定了借款用途、循环借款额度和使用期限、利率和利息、贷款担保等具体条款。为保证债务的履行，乙方作出了不履行或不完全履行合同义务，自愿接受人民法院的强制执行的意思表示。乙方对违约时本处应债权人单方申请出具《执行证书》前的核实内容、程序作出了明确、具体的承诺。

依据上述事实，兹证明工商银行股份有限公司重庆某支行与李某于××年×月×日签订了前面的《网贷通循环借款合同》。双方当事人的签约行为符合《中华人民共和国民法总则》第一百四十三条的规定，合同内容符合《中华人民共和国合同法》的规定，合同上当事人的印章、签名及指印均属实。

根据《中华人民共和国民事诉讼法》第二百三十八条、《中华人民共和国公证法》第三十七条和《最高人民法院、司法部关于公证机关赋予强制执行效力的债权文书执行有关问题的联合通知》的有关规定，自前面的《网贷通循环借款合同》生效及债权债务形成之日起，本公证书具有强制执行效力。

中华人民共和国重庆市公证处

公证员：×××

××××年××月××日

公 证 书

(2019)渝×字第××号

申请人:

甲方(抵押权人):工商银行股份有限公司重庆某支行

营业场所:重庆市某区某大道

负责人:钱某,男,××××年××月××日出生,公民身份证号码:××××

委托代理人:吕某,女,××××年××月××日出生,公民身份证号码:××××

乙方(抵押人):李某,男,××××年××月××日出生,公民身份证号码:××××

张某,女,××××年××月××日出生,公民身份证号码:××××

公证事项:赋予《个人借款最高额抵押合同》强制执行效力

甲、乙双方于××××年××月××日自愿向我处申请办理前面的《个人借款最高额抵押合同》公证并赋予强制执行效力。

甲方向本处提交了下述证明材料:营业执照、金融许可证、身份证、授权委托书等;

乙方向本处提交了下述证明材料:身份证、户口簿、结婚证、房地产权证等。

经查,甲、乙双方依法均具有签订上述合同,建立担保法律关系的民事权利能力和民事行为能力。本公证员就上述合同的内容以及甲、乙双方提交的证明材料依法进行了审查,并告知了强制执行公证的有关法律规定、法律意义和可能产生的法律后果。双方在上述合同中明确约定了被担保的债权种类及数额、担保范围、抵押物等具体条款。为保证债务的履行,乙方作出了不履行义务或不完全履行义务,乙方自愿接受人民法院的强制执行的意思表示。乙方对违约时本处应债权人单方申请出具《执行证书》前的核实内容、程序作出了明确、具体的承诺。

依据上述事实,兹证明工商银行股份有限公司重庆某支行与李某、张某于2019年3月8日签订了前面的《个人借款最高额抵押合同》。双方当事人的签约行为符合《中华人民共和国民法总则》第一百四十三条的规定,合同内容符合《中华人民共和国合同法》的规定,合同上当事人的印章、签名及指印均属实。

根据《中华人民共和国民事诉讼法》第二百三十八条、《中华人民共和国公证法》第三十七条和《最高人民法院、司法部关于公证机关赋予强制执行效力的债权文书执行有关问题的联合通知》的有关规定，自前面的《个人借款最高额抵押合同》生效及债权债务形成之日起，本公证书具有强制执行效力。

中华人民共和国重庆市公证处

公证员：×××

××××年××月××日

案例编号：CQGGGY1562144595

重庆市公证处 张 超

陕西省西安市弃购声明书、弃购商品住房销售选房现场监督公证案

【案情简介】

2019年3月下旬，任某某来到西安市公证处，称其受某有限公司的委托，来公证处咨询有关弃购商品住房的递补选房事宜。某有限公司开发销售的A地块一期5幢、6幢商品住房已于2018年12月18日在公证处的监督下进行了现场选房活动，意向购房登记人对194套房源全部选房结束，刚需家庭共选房95套，普通家庭共选房99套。在选房结果公示期结束后，有2个普通家庭选房后一直未与其公司签订商品房买卖合同，并且向其公司明确表明愿意放弃对所选商品住房的购买。鉴于上述情况，任某某受其公司委托，向公证处咨询如何处理。

对于上述情况，公证处接到了许多开发企业的咨询。自摇号选房以来，产生了众多的弃购房源，又由于政策迟迟不能具体实施，造成了开发企业和群众的困难，也产生了一定不利的社会影响。公证处积极与市住建局协调沟通，经双方共同讨论和研究，最终形成了统一的意见和会议纪要，并且由公证处依据《公证法》、公证程序规则制定了相应的实施办法和具体的程序规则，有效解决了弃购房源如何办理这一问题，为政府部门、开发企业、购房人化解了一大难题。

本处公证员接待任某某，详细询问了相关情况后，告知其上述普通家庭的行为属于选房后放弃签约的行为，其所放弃的房源属于弃购房源，根据西安市人民政府办公厅《关于进一步规范商品住房交易秩序有关问题的通知》的规定，如产生弃购房源，则应按照房源类别按序递补选房。公证处对于上述情况有相应的

办证程序和规则,首先,应由意向购房登记人携带相关资料前来公证处办理《弃购声明书》公证,在公证员的面前表明因何原因放弃购买所选房屋,放弃购买所选房屋的意思是否真实,是否存在欺诈、胁迫、乘人之危或者显失公平的情况,以确定其放弃购买所选房屋的真实意思;其次,在办理完毕《弃购声明书》公证书后,其公司方可向公证处申请办理弃购房源的递补选房现场监督公证。任某某表示了解。

在2019年3月28日、4月1日两个普通家庭分别前来公证处办理了《弃购声明书》公证,向公证员明确表明放弃对所选房屋的购买。2019年4月4日××有限公司委托任某某前来公证处申请办理弃购房源的递补选房现场监督公证。公证处受理后,该公司在公证员的协助下,对弃购房源类型、递补选房人进行了确定,制定并发布了相应的选房方案,对弃购房源明细、递补选房人名单同时进行了公示。随后,公证处于2019年4月8日对某有限公司举行的A地块一期5幢、6幢弃购商品住房销售递补选房活动进行了现场监督,由有资格参加递补的普通家庭对2套弃购房源进行选房,产生了选房结果。之后,将选房结果刻录光盘移交西安市住建局,并在选房结果公示期结束后及时为当事人出具了现场监督公证书。

某有限公司拿到公证书后,随即为选购房屋的家庭办理了网签手续,并向市住建局申请了对剩余房源的自行销售。此案中,公证处及公证书在其中起到了至关重要的作用。

【公证书格式】

声 明 书

声明人:李某某,男,公民身份证号码:××××。

本人于2018年12月18日参加了×××有限公司开发销售的“×××A地块一期”5幢、6幢商品住房的现场选房活动,本人为普通家庭,摇号顺序号为××号,在普通家庭选房活动中,经依序递补现场选房×-×××××号房的房屋。因楼层太低,本人无法与×××有限公司签署《商品房买卖合同》,现本人郑重声明:本人自愿放弃购买上述所选的×-×××××号房的房屋,本人与×××有限公司无任何权利义务关系及债权债务关系。

本人上述声明内容完全真实,如有不实,愿承担由此引起的一切法律责任和后果。

声明人：×××
××××年××月××日

公　证　书

(2019)西证民字第××号

申请人：刘某某，女，××××年××月××日出生，公民身份证号码：××××。

公证事项：声明

兹证明刘某某于二〇一九年三月二十八日来到我处，在本公证员的面前，在前面的《声明书》上签名、捺指印，并表示知悉声明的法律意义和法律后果。

刘某某的声明行为符合《中华人民共和国民法总则》第一百四十三条的规定。

中华人民共和国陕西省西安市公证处
公证员：×××
二〇一九年××月××日

公　证　书

(2019)西证民字第××号

申请人：×××有限公司，住所：××××

法定代表人：黄某某，男，公民身份证号码：××××

委托代理人：任某某，男，××年×月×日出生，公民身份证号码：××××

公证事项：现场监督

申请人××有限公司于二〇一九年四月四日向本处申请，对该公司开发销售的“×××”A地块一期5幢、6幢弃购商品住房销售递补选房活动进行现场监督公证。

经查，申请人××有限公司已于二〇一八年十二月十八日在××××的“×××”营销中心举行了“×××”A地块一期5幢、6幢商品住房销售选房活动，刚需家庭共选房95套，普通家庭共选房99套。因2个普通家庭选房后自愿放弃对所选商品住房的购买，该2套弃购商品住房供递补普通家庭选房。申请人具有举办该活动的合法资格，所提交的《“×××”A地块一期5幢、6幢商品住房销售摇号排序结果》《“×××”A地块一期5幢、6幢商品住房销售选房结果》《“×××”项目5、6号楼弃购商品住房销售选房方案》具体明确。

根据《中华人民共和国公证法》、西安市人民政府办公厅《关于进一步规范商品住房交易秩序有关问题的通知》、《陕西省公证机构办理商品住房销售摇号公证实施细则》的规定,本公证处受理了该申请。

根据《中华人民共和国公证法》及《公证程序规则》的规定,本公证员及本处公证人员×××于二〇一九年四月八日对××有限公司在××××的“×××”营销中心举行的“×××”A地块一期5幢、6幢弃购商品住房销售递补选房活动进行了现场监督。按照《“×××”项目5、6号楼弃购商品住房销售选房方案》,由递补普通家庭意向购房人按照摇号排序结果,由有资格参加递补的普通家庭对2套弃购房源进行选房。

本次弃购房源类型为普通家庭房源,共计2套;

应参加递补选房的递补选房人14个,其中13个递补选房人弃选。递补选房人共选房1套。

全部递补选房人选房结束后剩余1套房源。

截至二〇一九年四月八日,“×××”A地块一期5幢、6幢弃购商品住房销售递补选房活动结束。

××公证处将发布《对“×××A地块一期”5、6幢弃购商品住房销售递补选房结果公示的公告》,并在××司法局网站公证处栏公示三天。本处将选房结果数据及公示内容制作成光盘三张,一张交由××房产交易管理中心进行公示,一张交由××有限公司在其销售现场及微信公众号进行公示,一张本处留存归档。

兹证明本次递补选房活动符合既定规则、程序,递补选房结果真实、有效。

附:1. 弃购人名单;

2. 弃购房源清单;

3. 递补选房结果;

4. ×××A地块一期5幢、6幢弃购商品住房销售递补选房剩余房源。

中华人民共和国陕西省××公证处

公证员:×××

二〇一九年××月××日

案例编号:SXSGGGY1562833492

西安市公证处 代 迪

第十二章　法律职业资格管理类

第一节　服务考生类案例

全面抓好疫情防控确保客观题考试安全顺利案

【案情概要】

2020年,安徽省池州市考区通过报名审核的考生人数为539人,较2019年增长25%,增幅较大。面对“疫情下的法考”,根据司法部“十个百分之百”和安徽省司法厅相关工作要求,池州考区高度重视,压紧压实工作责任,认真落实《司法部办公厅、教育部办公厅、国家卫健委办公厅关于印发〈新冠肺炎疫情防控常态化下国家统一法律职业资格考试组织实施与防疫工作指导意见〉的通知》等文件精神,一手抓疫情防控,一手抓考试安全,切实把各项疫情防控措施落到实处,全力以赴让考生安全参考,实现了考试组织和疫情防控万无一失的工作目标,有效保障了考试顺利实施。

【应对措施】

一是成立领导小组,制定防控方案。面对2020年疫情防控常态化形势,10月13日,池州市召开法考领导小组会议,对疫情防控作了专门部署,会议决定成立2020年法考客观题考试期间疫情防控专项工作领导小组,组长由市司法局局长担任,副组长分别由市卫健委、考点学校、市司法局分管领导担任,成员由市司法局、市卫健委、考点学校等相关单位的工作人员组成,会议通过了《池州市2020年国家统一法律职业资格考试客观题考试期间疫情防控工作方案》,细化考前及考试期间各项疫情防控措施,确保参考人员及考务工作人员生命安全和身体健康。

二是加强宣传引导,保障人员安全。考前,池州市司法局通过考务系统平台向考生发布提示短信2695条,积极引导考生在考前14天进入司法部考试报名系统开展每日健康打卡,并提示所有考务人员做好体温监测。考前1天,池州市卫健委疫情防控专家专门对考场和考试环境进行检查,指导隔离考场、专用通道设置。选择通风、卫生、条件较好的机房作为考场,提前对所有考场进行保洁并实施全面消杀作业,确保考试场所干净整洁、安全卫生;每场考试结束后,对考场再进行消杀。考试期间,安排市卫健委分管领导担任专职防疫副总监考,考点配备 2 名疫情防控医疗专家,对考点疫情防控实施精准指导;考生佩戴口罩,在考点入口接受体温检测和进行安康码扫码。

三是强化物质保障,防护举措到位。考试期间,在考点配备一次性医用口罩或医用外科口罩、一次性手套、手持式体温检测仪、消毒液、消毒剂和消毒湿巾等防疫物品,配备多套一次性隔离衣或防护服、防护口罩、面屏等防疫物品;通过规划线路、张贴指引、人员引导等措施,对应试人员实行闭环管理。还专门设置了"隔离考场",一旦有考生在考试过程中出现突然的发热、咳嗽等症状,市卫健委及医疗专家将进行及时处置。

【处理依据及结果】

池州市司法局及全体考务人员充分发扬优良的工作作风,坚持"依法治考、从严治考、热情服务"的总原则,时刻绷紧疫情防控这根弦,毫不松懈做好常态化疫情防控工作,以对考生、对社会高度负责的态度,坚持把人员生命安全和身体健康放在第一位,全面落实疫情防控各项措施,实现了考试安全和人员安全。

【小结】

2020 年国家统一法律职业资格考试是一次特殊时期的"综合考、能力考"。面对"疫情下的法考"这张新答卷,池州市司法局采取有效措施紧盯考务与防疫两个重点,把疫情防控工作融入考试组织实施各环节,确保考试不受疫情影响、确保考试和人员安全,圆满完成了考试工作任务。

案例编号:AHSKXF1608014

安徽省池州市司法局　包先锋

考试期间突发断电顺利应对处置案

【案情概要】

2019 年 8 月 31 日上午,国家统一法律职业资格考试客观题考试期间,重庆市北碚考区新华电脑学校考点因外围瞬间超负荷用电导致突然断电,考点内 23 个考场正在进行中的考试被迫中断。

【应对措施】

面对突发情况,北碚考区立即启动应急预案,紧急开展工作:

一是全体监考人员和考务人员坚守岗位,及时向考生说明情况,安抚考生情绪,维护考场秩序。全体考生原地静声等待,各考场秩序井然。

二是立即通知区供电公司值守考场工作人员启动应急电源车发电,2 分钟内 23 个考场全部恢复供电。驻点技术服务人员和考点学校技术人员通力合作,立即着手进行考试系统恢复,20 分钟内完成了全部考试机及备用机的恢复工作,考生情绪平稳,考试继续进行。

【处理依据及结果】

《司法部关于国家统一法律职业资格考试客观题考试(机考)异常情况处理指导意见》第 3 条"异常情况补时程序"第 1 款规定,"考试开始前或考试过程中发生考试系统故障、设备故障、网络故障、电力故障等异常情况,影响考试正常开始或考试中止的,总监考应当立即启动应急预案进行处置"。案发后,新华电脑学校考点迅速启动应急预案,安排专门人员迅速查明情况,在短时间内恢复供电及考试机,成功处置一起应急突发事件。

【小结】

本案中,北碚区司法局面对突发事件,沉着冷静,行动迅速,处置有力,值得肯定。一是做好应急保障。为确保考试各项保障工作到位,重庆市政府与考区考点所在区政府分别召开专题会议,部署各部门保障任务,督促各部门将责任落实到位。市电力公司印发保电通知,要求全力做好保电工作,全市 11 个考区考点均配备了应急发电车。二是做好应急演练。根据《国家统一法律职业资格考试应急预案》和重庆市司法局制定的应急方案,全市 11 个考区考点均制定了应急预案。考前 1 天,各考区考点司法局、区电力公司、考点学校形成工作合力,针对断电突发情况反复演练,并将应急发电车与考场供电系统相连;开考前,预热应急发电车,一旦断电立即启动,确保万无一失。在配备应急发电车同时,每个考场还配备 1 台 UPS 不间断电源连接监考机,采取双保险保电模式备战考试。

三是做好业务培训。针对考前、考中、考后可能出现的突发情况,全市 11 个考区考点均对考务工作人员和监考人员进行多项培训,切实提高应急处置能力。北碚考区断电故障发生后,工作人员按程序做好应急处置,应试人员情绪疏导有力有效,全部应试人员全过程静候,考场秩序井然。四是做好总结提升。考试结束后,北碚考区立即组织区电力公司、考点学校、技术服务公司技术人员召开碰头会,查明断电原因并及时作出处置评估,制定整改方案;区电力公司派出工作人员立即赶赴现场,连夜排查电路,反复研究保电方案,多次测试电力保障情况;北碚考区连夜组织机考技术服务公司对全部考试机(含备用机)重新进行仿真测试,确保了考试安全顺利进行。

案例编号:CQSKWJ1572490388

重庆市司法局　陈晓琴

第二节　违法违纪应对处置案例

徐某填报虚假报名信息参加考试被处理案

【案情概要】

浙江省某大学法政学院学生徐某,2017 年 9 月入学。2019 年 6 月 18 日,徐某在杭州报名参加 2019 年国家统一法律职业资格考试,因不符合报名条件,填写信息时虚构 2020 年全日制应届本科毕业生身份,将入学时间填写为 2016 年 7 月,后经过审核、缴费后取得报名资格。2019 年 8 月 31 日,徐某参加国家统一法律职业资格客观题考试,考试成绩为 182 分,达到了全国合格分数线。

2019 年 9 月 7 日,徐某前往杭州市司法局提交书面情况说明,称其没有提前了解国家统一法律职业资格考试的报名条件,是父母将其信息误填写成 2016 级法学专业本科生导致成功报名,在 9 月 7 日客观题考试成绩公布之后,其查阅相关政策文件,知道自己不符合报名条件,故自愿放弃客观题考试成绩和主观题考试报名资格。杭州市司法局于 9 月 9 日和 9 月 11 日,分别约谈徐某及其母亲金某某,两人承认,明知徐某不具备 2019 年国家统一法律职业资格考试报名条件,通过隐瞒个人信息、虚假承诺等方式骗取了报名资格。

【应对措施】

为严肃考试报名工作纪律,严格执行诚信报名工作规定,依法惩戒考生违纪行为,杭州市司法局将相关情况上报浙江省司法厅,建议对徐某通过虚假承诺方式骗取报名资格参加考试的行为予以处理。

【处理依据及结果】

根据《国家统一法律职业资格考试违纪行为处理办法》(司法部令第 141 号)第五条的规定,2019 年 11 月 8 日,浙江省司法厅作出《国家统一法律职业资格考试违纪行为处理决定书》(浙司违处决字〔2019〕1号),认定徐某取得的2019年国家统一法律职业资格考试成绩无效。

【小结】

非应届毕业生通过隐瞒个人信息、以虚假承诺的方式骗取报名资格参加国家统一法律职业资格考试违反了相关政策规定,增加了行政管理成本,扰乱了考试报名秩序,应对其违纪行为进行处罚,并将违纪情况通报所在学校,并将其填报虚假报名信息的行为纳入司法部国家统一法律职业资格考试诚信档案管理系统,予以公示,以严肃考试纪律。

同时,应进一步加强违纪行为案例的宣传,用典型案例和违纪后果,教育和引导广大考生,尤其是在校学生,端正考试态度,依法参加考试。

案例编号:ZJSKWJ1572502182

浙江省杭州市司法局　蔡丹燕

郭某夹带抄袭考试资料违纪被处理案

【案情概要】

2019年10月13日,国家统一法律职业资格考试主观题考试期间,河北省邯郸市考区邯郸学院考点某考场监考人员发现考生郭某抄袭违规带进考场的与考试相关的文字资料。

【应对措施】

发现问题后,考务人员立即采取了以下措施:一是当场没收作弊资料,注意留存证据,并立即报告考试办公室和总监考。二是由两名执法工作人员对郭某进行调查询问,制作了询问笔录,询问期间用执法记录仪全程录像。经过询问,郭某对违纪的事实供认不讳,并在询问笔录上签字确认。三是对没收的作弊资料进行核查。经查,郭某违规携带的资料为:与考试相关的手写小条1张、印刷品5张共10页,据此可以确认郭某的违纪行为事实清楚、证据确凿。四是由考点总监考根据调查结果对郭某作出终止本场考试、责令离开考场的决定。监考人员在《考场情况记录单》和《违纪行为处理报告单》进行记录,并移交了作弊资料。此时,距考试结束已不足 60 分钟,允许郭某自行离开考点。

【处理依据及结果】

根据《国家统一法律职业资格考试违纪行为处理办法》第 7 条第 2 款的规定,考点总监考决定给予郭某终止本场考试、责令离开考场的处理决定,邯郸市司法局作出给予郭某当年考试成绩无效、2 年内不得报名参加国家统一法律职业资格考试的处理决定。

【小结】

近年来,邯郸市司法局坚持"从严治考、规范管理、热情服务"的总原则,严格执行《国家统一法律职业资格考试实施办法》《国家统一法律职业资格考试违纪行为处理办法》《国家统一法律职业资格考试监考规则》等相关规定,在全面实行考务安全管理系统的基础上,严肃考风考纪,加强诚信宣传教育,提升工作人员业务能力,加大对作弊行为打击力度,有效提升了管理水平,营造了公平公正的考试环境。

案例编号:HBSKWJ1572247975

河北省邯郸市司法局　谢金才